D1724737

Ulrich Kittstein
Deutsche Naturlyrik

Ulrich Kittstein

Deutsche Naturlyrik

Ihre Geschichte in Einzelanalysen

Umschlaggestaltung: Peter Lohse, Büttelborn
Umschlagabbildung: C. D. Friedrich: Dorflandschaft bei Morgenbeleuchtung
(Einsamer Baum), 1822.
Foto: © akg-images.

Die Deutsche Nationalbibliothek verzeichnet diese Publikation
in der Deutschen Nationalbibliografie;
detaillierte bibliografische Daten sind im Internet über
http://dnb.d-nb.de abrufbar.

© 2009 by WBG (Wissenschaftliche Buchgesellschaft), Darmstadt
Die Herausgabe des Werkes wurde durch
die Vereinsmitglieder der WBG ermöglicht.
Gedruckt auf säurefreiem und alterungsbeständigem Papier
Printed in Germany

Besuchen Sie uns im Internet: www.wbg-wissenverbindet.de

ISBN 978-3-534-23010-5

Inhaltsverzeichnis

Einleitung: Natur und Naturlyrik

„Der Begriff ‚Natur' gehört zu den ältesten und vieldeutigsten Begriffsbildungen der Geistesgeschichte" – mit dieser Feststellung eröffnet Heinrich Schipperges den einschlägigen Artikel im ‚Historischen Lexikon zur politisch-sozialen Sprache' *Geschichtliche Grundbegriffe*.[1] Will man den Tücken dieser Bedeutungsvielfalt zunächst ausweichen, empfiehlt es sich, bei einem sehr weiten Verständnis von Natur anzusetzen, das überdies dem alltäglichen Sprachgebrauch am ehesten gerecht werden dürfte: Natur kann aufgefasst werden als die Gesamtheit dessen, was nicht vom Menschen geschaffen wurde, sondern unabhängig von ihm in der Welt existiert. Ihr steht die Sphäre der Kultur gegenüber, die alles einschließt, was sein Dasein dem von Absichten und Zwecken geleiteten menschlichen Handeln verdankt. Der Mensch selbst nimmt dabei eine eigentümliche Zwischenstellung ein, ist er doch nicht nur Schöpfer der Kultur, sondern zugleich *Objekt* kultureller Prägungen und darüber hinaus aufgrund der Bindung an seine Leiblichkeit und seine Triebstruktur auch ein Teil der Natur. Triebe und Affekte, Gefühle und Leidenschaften unterliegen freilich ihrerseits in so hohem Maße kulturellen Einflüssen, dass die klare Abgrenzung einer ‚inneren Natur' des Menschen äußerst fragwürdig erscheint. Und diese Einsicht lässt sich verallgemeinern, wodurch die auf Anhieb so einleuchtende Abgrenzung von Natur und Kultur viel von ihrer scheinbaren Trennschärfe verliert: Das Reich der Kultur entsteht ja prinzipiell nicht aus dem Nichts, sondern baut auf natürlichen Gegebenheiten auf. Kulturelle Schöpfungen sind mithin als Umgestaltungen eines Materials zu begreifen, das die Natur bereitstellt; Kultur ist letztlich nichts anderes als ein Bezirk geformter und bearbeiteter Natur.

Noch einen Schritt weiter führen erkenntnistheoretische Überlegungen. Natur ist für uns niemals anders als aus dem Blickwinkel eines menschlichen

---

[1] Heinrich Schipperges: Natur. In: Geschichtliche Grundbegriffe. Historisches Lexikon zur politisch-sozialen Sprache in Deutschland. Hrsg. von Otto Brunner, Werner Conze und Reinhart Koselleck. Bd. 4. Stuttgart 1978, S. 215–244; hier S. 215.

Subjekts fassbar, konstituiert sich also erst in ihrer Wahrnehmung durch den
Menschen, die ihrerseits wiederum von dem jeweiligen kulturellen Umfeld
beeinflusst wird – so, wie der Mensch sie zu sehen vermag, stellt Natur im-
mer ein kulturelles Konstrukt dar. Die Frage, was Natur ‚an sich' sei, kann
demnach gar nicht sinnvoll gestellt werden. Es lassen sich allenfalls gewisse
Formen des Verhältnisses zwischen Mensch und Natur beschreiben, die stets
auch eine spezifische Festlegung dessen implizieren, was Natur im konkreten
Fall – für den Menschen – überhaupt ist: „Natur erscheint erkenntnistheore-
tisch als Chamäleon, jeweils die Farbe der Prädispositionen, auch der ideolo-
gischen Brille des Betrachters annehmend."[2] Dass sich viele „Betrachter"
diesen Sachverhalt nicht klar machen und ihre eigentümliche Sicht mit dem
vermeintlich objektiven Wesen der Natur gleichsetzen, steht auf einem ande-
ren Blatt.

In historischer und systematischer Perspektive können sehr verschieden-
artige Typen der Beziehung des Menschen zur Natur mitsamt den zugehöri-
gen Bestimmungen dessen, was er sich unter Natur eigentlich vorstellt, re-
konstruiert werden – animistische, mythische, religiöse, philosophische, äs-
thetische, wissenschaftliche und technische Einstellungen, von denen jede
wieder zahlreiche Spielarten aufweist.[3] Reinliche Scheidungen, etwa im Sin-
ne einer klaren Abfolge in der Zeit, sind auf diesem Gebiet allerdings nicht
möglich, da es unablässig zu Überlagerungen und Mischbildungen kommt.
Ältere Naturkonzepte werden keineswegs einfach durch jüngere abgelöst, um
spurlos zu verschwinden, sondern existieren in modifizierter Gestalt weiter,
so dass sich in bestimmten Epochen, in ganzen Kulturkreisen, aber auch beim
einzelnen Individuum im Blick auf die Auffassung der Natur und den Um-
gang mit ihr komplexe Gemengelagen abzeichnen. Eine Differenzierung
nach sozialen Schichten, gesellschaftlichen Funktionsbereichen, Lebensbe-
zirken und Praxisformen erweist sich hier als notwendig – auch ein Unter-
nehmer, der seine Profitinteressen rücksichtslos über die Belange des Um-
weltschutzes stellt, wird, wenn er am Feierabend in seinem Garten arbeitet,
einen ganz anderen Standpunkt gegenüber der Natur einnehmen.

Für die Jahrhunderte seit der Renaissance lässt sich aber zumindest eine
sehr deutliche Tendenz feststellen, die die menschliche Naturbeziehung im
Abendland insgesamt in eine bestimmte Richtung gelenkt hat. In diesem

---

[2]   Ruth und Dieter Groh: Natur als Maßstab – eine Kopfgeburt. In: dies.: Die Au-
      ßenwelt der Innenwelt. Zur Kulturgeschichte der Natur 2. Frankfurt a.M. 1996.
      S. 83–146; hier S. 96.
[3]   Einen Überblick über den Wandel des Naturbildes im Laufe der Jahrtausende gibt
      Karen Gloy: Das Verständnis der Natur. 2 Bde. München 1995/96. Der erste Band
      widmet sich der wissenschaftlichen, der zweite der lebensweltlich-ganzheitlichen
      Auffassung der Natur.

Zeitraum wurde eine wissenschaftlich-technisch-instrumentelle Haltung do-
minant – wenn auch keineswegs alleinherrschend –, die den Menschen strikt
von der Natur trennt und ihn ihr zugleich überordnet: Der neuzeitliche
Mensch begreift die Natur vorrangig als ein Reservoir an Stoffen und Kräf-
ten, das er beherrschen und für seine Zwecke ausbeuten kann. Diese histo-
risch vergleichsweise junge Sichtweise unterscheidet sich zwar erheblich von
der heidnisch-antiken und der mittelalterlich-christlichen Vorstellungswelt,
ist jedoch in ihren Ursprüngen durchaus eng mit diesen älteren Epochen
verbunden und entstand weniger durch einen schroffen Bruch mit tradierten
Denkmustern als vielmehr durch deren fortschreitende Umdeutung unter
veränderten Gesichtspunkten.[4] Dass sich der Mensch als betrachtendes, re-
flektierendes und forschendes Ich-Subjekt der Natur gegenüberstellt, ist keine
genuine Errungenschaft der Neuzeit, denn eine solche Gedankenoperation
war schon Voraussetzung für die Anfänge der Naturphilosophie, die in Grie-
chenland im sechsten vorchristlichen Jahrhundert anzusetzen sind. Kaum we-
niger alt ist die Entgegensetzung von Natur und Kultur; sie findet sich bereits
bei den griechischen Sophisten, die – übrigens in kritischer Absicht – die
Natur mit dem ‚nomos‘, dem Bezirk der als willkürlich eingestuften mensch-
lichen Regeln und Satzungen, konfrontierten. Eine stark anthropozentrische
Ausrichtung kennzeichnet wiederum von Anfang an das Christentum, dem
der Mensch als Ebenbild Gottes und Krone der Schöpfung gilt. Und die Bibel
weiß sogar von einer förmlichen Belehnung des Menschen mit der Herrschaft
über die irdische Welt zu erzählen – „Seid fruchtbar vnd mehret euch vnd
füllet die Erden / vnd macht sie euch vnterthan" (Gen 1,28)[5] –, was in neuerer
Zeit zu der gewiss überspitzten, aber keineswegs völlig abwegigen These
geführt hat, die heute betriebene exzessive Ausbeutung der natürlichen Res-
sourcen des Erdballs habe ihren wahren Ursprung in der jüdisch-christlichen
Tradition.

Und doch markiert die frühe Neuzeit einen tiefen Einschnitt in der Ge-
schichte des Verhältnisses von Mensch und Natur. Entscheidend war dafür
nicht so sehr der rasche Zuwachs an (natur-)wissenschaftlichen Kenntnissen
und Einsichten, sondern in erster Linie eine neue Definition der Beziehung
zwischen Wissenschaft und praktischer Lebensbewältigung. In der Antike

---

[4] Vgl. zu diesem Prozess der Neuinterpretation tradierter Ideenkomplexe allgemein
Ruth und Dieter Groh: Religiöse Wurzeln der ökologischen Krise. Naturteleologie
und Geschichtsoptimismus in der frühen Neuzeit. In: dies.: Weltbild und Naturan-
eignung, Zur Kulturgeschichte der Natur. Frankfurt a.M. 1991, S. 11–91.

[5] Die Bibel wird nach Luthers Übersetzung zitiert: D. Martin Luther: Die gantze
Heilige Schrifft Deudsch. Wittenberg 1545. Letzte zu Luthers Lebzeiten erschie-
nene Ausgabe. Hrsg. von Hans Volz unter Mitarbeit von Heinz Blanke; Textre-
daktion Friedrich Kur. 2 Bde. Herrsching o.J.

wie im Mittelalter erblickten die meisten Philosophen ihr Ideal in einer kontemplativen Naturbetrachtung im Sinne der ‚Theoria', der geistigen Schau von Wahrheit und Erkenntnis als Selbstzweck. Ihre Sicht auf die Natur war folglich nicht an der Gewinnung technischer Möglichkeiten orientiert. Das änderte sich in der Neuzeit, die sich vorrangig für anwendbares Wissen, für Herrschaftswissen über die Natur interessierte. Beispielhaft formulierte Francis Bacon im frühen 17. Jahrhundert den grundlegenden Zusammenhang von naturwissenschaftlicher Forschung, technischem Nutzen und Erkenntnis- und Fortschrittsoptimismus, der dann auf lange Zeit, über alle Brüche und Paradigmenwechsel der Wissenschaftsgeschichte hinweg, die Haltung der abendländischen Menschheit gegenüber der Natur maßgeblich prägte, bis er in der jüngeren Vergangenheit seine Schattenseiten überdeutlich zu zeigen begann.

Gerade Bacons Werk belegt freilich auch, dass der neue Entwurf zunächst noch ganz innerhalb des christlichen Weltbildes angesiedelt war. Dasselbe gilt für die herausragenden Wissenschaftler der frühen Neuzeit, für Männer wie Kopernikus, Kepler, Galilei oder Newton, die als gläubige Christen allesamt überzeugt waren, mit ihren bahnbrechenden Forschungen über die Gesetze der Natur zugleich das Wirken des Schöpfers immer klarer nachzuweisen. Und noch die Physikotheologie des 17. und 18. Jahrhunderts, die uns im Kapitel zu Barthold Heinrich Brockes näher beschäftigen wird, leitete aus der (vermeintlich) vernünftigen, zweckmäßigen und schönen Einrichtung des Weltgebäudes, für die die prosperierenden Naturwissenschaften unablässig neue Indizien zu liefern schienen, einen Beweis für die Existenz Gottes ab. So ruhte die wissenschaftliche Beschäftigung mit der Natur auch nach dem Ausgang des Mittelalters über Jahrhunderte hin auf der Prämisse einer Vereinbarkeit von Wissen und Glauben. Auf lange Sicht trug sie allerdings doch zum Zerfall der christlichen Kosmos-Vorstellung bei, denn das von Bacon entworfene Programm *entstand* zwar noch im Horizont des religiösen Denkens, war auf diesen Rahmen aber nicht mehr zwingend *angewiesen* und emanzipierte sich im Laufe der Zeit mehr und mehr von den christlichen Dogmen.

Für das Mittelalter war die Natur fraglos eine Schöpfung Gottes. Sie galt, wie schon in der Antike, als geschlossene und im Grunde statische Größe. Die hochmittelalterliche Scholastik schrieb den Naturdingen im Rückgriff auf Aristoteles eine Teleologie, ein von Gott in sie gelegtes Streben nach Vollendung zu, und ebenfalls im Hochmittelalter etablierte sich die theologische Lehre vom ‚Buch der Natur': Die Natur trat als Offenbarung ihres Schöpfers gleichberechtigt neben die biblischen Schriften und wurde als ein Sinnzusammenhang aufgefasst, dem sich der Mensch verstehend und interpretierend zuwandte. All diese Ideen spielten zunächst auch noch im wissenschaftlichen Denken der Neuzeit eine Rolle, büßten aber schrittweise ihre Überzeugungskraft ein. Letztlich hat die moderne Naturwissenschaft Gott, die Teleologie und die immanente Sinnhaftigkeit aus der Natur verbannt – die natürliche Sphäre erscheint nunmehr als bloßes Gefüge von gesetzmäßigen Kausalbeziehungen, die der Mensch nach selbstgeschaffenen (mathematischen) Modellen rekonstruiert, um sie kontrollieren und in seinen Dienst stellen zu können. Die ihrerseits uralte, schon bei Platon fassbare und später in die christliche Gedankenwelt übernommene „Vorstellung einer göttlich geordneten machina mundi"[6], die man in früheren Epochen als ein lebendiges, dem Organismus verwandtes Ganzes verstand, wurde damit rein kausal-mechanistisch umgedeutet. So setzte sich in der westlichen Kultur die Überzeugung durch, „daß Natur, von göttlichen Mächten frei, als unter-göttliches und unter-menschliches Betätigungsfeld für die menschliche Nutzung und Beherrschung ohne grundsätzliche normative Einschränkung verfügbar sei."[7] Zu bedenken ist aber stets, dass es sich dabei um einen langfristigen und komplexen Vorgang und nicht etwa um einen abrupten Übergang zu einer neuen Weltanschauung handelte. Wie in späteren Kapiteln zu sehen sein wird, behaupteten sich traditionsreiche christliche Muster der Naturdeutung mindestens bis ins 19. Jahrhundert, wenngleich sie zunehmend in die Defensive gerieten, und die teleologische Auffassung natürlicher Abläufe ist eigentlich erst von Darwins Evolutionstheorie verabschiedet worden.

Der hier knapp skizzierte Wandel des Naturverständnisses bildet nur *einen* Aspekt des umfassenden neuzeitlichen Zivilisationsprozesses und ist mit tiefgreifenden gesellschaftlichen, politischen, technischen und kulturellen Veränderungen verflochten. Eine besonders enge Verbindung besteht, wie schon angedeutet, zwischen den Fortschritten der Wissenschaft und den Errungenschaften der Technik, die uns heute nie zuvor dagewesene Möglichkeiten eröffnen, natürliche Phänomene und Abläufe zu kontrollieren und zu lenken. Der moderne Mensch ist der Natur in weit geringerem Maße ausgeliefert als alle seine Vorfahren und nur noch in Ausnahmefällen unmittelbar mit ihren gänzlich ungezähmten Erscheinungsformen konfrontiert – dass ihn die gesellschaftlichen Strukturen und die technischen Apparate, denen er diese Sicherheit verdankt, selbst wieder neuen Abhängigkeiten ausliefern, sei hier nur am Rande vermerkt. Die neuzeitliche Entwicklung hin zur (fast) vollkommenen Naturbeherrschung geht einher mit einer Tendenz zur räumli-

---

[6]   Jürgen Mittelstraß: Das Wirken der Natur. Materialien zur Geschichte des Naturbegriffs. In: Naturverständnis und Naturbeherrschung. Philosophiegeschichtliche Entwicklung und gegenwärtiger Kontext. Hrsg. von Friedrich Rapp. München 1981, S. 36–69; hier S. 63.

[7]   Ernst Oldemeyer: Entwurf einer Typologie des menschlichen Verhältnisses zur Natur. In: Natur als Gegenwelt. Beiträge zur Kulturgeschichte der Natur. Hrsg. von Götz Großklaus und Ernst Oldemeyer. Karlsruhe 1983, S. 15–42; hier S. 35.

chen Distanzierung von der Natur, die ihr auffälligstes Symptom in der Ver-
städterung findet, und mit der Herausbildung veränderter Lebensrhythmen,
die nun nicht mehr fest an die naturzeitlichen Prozesse, an den Wechsel der
Tages- und Jahreszeiten gebunden sind. Die zweckrationale Kontrolle und
Ausbeutung der äußeren Natur in einer hochkomplexen, ausdifferenzierten
Gesellschaft verlangt auf Seiten des einzelnen Menschen auch eine zuneh-
mende Domestizierung seiner *inneren* Natur, eine weitgehende Kontrolle sei-
ner Triebregungen, spontanen Impulse und Begierden, die Norbert Elias in
seiner Zivilisationstheorie als ‚Psychogenese‘ des neuzeitlichen Individuums
beschreibt. Beide Spielarten der Natur, die äußere wie die innere, werden in
der neueren abendländischen Geschichte fast durchgängig gegenüber dem
vermeintlich höheren Prinzip des Geistes abgewertet, ausgegrenzt und infol-
gedessen als ein oft bedrohliches, nicht selten aber auch verlockendes ‚Ande-
res‘ dieses Geistes betrachtet. Dementsprechend hat die philosophische Re-
flexion seit Descartes den Menschen in erster Linie als geistiges Wesen, als
Subjekt des Bewusstseins und des Denkens aufgefasst. Mehr und mehr wird
die Natur in dieser Sicht zu dem, was der Mensch entschieden *nicht* ist – und
das betrifft nicht zuletzt den eigenen Körper, der als ein im Grunde fremdes,
nämlich den Bedingungen der Natur unterworfenes Element aus dem Selbst-
verständnis des Ich-Subjekts ausgeschlossen wird.[8] Der Vorherrschaft der
wissenschaftlich-technischen Naturauffassung können wir heute nicht mehr
entkommen; zu sehr bestimmt sie mit all ihren Begleiterscheinungen und
Folgen die Bedingungen unseres täglichen Daseins. Andere Typen der Be-
ziehung zwischen Mensch und Natur wurden durch sie zwar keineswegs
aufgehoben – von der Überlagerung unterschiedlicher Formen war ja bereits
die Rede –, aber doch, aufs Ganze gesehen, marginalisiert und in gesell-
schaftliche Nischen und Randbezirke gedrängt.

Wie der kurze historische Überblick gezeigt hat, entstand das Bild von
der Natur als einem Gegenüber des Menschen, das grundsätzlich seiner Ver-
fügungsgewalt ausgeliefert ist, lange vor der Industrialisierung, und es ist erst
recht um vieles älter als die weit ausgreifende Naturzerstörung, die mittler-
weile das gesamte Ökosystem Erde mit der Vernichtung bedroht – man kann
es sogar mit Fug und Recht als eine unabdingbare geistig-kulturelle *Voraus-
setzung* dieser neueren, höchst ambivalenten ‚Leistungen‘ der Menschheit an-
sehen. Die letzteren haben inzwischen wiederum die eingangs diskutierte
Gegenüberstellung von Natur und menschlicher Kultur vollends fragwürdig

---

[8] Bemerkenswerte Überlegungen zur Leibgebundenheit des Menschen im Zusam-
menhang mit seinem Verhältnis zur Natur finden sich bei Gernot Böhme: Ethik
leiblicher Existenz. Über unseren moralischen Umgang mit der eigenen Natur.
Frankfurt a.M. 2008.

werden lassen, denn eine nicht kulturell überformte, also von allen künstlich-technischen Eingriffen freie Natur dürfte auf dem Erdball gegenwärtig kaum mehr zu finden sein. Dass im Zuge dieser Entwicklung aber schließlich das für die Neuzeit charakteristische wissenschaftlich-technisch-instrumentelle Verhältnis zur Natur selbst in eine tiefe Krise geriet, bedarf kaum einer näheren Erläuterung, wissen wir doch heute längst, dass die Menschheit fatalerweise geradezu darauf hinarbeitet, die Grundlagen ihrer eigenen Existenz zu zerstören. Vor diesem Hintergrund liegt es nahe, den anderen, lange beiseite geschobenen oder verdrängten Formen der menschlichen Naturbeziehung größere Aufmerksamkeit zuzuwenden. Eines der Medien, in denen seit rund dreihundert Jahren solche Alternativen artikuliert werden, ist die Lyrik.

***

Der Wandel des Beziehungsgefüges von Mensch und Natur bildet, wie erwähnt, *einen* wichtigen Strang im umfassenden Zivilisationsprozess. Auch die Geschichte der Naturlyrik gehört, wie überhaupt die Geschichte der literarischen Gestaltungen von Natur und Landschaft[9], zu den Entwicklungslinien, die in jenem Prozess miteinander verflochten sind. Dem besonderen Stellenwert der lyrischen Dichtung in diesem übergreifenden Zusammenhang sollen die folgenden Überlegungen gelten. Unter dem Begriff Naturlyrik seien dabei alle Gedichte zusammengefasst, die *die Beziehung des Menschen zur Natur* zum Thema haben. Nicht von ungefähr trat die Gattung im deutschen Sprachraum auf, als das überlieferte christliche Bild des wohlgeordneten, göttlich durchwirkten Kosmos zu wanken begann und demzufolge auch die Auffassung der Natur generell neu bestimmt werden musste. In den folgenden Kapiteln wird sich zeigen, dass im 17. Jahrhundert von einer Naturlyrik im eben definierten Sinne bestenfalls ansatzweise die Rede sein kann, dass aber die eigentlichen Anfänge der Gattung in der Frühaufklärung schon mit der beginnenden Krise der festgefügten christlichen Weltanschauung zu tun haben. Seither ist die Naturlyrik einer der privilegierten Orte geblieben, an denen eine schöpferische Auseinandersetzung mit dem Verhältnis zwischen Mensch und Natur stattfindet.

Die Entwicklung der wissenschaftlichen und technisch-instrumentellen Einstellung zur Natur führte in der Neuzeit unter anderem zu der ernüchternden Einsicht, „daß die Natur weder gut ist noch schlecht, weder wohlwollend

---

9 Andere Gattungen müssen im Rahmen dieser Untersuchung ausgeblendet werden. Das betrifft vor allem das große Gebiet der Naturschilderungen und Landschaftserlebnisse in der erzählenden Prosa.

noch böswillig gegenüber den Menschen, sondern nur völlig indifferent."[10] Auf dieser Grundlage ist keine emotional getönte oder religiös überhöhte Sicht auf die natürliche Welt mehr möglich. Die streng wissenschaftliche Perspektive lässt aber viele Erfahrungen und Bedürfnisse des Menschen im Umgang mit der Natur unberücksichtigt: Für die Erfassung lebensweltlicher Naturbezüge stellen die modernen Naturwissenschaften keine geeigneten Kategorien bereit, zumal sie sich bei ihren Fortschritten zunehmend von der sinnlich-konkreten Wahrnehmung entfernt haben – man denke nur an den Schritt von der klassischen Physik zur Quantenmechanik im frühen 20. Jahrhundert. In der Naturlyrik sieht es anders aus, denn hier entfalten sich Ansätze zum Verständnis der Natur, die zwar nicht zwangsläufig konträr zur wissenschaftlich-technisch-instrumentellen Denkweise stehen, sich aber jedenfalls nicht in deren Rahmen bewegen und sich nicht mit ihren Maßstäben fassen lassen. Gemeinsam ist den Texten der Gattung somit zunächst ein *negatives* Moment: Naturgedichte skizzieren Formen der menschlichen Naturbeziehung, die nicht vom Interesse an Beherrschung und Ausbeutung diktiert sind und eher als ‚kontemplativ' zu bezeichnen wären. Auf diese Weise erweitern sie das Reservoir an kulturellen Deutungsmustern und gewinnen zugleich ein zumindest latentes kritisches Potential gegenüber dem herrschenden szientifischen Naturdiskurs.

Das bedeutet wohlgemerkt nicht, dass sich diese poetischen Werke nur in naiver Naturschwärmerei ergehen und einem wohlfeilen Eskapismus Vorschub leisten. Ohne Zweifel gibt es Gedichte, auf die solche Vorwürfe zutreffen, und sie mögen das landläufige Verständnis von Naturlyrik sogar in hohem Maße prägen. Oft genug wurden Naturlyriker von kritischen Geistern als unpolitische Idylliker verhöhnt, die den Entwicklungen und Konflikten der modernen Zivilisation ängstlich den Rücken kehren, um sich in die vermeintlich heile Welt der Natur zu retten. Berühmt ist Heinrich Heines satirische Attacke auf die ‚schwäbische Schule', zu der er Gustav Schwab, Justinus Kerner, Karl Mayer und – mit Abstrichen – Eduard Mörike rechnete: In seinen Augen bedichteten diese Autoren vorzugsweise „Gelbveiglein" und „Maykäfer" und verstiegen sich allenfalls einmal zu „Lerchen und Wachteln".[11] Und für das 20. Jahrhundert wäre etwa Peter Rühmkorf zu nennen, der die Konjunktur der Naturlyrik in den Nachkriegsjahren als Ausweichbewegung interpretierte: „Mißtrauisch absichernd gegenüber allem, was Gesellschaft, Zeitgeschichte oder Politik hieß, bekundete der Poet sein soziales

---

[10]   Norbert Elias: Über die Natur. In: Merkur 40 (1986), S. 469–481; hier S. 475.
[11]   Heinrich Heine: Der Schwabenspiegel [1838]. In: ders.: Werke. Historisch-kritische Gesamtausgabe. Hrsg. von Manfred Windfuhr. Bd. 10. Hamburg 1993, S. 266–278; hier S. 269f.

Ohnemich durch seine Flucht ins Abseits." Spöttisch spricht Rühmkorf von der „Utopie aus dem Blumentopf" und einer „Wiedergeburt des Mythos aus dem Geiste der Kleingärtnerei"[12], und in dieselbe Kerbe schlägt sein parodistisches *Lied der Naturlyriker*, dessen erste Strophe folgendermaßen lautet:

Anmut dürftiger Gebilde:
Kraut und Rüben gleich Gedicht,
wenn die Bundes-Schäfergilde
Spargel sticht und Kränze flicht.[13]

Solche Einschätzungen dürften mit dafür verantwortlich sein, dass auch die neuere Literaturwissenschaft dem weiten Gebiet der Naturlyrik nicht allzu viel Interesse entgegenbringt. Indes wäre es falsch, die Gattung pauschal als harmlos und weltfremd-versponnen abzutun, denn es gibt zahlreiche Naturgedichte aus unterschiedlichen Epochen, die außerordentlich sensibel auf historische Entwicklungen reagieren und ein waches Bewusstsein der herrschenden gesellschaftlichen Tendenzen verraten – Naturlyrik ist keineswegs in ihrer Gesamtheit mit einem Rückzug in die naiv verklärte ‚grüne Idylle' identisch. Direkt oder indirekt können sich Naturgedichte auf den jeweiligen Stand der neuzeitlichen Naturbeherrschung, auf die Fortschritte und Erkenntnisse der Naturwissenschaft und ihre weltanschaulichen Implikationen sowie, in späteren Epochen, auf die massive Umgestaltung und Zerstörung der Natur durch technische Eingriffe beziehen. In dieser Untersuchung werden vorrangig Texte herangezogen, die ein kritisch-reflexives Element erkennen lassen und/oder wichtige neue Stufen in der Entwicklung der Naturlyrik repräsentieren, indem sie neuartige ästhetische Modelle der Beziehung des Menschen zur Natur vorlegen. Anhand solcher Beispiele sollen Eigenarten und Möglichkeiten der deutschsprachigen Naturlyrik aufgezeigt werden. Dass die Auswahl der behandelten Autoren und Gedichte sich bis zu einem gewissen Grade subjektiven Entscheidungen des Verfassers verdankt, bedarf wahrscheinlich keiner näheren Erläuterung.

Man darf Naturgedichte nicht als bloße Abbildungen jeweils zeitgenössischer Formen des Naturerlebens missverstehen. Sie eröffnen vielmehr Freiräume, in denen Erfahrungen, Probleme, Sehnsüchte oder auch Ängste ihrer Epoche durchgespielt und mit sprachlichen Mitteln inszeniert werden können. Die Beziehungen zwischen Mensch und Natur, die sie gestalten, sind

---

[12] Peter Rühmkorf: Das lyrische Weltbild der Nachkriegsdeutschen [1962]. In: ders.: Werke. Bd. 3: Schachtelhalme. Schriften zur Poetik und Literatur. Hrsg. von Hartmut Steinecke. Reinbek bei Hamburg 2001, S. 7–42; hier S. 12 und S. 14.

[13] Peter Rühmkorf: Werke. Bd. 1: Gedichte. Hrsg. von Bernd Rauschenbach. Reinbek bei Hamburg 2000, S. 152.

konstruktive *Entwürfe* im Medium des Ästhetischen: Als Sprachkunstwerke
bieten solche Gedichte Perspektiven auf die Natur, die kein anderer Diskurs
zu schaffen imstande ist. Dabei kann hier von Perspektiven in einem ganz
wörtlichen Sinne gesprochen werden, denn was ein gelungenes Naturgedicht
sprachlich konstruiert und dem Leser zum imaginativen Nachvollzug anbie-
tet, ist ein in seiner Art einzigartiger *Blick* auf die natürliche Welt, der die
geläufigen, verfestigten Klischees der Wahrnehmung und Deutung von Natur
aufbricht. Werke dieser Gattung zeigen nicht etwa, wie Natur ‚wirklich' ist –
ein Vorhaben, das aus den weiter oben angeführten Gründen ohnehin zum
Scheitern verurteilt wäre –, sondern führen vor, *wie man sie sehen kann.*

In der Regel wird das Verhältnis zwischen Mensch und Natur von den
lyrischen Texten über die individuelle Begegnung eines Ich mit einem Natur-
phänomen gestaltet. Daraus ergibt sich der gleichsam klassische Typus des
Naturgedichts, in dem der Sprecher, sei es aus der Situation heraus, sei es im
Rückblick, eine konkrete Naturerfahrung schildert. Meist trägt das lyrische
Ich auch verhältnismäßig fest umrissene charakteristische Züge und spricht
von sich ausdrücklich in der ersten Person Singular. Im Folgenden soll der
Terminus ‚lyrisches Ich' allerdings in einem weiten Sinne verwendet werden
und generell die Sprechinstanz im Gedicht bezeichnen, auch in solchen Fäl-
len, in denen sie keine individuellen Konturen gewinnt und sich nur als un-
persönliche Stimme präsentiert. Von der empirischen Person des realen Au-
tors ist diese Instanz stets sorgfältig zu unterscheiden. Ebenso wie alle im
Gedicht geschilderten Vorgänge, Erlebnisse und Wahrnehmungen stellt sie
ein sprachliches Konstrukt dar, das nur innerhalb der lyrischen Rede exis-
tiert.[14]

Die Naturbegegnung ist in der deutschen Lyrik meist eine einsame Erfah-
rung: Das Ich ist allein und sieht sich einer menschenleeren und menschen-
fernen Natur gegenüber. Man könnte schon aus diesem Umstand schließen,
dass die Natur in der Tradition der Gattung bevorzugt als Gegen-Ort zur
Gesellschaft und ihren Zwängen aufgefasst wird, und tatsächlich werden wir
dieses Interpretationsmuster wiederholt antreffen. Allerdings ist die Einsam-
keit des poetisch gestalteten Naturerlebnisses nur bei oberflächlicher Betrach-
tung geeignet, das bereits erwähnte Vorurteil über die angeblichen weltflüch-
tigen Neigungen der Naturlyrik zu bestätigen, denn auch ein isoliertes Ich
kann sehr wohl die Spuren gesellschaftlicher Verhältnisse an sich tragen –

---

[14] Diese verhältnismäßig schlichte Differenzierung ist für die hier vorgelegten text-
zentrierten Interpretationen ausreichend. Eine Zusammenfassung der Forschungs-
diskussionen über die verschiedenen Ebenen und Instanzen in lyrischen Werken
findet sich bei Sandra Schwarz: Stimmen – Theorien lyrischen Sprechens. In:
Theorien der Literatur. Grundlagen und Perspektiven. Bd. 3. Hrsg. von Hans Vil-
mar Geppert und Hubert Zapf. Tübingen 2007, S. 91–123.

ein Flüchtling ist in hohem Maße von dem geprägt, was er flieht, und jeder Gegen-Ort bezieht sich notwendigerweise auf jene Sphäre, von der er sich abgrenzt. Die von den Gedichten entworfenen Naturbeziehungen sind, wie sich in den Einzelinterpretationen erweisen wird, immer von gesellschaftlichen Zusammenhängen und kulturellen Kontexten geprägt. Derartige Verflechtungen und Einflüsse herauszuarbeiten, ohne dabei den Eigenwert des Ästhetischen zu vernachlässigen, ist die Hauptaufgabe, die sich die folgenden Analysekapitel stellen.

Die Entwicklung der Naturlyrik seit dem Zeitalter der Aufklärung bietet sich nicht als gerade Linie dar, sondern als schwer überschaubares Geflecht, dessen historischer Wandel von mancherlei Ungleichzeitigkeiten, Überschneidungen und Rückgriffen gekennzeichnet ist. Auf dem Feld der Dichtung bestätigt sich damit, was an früherer Stelle grundsätzlich über das Neben- und Miteinander differierender Naturkonzepte im kulturellen Repertoire von Epochen, sozialen Formationen oder auch einzelnen Individuen festgestellt wurde. Mit erstaunlicher Hartnäckigkeit tauchen in der Gattungsgeschichte immer wieder gewisse Motive, Problemstellungen und Deutungsmuster auf, die unter veränderten Bedingungen freilich jedesmal neu inszeniert werden. Daher weist die Naturlyrik eine hohe Dichte an intertextuellen Bezügen auf, die mitunter an einzelne Werke, häufiger aber an ganze Traditionen literarischer Naturdarstellung geknüpft sind. Indem sie auch ältere Modelle des Verhältnisses von Mensch und Natur bewahren, poetisch kommentieren und modifizieren, erweisen sich Naturgedichte als ein eigentümliches Medium des kulturellen Gedächtnisses.

Die Beschäftigung mit der Geschichte der Naturlyrik ist, wie die vorangegangenen Überlegungen deutlich gemacht haben sollten, kein bloß antiquarisches Geschäft. Sie vermag nach wie vor neue Perspektiven zu eröffnen, das scheinbar Selbstverständliche in heilsamer Weise zu relativieren und verschüttete oder verdrängte Konzepte des Verständnisses von Natur ins Bewusstsein zurückzurufen. Als ästhetische Entwürfe können Naturgedichte nicht einfach von der Zeit ‚überholt' werden, auch wenn sie jeweils im Rahmen ihrer spezifischen geschichtlichen Bedingungen gesehen werden müssen. Gerade die Spannung zwischen aktueller ästhetischer Erfahrung und wissenschaftlich reflektierter Einsicht in die historische Distanz macht einen besonderen Reiz der Auseinandersetzung mit diesen Texten aus. Eine solche Lektüre zu befördern und zu unterstützen, ist das Ziel der in den folgenden Kapiteln vorgelegten Untersuchungen zu deutschsprachigen Naturgedichten seit dem 17. und 18. Jahrhundert, die sich als Beiträge zu einer ‚Kulturge-schichte der Natur' aus literarhistorischem Blickwinkel verstehen.[15]

---

[15] Die Wendung ‚Kulturgeschichte der Natur', die den konstruktiven Charakter aller Naturbilder betont, wird in den Titeln mehrerer wissenschaftlicher Arbeiten zur Entwicklung des menschlichen Naturverhältnisses verwendet. Vgl. den Sammel-band Natur als Gegenwelt. Beiträge zur Kulturgeschichte der Natur. Hrsg. von Götz Großklaus und Ernst Oldemeyer. Karlsruhe 1983, sowie die beiden Studien von Ruth und Dieter Groh: Weltbild und Naturaneignung. Zur Kulturgeschichte der Natur. Frankfurt a.M. 1991, und Die Außenwelt der Innenwelt. Zur Kulturge-schichte der Natur 2. Frankfurt a.M. 1996.

Naturlyrik im Barock?

Andreas Gryphius: *Abend*

Das Verständnis von Lyrik als der ‚subjektiven‘ Dichtungsform schlechthin, das bis in die Gegenwart die landläufigen Erwartungen an Texte dieser Gattung prägt, hat sich erst seit der zweiten Hälfte des 18. Jahrhunderts herausgebildet. Barocke Gedichte sind vor dieser Zäsur entstanden und wirken daher auf den heutigen Leser meist fremdartig und schwer zugänglich. Eine (scheinbar) unmittelbare Gefühlsaussprache, den Ausdruck eines persönlichen Erlebnisses, das sich seine ihm gemäße Form gleichsam von innen heraus schafft, wird man in Gedichten des 17. Jahrhunderts vergebens suchen. Sie bauen auf festen Regeln und Konventionen auf, und nicht in der kühnen Durchbrechung, sondern in der sicheren Handhabung und der einfallsreichen Variation tradierter Muster erweist sich die Kunstfertigkeit des barocken Dichters. Solche Regeln, festgelegt in Poetik und Rhetorik der Zeit, definieren ganze lyrische Gattungen mit ihren zugehörigen Formen und Stillagen, sie unterrichten aber beispielsweise auch über Einzelheiten der poetischen Bildersprache. Ein Mindestmaß an Vertrautheit mit ihnen muss der Rezipient mitbringen, wenn sich Barock-Gedichte ihm erschließen sollen: Es handelt sich bei diesen Texten um kunstvoll-künstliche Produkte, berechnet auf ein Publikum, das die gängigen Schemata kennt und den kundigen Umgang mit ihnen zu würdigen weiß. Wer sie dagegen unter Vernachlässigung ihres eigentümlichen historischen Ortes an den Maßstäben neuerer ‚Erlebnislyrik‘ misst, wird sie gründlich missverstehen und obendrein überwiegend für recht verunglückte Produkte halten.

Normative Vorgaben bestimmen nicht zuletzt die Gestalten, die *Natur* in der Poesie des Barockzeitalters annehmen kann: Auch sie ordnen sich gewissen Sparten der Lyrik mit ihren je eigentümlichen Inhalten, Darbietungsformen und Stilmitteln zu. Die Begegnung des lyrischen Ich mit der Natur suggeriert im barocken Gedicht weder erlebnishafte Einmaligkeit noch emotionale Unmittelbarkeit; vielmehr werden die Naturphänomene nach gewissen

Mustern gestaltet und gedcutet, die poetischen Traditionen oder auch der religiösen Vorstellungswelt entstammen. Insbesondere zwei wichtige Themenkomplexe, in deren Zusammenhang die Natur vom Barock-Dichter förmlich herbeizitiert wird, lassen sich dabei unterscheiden. Sie sollen im Folgenden anhand einiger Beispieltexte vorgestellt werden.

Breiten Raum nehmen Naturmotive, vornehmlich solche von heiterer, sanfter, zumeist frühlingshafter Art, in jenen zahlreichen barocken Gedichten ein, die den fröhlichen Lebensgenuss verherrlichen oder dazu mahnen, ihn nicht zu versäumen; häufig kommt dabei auch das Thema der Liebe ins Spiel. Die Verbindung von freier Natur und genussvollem Erleben gewinnt eine feste Form im Topos des *locus amoenus*, des Lustorts, der schon seit der Antike zum Inventar der abendländischen Dichtkunst gehört: Zusammengesetzt aus einer Handvoll stereotyper Naturelemente – eine blumengeschmückte Wiese, Bäume und ein kleines Gewässer bilden die übliche Ausstattung –, dient er als Ort der Lebensfreude und zumal als Schauplatz beglückender Liebesbegegnungen. Martin Opitz konfrontiert ihn in den folgenden Versen wirkungsvoll mit der Sphäre gelehrter Studien, die offensichtlich in einem Innenraum angesiedelt ist:

> Ich empfinde fast ein Grawen
> Daß ich / Plato / für vnd für
> Bin gesessen vber dir;
> Es ist Zeit hinaus zu schawen /
> Vnd sich bey den frischen Quellen
> In dem grünen zu ergehn /
> Wo die schönen Blumen stehn /
> Vnd die Fischer Netze stellen.[1]

In der zweiten Strophe des Gedichts schließt sich allerdings eine Reflexion des Sprechers an, die dem Loblied auf das Vergnügen in der freien Natur einen dunkel getönten Hintergrund verleiht:

> Worzu dienet das studieren
> Als zu lauter Vngemach?
> Vnter dessen laufft die Bach /
> Vnsers Lebens das wir führen /
> Ehe wir es inne werden /
> Auff jhr letztes Ende hin

---

[1]   Martin Opitz: Gesammelte Werke. Kritische Ausgabe. Hrsg. von George Schulz-Behrend. Bd. II: Die Werke von 1621 bis 1626. 2. Teil. Stuttgart 1979, S. 684f.

Dann kömpt ohne Geist vnd Sinn
Dieses alles in die Erden.

Hier wird der Maxime des *carpe diem* das ernste *memento mori* an die Seite gestellt, das dem vorangegangenen Appell zum Lebensgenuss zusätzlichen Nachdruck verleiht. Opitz' Verse artikulieren das für die Epoche des Barock ungemein typische Bewusstsein der Vanitas, der Vergänglichkeit und Flüchtigkeit alles Irdischen. Auf die Verknüpfung dieser Vorstellung mit dem Thema Natur werden wir in diesem Kapitel noch mehrfach zurückkommen.

Als Ort der Liebesvereinigung fungiert der *locus amoenus* in Kaspar Stielers Gedicht *Nacht-Glükke*. Das lyrische Ich erwartet seine Geliebte im Garten zu einem nächtlichen Stelldichein:

> Willkommen Fürstinn aller Nächte!
> Prinz der Silber-Knechte /
>   willkommen / Mohn / aus düstrer Bahn
>   vom Ozean!
> Diß ist die Nacht / die tausend Tagen
> Trozz kan sagen:
>   weil mein Schazz
>   hier in Priapus Plazz'
> erscheinen wird / zu stillen meine Pein.
> Wer wird / wie ich / wol so beglükket sein?[2]

Durch Anreden an personifizierte Naturelemente und die Beschwörung antiker Götter sowie durch gesuchte sprachliche Wendungen und Bilder – der Mond als „Prinz der Silber-Knechte" – gewinnt Stieler dem recht konventionellen Sujet neue poetische Nuancen ab. Erotische Anspielungen dürfen ebenfalls nicht fehlen (auch sie konnten beim zeitgenössischen Publikum auf Verständnis rechnen). So ist Priapus zwar zunächst einmal der heidnische Gott der Gärten, gleichsam der Schutzherr des *locus amoenus*, darüber hinaus aber auch der des Phallus und der männlichen Potenz!

Nachdem drei weitere Strophen das in der ersten entworfene Bild mit ähnlichen Mitteln fortgesponnen haben, führt die letzte in den vorauseilenden Phantasien des Sprechers die Verflechtung von Naturambiente und Liebesthematik auf einen Höhepunkt, bevor das lyrische Ich diskret verstummt und alles Übrige der Einbildungskraft des Lesers überlässt:

---

[2] Kaspar Stieler: Die geharnschte Venus oder Liebes-Lieder im Kriege gedichtet. Hrsg. von Herbert Zeman. München 1968, S. 202.

Komm / Flora / streue dein Vermügen
darhin / wo wir liegen!
      Es soll ein bunter Rosen-hauf'
      uns nehmen auff /
und / Venus du sollst in den Myrten
uns bewirten /
      biß das Blut
      der Röht' herfür sich tuht.
Was Schein ist das? die Schatten werden klar.
Still! Lauten-klang / mein Liebchen ist schon dar.

Eine Spielart der barocken Lyrik, in der Natur, Liebe und Vergänglichkeit auf komplexe Weise miteinander verbunden sind, repräsentiert das Gedicht *Schönheit nicht wehrhaft* von Georg Rodolf Weckherlin:

Laßt vns in den garten gehen /
Schönes lieb / damit wir sehen /
Ob der blumen ehr / die Roß /
      So Euch ewre farb gezaiget /
5   Da Sie heut der Taw aufschloß /
      Jhren pracht noch nicht abnaiget.

Sih doch / von wie wenig stunden
Jhr frischer schmuck überwunden /
Wie zu grund ligt all jhr ruhm!
10   Natur / wie solt man dich ehren /
      Da du doch ein solche bluhm
      Kaum einen tag lassest wehren?

Was ist es dan das jhr fliehet /
In dem ewer alter blühet
15   Von meiner lieb süssigkeit?
      Genüesset nu ewrer Jahren /
      Die zeit würt ewre schönheit
      Nicht mehr dan dise Blum spahren.[3]

Erneut dient der Garten als Schauplatz, wo sich, wie es zunächst scheint, die Parallele zwischen der Schönheit der Geliebten und der Rose als der Königin der Blumen offenbaren soll. Die zweite Strophe bringt indes eine ernüchternde Wende – binnen „wenig stunden" ist die Rose verwelkt –, an die der Spre-

---

[3] Deutsche Naturlyrik. Vom Barock bis zur Gegenwart. Hrsg. von Gunter E. Grimm. Stuttgart 1995, S. 30f.

cher dann in der dritten eine Mahnung an die Frau knüpft: Eingedenk der Flüchtigkeit auch *menschlicher* Jugend und Schönheit möge sie ihre Zeit nutzen und sich den Liebesfreuden hingeben. So leitet auch Weckherlin das *carpe diem* unmittelbar aus dem Gedanken der Vanitas, der Hinfälligkeit aller irdischen Güter ab. Freilich geht es dabei nicht um eine selbstgenügsame philosophische Reflexion. Die Argumentation des Sprechers, eingebettet in den Kontext eines Liebesgedichts und an eine konkrete Adressatin gerichtet, erweist sich vielmehr als rhetorisch geschickte Überredungsstrategie, denn durch den Hinweis auf das Menetekel, das die unbarmherzige Natur aufgestellt hat, soll die Geliebte ja bewogen werden, der Werbung des Mannes nachzugeben. Andere Gedichte, die diesem Muster folgen, verweisen übrigens gerne auf den gesetzmäßigen und unaufhaltsamen Wechsel der Jahreszeiten, die sie den Lebensaltern des Menschen vergleichen: Frühling und Sommer gilt es zu nutzen, denn der Winter wird nicht ausbleiben.

Als letztes Beispiel für das Themengebiet Natur und Liebe sei noch einmal ein Gedicht von Opitz herangezogen:

> Jetzund kömpt die Nacht herbey /
> Vieh vnd Menschen werden frey /
> Die gewüntschte Ruh geht an;
> Meine Sorge kömpt heran.
> 5   Schöne gläntzt der Mondenschein;
> Vnd die güldnen Sternelein;
> Froh ist alles weit vnd breit /
> Ich nur bin in Trawrigkeit.
>   Zweene mangeln vberall
> 10   An der schönen Sternen Zahl;
> Diese Sternen die ich meyn'
> Ist der Liebsten Augenschein.
>   Nach dem Monden frag' ich nicht /
> Tunckel ist der Sternen Liecht;
> 15   Weil sich von mir weggewendt
> Asteris / mein Firmament.
>   Wann sich aber neigt zu mir /
> Dieser meiner Sonnen Ziehr /
> Acht' ich es das beste seyn /
> 20   Das kein Stern noch Monde schein.[4]

Die ersten beiden Strophen beschwören die von himmlischen Lichtern beglänzte Nacht als Zeit der Ruhe und des Friedens und setzen zugleich, jeweils

---

[4]   Opitz: Gesammelte Werke. Bd. II, S. 664f.

in der letzten Zeile, pointiert die Verfassung des unglücklichen, einsam wa-
chenden Sprechers dagegen, den gerade nächtens „Sorge" und „Trawrigkeit"
überkommen. Dass unglückliche Liebe an seinem Zustand schuld ist, enthül-
len erst die folgenden Verse. Sie entwickeln in spielerisch-kunstvoller Manier
eine Schilderung der seelischen Lage des Ich, in der die Naturphänomene nur
noch der Illustration seiner Sehnsucht und der Verherrlichung der Geliebten
dienen: Deren Augen sind wie zwei Sterne; ist sie fort, so leuchten die
freundlichen Himmelskörper für den liebenden Mann nicht mehr; nähert sie
sich ihm aber, verzichtet er dafür gerne auf „Stern" und „Monde". Mit der
Erhebung der Geliebten zu seiner „Sonne" erreicht die Reflexion des Spre-
chers ihren Höhepunkt und Abschluss. Sie ist unverkennbar der petrarkisti-
schen Tradition der Liebesdichtung verpflichtet, die im deutschen Barock
außerordentlich einflussreich war und den hyperbolischen Vergleich der an-
gebeteten Frau mit kosmischen Erscheinungen wie Sonne und Sternen zum
Kernbestand ihrer poetischen Ausdrucksformen zählte. Das Opitz-Gedicht
macht noch einmal deutlich, was bei allen Texten dieser Reihe zu beobachten
war: Die Natur ist nicht ihr eigentlicher Gegenstand, vielmehr werden die
einschlägigen Motive anderen Themenbereichen und Aussageabsichten funk-
tional untergeordnet – und die letzteren bestimmen mithin auch, in welchen
Formen und Gestalten der Gegenstand Natur überhaupt Eingang in die Ge-
dichte findet.

Dasselbe gilt für den zweiten thematischen Zusammenhang, in dem Na-
turelemente von barocken Lyrikern ausgiebig eingesetzt werden, nämlich für
die religiöse Dichtung. Auch in diesem Bereich lassen sich anhand ausge-
wählter Beispiele verschiedene Varianten auffächern. Grundsätzlich erscheint
die Natur unter dem christlichen Blickwinkel, der für alle Autoren dieser
Epoche vorausgesetzt werden darf, ambivalent: Sie wird zwar als Schöpfung
Gottes angesehen, was ihr eine gewisse Würde sichert, ist aber andererseits
als Teil der irdischen Welt der Vergänglichkeit unterworfen, während der
Christ das wahre Leben erst im Jenseits, in der himmlischen Ewigkeit zu
finden hofft. Als Schöpfung und damit in engem Bezug zu Gott wird die
Natur etwa in einem bekannten Lied von Hans Jacob Christoph von Grim-
melshausen vorgeführt – hier die erste Strophe:

> Komm Trost der Nacht / O Nachtigal /
> Laß deine Stimm mit Freudenschall /
> Auffs lieblichste erklingen /
> Komm / komm / und lob den Schöpffer dein /
> Weil andre Vöglein schlaffen seyn /
> Und nicht mehr mögen singen:

Laß dein / Stimmlein /
Laut erschallen / dann vor allen
Kanstu loben
Gott im Himmel hoch dort oben.[5]

Die Nachtigall, die noch in tiefer Finsternis den Preis ihres Schöpfers an-
stimmt, dient auch dem Menschen als Vorbild, wie die zweite Strophe durch
den Wechsel zur ersten Person Plural deutlich macht: „Ob schon ist hin der
Sonnenschein / Und wir im Finstern müssen seyn / So können wir doch sin-
gen". Auf diese Weise etabliert Grimmelshausen eine metapoetische Ebene
in seinem Text: Das Lied bedenkt und rechtfertigt seinen eigenen Status als
gesungenes Gotteslob.

Mindestens ebenso berühmt ist Paul Gerhardts vielstrophiger *Sommerge-
sang*, der die Natur gleichfalls als Schöpfung des Herrn präsentiert, indem er
bei der Aufforderung zum Genuss der „lieben Sommerzeit" zugleich daran
erinnert, dass die Schönheiten der Natur Werke Gottes sind. Schon die erste
Strophe weist auf diesen Zusammenhang hin:

Geh aus, mein Herz, und suche Freud
In dieser lieben Sommerzeit
    An deines Gottes Gaben;
Schau an der schönen Garten Zier,
Und siehe, wie sie mir und dir
    Sich ausgeschmücket haben.[6]

Im Folgenden wird das Thema zunächst nur ausgiebig variiert und an zahl-
reichen Einzelheiten veranschaulicht; auch die „hochbegabte Nachtigall" er-
hält ihren gebührenden Platz als eines von vielen Naturphänomenen, die zum
sinnlichen Genuss, zur Freude einladen. Der erste Teil des Gedichts schließt
mit der achten Strophe, in der das lyrische Ich, der Sänger, sein eigenes Tun
in den umfassenden Jubel der Natur und der Menschheit einordnet: „Ich
singe mit, wenn alles singt, / Und lasse, was dem Höchsten klingt, / Aus mei-
nem Herzen rinnen." Damit ist aber die Gedankenbewegung bei Gerhardt
noch nicht an ihr Ziel gelangt. Die neunte Strophe leitet zu einer Reflexion
über, die eine ganz neue Perspektive eröffnet und den Rang der irdischen
Natur erheblich relativiert:

---

[5]   Gedichte des Barock. Hrsg. von Ulrich Maché und Volker Meid. Stuttgart 1980,
      S. 252.
[6]   Deutsche Naturlyrik, S. 49.

> Ach, denk ich, bist du hier so schön
> Und läßt du's uns so lieblich gehn
>   Auf dieser armen Erden:
> Was will doch wohl nach dieser Welt
> Dort in dem reichen Himmelszelt
>   Und güldnem Schlosse werden!

Dieser Blickwinkel bestimmt den Fortgang des *Sommergesangs*. Die Pracht der sichtbaren Natur, nun zur „armen Erden" degradiert, verblasst vor dem Gedanken an die unvergleichlich größere Herrlichkeit von „Christi Garten", des im Jenseits wiedergewonnenen Paradieses, und an die Stelle des mit allen Sinnen erlebten irdischen Sommers tritt der metaphorische „Sommer deiner Gnad", den das Ich von Gott erfleht, um dereinst jener himmlischen Seligkeit teilhaftig werden zu können. So fügt sich die anfangs so breit ausgemalte schöne Natur letztlich in eine hierarchische Ordnung ein, die dieser Natur als einer vergänglichen, bloß irdischen Erscheinung lediglich einen untergeordneten Rang zugesteht.

Als ein weiteres Beispiel für diese Tendenz, das ihre Implikationen allerdings noch radikaler entwickelt, sei Georg Philipp Harsdörffers Lied *Der Frühling* genannt. In immerhin fünf Strophen zu je acht Versen, von denen hier nur die erste angeführt wird, besingt das Ich den Segen der Natur im milden Lenz:

> Der frohe Frühling kommet an,
>   Der Schnee dem Klee entweicht:
> Der Lenz, der bunte Blumen-Mann
>   Mit linden Winden häuchet:
> Die Erd eröffnet ihre Brust,
>   Mit Saft und Kraft erfüllet:
> Der zarte West, der Felder Lust,
>   Hat nun den Nord gestillet.[7]

Doch die charakteristische Wendung, die bei Gerhardt zu beobachten war, findet sich auch bei Harsdörffer, und zwar konzentriert in der sechsten und letzten Strophe, in der der Sprecher sich unmittelbar an Gott wendet: Verglichen mit der „schönste[n] Schönheit", die einst das „Paradeis" im Himmel bieten wird, erscheint die irdische Natur jetzt plötzlich als „schnöde Zier" und „eitler Kot der Sünden". Gerhardt schlägt zwar einen weniger schroffen Ton an, aber eine ähnliche Weltverachtung liegt durchaus auch in der Konsequenz des im *Sommergesang* entwickelten Gedankengangs.

---

[7]   Deutsche Naturlyrik, S. 53.

An einem letzten Gedicht der Barockzeit soll noch eine weitere und überaus wichtige Facette des Umgangs mit Naturmotiven im Kontext religiöser Themen aufgezeigt werden. Der Beispieltext verdient eine eingehende Analyse, einerseits wegen seiner beträchtlichen Komplexität, andererseits auch deshalb, weil er in eindrucksvoller Weise sichtbar macht, wie eine dominante Spielart der Verwendung von Naturelementen im barocken Gedicht unmittelbar mit dem Weltbild der Epoche zusammenhängt. Sein Verfasser ist der Schlesier Andreas Gryphius (1616–1664), der bis heute der bekannteste Lyriker seiner Zeit sein dürfte.

Abend

>Der schnelle Tag ist hin / die Nacht schwingt jhre fahn /
>Vnd führt die Sternen auff. Der Menschen müde scharen
>Verlassen feld und werck / Wo Thier und Vögel waren
>Trawrt jtzt die Einsamkeit. Wie ist die zeit verthan!
>5   Der port naht mehr vnd mehr sich / zu der glieder Kahn.
>Gleich wie diß licht verfiel / so wird in wenig Jahren
>Ich / du / vnd was man hat / vnd was man siht / hinfahren.
>Diß Leben kömmt mir vor alß eine renne bahn.
>Laß höchster Gott mich doch nicht auff dem Laufplatz gleiten /
>10 Laß mich nicht ach / nicht pracht / nicht lust / nicht angst verleiten.
>Dein ewig heller glantz sey vor vnd neben mir /
>Laß / wenn der müde Leib entschläfft / die Seele wachen
>Vnd wenn der letzte Tag wird mit mir abend machen /
>So reiß mich auß dem thal der Finsternuß zu Dir.[8]

Abend ist ein formvollendetes Sonett, wie es in der barocken Dichtung und gerade bei Gryphius häufig begegnet. Die vierzehn Verse gliedern sich in zwei vierzeilige Quartette und zwei Terzette zu je drei Zeilen. Dabei stattet der Dichter die Quartette mit umarmenden Reimen und identischen Reimklängen aus (Schema: a b b a / a b b a), während die Terzette dem Muster des Schweifreims folgen (c c d / e e d). Vervollständigt wird das strenge formale Schema durch die gleichfalls strikt geregelte Versform: Gryphius bedient sich des Alexandriners, eines sechshebigen Jambus, der in der Mitte, also nach der dritten Hebung, eine – im Einzelfall mehr oder weniger deutlich ausgeprägte – Zäsur aufweist. Die äußere Struktur des Alexandrinersonetts lässt einen nicht minder wohlgegliederten inhaltlichen Aufbau erwarten, und in der Tat erweist sich das Gedicht auch auf dieser Ebene als höchst sorgfältig konstruiert.

---

[8]   Andreas Gryphius: Sonette. Hrsg. von Marian Szyrocki. Tübingen 1963, S. 66.

Die erste Strophe entwirft, im Einklang mit dem Titel, das Bild einer abendlichen Landschaft. Dass der zu Ende gegangene Tag mit dem Attribut ‚schnell' versehen wird, mutet zunächst sonderbar an; die folgende Personifikation der Nacht, die fahnenschwingend ihre Herrschaft über die Welt antritt, wirkt dagegen frappierend modern und würde sich auch reibungslos in ein expressionistisches Gedicht einfügen. Nach der Objektivität einer nüchternen Beschreibung streben die Verse augenscheinlich nicht. Da der Sprecher mit dem Szenario der in Dunkelheit versinkenden Gegend weniger Ruhe als vielmehr Trauer und Einsamkeit assoziiert, wird die gesamte Naturschilderung von einer melancholischen, wehmütigen Stimmung überlagert, die sich auch in dem abschließenden Seufzer über die ‚vertane Zeit' kundtut. Im zweiten Quartett tritt das Thema Natur, das die Eingangsverse beherrschte, plötzlich ganz in den Hintergrund. Statt das zuvor beschworene Bild zu erweitern oder konkreter auszuführen, wechselt das lyrische Ich auf die Ebene der Reflexion, auf der ihm der Abend nur als Sinnbild für das Ende des menschlichen Lebens und für dessen Flüchtigkeit und Vergänglichkeit dient: „Gleich wie diß licht verfiel ...". Im Rückblick findet nun auch das Attribut „schnell" im ersten Vers seine Rechtfertigung: Es deutet bereits auf die Kürze des Menschenlebens hin, das sich als tiefere Bedeutungsdimension hinter dem „Tag" verbirgt. Der Vanitas-Gedanke erweist sich somit als eigentlicher Gegenstand des Gedichts. Zu seiner Illustration werden jetzt überdies zwei weitere Bildvorstellungen herangezogen, die gleichberechtigt neben das Motiv des Abends treten, nämlich die Schiffsreise und die Rennbahn. Die Metapher der Seefahrt für das menschliche Leben hat eine lange Tradition und ist in der Barockliteratur weit verbreitet. In dem Ausdruck „der glieder Kahn" kombiniert Gryphius das gewählte Bild direkt mit seiner Ausdeutung: Der Kahn steht für den Leib des Menschen, der Hafen („port") ist der Tod, der unausweichlich näher rückt – nicht von ungefähr schreibt das Gedicht die Bewegung (‚sich nahen') dem Hafen und nicht dem Kahn zu! Das rechte Verständnis der Wendung von der „renne bahn" stellt der Text durch einen expliziten Vergleich sicher: „Diß Leben kömmt mir vor alß eine renne bahn."

Die gedankliche Struktur der beiden Quartette kann durch die Analogie zur Kunstform des Emblems noch einmal zusammenfassend verdeutlicht werden. Embleme, die das Barockzeitalter in schier unerschöpflicher Fülle hervorbrachte, verknüpfen Bild- und Textelemente miteinander. Sie bestehen jeweils aus einer knappen Überschrift (inscriptio), einem Bild (pictura) und einer meist in Versform abgefassten Unterschrift (subscriptio), die das Bild interpretiert, indem sie es allegorisch auslegt. Die erste Hälfte unseres Sonetts folgt diesem Muster recht genau, denn der Überschrift „Abend" schließt sich das mit Worten entworfene Bild der abendlichen Landschaft an, dessen Sinngehalt dann die zweite Strophe entfaltet. Kompliziert wird die Sachlage allerdings dadurch, dass Gryphius im zweiten Quartett die zuvor eingeführte Pictura-Ebene durch zwei weitere (Schiffahrt und Rennbahn) ergänzt. Das Gedicht konstruiert demnach nicht weniger als drei ‚picturae‘, denen allesamt dieselbe Bedeutung – anders ausgedrückt: dieselbe ‚subscriptio‘ – zugeordnet wird. Schon dieser Umstand relativiert das Gewicht der im ersten Quartett noch dominierenden Naturmotivik: Sie ist im Hinblick auf die Aussageabsicht des Textes austauschbar.[9]

Nach der zweiten Strophe folgt ein merklicher Einschnitt, denn das Gedicht wechselt nun von Beschreibung und Reflexion zum Gebet, zur unmittelbaren Anrede an Gott, von dem das lyrische Ich Schutz für sein Seelenheil im Leben und Erlösung im Tode erfleht. Die dritte Strophe greift auf das Motiv der „renne bahn“ zurück, das nun mitsamt der zugehörigen Sinnebene um mehrere neue Aspekte ergänzt wird: Vom rechten Weg, den der gläubige Mensch auf dem „Laufplatz“ der irdischen Welt zurücklegen muss, darf er sich weder durch Verlockungen noch durch Leiden abbringen lassen, und erst recht verhängnisvoll wäre ein Ausgleiten des Läufers, das im Gedichtkontext unschwer als Sünde entziffert werden kann. Das folgende Terzett knüpft schließlich noch einmal an das Bild des Abends aus den Eingangsversen an und verleiht dem Sonett dadurch auch in der Dimension der Motivkomplexe eine vollendete Geschlossenheit. Freilich bezieht der Sprecher den Tag wie den Abend jetzt sogleich unzweideutig auf das Menschenleben: „Vnd wenn der letzte Tag wird mit mir abend machen …“. Die Schlussworte „zu Dir“ markieren wirkungsvoll die gesamte Tendenz und Zielrichtung des Gedichts, ist doch Gott gleichsam der Fluchtpunkt des lyrisch gestalteten Gedankengangs. In der Rückschau wird nun außerdem deutlich, dass die im zweiten Vers erwähnten Sterne als Zeichen der göttlichen Allmacht und der Hoffnung auf Errettung aus der „Nacht“ des Todes begriffen werden können (in dieser Bedeutung erscheinen sie bei Gryphius häufiger, beispielsweise in dem Sonett *An die Sternen*). Wie die Sterne eben nur sichtbar werden, wenn die Nacht ‚ihre Fahne schwingt‘, so ist nach christlicher Lehre das ewige Leben nur durch den irdischen Tod zu erreichen.

Auch dieses Sonett proklamiert die bereits bekannte Hierarchie von Diesseits und Jenseits. Die irdische Existenz ist vergänglich und ein bloßes Durchgangsstadium, wahres Sein und Ewigkeit kommen nur dem Himmelreich zu: Gottes „ewig heller glantz“ steht dem flüchtigen und vergänglichen

---

[9]   Eine ausführliche systematische Darstellung der bedeutungshaltigen Bildfelder in Gryphius' Lyrik bietet die Arbeit von Dietrich Walter Jöns: Das „Sinnen-Bild“. Studien zur allegorischen Bildlichkeit bei Andreas Gryphius. Stuttgart 1966. Für das Gedicht *Abend* sind insbesondere die Kapitel „Nacht und Licht“, „Sterne“, „Sonne und Sonnenlauf“ sowie „Meer und Seefahrt“ relevant.

Licht des ‚schnellen' irdischen Tages gegenüber. Dieser Zweiteilung ent-
spricht einerseits der Dualismus von Leib und Seele, den Gryphius im ersten
Vers des Schlussterzetts anspricht, andererseits die für das Barock sehr typi-
sche Verbindung von Vanitas-Klage und Heilserwartung. All dies wird in
Abend nun freilich nicht von einem individuellen Sprecher als seine persönli-
che Meinung vorgebracht. Das Gedicht geht seinem Anspruch nach weit über
die Artikulation subjektiver Empfindungen und Vorstellungen hinaus, indem
es, gestützt auf die für verbindlich erachteten Glaubenswahrheiten der christ-
lichen Religion, objektiv gültige Einsichten und Lehren formuliert. Der Spre-
cher fungiert hier sozusagen als ein repräsentatives lyrisches Ich, das nicht
allein die Kürze *seines*, sondern die Flüchtigkeit *eines jeden* Menschenlebens
und die Hinfälligkeit *aller* irdischen Dinge bedenkt: „so wird in wenig Jahren
/ Ich / du / vnd was man hat / vnd was man siht / hinfahren."
    Dementsprechend versucht der Text gar nicht zu suggerieren, dass dieses
Ich unmittelbar aus einem erlebten Augenblick heraus spricht und spontan
seine Assoziationen und Gefühlsregungen beim Anblick der abendlichen
Natur in Worte fasst. Die kunstvolle Komposition der verschiedenen Bildbe-
reiche und die subtile gedankliche Struktur weisen das Gedicht als ein höchst
artifizielles, rational kalkuliertes Gebilde aus, und es gibt sich keine Mühe,
diese Tatsache zu verbergen. Hier offenbart sich nun auch die volle Bedeu-
tung der von Gryphius gewählten äußeren Form. Sie entspricht in ihrer ge-
setzmäßigen Strenge dem unumstößlichen Anspruch, den das lyrische Ich mit
seinen Aussagen erhebt: An dem klar geordneten Weltbild, das sich hier prä-
sentiert, lässt sich ebenso wenig rütteln wie an den starren Regeln des Ale-
xandrinersonetts. Ähnliches gilt für die Einbeziehung traditionsreicher und
dem zeitgenössischen Publikum wohlvertrauter Topoi, die ebenfalls auf die
Allgemeingültigkeit des Gesagten deuten und es der Sphäre des bloß subjek-
tiven Meinens und Glaubens entrücken. Mit all seinen formalen und sprachli-
chen Mitteln zielt das Gedicht darauf ab, seinen Behauptungen Verbindlich-
keit zu sichern und das Einverständnis des Lesers zu gewinnen.
    Gryphius gestaltet kein ‚Naturerlebnis', keine emotional geprägte Bezie-
hung eines Ich zu seiner natürlichen Umgebung. Das im ersten Quartett ent-
worfene Bild einer Abendlandschaft ist einzig im Hinblick auf die folgende
gedankliche Auslegung von Belang; schon mit der zweiten Strophe erweist
sich seine Selbständigkeit und Geschlossenheit als scheinhaft. Pointiert for-
muliert: Für die Natur als solche interessiert sich der Sprecher des Sonetts
ebensosehr oder ebensowenig wie für Schiffsreisen und Laufplätze. Die lyri-
sche Rede von der hereinbrechenden Nacht ist von vornherein *uneigentlich*
gemeint, sie verweist lediglich auf jene Bedeutungsdimension, die bei Gry-
phius tatsächlich im Mittelpunkt steht, nämlich auf die Stellung des Men-
schen zwischen der flüchtigen irdischen Existenz und dem jenseitigen Heil

seiner Seele. Beschwören Gerhardt und Harsdörffer in ihren oben zitierten Liedern zumindest noch die Natur selbst in ihrer materiellen Qualität und sinnlichen Fülle – wenn auch nur, um sie in einem zweiten Schritt den Verheißungen des Himmelreichs unterzuordnen –, so fungieren die Naturerscheinungen in dem Sonett *Abend* ausschließlich als Sinnbilder zur Illustration weltanschaulich-religiöser Thesen. Daraus erklärt sich auch der Umstand, dass die Naturschilderung der Eingangsstrophe, bei aller Ausdrucksstärke, die etwa der Wendung von der personifizierten, fahnenschwingenden Nacht eignet, doch auffallend wenig individualisiert ist: „Die Darstellung des Abends bietet […] nur typische Merkmale, die ihn als Ende des Tages charakterisieren und in sachlicher Hinsicht nichts anderes sind als eine Ausführung der Feststellung: ‚Der schnelle Tag ist hin‘.“[10] So wird der Anblick einer Gegend bei Anbruch der Dunkelheit eher skizziert als wirklich beschrieben. Dem Dichter genügt es, das Phänomen Abend *an sich* zu evozieren, um den folgenden Gedankengang daran anknüpfen zu können; einer weitergehenden Konkretisierung des Naturbildes bedarf er für seine Zwecke nicht, und folglich wird sie im Gedicht auch nicht geleistet. Bezeichnenderweise lässt die erste Strophe auch weder einen festen Standort noch einen bestimmten Blickwinkel des Ich in Bezug auf die Naturszenerie erkennen – die Beziehung des Sprechers zur abendlichen Landschaft ist rein gedanklicher, nicht aber räumlicher und visueller Art.

Das hier betrachtete Gedicht steht in der Werkausgabe des Autors, im zweiten Buch seiner Sonette, innerhalb eines kleinen Zyklus von Tageszeiten-Sonetten mit der Abfolge *Morgen Sonnet, Mittag, Abend* und *Mitternacht*. Die anderen drei Texte der Reihe verfahren prinzipiell nach demselben Muster, indem sie die Naturerscheinungen der jeweiligen Tageszeit zum Ausgangspunkt für Reflexionen über das ethische Verhalten des Christen und seine Stellung zu Gott nehmen. Stets tritt also das Naturbild zugunsten der geistig-geistlichen Auslegung zurück, ordnet sich das Sinnliche, Anschauliche dem Abstrakten, Gedanklichen unter. Dieses poetische Verfahren korrespondiert wiederum dem dualistischen Weltbild der Epoche: Wie der Dichter als ‚Auslegungskünstler‘ das Gegenständliche in seinem Rang herabsetzt, indem er es nur als Zeichen für einen höheren Sinn anerkennt, so wertet die Barockzeit im Zeichen der Vanitas das irdische Sein – und damit auch die Natur – als „thal der Finsternuß“ gegenüber dem Himmelreich mit seinem „ewig helle[n] glantz“ ab. Einen größeren Eigenwert konnte die Natur erst in späteren Epochen gewinnen, in denen sich das Welt- und Selbstverständnis der Menschen allmählich von den auf eine transzendente Dimension ausgerichteten Lehren des Christentums zu emanzipieren begann.

---

[10] Jöns: Das „Sinnen-Bild“, S. 175.

Ein irdisch-sinnliches Vergnügen in Gott

Barthold Heinrich Brockes: *Das schöne Würmchen*

Barthold Heinrich Brockes (1680–1747), angesehener Patrizier und Ratsherr der Freien Reichsstadt Hamburg, zählt zu den bedeutendsten Lyrikern der deutschen Frühaufklärung – und mit Sicherheit zu den produktivsten: Sein Haupt- und Lebenswerk, die Gedichtsammlung *Irdisches Vergnügen in Gott*, umfasst neun dicke Bände, die zwischen 1721 und 1748 erschienen. Die Resonanz bei den Zeitgenossen war beträchtlich, und um die enorme Textmasse überschaubarer zu gestalten und leserfreundlich aufzubereiten, wurde schon 1738 ein *Auszug der vornehmsten Gedichte aus dem Irdischen Vergnügen in Gott* zusammengestellt, der mit seinen mehr als siebenhundert Seiten freilich immer noch umfangreich genug ausfiel.

Der überwiegende Teil der Gedichte des *Irdischen Vergnügens* gestaltet Phänomene aus dem Reich der Natur. Manche dieser Texte sind noch ganz der von Gryphius her vertrauten barocken Tradition allegorischer Naturdeutung verpflichtet (womit sie übrigens die generelle Fragwürdigkeit strikter Epochenabgrenzungen in der Literatur- und Geistesgeschichte augenfällig machen). In dem Gedicht *Das Eulchen*[1] beispielsweise beobachtet das lyrische Ich in seinem Gartenzimmer ein „Eulchen", d.h. einen kleinen Schmetterling, der dem drohend ausgespannten Netz einer Spinne entgeht, weil er, nach „des Himmels Licht" strebend, hartnäckig gegen die Fensterscheibe fliegt, bis er am Ende glücklich durch einen Spalt ins Freie gelangt. Der Vorfall wird anschaulich beschrieben, ist aber offenkundig von vornherein im Hinblick auf seine allegorische Auslegung entworfen, die in den Schlussversen folgt und den ‚eigentlichen' Sinn der Szene Punkt für Punkt aufschlüsselt:

---

[1] Barthold Heinrich Brockes: Auszug der vornehmsten Gedichte aus dem Irdischen Vergnügen in Gott. Hamburg 1738, S. 282f.

Das Eulchen schiene mir der Seelen Bild zu seyn;
Das Scheiben-Glas des Cörpers; Durch den Schein
Des Lichtes schiene mir die GOttheit; Sünd' und Welt,
Durch das Geweb' und durch die Spinne, vorgestellt.

Weit interessanter und auch zahlreicher sind bei Brockes indes jene Texte, die eine historisch neue Form des lyrischen Umgangs mit der Natur erkennen lassen. Bei aller Vielfalt ihrer Gegenstände liegt diesen Gedichten eine verhältnismäßig konstante gedankliche Struktur zugrunde, die sich an einem beliebig herausgegriffenen Beispiel aufzeigen lässt. Das hier zu diesem Zweck gewählte Werk stammt aus dem siebten Band des *Irdischen Vergnügens* und wendet sich einem Objekt zu, das kaum unscheinbarer sein könnte:

Das schöne Würmchen

Im kühlen Schatten dichter Blätter
Saß ich, bey einem schwühlen Wetter,
Beschirmet vor der Sonnen Schein,
Bedeckt von einem grünen Himmel,
5   Entfernet von der Stadt Getümmel,
Und dacht' auf GOtt und mich allein.
     Wie nun an diesem stillen Ort,
Nach meiner Art, bald hier, bald dort
Die regen Blick', in grünen Tiefen
10   Der Blätter, hin und wieder liefen,
Und, durch so vielfachs Schatten-Grün,
Oft in die Dunkelheit versunken,
Erblickt' ich einen bunten Funken,
Und sah' ihn hell und feurig glüh'n,
15   Zumahl ein kleiner Sonnen-Strahl,
Durch eine Oefnung, auf ihn schien.
Ich stutzt' ob seinem Glanz, und ging,
Ihn in der Nähe zu beseh'n,
Da ich in ihm ein wunderschön
20   Gefärbtes glänzend Würmchen fing.
Nie hatt' ich noch ein herrlicher geschmückt-
Ein herrlicher gefärbtes Thier erblickt.
Der Hinterleib war roht. Ein wirklicher Rubien
Kann hell- und kräftiger nicht glüh'n,
25   Als der gefärbte Glanz, den ich in ihm erblickte,
Desselben obre Fläche schmückte.
Das Vordertheil legt, durch ein glänzend Blau,
Ein klein Sapphirchen uns zur Schau,
Das aber, wenn es sich zumahl

30   Getroffen fand vom Sonnen-Strahl,
      Durch ein besonders schön und lieblich Farben-Spiel,
      Zuweilen in ein Grün, fast als Smaragden, fiel,
      Wie denn der Unterleib beständig grün,
      Smaragden gleich, in hellem Glanze schien.
35   Von solchem grünen Glanz und Scheine
      Sind ebenfalls desselben Beine.
          Was man von Indiens bekanntem Vögelein,
      Dem schönen Colibri (der ja so schön als klein,
      Der einer Fliege kaum an Grösse gleich soll seyn)
40   Und seinen hellen Farben schreibet,
      Die man fast bis zum Glanz der Edelsteine treibet,
      Und den, zum zierlichen Gepränge,
      Das Frauenzimmer dort als Ohr-Gehänge
      Vernünftig brauchen soll, gehöret fast hieher;
45   Da jenes Federn Pracht unmöglich mehr,
      Als dieses Würmchen, glänzen kann.
      Man schau es denn so obenhin nicht an,
      Vergnüge das Gesicht
      An seines Cörpers buntem Licht.
50   Erwäge Dessen Wunder-Macht,
      Der solcher Farben Glanz darinn gesenkt,
      Und welcher uns das Wunder unsrer Augen,
      Wodurch wir das, was schön, zu sehen taugen,
      Aus lauter Lieb', auf dieser Welt geschenkt.[2]

Brockes verwendet hier freie Verse und verleiht seinem Gedicht damit eine recht lockere Gestalt, die nicht einmal eine strophische Gliederung kennt. Zwar ist das Metrum durchweg jambisch, aber die Zahl der Hebungen schwankt unregelmäßig zwischen drei und sechs, und auch die Folge der Reime gehorcht keinem festen Schema; es finden sich sogar einzelne Waisenzeilen. Anscheinend strebt dieser Dichter, anders als Gryphius, nicht nach der präzisen Erfüllung eines vorgegebenen, starren formalen Musters. Im Vordergrund stehen vielmehr die Gedankengänge des lyrischen Ich und die ausführliche Schilderung des Würmchens, die sich in teilweise sehr komplexen Satzgefügen frei entfalten können, weil sich die äußere Form des Gedichts den Bedürfnissen des Inhalts geschmeidig anpasst.

Zu Beginn charakterisiert das lyrische Ich seine Situation. Aus „der Stadt Getümmel" hat es sich in die Einsamkeit zurückgezogen, um dort ungestört seinen Gedanken über „Gott und mich allein" nachhängen zu können – alles

---

[2]   Barthold Heinrich Brockes: Land-Leben in Ritzebüttel, als des Irdischen Vergnügens in Gott Siebender Theil. Hamburg 1743, S. 391f.

deutet also auf Weltabkehr, auf kontemplative Versenkung und religiöse Grübeleien hin, für die der schattige Naturbezirk lediglich die mehr oder weniger zufällige Kulisse abgibt. Derartige Erwartungen werden jedoch in den folgenden Versen enttäuscht, denn der Sprecher ist keineswegs bemüht, seine Aufmerksamkeit ganz von der Umgebung abzuziehen. Statt dessen lässt er – und zwar gewohnheitsmäßig: „Nach meiner Art" – seine Blicke fleißig umherwandern, bis ihn die auffallende Lichterscheinung auf die Spur des Würmchens bringt. Diese Entdeckung wird wiederum nicht als Störung oder unwillkommene Ablenkung empfunden, sondern animiert das lyrische Ich sogleich zu einer genaueren Untersuchung des Phänomens. Damit ist der Kreis der im Gedicht behandelten Gegenstände endgültig auf drei Elemente erweitert: Zu Gott und dem Sprecher selbst tritt das „schöne Würmchen" als Repräsentant der irdischen Natur.

Bei der Beschreibung des winzigen Tieres, die den überwiegenden Teil des Gedichts in Anspruch nimmt, verfährt das lyrische Ich mit fast pedantischer Sorgfalt; kein Detail entgeht dem forschenden Blick. Vor allem auf die Farben wird Wert gelegt, denn gerade sie qualifizieren das Würmchen als ‚schön' und rechtfertigen damit die intensive Beachtung, die ihm geschenkt wird. Vergleiche mit schimmernden Edelsteinen, mit Rubinen, Saphiren und Smaragden, zieht Brockes bei der Schilderung von Tieren und Pflanzen mit besonderer Vorliebe, weil sie nicht nur die Anschaulichkeit erhöhen, sondern den jeweiligen Gegenstand auch förmlich adeln und ihm eine eigene Würde verleihen. Demselben Zweck dient in unserem Fall der Verweis auf den exotischen Wundervogel, den Kolibri. Und so mündet die umfangreiche beschreibende Partie in die an den Leser gerichtete Mahnung „Man schau es [= das Würmchen] denn so obenhin nicht an": Selbst das Kleine und scheinbar Unbedeutende verdient die größte Aufmerksamkeit. Auf eine sinnbildliche Auslegung des Naturphänomens verzichtet Brockes völlig; die Schönheit der irdischen Natur behält ihren eigenständigen Wert und Rang, statt sich zum allegorischen Zeichen zu verflüchtigen. Und ebensowenig erfolgt eine Unterordnung dieser Schönheit unter die erwarteten Freuden des Himmelreiches, wie wir sie von Gerhardt und Harsdörffer kennen, denn noch die Schlussverse des Gedichts sprechen ausdrücklich vom sinnlichen Erleben „dieser" Welt", also der irdischen, diesseitigen Sphäre, die nicht einmal andeutungsweise als vergänglich und hinfällig relativiert wird. Die barocke Vanitas-Klage, die der bekannte Gryphius-Vers „Ich seh' wohin ich seh / nur Eitelkeit auff Erden"[3] in konzentrierter Form ausspricht, gilt hier offenkundig nicht mehr.

---

[3]   Andreas Gryphius: Vanitas, Vanitatum, et Omnia Vanitas. In: ders.: Sonette. Hrsg. von Marian Szyrocki. Tübingen 1963, S. 7.

Es ist sicherlich berechtigt, von einer gewissen „Emanzipation der Sinn-
lichkeit" bei Brockes zu sprechen.[4] Gleichwohl bleibt das Gedicht nicht auf
die reine Immanenz der irdischen Natur beschränkt. Der Gedankengang des
Ich kehrt vielmehr gegen Ende zu Gott zurück, von dem er auch seinen Aus-
gang genommen hat, und erhält dadurch eine kreisförmige Struktur, der die
klar erkennbare Dreiteiligkeit des Gedichts (einleitende Situationsbestim-
mung, Beschreibung des Würmchens, Schlussreflexion) entspricht. Dabei
büßt die Natur jedoch keineswegs ihre plastische, anschauliche Qualität ein –
vielmehr ist gerade sie es, in der sich „Wunder-Macht" und „Lieb" des
Schöpfers greifbar manifestieren. So verwirklicht der Dichter in *Das schöne
Würmchen* mustergültig jenes Programm, das der Titel seines monumentalen
Gedichtwerkes in geraffter Kürze formuliert: Schon auf Erden und in Be-
trachtung der irdischen Dinge kann sich der Mensch der Existenz und der
fürsorglichen Güte Gottes gewiss werden und „Vergnügen", reine Erfüllung,
„in Gott" finden. Aus diesem Grundgedanken und dem umfassenden An-
spruch, den Brockes damit verbindet, ergibt sich auch der geradezu enzyklo-
pädische Charakter der Sammlung, die in jedem Detail der den Sinnen zu-
gänglichen Wirklichkeit die Größe und Gnade des Herrn nachzuweisen sucht.
Wenn das Prinzip gilt, so muss es *überall* gelten, und deshalb bedichtet Bro-
ckes nicht nur die Jahreszeiten, die Himmelskörper und die vier Elemente
sowie zahllose Pflanzen und Tiere, sondern beispielsweise auch den Schnupf-
tabak und einen ausgerissenen Backenzahn. Neben die vom Dichter geprie-
sene Schönheit der Welt treten dabei vielfach die Nützlichkeit und die für den
Menschen so zweckmäßige Einrichtung der behandelten Gegenstände, aus
denen gleichfalls auf die Liebe und Weisheit dessen, der sie geschaffen hat,
geschlossen werden kann.

Jene positive Hinwendung zur irdischen Wirklichkeit, die sich im Werk
des Frühaufklärers nachdrücklich bemerkbar macht, schlägt sich nicht zuletzt
in einer gegenüber dem Gryphius-Sonett *Abend* deutlich veränderten Gestal-
tung der Sprecher-Figur seiner Gedichte nieder. In *Das schöne Würmchen* er-
scheint das lyrische Ich als greifbare Person, die sich tatsächlich in der freien
Natur aufhält und dort eine konkrete Beobachtung an einem individuell er-
fassten Gegenstand macht. Allerdings geht Brockes wiederum nicht so weit,
die lyrische Rede ganz auf die Ebene subjektiver Artikulation zurückzuneh-
men. Die am Ende formulierte Erkenntnis erhebt nämlich durchaus einen all-
gemeingültigen Anspruch, der sich in dem Appellcharakter der Schlussverse
und in der Verwendung des unpersönlichen ‚man' kundtut. Der Rückschluss

---

[4]   Wolfgang Preisendanz: Naturwissenschaft als Provokation der Poesie: Das Bei-
       spiel Brockes. In: Frühaufklärung. Hrsg. von Sebastian Neumeister. München
       1994, S. 469–494; hier S. 487.

von der schönen Natur auf ihren Schöpfer wird nicht als private Meinung eines beliebigen Einzelnen, sondern als verbindliche Wahrheit vorgetragen, die ihrerseits – immer noch – in einer festen christlichen Glaubensüberzeugung wurzelt, auch wenn diese jetzt andere Akzente setzt, als es bei Gryphius der Fall war. So weist auch dieser Sprecher deutliche Züge eines repräsentativen lyrischen Ich auf.

Dieses Ich verbindet bei Brockes Wahrnehmung und Reflexion aufs engste miteinander. In *Kirsch-Blühte bey der Nacht*, vielleicht dem berühmtesten Gedicht des Autors, tritt der Sprecher der Natur „mit betrachtendem Gemüthe" gegenüber[5], und dieser Ausdruck bezeichnet gerade in seiner Doppeldeutigkeit sehr prägnant die Haltung, die das lyrische Ich in den meisten Texten des *Irdischen Vergnügens* an den Tag legt. Versteht man ‚betrachten‘ im Sinne von ‚(an)schauen‘, so signalisiert er die Konzentration auf die intensive visuelle Wahrnehmung, die in Brockes' Gedichten in der Tat – das Beispiel vom *Schönen Würmchen* zeigt es eindrucksvoll – eine Schlüsselrolle spielt. Zugleich aber ist der Sprecher bei Brockes stets zu ‚Betrachtungen‘ aufgelegt, zu Reflexionen, die an das Gesehene anknüpfen, da er die Naturphänomene nicht nur schildert, sondern auch gedanklich einordnet und in den Horizont einer christlichen Weltanschauung stellt. Aus diesem Grunde bevorzugt Brockes isolierte und statische Einzelphänomene aus dem Reich der Natur, die mit gelassener Sorgfalt und voller Konzentration beobachtet werden können[6], sowie ein nicht minder statisches lyrisches Ich, das sich mit dem distanzierten Schauen und Nachdenken begnügt – sein Bezug zur Natur ist eben ‚betrachtend‘ im doppelten Sinne, nicht aber handelnd und eingreifend. So bleiben Ich und Naturgegenstand in der Regel strikt voneinander getrennt, und auch die emotionale Bewegtheit des Sprechers hält sich meist in Grenzen, denn selbst die Wendung zu Gott, in der die Gedichte zu gipfeln pflegen, vollzieht sich für gewöhnlich nicht enthusiastisch und überschwänglich, sondern markiert eher den folgerichtigen Abschluss einer mit Bedacht konstruierten Kette von ‚Betrachtungen‘ (wieder im doppelten Sinne). Zeugt in *Das schöne Würmchen* schon der wohlgegliederte Gedankengang von

---

[5]   Barthold Heinrich Brockes: Irdisches Vergnügen in Gott. Zweyter Theil. Hamburg ⁴1739, S. 38.

[6]   Die neuere Forschung hat sich eingehend mit den Techniken der Perspektivierung bei Brockes und mit der vielfältigen Reflexion des Wahrnehmungsprozesses in seinen Gedichten auseinandergesetzt. Vgl. dazu insbesondere Martina Wagner-Egelhaaf: Gott und die Welt im Perspektiv des Poeten. Zur Medialität der literarischen Wahrnehmung am Beispiel Barthold Hinrich Brockes'. In: Deutsche Vierteljahrsschrift für Literaturwissenschaft und Geistesgeschichte 71 (1997), S. 183–216, und Volker Mergenthaler: Sehen schreiben – Schreiben sehen. Literatur und visuelle Wahrnehmung im Zusammenspiel. Tübingen 2002, S. 32–55.

einer souveränen geistigen Bewältigung der wahrgenommenen Naturerscheinung durch das Ich, so verstärkt das verwendete Präteritum diesen Eindruck noch. Der Sprecher äußert sich nicht unmittelbar aus der Situation heraus, er blickt vielmehr aus einem gewissen zeitlichen Abstand auf ein Erlebnis zurück, aus dem er bereits seine Schlüsse gezogen hat, die er dem Leser nunmehr vorlegt.

Der didaktische Zug, der Brockes' Lyrik kennzeichnet, tritt deutlich zutage: Die detailreichen Schilderungen der Natur und die daran anknüpfenden Reflexionen wollen eine besondere Art des *Sehens* lehren, die sich innig mit einer bestimmten Interpretation des Gesehenen verbindet. Dem Leser wird, mit anderen Worten, genau jene ,betrachtende' Haltung gegenüber der ihn umgebenden Welt, zumal der Natur, nahe gelegt, die das Sprecher-Ich der Texte immer wieder beispielhaft vorführt. Diese Haltung gewährt nämlich, wie eine programmatische Passage aus *Der Herbst* verheißt, den größten Genuss, der dem Menschen überhaupt zugänglich ist, eben das irdisch-sinnliche „Vergnügen in Gott":

> Kein Vergnügen kann auf Erden
> Mit der Lust verglichen werden,
>   Die ein Mensch, durch's Auge, spüret,
>   Wenn ihm, was die Cörper zieret,
>   Nicht den äussern Sinn nur rühret,
> Sondern wenn er, mit Bedacht,
> Aller Schönheit Quell betracht't,
> Weil sodann der Wercke Pracht
> Ihn zu Dem, Der sie gemacht,
>   Zu der Wunder Schöpfer, führet.[7]

Zu einer solchen Kunst des rechten Sehens anzuleiten, ist die Hauptabsicht, die Brockes mit seinen Gedichten verfolgt. In immer neuen Variationen ein und derselben Grundform entwerfen sie ein spezifisches Wahrnehmungs- und Deutungsmuster, das der Leserschaft zum Nachvollzug anheimgegeben wird. Die auf die Natur gerichtete Sinnenlust, die der Dichter seinen Rezipienten vermitteln will, ist demnach keine ungebundene, frei schweifende, sondern eine sehr disziplinierte und ,vernünftige'. Und diese Art der Wahrnehmung ist es auch, die den Menschen in Brockes' Augen vom Tier unterscheidet. In einem Loblied auf *Blühende Pfirschen und Apricosen* heißt es:

---

[7]   Brockes: Auszug der vornehmsten Gedichte aus dem Irdischen Vergnügen in Gott, S. 310.

O wunderbar Gewebe der Natur!
Wer dich mit menschlichem Gemüth,
Und nicht mit vieh'schen Augen, sieht;
Der kann die Allmacht-volle Spur
Von einem ew'gen Wunder-Wesen,
Auf deinen Blättern, deutlich lesen.[8]

Während die „vieh'schen Augen" lediglich zu vernunftloser Reizaufnahme imstande sind, vermag das „menschliche Gemüth" in der sichtbaren Wirklichkeit jederzeit die „Spur" des Schöpfers zu erkennen. Brockes greift hier zurück auf den geläufigen Topos vom ‚Buch der Natur' als einer zweiten Offenbarung Gottes, die neben der Heiligen Schrift ihren eigenständigen Rang behauptet. Zum Verständnis dieses Buches bedarf es nach seiner Überzeugung keiner Spezialkenntnisse und keiner theologischen, philosophischen oder wissenschaftlichen Bildung. Die ‚natürliche' Gotteserkenntnis ist im Prinzip jedem zugänglich – vorausgesetzt, er versteht die Welt so zu sehen, wie es die Gedichte des *Irdischen Vergnügens* demonstrieren.

Eine solche Naturbetrachtung, die Gott in seinen Werken verherrlicht, nimmt nachgerade den Charakter eines ‚sinnlichen Gottesdienstes' an. Dies wird von Brockes auch unumwunden ausgesprochen, etwa in den folgenden Versen, mit denen das Gedicht *Gottes Allgegenwart* schließt:

So lasset uns künftig im Schmecken und Hören,
Nicht minder im Riechen, im Fühlen, im Sehn,
Den Schöpfer verehren,
Und Sein' Allgegenwart verstehn![9]

Die Sprengkraft dieser Konzeption darf nicht unterschätzt werden, tritt sie doch herausfordernd in Konkurrenz zur Amtskirche und ihrer ritualisierten Form des Gottesdienstes. Damit geht nicht zuletzt eine enorme Aufwertung der Dichtung selbst einher: Immerhin drängt sich Brockes' Lyrik, indem sie ihrem Leser den Weg von der Naturwahrnehmung zur Erkenntnis und zum Lob Gottes vorzeichnet, gewissermaßen an die Stelle der Institution Kirche, die für sich bekanntlich in Anspruch nahm (und nimmt), die einzig wahre Mittlerin zwischen Gott und den Menschen zu sein. Es verwundert nicht,

---

[8] Brockes: Auszug der vornehmsten Gedichte aus dem Irdischen Vergnügen in Gott, S. 103.

[9] Ebd., S. 532. – Um Vollständigkeit bemüht, zählt Brockes hier alle fünf Sinne nebeneinander auf. In seinen Gedichten spielt jedoch das Sehen die überragende Rolle – es ist der ‚intellektuellste' Sinn, der am meisten Distanz zwischen Subjekt und Objekt der Wahrnehmung lässt und dem die größte Schärfe und Präzision eignet.

dass die Zeitgenossen des Dichters seine Werke oft wie eine neuartige Spielart religiöser Erbauungsliteratur rezipierten.

Will man den geistesgeschichtlichen Standort des *Irdischen Vergnügens in Gott* näher bestimmen, so muss man auf den starken Einfluss des physikotheologischen Gedankengutes hinweisen, der sich hier bemerkbar macht.[10] Die Physikotheologie entstand im 17. Jahrhundert in England und verbreitete sich bald auch auf dem Kontinent; Brockes kannte viele einschlägige Schriften. Die Vertreter dieser Strömung reagierten auf die stürmische Entwicklung der frühneuzeitlichen Naturwissenschaften, die die Kenntnisse über die natürliche Wirklichkeit rasant vermehrten und das Interesse an ihr ungemein verstärkten, und bemühten sich darum, die Resultate dieser ,New Science' in eine harmonische Übereinstimmung mit dem überlieferten christlichen Glauben zu bringen. Dabei griffen sie auf die traditionsreiche Vorstellung zurück, dass die Einrichtung der Welt, ja des ganzen Kosmos einen vernünftigen ,Bauplan' erkennen lasse, hinter dem wiederum ein weiser und gütiger Schöpfer stehen müsse. Gerade die ,New Science' schien nun eine Fülle von neuen Belegen für die Schönheit, die Nützlichkeit und die gesetzmäßige Ordnung der natürlichen Phänomene zu liefern, durch die die Physikotheologie die Existenz Gottes unwidersprechlich bewiesen sah. Die physikotheologische Lehre lässt sich mithin als eine Kompromiss-Ideologie beschreiben, die im zeitgenössischen Kontext gegen radikale Haltungen unterschiedlicher Couleur Front machte. Sie brach einerseits mit der orthodox-christlichen Weltverneinung, mit der barocken Vanitas-Stimmung und der im christlichen Glauben tief verwurzelten Skepsis gegenüber den Erkenntnismöglichkeiten des Menschen, grenzte sich aber andererseits, indem sie an einem persönlichen, außerweltlichen Schöpfergott festhielt, von pantheistischen Tendenzen ab, die, etwa im Gefolge der Philosophie Spinozas, Gott als ein wirkendes Prinzip ganz in die irdische Natur hineinnehmen wollten. Und nicht zuletzt suchte sie der sich bereits damals abzeichnenden äußersten Konsequenz des wissenschaftlichen Fortschritts entgegenzutreten, dem blanken Atheismus nämlich, der – wie später der französische Mathematiker und Astronom Laplace – den Glauben an Gott als eine überflüssige ,Hypothese' verwirft und die Welt auf rein mechanistischer und materialistischer Grundlage zu erklären unternimmt.

Schon diese knappe Skizze dürfte deutlich gemacht haben, wie eng das oben rekonstruierte Schema, das Brockes' Gedichten zugrunde liegt, mit den Positionen der Physikotheologie verwandt ist: In vielen seiner Texte führt der

---

[10] Vgl. dazu generell die Studie von Uwe-K. Ketelsen: Die Naturpoesie der norddeutschen Frühaufklärung. Poesie als Sprache der Versöhnung: alter Universalismus und neues Weltbild. Stuttgart 1974.

Verfasser des *Irdischen Vergnügens* geradezu einen physikotheologischen Gottesbeweis in lyrischer Form. Sein Werk offeriert damit ein spezifisches Weltbild, das es dem Menschen erlaubt, sich im Diesseits einzurichten und die irdische Natur guten Gewissens zu genießen und zu nutzen, ohne doch aus jener metaphysisch verankerten höheren Ordnung herauszufallen, die der christliche Glaube verbürgt. Die Resonanz, auf die Brockes stieß, lässt vermuten, dass solche Literatur während der Frühphase der Aufklärung eine bedeutsame Rolle für die Selbstverständigung insbesondere der bürgerlichen Gruppen in Deutschland spielte – das weltanschauliche Kompromissangebot entsprach dem Geist der Zeit und wurde offenbar bereitwillig akzeptiert. Übrigens gab es damals noch eine ganze Reihe anderer Autoren, die, meist von Brockes angeregt, ein ähnliches Programm verfolgten, darunter Georg Heinrich Behr, J.J. Ebeling, Daniel Wilhelm Triller und Albrecht Jacob Zell. Der Hamburger Ratsherr war lediglich der erfolgreichste – und begabteste – Repräsentant einer breiten Strömung physikotheologisch inspirierter Naturlyrik, die im protestantischen Norddeutschland um 1720 aufkam und sich in Ausläufern bis in die zweite Jahrhunderthälfte behauptete.

Mit der Stichhaltigkeit der physikotheologischen Thesen steht es allerdings bedenklich, und sie dürften ihre Überzeugungskraft tatsächlich überwiegend aus dem Umstand gezogen haben, dass sie in einem besonderen Moment der geistes- und sozialgeschichtlichen Entwicklung einem verbreiteten Bedürfnis entgegenkamen. Wissenschaftlich betrachtet, ist es zweifellos unzulässig, aus einer gesetzmäßigen Ordnung der Natur auf einen planvoll handelnden Schöpfer zu schließen. Ähnlich wie die ganz analog aufgebauten Behauptungen, die heutzutage unter dem Schlagwort ‚Intelligent Design‘ vor allem in den Vereinigten Staaten kursieren, stellt auch der vermeintliche Gottesbeweis der Physikotheologen im Grunde einen nur vom christlichen *Glauben* getragenen Zirkelschluss dar. Das lässt sich sogar an der Struktur vieler Gedichte von Brockes unmittelbar ablesen. Am Beispiel des *Schönen Würmchens* wurde bereits die Kreisförmigkeit des Aufbaus erörtert: So wie die ‚Betrachtungen‘ des lyrischen Ich von Gott ausgehen, so kehren sie auch wieder zu ihm zurück. Der personale Schöpfergott ist demnach von Anfang an als Ziel des Wahrnehmungs- und Denkprozesses vorgegeben, und die Reflexionen des Sprechers bestätigen lediglich das ohnehin Gewusste – oder Geglaubte. Nur wer in seinem „Gemüth" bereits von der Existenz des gütigen und allmächtigen himmlischen Vaters überzeugt ist, wird im „Gewebe der Natur" allenthalben seine „Spur" entdecken können, wie es die oben zitierten Verse aus dem Gedicht *Blühende Pfirschen und Apricosen* proklamieren. Gerade vor dem Hintergrund der beschränkten Tragfähigkeit des physikotheologischen Arguments gewinnt nun aber die ästhetische Form des *Irdischen Vergnügens* ihre eigentliche Bedeutung: Die Poesie, die in ihren Naturschilderungen das Wirken Gottes buchstäblich sinnfällig macht, bewerkstelligt damit jenen entscheidenden „‚Sprung' von der Physik zur Metaphysik"[11], den wissenschaftliche Argumente nicht zu vollziehen vermögen. Schon zu Brockes' Zeiten war die Kluft zwischen Gott und der Natur letztlich nur noch im Medium der Dichtung zu überbrücken.

---

[11] Ketelsen: Die Naturpoesie der norddeutschen Frühaufklärung, S. 143.

Jehovahs Erscheinung in der Natur

Friedrich Gottlieb Klopstock: *Das Landleben*

Mittels der Dichtung einen Weg zu weisen, wie der Mensch Gott in der Natur erfahren kann – das war das Programm, das Brockes in seinem *Irdischen Vergnügen* zu verwirklichen suchte. Ein ähnliches Ziel verfolgt Friedrich Gottlieb Klopstock (1724–1803) mit dem 1759 entstandenen Gedicht *Das Landleben*. Die poetischen Techniken, die er dabei einsetzt, sind jedoch ganz anderer Art; sie verweisen auf die Epoche der Empfindsamkeit und ihre ungemein verfeinerte Gestaltung seelischer Regungen. Heute liest man Klopstocks Text meist in einer bearbeiteten und in mancher Hinsicht – etwa durch die Einteilung in regelmäßige vierzeilige Strophen – auch geglätteten Version, die der Dichter 1771 in seinem Band *Oden* unter dem Titel *Die Frühlingsfeyer* publizierte. Hier wird jedoch die frühere Fassung wiedergegeben:

Das Landleben

Nicht in den Ozean
Der Welten alle
Will ich mich stürzen!
Nicht schweben, wo die ersten Erschaffnen,
5   Wo die Jubelchöre der Söhne des Lichts
Anbeten, tief anbeten,
Und in Entzückung vergehn!

Nur um den Tropfen am Eimer,
Um die Erde nur, will ich schweben,
10   Und anbeten!

Halleluja! Halleluja!
Auch der Tropfen am Eimer
Rann aus der Hand des Allmächtigen!

     Da aus der Hand des Allmächtigen
15   Die größern Erden quollen,
     Da die Ströme des Lichts
     Rauschten, und Orionen wurden;
     Da rann der Tropfen
     Aus der Hand des Allmächtigen!

20   Wer sind die tausendmal tausend,
     Die myriadenmal hundert tausend,
     Die den Tropfen bewohnen?
     Und bewohnten?
     Wer bin ich?

25   Halleluja dem Schaffenden!
     Mehr als die Erden, die quollen!
     Mehr als die Orionen,
     Die aus Strahlen zusammenströmten!

     Aber, du Frühlingswürmchen,
30   Das grünlichgolden
     Neben mir spielt,
     Du lebst;
     Und bist, vielleicht – –
     Ach, nicht unsterblich!

35   Ich bin herausgegangen,
     Anzubeten;
     Und ich weine?

     Vergib, vergib dem Endlichen
     Auch diese Tränen,
40   O du, der sein wird!

     Du wirst sie alle mir enthüllen,
     Die Zweifel, alle,
     O du, der mich durchs dunkle Tal
     Des Todes führen wird!

45   Dann werd ich es wissen:
     Ob das goldne Würmchen
     Eine Seele hatte?

     Wärest du nur gebildeter Staub,
     Würmchen, so werde denn

50 Wieder verfliegender Staub,
    Oder was sonst der Ewige will!

    Ergeuß von neuem, du mein Auge,
    Freudentränen!
    Du, meine Harfe,
55 Preise den Herrn!

    Umwunden, wieder von Palmen umwunden
    Ist meine Harfe!
    Ich singe dem Herrn!

    Hier steh ich.
60 Rund um mich ist alles Allmacht!
    Ist alles Wunder!

    Mit tiefer Ehrfurcht,
    Schau ich die Schöpfung an!
    Denn du!
65 Namenlosester, du!
    Erschufst sie!

    Lüfte, die um mich wehn,
    Und süße Kühlung
    Auf mein glühendes Angesicht gießen,
70 Euch, wunderbare Lüfte,
    Sendet der Herr! Der Unendliche!

    Aber itzt werden sie still; kaum atmen sie!
    Die Morgensonne wird schwül!
    Wolken strömen herauf!
75 Das ist sichtbar der Ewige,
    Der kömmt!
    Nun fliegen, und wirbeln, und rauschen die Winde!
    Wie beugt sich der bebende Wald!
    Wie hebt sich der Strom!
80 Sichtbar, wie du es Sterblichen sein kannst,
    Ja, das bist du sichtbar, Unendlicher!

    Der Wald neigt sich!
    Der Strom flieht!
    Und ich falle nicht auf mein Angesicht?

85   Herr! Herr! Gott! barmherzig! und gnädig!
        Du Naher!
        Erbarme dich meiner!
        Zürnest, du, Herr, weil Nacht dein Gewand ist?
        Diese Nacht ist Segen der Erde!
90   Du zürnest nicht, Vater!
        Sie kömmt, Erfrischung auszuschütten
        Über den stärkenden Halm!
        Über die herzerfreuende Traube!
        Vater! du zürnest nicht!

95   Alles ist stille vor dir, du Naher!
        Ringsum ist alles stille!
        Auch das goldne Würmchen merkt auf!
        Ist es vielleicht nicht seelenlos?
        Ist es unsterblich?

100   Ach vermöcht ich dich, Herr, wie ich dürste, zu preisen!
        Immer herrlicher offenbarst du dich!
        Immer dunkler wird, Herr, die Nacht um dich!
        Und voller von Segen!

        Sehr ihr den Zeugen des Nahen, den zückenden Blitz?
105   Hört ihr den Donner Jehovah?
        Hört ihr ihn?
        Hört ihr ihn?
        Den erschütternden Donner des Herrn?

        Herr! Herr! Gott! barmherzig und gnädig!
110   Angebetet, gepriesen
        Sei dein herrlicher Name!

        Und die Gewitterwinde? Sie tragen den Donner!
        Wie sie rauschen! Wie sie die Wälder durchrauschen!
        Und nun schweigen sie! Majestätischer
115   Wandeln die Wolken herauf!

        Seht ihr den neuen Zeugen des Nahen,
        Seht ihr den fliegenden Blitz?
        Hört ihr hoch in den Wolken den Donner des Herrn?
        Er ruft Jehovah!
120   Jehovah!
        Jehovah!
        Und der gesplitterte Wald dampft!

Aber nicht unsre Hütte!
Unser Vater gebot
125   Seinem Verderber
Vor unsrer Hütte vorüberzugehn!

Ach schon rauschet, schon rauschet
Himmel und Erde vom gnädigen Regen!
Nun ist, wie dürstete sie! die Erd erquickt,
130   Und der Himmel der Fülle des Segens entladen!

Siehe, nun kömmt Jehovah nicht mehr im Wetter!
Im stillen, sanften Säuseln
Kömmt Jehovah!
Und unter ihm neigt sich der Bogen des Friedens.[1]

Wie im vorigen Kapitel anhand des Gedichts *Das schöne Würmchen* gezeigt wurde, pflegt Brockes das lyrische Ich und den Naturgegenstand als Beobachter und Objekt deutlich voneinander zu trennen, und nicht minder klar geschieden ist bei ihm die exakte visuelle Wahrnehmung von den darauf aufbauenden Reflexionen über die Bedeutung des Gesehenen. Nichts davon bei Klopstock. Das enthusiastisch aufgeregte Ich, das hier zu Wort kommt, kann, von seinen Empfindungen mitgerissen, den Naturerscheinungen gegenüber keine nüchterne Distanz wahren. Bezeichnend ist schon die Veränderung des Tempus: An die Stelle des Rückblicks in der Zeitform des Präteritums tritt ein Sprechen im Präsens, also aus der erlebten Situation heraus, in der sich das Ich unmittelbar mit der machtvollen Gegenwärtigkeit eines Naturphänomens konfrontiert sieht. Und auch dieses Naturphänomen ist ein anderes, als es bei Brockes in der Regel begegnet, denn mit dem Gewitter wählt Klopstock keinen statischen und überschaubar abgegrenzten Gegenstand, sondern einen aufs äußerste bewegten, aufwühlenden Vorgang, der den Augenzeugen zutiefst erschüttert. Ganz unbekannt sind derartige Sujets dem *Irdischen Vergnügen in Gott* freilich nicht, doch hat Gerhard Kaiser im Vergleich mit Klopstock beispielhaft gezeigt, wie Brockes in *Die auf ein starckes Ungewitter erfolgte Stille* sogar die Erscheinung eines Gewitters seinen aus anderen Gedichten wohlbekannten Darstellungs- und Deutungsmustern unterwirft.[2]

---

[1]   Friedrich Gottlieb Klopstock: Ausgewählte Werke. Hrsg. von Karl August Schleiden. München 1962, S. 85–89.
[2]   Vgl. Gerhard Kaiser: Klopstock. Religion und Dichtung. Gütersloh 1963, S. 296–301.

Um das Erleben seines Sprechers für den Leser nachvollziehbar zu machen, bietet Klopstock all jene poetischen Mittel auf, deren meisterhafte Handhabung seinen wichtigsten Beitrag zur Entwicklung der deutschen Dichtersprache darstellt und die bei den zeitgenössischen Rezipienten ihren Effekt nicht verfehlten. Er schöpft das ganze Arsenal sprachlicher und formaler Möglichkeiten zur Emotionalisierung der Aussage und zur Intensivierung der Wirkung aus; sein Gedicht ist geradezu ein Kompendium der unterschiedlichsten rhetorischen Figuren und stilistischen Kunstgriffe, vorgeführt an praktischen Beispielen. Am auffälligsten sind neben der hymnisch gehobenen Diktion, die sich an die Sprache der Bibel, insbesondere der Psalmen anlehnt, die gehäuft auftretenden Ausrufe und Fragen, wobei auch die letzteren meist den Charakter von leidenschaftlichen Exklamationen tragen. Man muss geraume Zeit suchen, bis man in dem umfangreichen Text einen Satz entdeckt, der *nicht* mit einem Ausrufe- oder Fragezeichen endet – dass ausgerechnet der Schlusssatz zu diesen wenigen Ausnahmen gehört, wird uns noch beschäftigen. Emotional geprägte Anreden finden sich gleichfalls in großer Zahl. Ihre Adressaten wechseln, denn das Ich spricht zwar bevorzugt Gott an, wendet sich daneben aber auch an das unscheinbare „Frühlingswürmchen", an seine „Harfe" und an die „Lüfte" sowie mehrfach an ein nicht näher bestimmtes Auditorium („ihr"), das es in sein rauschhaftes Erleben der gotterfüllten Natur einzubeziehen sucht. Häufige Wiederholungen und Parallelismen verleihen der lyrischen Rede ebenso zusätzlichen Nachdruck wie eine ganze Reihe von Alliterationen und Anaphern, während beispielsweise Inversionen – so schon in den ersten Versen – und Ellipsen die exaltierte Verfassung des Sprechers anschaulich werden lassen.

Es versteht sich fast von selbst, dass Klopstock sich nicht an eine vorgegebene, strenge Gedichtform bindet. Während Brockes seinen Texten zumindest durch ein geregeltes Metrum und den Reim, oft auch durch strophische Gliederung ein äußeres Gerüst verleiht, das dem sachlichen Duktus der lyrischen Rede entspricht, bedient sich Klopstock reimloser freirhythmischer Verse von sehr variabler Länge, die er zu unregelmäßigen Gruppen zusammenfügt. So umfasst *Das Landleben* insgesamt 29 Abschnitte, deren Umfang zwischen drei und zehn Zeilen schwankt. Diese Form leistet offensichtlich keine Zügelung der Ich-Aussprache mehr, sondern lässt sich selbst vom Strom der Empfindungen und Eindrücke des Sprechers mitreißen.

Eine Natur*beschreibung* im engeren Sinne gestattet die aufgewühlte Verfassung, in der sich der Sprecher befindet, nicht. Da ihm der erforderliche (innere) Abstand zu der ihn umgebenden Natur fehlt, vermag er kein zusammenhängendes Bild von ihr zu entwerfen; eine ruhige ‚Betrachtung‘, wie sie für die Texte des *Irdischen Vergnügens in Gott* so charakteristisch ist, bringt er nicht zuwege. Erwähnt werden im Text lediglich einige wenige Versatzstücke eines Landschaftsszenarios, insbesondere „Wald" und „Strom", die sich aber weder zu einem Ganzen fügen noch in ihrer räumlichen Beziehung zum Standort des Sprechers klar erkennbar sind. Bezeichnend ist die pauschale Formel „Himmel und Erde" im vorletzten Versabschnitt – so unbestimmt und allgemein bleiben die Konturen des Naturbildes in Klopstocks *Landleben*. Augenscheinlich beabsichtigt der Dichter nicht, vor dem geistigen Auge des Lesers den plastischen Anblick eines über der Landschaft aufziehenden Gewitters erstehen zu lassen. Statt dessen gestaltet er die *Wirkung* eines solchen Ereignisses auf das lyrische Ich, um diese wiederum möglichst direkt auf den Rezipienten zu übertragen: „Unsere Empfindung ist unmittelbar angesprochen und bedarf keiner poetischen Verwirklichung des Vorganges mit Hilfe der Beschreibung."[3] Elemente einer sachlichen, nüchternen Schilderung würden den gewünschten Effekt sogar eher abschwächen als fördern. In diesem Zusammenhang erklärt sich auch die mehrfache Anrede an die anonyme „ihr"-Gruppe. Da im Gedicht keine Adressaten für sie gestaltet sind – von weiteren Personen neben dem lyrischen Ich ist nirgends die Rede –, darf man vermuten, dass mit dieser Ansprache die *Leser* selbst in den Text einbezogen und unmittelbar dazu aufgefordert werden, vermittels ihrer Vorstellungskraft die sprachlich entworfenen sinnlichen Wahrnehmungen wie auch die emotionale Erregung des Sprechers zu teilen: „Seht ihr den Zeugen des Nahen, den zückenden Blitz? / Hört ihr den Donner Jehovah? / Hört ihr ihn? / Hört ihr ihn?" – „Seht ihr den neuen Zeugen des Nahen, / Seht ihr den fliegenden Blitz? / Hört ihr hoch in den Wolken den Donner des Herrn?" Nicht zufällig findet sich diese Anrede gerade an jenen Stellen, an denen die Erscheinung Gottes in der Natur ihren „erschütternden" Höhepunkt erreicht.

Was Klopstock mit poetischen Mitteln so eindrucksvoll evoziert, ist demnach nicht der Naturvorgang als solcher, sondern die affektive Reaktion eines Menschen, der dessen Zeuge wird. Daher folgt das Gedicht in seiner Gliederung auch vorrangig der assoziativ verknüpften Gedanken- und Gefühlsbewegung des lyrischen Ich, nicht so sehr einer kohärenten Abfolge von Naturimpressionen. Die letzteren streut Klopstock nur sporadisch als Anregungen für den seelischen Aufschwung des Sprechers ein, ohne sie je zu konkretisieren. Dass das Ich sich überhaupt in freier Natur aufhält, wird für den Leser nicht vor dem siebten Abschnitt deutlich: „Aber, du Frühlingswürmchen, / Das grünlichgolden / Neben mir spielt ...". Voran gehen Reflexionen über das unermessliche All, die Winzigkeit der Erde, die Stellung des Menschen im Kosmos und die Schöpfermacht Gottes, die ohne einen erkennbaren situativen Bezug auskommen. Diese Abfolge legt auch schon das Verständnis des

---

[3]   Kaiser: Klopstock, S. 300.

später ins Spiel gebrachten Naturerlebnisses in seinen Grundzügen fest, lässt sie doch keinen Zweifel daran, dass die Begegnung des Sprechers mit der irdischen Natur von vornherein im Horizont einer religiösen Thematik steht.

Gerade beim Umgang mit einem Gedicht wie *Das Landleben* gilt es, das lyrische Ich sorgfältig vom realen Verfasser des Textes zu unterscheiden. Das Sprecher-Ich mag in enthusiastischer Erregung seinen Eindrücken und Gefühlswallungen hingegeben sein, der Autor Klopstock dagegen erweist sich als ein mit außerordentlich wachem Bewusstsein schaffender Dichter. Von souveräner Kunstfertigkeit zeugt bereits die oben erörterte sprachliche Gestaltung, denn die *Suggestion* äußerster Gefühlsunmittelbarkeit wird nur erreicht durch den virtuosen Einsatz aller rhetorischen Mittel, die zu ihrer Hervorbringung geeignet sind. Bemerkenswert ist dabei übrigens, dass die Verständlichkeit des sprachlichen und gedanklichen Ablaufs stets gewahrt bleibt: Klopstock lässt niemals zu, dass sich das lyrische Ich in seinem Überschwang in dunklem oder unverständlichem Gestammel verliert. Zudem erweisen sich Gliederung und Gedankengang des Werkes bei näherem Hinsehen als sehr viel gründlicher durchdacht, als es auf den ersten Blick scheint. Die Strukturen und Sinnzusammenhänge, die sich unter der heftig bewegten Oberfläche des Textes abzeichnen und den ordnenden Verstand des Dichters erkennen lassen, sollen im Folgenden Stück für Stück interpretierend nachgezeichnet werden.

Eine erste in sich geschlossene Partie bilden die Abschnitte eins bis sechs. Hier kontrastiert das lyrische Ich die visionär erfasste Unermesslichkeit des Kosmos, seine zahllosen Welten und die „Jubelchöre" der Engel mit jenem verschwindend kleinen „Tropfen am Eimer" – die Wendung ist der Bibel entlehnt (Jes 40,15) –, den der Erdball darstellt, wenn man ihn an diesen unendlichen Weiten misst. Gleichwohl erscheint dem Sprecher die Erde nicht minder preiswürdig, da sie ebenfalls eine Schöpfung Gottes ist: „Auch der Tropfen am Eimer / Rann aus der Hand des Allmächtigen!" Im Hintergrund dieser Verse steht das zu Klopstocks Zeit noch verhältnismäßig junge heliozentrische Modell des Weltalls: Die Erde ist ihrer Mittelpunktsstellung enthoben und nur noch ein unscheinbarer Himmelskörper unter vielen. Die ernüchternden, ja schockierenden Konsequenzen dieser Einsicht fängt das Gedicht jedoch auf, indem es die Menschen trotz ihrer Winzigkeit über alle Wunder des Kosmos stellt: „Die myriadenmal hundert tausend, / Die den Tropfen bewohnen", sind nach christlicher Lehre Ebenbilder Gottes und von ihm mit einer unsterblichen Seele begabt, und deshalb repräsentieren sie, so verschwindend gering sie sich auch ausnehmen mögen, die Krone der Schöpfung – sie sind „[m]ehr als die Erden, die quollen! / Mehr als die Orionen, / Die aus Strahlen zusammenströmten!" Diese Gedankenfigur entspricht bereits jenem Konzept des ‚Erhabenen', das später unter anderem von Kant ausgearbeitet wurde. Gerade angesichts des überwältigenden Eindrucks der kosmischen Natur, die ihn seine physische Ohnmacht und Geringfügigkeit spüren lässt, wird sich der Mensch seiner *inneren* Würde und Größe bewusst.

Die zweite Partie des Gedichts, die wieder sechs Abschnitte umfasst, kehrt den Blick unvermittelt vom Größten zum Kleinsten, vom „Ozean / Der Welten" zu jenem unscheinbaren „Frühlingswürmchen", das der Sprecher neben sich gewahrt. Zweifel befallen ihn, ob dieses Lebewesen gleichfalls beseelt und damit unsterblich ist oder ob es nicht vielmehr im Tode gänzlich vergehen wird, doch der Anflug von Schwermut wird vertrieben durch die Wendung zu Gott, dem das Ich vertrauensvoll die Lösung des Rätsels überlässt. So kann es im dritten Teil mit frischer Kraft erneut den Lobpreis des Herrn anstimmen: „Ergeuß von neuem, du mein Auge, / Freudentränen! / Du, meine Harfe, / Preise den Herrn!" Erst hier offenbart sich das lyrische Ich auch als Dichter, genauer: als Dichter-Sänger, dessen Selbststilisierung in diesen Versen noch zu erörtern sein wird. Ausdrücklich rechtfertigt er seine „tiefe Ehrfurcht" vor der umgebenden Natur: Sie ist „Schöpfung" Gottes und als solche verehrungswürdig.

Erst ab der achtzehnten Versgruppe („Aber itzt werden sie still ...", V. 72), die einen weiteren Einschnitt markiert, bringt Klopstock gewisse Aspekte einer Vorgangsschilderung in das Gedicht ein: Das Gewitter zieht auf und entwickelt sich vor den Augen des Sprechers. Diese Partie, die umfangreichste des Textes, stellt auch inhaltlich den Höhepunkt dar. Dabei ist sie ihrerseits wieder mehrfach untergliedert; in einem Einschub kommt das Ich auch noch einmal auf das „Würmchen" zurück, dessen Aufmerken beim Nahen des Herrn ein Indiz dafür liefert, dass es tatsächlich beseelt und „unsterblich" sein könnte. Der Gott, der sich im Gewitter offenbart, ist zweifellos der Gott des Alten Testaments, der sich oftmals in Naturgewalten manifestiert und hier auch mit seinem Namen angerufen wird: „Jehovah!" Doch trotz des imponierenden Auftretens und der sichtbaren Zeugnisse seiner Stärke erweist sich dieser Gott als wohltätig und gnädig, als Freund der Menschen und der Erde. Diese Einsicht bildet den Kern des Abschnitts und zugleich die Sinnmitte des ganzen Gedichts. Als liebender „Vater" zeigt sich Gott insbesondere, wenn er den verheerenden Blitz die „Hütte" der Menschen verschonen lässt – eine Anspielung auf das biblische Buch *Exodus*, wo der vom Herrn gesandte „Verderber" an den Behausungen der Israeliten vorübergeht (Ex 12,23). Die „Hütte" dürfte in diesem Zusammenhang weniger als konkreter Ort in der Nähe des lyrischen Ich denn als generelles Sinnbild menschlicher ,Behaustheit' und Geborgenheit zu verstehen sein. Wenn das Ich von „*unsrer* Hütte" redet, erhebt es sich gleichsam zum Sprecher aller Menschen, die sich im (christlichen) Glauben aufgehoben und in Gottes Gnade gesichert wissen.

Die letzten beiden Versgruppen des Gedichts können nochmals als ein eigener Abschnitt aufgefasst werden, der nach dem Abzug des Gewitters die Einsicht in die liebende Sorge des Herrn um die Erde und die Menschheit bestätigt. Untermauert wird diese Deutung des Naturgeschehens erneut durch den Rückgriff auf die Heilige Schrift. Mit Bibelanspielungen arbeitet der Text sehr häufig; neben den schon genannten wäre noch auf Psalm 104,15 („die herzerfreuende Traube", V. 93) und auf Psalm 72,19 („gepriesen / Sei dein herrlicher Name!", V. 110f.) hinzuweisen. Die Schlusszeilen verknüpfen nun gleich zwei wichtige Bezugsstellen aus dem Alten Testament miteinander. Mit den Versen „Siehe, nun kömmt Jehovah nicht mehr im Wetter! / Im stillen, sanften Säuseln / Kömmt Jehovah!" zitiert Klopstock – leicht abgewandelt – das Erlebnis des Propheten Elia am Berg Horeb aus dem *Ersten Buch der Könige* 19,11–13:

> Der HERR gieng fur vber / vnd ein grosser starcker Wind / der die Berge zureis vnd die Felsen zubrach fur dem HERRN her / Der HERR aber war nicht im winde. Nach dem winde aber kam ein Erdbeben / Aber der HERR war nicht im erdbeben. [12] Vnd nach dem Erdbeben kam ein Fewr / Aber der HERR war nicht im fewr. Vnd nach dem Fewr kam ein still sanfftes Sausen. [13] DA das Elia höret / verhüllet er sein andlitz mit seinem Mantel […].[4]

Nach allen vorangegangenen Demonstrationen seiner Macht und Gewalt erweist sich Jehovah jetzt endgültig als milder und gütiger Gott, der mit dem erquickenden Regen eine „Fülle des Segens" stiftet. Bekräftigt wird die umfassende Harmonie von „Himmel und Erde" durch den Regenbogen, das biblische Zeichen der Versöhnung zwischen Gott und den Menschen nach der Sintflut (Gen 9,13–15):

> [13] Meinen Bogen hab ich gesetzt in die wolcken / der sol das Zeichen sein des Bunds / zwischen Mir vnd der Erden. [14] Vnd wenn es kompt / das ich wolcken vber die Erden füre / So sol man meinen Bogen sehen / in den wolcken / [15] Als denn wil ich gedencken an meinen Bund / zwischen Mir vnd euch / vnd allem lebendigen Thier / in allerley Fleisch / Das nicht mehr hin furt eine Sindflut kome / die alles Fleisch verderbe.

---

[4]   Die Bibel wird nach Luthers Übersetzung zitiert: D. Martin Luther: Die gantze Heilige Schrifft Deudsch. Wittenberg 1545. Letzte zu Luthers Lebzeiten erschienene Ausgabe. Hrsg. von Hans Volz unter Mitarbeit von Heinz Blanke; Textredaktion Friedrich Kur. 2 Bde. Herrsching o.J.

In Klopstocks *Das Landleben* erfüllt sich diese Verheißung, denn nicht Zerstörung, sondern Segen bringt das Gewitter über die Erde und ihre Bewohner. Im Anblick des Regenbogens erreicht die gedankliche Bewegung des Gedichts ihr Ziel, und so kommt auch das heftig erregte Gemüt des Sprechers zur Ruhe – der letzte Satz schließt ausnahmsweise mit einem Punkt statt mit einem Ausrufezeichen.

Die wiederholten Bezugnahmen auf die Bibel, die Klopstocks Zeitgenossen gewiss noch ohne weiteres verständlich waren, stützen die Überzeugungskraft der im Text vorgenommenen religiösen Naturdeutung und verleihen dem Bild von Gott als einem machtvollen, aber zugleich liebenden Vater eine höhere, traditionsgeheiligte Autorität. Sie machen überdies einmal mehr sichtbar, wie überlegt die nur scheinbar ungezügelt und spontan dahinfließende lyrische Rede vom Dichter konstruiert worden ist. Eine Anlehnung an die Bibel ist schließlich auch bei der Gestaltung des sprechenden Ich selbst zu beobachten, das sich in den Versgruppen 13 und 14 nicht nur als Sänger zu erkennen gibt, sondern sich darüber hinaus nach dem Vorbild des alttestamentarischen Königs David stilisiert, wenn es mit seiner „Harfe" das Lob des Herrn anstimmt (V. 54ff.). Zudem schlüpft das Ich in Klopstocks Gedicht in die Rolle eines christlichen ‚poeta vates', eines Dichter-Propheten, der zwischen Gott und den Menschen vermittelt, indem er seiner Leser- oder Hörerschaft das Wesen des Herrn, wie es sich in der Natur offenbart, auslegt. Dieses lyrische Ich, dessen Worte auf solche Weise religiös fundiert und durch biblische Vorbilder abgesichert sind, kann als ein schöpferischer Selbstentwurf des Autors Klopstock aufgefasst werden, der sich hier gleichsam eine ideale Dichterrolle vor-schreibt.

Die Inszenierung eines prophetisch von Gott kündenden Dichter-Ichs ist wiederum vor dem Hintergrund jenes umfassenden Wandels zu sehen, den das Dichterbild und das Selbstverständnis der Poeten im 18. Jahrhundert durchmachten. Schrieb ein barocker Autor wie Andreas Gryphius noch innerhalb eines weitgehend festgefügten, religiös bestimmten Weltbildes, das es ihm erlaubte, sich an allgemein anerkannten Glaubenswahrheiten zu orientieren, so führten in der Folgezeit tiefgreifende gesellschaftliche und kulturelle Veränderungsprozesse einen fortschreitenden Zerfall solcher Gewissheiten herbei, mit dem auch eine Auflösung der normativen, von strengen Regeln geleiteten Poetik einherging. Die Dichtkunst gewann damit einerseits bislang unbekannte Spielräume, büßte aber andererseits mehr und mehr den selbstverständlichen Anspruch auf Verbindlichkeit ihrer Aussagen ein. So sahen sich die Dichter genötigt, ihr poetisches Sprechen neu zu begründen und ihm Legitimationen zu verschaffen, indem sie sich beispielsweise als Lehrer der Moral, als Erzieher oder als Weltdeuter, später – seit dem Sturm und Drang – auch als genial-ursprüngliche Schöpfer darstellten. Hier hat die Prophetenrolle des Ich in *Das Landleben* ihren literarhistorischen und geistesgeschichtlichen Ort. Ähnlich wie Barthold Heinrich Brockes stützt sich Klopstock auf eine christliche Glaubensüberzeugung, die zumindest in den jeweiligen Gedichten noch unerschüttert erscheint. Gemeinsam ist ihnen überdies der Versuch, in ihren Texten Naturwahrnehmung und Gotteserkenntnis zu verknüpfen, ja Naturwahrnehmung *als* Gotteserkenntnis zu deuten; beide erheben damit den Anspruch, weit mehr als bloß subjektive Gedanken oder Empfindungen literarisch zu artikulieren. Aber während Brockes Natur und Gott durch den ,Gottesbeweis' der Physikotheologie und durch einen ,sinnlichen Gottesdienst' miteinander zu verbinden trachtet, schlägt Klopstock die Brücke mit Hilfe einer suggestiven Gestaltung, die in erster Linie an die Emotionen des Rezipienten appelliert und daneben auf vertraute biblische Muster zurückgreift. An die Stelle des recht nüchternen Nachvollzugs der ,Betrachtungen', die das lyrische Ich im *Irdischen Vergnügen in Gott* vorzutragen pflegt, tritt bei Klopstock die affektive Erschütterung des Lesers durch die mitreißende hymnische Rede eines prophetisch begeisterten Sprechers. Nicht mehr dem Verstand, sondern dem leidenschaftlichen Gefühl wird nunmehr zugetraut, zwischen den Menschen und Gott zu vermitteln.

Der Erfolg dieser virtuos durchgeführten literarischen Strategie bei den Zeitgenossen war außerordentlich. Zitiert sei hier nur das berühmteste Zeugnis von Klopstocks enormer Wirkung in der zweiten Hälfte des 18. Jahrhunderts, das aus Goethes Roman *Die Leiden des jungen Werther* stammt:

> Wir traten ans Fenster. Es donnerte abseitwärts, und der herrliche Regen säuselte auf das Land, und der erquickendste Wohlgeruch stieg in aller Fülle einer warmen Luft zu uns auf. Sie stand auf ihren Ellenbogen gestützt; ihr Blick durchdrang die Gegend, sie sah gen Himmel und auf mich, ich sah ihr Auge tränenvoll, sie legte ihre Hand auf die meinige und sagte – Klopstock! – Ich erinnerte mich sogleich der herrlichen Ode die ihr in Gedanken lag und versank in dem Strome von Empfindungen, den sie in dieser Losung über mich ausgoß.[5]

In fiktionaler Gestaltung führt diese Textpassage vor, in welchem Maße Poesie die Haltung des Menschen gegenüber der Natur zu prägen vermag, denn nicht der Anblick der nach dem Gewitter erfrischten Landschaft als solcher, sondern erst die von Lotte ins Spiel gebrachte Reminiszenz an Klopstocks

---

[5] Johann Wolfgang Goethe: Sämtliche Werke nach Epochen seines Schaffens. Münchner Ausgabe. Hrsg. von Karl Richter. Bd. 1.2: Der junge Goethe. 1757–1775/2. Hrsg. von Gerhard Sauder. München 1987, S. 215. Es handelt sich hier um die 1787 erschienene zweite Fassung des Romans.

Gedicht lässt bei Werther einen „Strom von Empfindungen" hervorbrechen – der Protagonist des Romans erlebt die Natur nach einem literarischen Muster. Freilich rezipiert er dieses Muster höchst selektiv, da der christliche Horizont, in dem die Verse ursprünglich stehen, für ihn augenscheinlich keine Rolle mehr spielt. Bei dem Schwärmer Werther hat sich die Gefühlsqualität des von Klopstock beschworenen Erlebnisses bereits von ihrem religiösen Bezugsrahmen emanzipiert.

„Hier bin ich endlich frey": Vom Lob des Landlebens

Johann Friedrich von Cronegk: *Der Morgen* – Johann Peter Uz: *Der Weise auf dem Lande*

Vom Eise befreit sind Strom und Bäche,
Durch des Frühlings holden, belebenden Blick,
Im Tale grünet Hoffnungs-Glück;
Der alte Winter, in seiner Schwäche,
Zog sich in rauhe Berge zurück.
[…]
Kehre dich um, von diesen Höhen
Nach der Stadt zurück zu sehen.
Aus dem hohlen finstren Tor
Dringt ein buntes Gewimmel hervor.
Jeder sonnt sich heute so gern.
Sie feiern die Auferstehung des Herrn,
Denn sie sind selber auferstanden,
Aus niedriger Häuser dumpfen Gemächern,
Aus Handwerks- und Gewerbes-Banden,
Aus dem Druck von Giebeln und Dächern,
Aus der Straßen quetschender Enge,
Aus der Kirchen ehrwürdiger Nacht
Sind sie alle ans Licht gebracht.
Sieh nur sieh! wie behend sich die Menge
Durch die Gärten und Felder zerschlägt,
Wie der Fluß, in Breit' und Länge,
So manchen lustigen Nachen bewegt,
Und, bis zum Sinken überladen,
Entfernt sich dieser letzte Kahn.
Selbst von des Berges fernen Pfaden
Blinken uns farbige Kleider an.

Ich höre schon des Dorfs Getümmel,
Hier ist des Volkes wahrer Himmel,
Zufrieden jauchzet groß und klein:
Hier bin ich Mensch, hier darf ich's sein.[1]

Diese Verse eröffnen die Szene „Vor dem Tor" in Goethes *Faust*, den berühmten ‚Osterspaziergang'. Aus souveräner Überschau von den „Höhen" herab stiftet Faust eine Analogie zwischen der frühlingshaft auflebenden Natur und den Menschen, die in diese Natur hinausströmen. Die Gefühle, die er gegen Ende seiner Rede dem Famulus Wagner schildert, sind wohlgemerkt nicht seine eigenen; vielmehr sucht er zu beschreiben, was seines Erachtens die einfachen Bürgerleute aus der Stadt bei ihrem Gang in die freie Landschaft empfinden müssen. Und so ist auch der vielzitierte Jubelruf „Hier bin ich Mensch, hier darf ich's sein" keine ungebrochene Selbstaussprache, sondern wird von dem zur Melancholie neigenden Gelehrten dem schlichten „Volk" in den Mund gelegt. Die Emphase des Helden erfährt dadurch eine behutsame skeptische Brechung. Man darf sich fragen, ob der vom „Wissensqualm"[2] und der modrigen Enge seines Studierzimmers gepeinigte Faust hier nicht gewisse Sehnsüchte und Wunschphantasien, deren Erfüllung ihm selbst verwehrt bleibt, auf seine vermeintlich glücklicheren Nebenmenschen projiziert – er selbst gelangt, wie der Fortgang der Szene zeigt, keineswegs zu einem reinen Genuss der Natur.

Tragweite und Radikalität der von Faust entwickelten Vision eines beglückenden Naturerlebens bleiben von solchen Überlegungen jedoch unberührt. Nicht von einer bloßen Erholung vom beengenden Arbeitsalltag ist ja die Rede, sondern von einer förmlichen „Auferstehung" der Menschen, deren gewöhnliche, städtisch-bürgerliche Existenz mit Zügen der Gefangenschaft und sogar des Todes ausgestattet wird. Erst jenseits dieser Enge beginnt in Fausts Augen das wahre Leben, nur außerhalb der gesellschaftlich bestimmten Sphäre („Stadt") mit ihren allgegenwärtigen Zwängen und Schranken kann der Einzelne sich wirklich *als Mensch* erfahren. Die Natur wird zum paradiesischen Refugium eines unentfremdeten Lebens und eines ungetrübten Selbstgenusses verklärt.

Solche Gedanken sind vor dem Hintergrund jener erstaunlichen Karriere zu sehen, die die Idee der Natur und des Natürlichen in den vorangegangenen rund hundert Jahren gemacht hatte. Sie erhielt in Deutschland wichtige Im-

---

[1] Johann Wolfgang Goethe: Faust. In: ders.: Sämtliche Werke nach Epochen seines Schaffens. Münchner Ausgabe. Hrsg. von Karl Richter. Bd. 6.1: Weimarer Klassik 1798–1806/1. Hrsg. von Victor Lange. München 1986, S. 535–673; hier S. 560 (V. 903–907, 916–940).
[2] Goethe: Faust, S. 546 (V. 396).

pulse durch die Rezeption der Werke Jean-Jacques Rousseaus, darf aber kei-
nesfalls mit dem sogenannten Rousseauismus gleichgesetzt werden, da ihre
Anfänge sehr viel weiter zurück reichen. Eine Gruppe von lyrischen Texten,
an der sie sich musterhaft studieren lässt, kann unter dem Gattungsnamen
‚Lob des Landlebens‘ zusammengefasst werden. Die Anzahl der einschlägi-
gen Gedichte ist kaum zu überblicken; genannt seien hier nur die folgenden,
die zwischen den dreißiger und den achtziger Jahren des 18. Jahrhunderts
entstanden sind und deren Titel zumeist schon eine deutliche Sprache spre-
chen: Friedrich von Hagedorn: *Die Landlust*; Ewald Christian von Kleist:
Sehnsucht nach Ruhe, *Das Landleben*, *Einladung aufs Land*; Johann Peter
Uz: *Der Weise auf dem Lande*; Johann Friedrich Löwen: *Das Landleben*, *An
den Billwerder*; Johann Friedrich von Cronegk: *Einladung aufs Land*, *Das
glückliche Leben*, *Sehnsucht nach dem Lande*; Ludwig Christoph Heinrich
Hölty: *Das Landleben*; Johann Gaudenz von Salis-Seewis: *Ländliches Glück*,
Einladung auf das Land. Als Gegenstand einer Beispielanalyse, die die Cha-
rakteristika der Gattung sichtbar machen soll, möge hier ein weiteres Gedicht
des früh verstorbenen Freiherrn Johann Friedrich von Cronegk (1731–1758)
dienen:

> Der Morgen
>
> Die Luft verdünnet sich, die trüben Schatten fliehen
> Vom falben Horizont.
> Schon sieht man nach und nach Auroren röthlich glühen;
> Schon weicht der bleiche Mond.
> 5   Der Venus heitrer Stern, der Herold von dem Morgen,
> Glänzt noch, mit blasser Pracht.
> Nunmehr erwacht die Welt, nunmehr erwachen Sorgen,
> Nunmehr verflieht die Nacht.
>
> Ich sehe nach und nach in den bewegten Seen
> 10   Der Büsche wallend Bild.
> Ich sehe nach und nach die Farben sich erhöhen,
> Im länglichten Gefild.
> Es öffnet sich das Haupt der frischbethauten Rosen,
> Und grüßt Aurorens Licht,
> 15   Das nun mit kühlem Saft, den Knospen liebzukosen,
> Schon durch die Nebel bricht.
>
> Der Krieger eilet schon nach ungewisser Ehre
> Aus dem zerrißnen Zelt,
> Der dichtgepflanzte Wald hellglänzender Gewehre
> 20   Erfüllt und schreckt das Feld.

Der Sonne früher Strahl bespiegelt sich in Waffen,
Und bald darauf in Blut;
Des Himmels Rache braucht, die Sterblichen zu strafen,
Nur ihre eigne Wuth.

25   Es eilet der Client schon zu den harten Thüren
Des Reichen, der ihn drückt,
Den noch, auf weichem Pfühl, die Träume leicht verführen,
Da ihn der Schlaf bestrickt.
Er dehnt sich gähnend aus und sieht mit trüben Blicken
30   Des neuen Tages Schein.
Er klagt das wüste Haupt, das noch die Dünste drücken,
Vom allzustarken Wein.

Vergnügt erblick ich hier der Sonne reine Strahlen,
Bespiegelt in dem Thau,
35   Mit zweifelhaftem Licht die bunten Kräuter mahlen,
In kühl beperlter Au.
Ich seh, wie sich das Laub der lieblich grünen Aeste
Belebet und erquickt.
Ich fühl den sanften Thau, ich hör euch, stille Weste,
40   In Einsamkeit beglückt.

O göttlich stiller Hayn! O lieblich kühle Haiden!
O angenehme Flur!
Hier schwebt der Geist verirrt, hier seh ich, voller Freuden,
Den Schauplatz der Natur.
45   Statt stolzer Städte Lärm seh ich die Lämmer spielen,
Beym Klange der Schalmey.
Hier kann ich in mir selbst des Lebens Wollust fühlen;
Hier bin ich endlich frey.

Hier drückt kein Lastersclav mich mit verstellten Küssen
50   An seine falsche Brust.
Hier lach ich seines Grimms; mein ruhiges Gewissen
Trotzt seiner Pracht und Lust.
Hier darf ich mich nicht mehr vor Stolz und Hochmuth bücken,
Der mich als blöd verlacht!
55   Und jammernd seh ich nicht die Unschuld unterdrücken,
Durch Arglist, Geiz und Macht.

Hier rauscht ein sanfter Bach und schlängelt sich gelinde
Mit blendend hellem Schein.

Dort rauscht das frische Laub, durchschlüpft vom jungen Winde,
60   Im heilig stillen Hayn.
Dann tönt der Widerhall, den Liedern nachzuahmen,
Die letzten Sylben nach.
Der Fischer fühlt den Fang mit Zittern an dem Hamen,
Im dick beschilften Bach.

65   Dort streckt ein junger Stier sich am Gestade nieder,
Mit träger Langsamkeit.
Ein andrer kömmt erhitzt vom nahen Felde wieder,
Und rühmt im Schritt den Streit.
O Muse, wag es nicht, die Gegend abzuschildern,
70   Wo sich mein Blick verliert!
Ich seh hier allzuviel von immer neuen Bildern:
Herz, sey nur du gerührt![3]

Der Lobgesang auf die Segnungen des Landlebens ist keine Erfindung der Aufklärung, seine Wurzeln liegen vielmehr in der römischen Antike bei den Poeten Horaz und Vergil. Großen Einfluss hat insbesondere die zweite Epode des Horaz ausgeübt: „Beatus ille qui procul negotiis, / ut prisca gens mortalium, / paterna rura bobus exercet suis / solutus omni faenore …" („Glückselig jener, der da ferne von Geschäften / so wie das Urgeschlecht der Sterblichen / die väterliche Flur mit eignen Stieren pflügt, / ganz frei von aller Zinsenlast!")[4] – die ironische Schlusswendung des Gedichts, in der sich die Phantasie vom friedvollen Dasein in ländlicher Abgeschiedenheit als eine flüchtige Träumerei des großstädtischen Wucherers Alfius erweist, wurde von späteren Autoren allerdings nicht nachgebildet! Zu nennen sind des weiteren eine Passage aus Horaz' Sermones II, 6, die mit dem sehnsüchtigen Ausruf „o rus, quando ego te adspiciam" („mein Gütchen, wann werd ich erblicken dich") beginnt[5], und ein dem Lobpreis des traditionellen italischen Bauernlebens gewidmeter umfangreicher Abschnitt aus Vergils *Georgica* (II, V. 458–540). Den gebildeten Dichtern des 18. Jahrhunderts waren diese antiken Vorbilder wohlbekannt. Kleist beispielsweise stellt seinem Poem *Das Landleben* die einschlägigen Verse aus Horaz' Serm. II, 6 im lateinischen Original voran, während ihm in *Sehnsucht nach Ruhe* zwei Zeilen aus den *Georgica* (II, V. 485f.) als Motto dienen.

3   Johann Friedrich von Cronegk: Schriften. Bd. 2. Leipzig ²1763, S. 192–195.
4   Quintus Horatius Flaccus: Sämtliche Gedichte. Lateinisch-deutsch. Hrsg. von Bernhard Kytzler. Stuttgart 1992, S. 260f. (V. 1–4).
5   Quintus Horatius Flaccus: Sämtliche Gedichte, S. 484f. (V. 60).

Schon die neulateinischen Autoren des 16. Jahrhunderts hatten das von Horaz und Vergil inspirierte Muster wieder aufgenommen, und seit Martin Opitz war die *laus ruris*, das Lob des Landlebens, auch ein fester Bestandteil der deutschsprachigen Barockliteratur.[6] Cronegks Gedicht ist dieser Tradition in vielen motivischen Details verpflichtet, vor allem aber in seiner Grundstruktur, die auf dem Gegensatz von Landleben und städtisch-kultivierter Sphäre beruht. Dieses Strukturprinzip muss freilich erst einmal durchschaut werden: Erst im Nachhinein dürfte der Leser begreifen, dass die erste Strophe auf das Dasein in der Stadt, in der gesellschaftlichen Ordnung bezogen ist, während die zweite, die pointiert mit dem Wort „Ich" einsetzt, dem einsamen ländlichen Dasein gilt, das der Sprecher selbst führt. Der titelgebende Morgen wird demnach höchst unterschiedlich erfahren: Während in der städtischen Welt mit dem Tag zugleich die „Sorgen" erwachen, bricht auf dem Lande nur eine neue Phase des sinnlichen Vergnügens an der schönen Natur an. Die Strophen 3 und 4 fassen wieder den negativ konnotierten Gegenbezirk ins Auge, zum einen im Bild des Kriegers, der in einen mörderischen Kampf zieht, zum anderen mit den Gestalten des „Reichen" und seines Klienten, von denen jeder auf seine Weise zu leiden hat. Von der Strophe 5 an und bis zum Ende ist dann erneut das glückliche Landleben Gegenstand des Gedichts, markiert wiederum durch das Hervortreten der ersten Person Singular sowie durch das mehrfach anaphorisch wiederholte „Hier", bei dem der Gegensatz zu den lärmenden ‚stolzen Städten' (V. 45) immer mitzudenken ist und das durchweg, gegen den jambischen Gang der Verse, betont gelesen werden muss. Dass jene unerfreuliche Kontrastfolie nie in Vergessenheit gerät, stellt nicht zuletzt die siebte Strophe sicher, die den Lobpreis der ländlichen Existenz vollständig ex negatione durchführt, also durch die genüssliche Aufzählung all jener Plagen des gesellschaftlichen Lebens, die ‚hier' *nicht* zu fürchten sind. Sie macht besonders deutlich, dass das ideale Dasein in Cronegks Gedicht ganz aus seinem abschreckenden Gegenbild heraus entwickelt ist und in allen Punkten eng darauf bezogen bleibt.

Dieses Grundmuster konstituiert die gesamte Gattung der *laus ruris*, die den ländlichen Freuden stets vor dem Hintergrund eines negativen Gegenstücks ihre Konturen verleiht – im Unterschied zu der gleichfalls auf antike Vorbilder zurückgehenden Bukolik, der Schäferdichtung, die statt einer solchen Antinomie normalerweise eine in sich geschlossene, heile Schäferwelt aufbaut. So ist auch die Technik der Darstellung ex negatione, die Cronegk in

---

[6]   Vgl. dazu die Studie von Anke-Marie Lohmeier: Beatus ille. Studien zum „Lob des Landlebens" in der Literatur des absolutistischen Zeitalters. Tübingen 1981, die eine systematische Abgrenzung der Gattung vornimmt und zudem deren Geschichte vor allem im 17. Jahrhundert rekonstruiert.

der siebten Strophe anwendet, ein regelmäßig anzutreffendes und häufig sogar dominantes Stilmittel der Landleben-Gedichte. In den einschlägigen Werken der Barockzeit trägt jene Gegensphäre, von der sich die ideale Lebensweise um so leuchtender abhebt, meist noch sehr konkrete Züge, wobei zwei Varianten zu unterscheiden sind: Die Ablehnung gilt entweder den Zwängen des absolutistischen Fürstenhofes oder aber den Nöten und Abhängigkeiten, die das bürgerliche Dasein in der Stadt mit sich bringt. *Der Morgen* präsentiert dagegen ein weit weniger klares Bild, denn hier scheint der Aufenthalt auf dem Lande als Gegenpol zu schlechthin *allen* Formen der Vergesellschaftung zu dienen, die samt und sonders abgewertet werden, weil sie den Menschen auf die eine oder andere Art in Not und Unfreiheit stürzen. Der Dichter gibt deshalb in den entsprechenden Passagen auch keine detaillierte und zusammenhängende Schilderung, sondern reiht Versatzstücke und Reizworte aneinander, denen die negativen Konnotationen gemeinsam sind. Die gesellschaftliche Ordnung verbindet sich mit „Sorgen", mit Gewalt und Tod im Krieg, mit Ängsten und vielfältigen Bedrückungen, mit Lasterhaftigkeit, Verstellung und Betrug, „Stolz und Hochmuth", „Arglist, Geiz und Macht". Zwar ist sie für den Sprecher auch der Raum, in dem sich „Pracht und Lust" entfalten, doch werden diese Vorzüge fragwürdig, weil sie offensichtlich untrennbar mit den angeführten Nachteilen verknüpft sind. Im Grunde handelt es sich um zwei Seiten einer Medaille, um das Janusgesicht einer stark differenzierten und verfeinerten Lebenswelt, die einerseits Reichtum, Luxus und Ansehen zu bieten hat, andererseits aber die Menschen ‚verbiegt', indem sie ihnen die Unterwerfung unter umfassende, komplexe Verhaltenszwänge abverlangt. Wer sein Leben innerhalb dieser Ordnung führt, ist daher nicht nur unmoralisch, sondern auch unfrei: Als „Lastersclav" steht er ganz im Banne seiner übersteigerten Bedürfnisse und Begierden, denen er Genüge tun muss. Indem das Landleben auf solche zweifelhaften Güter und Genüsse verzichtet, entgeht es auch dem Preis, der dafür zu entrichten wäre.

Die nähere Schilderung dieser alternativen Existenz gerät im Gedicht allerdings ebenfalls auffallend schematisch. Die Natur setzt sich bei Cronegk aus Topoi des Amönen, also des Heiteren, Sanften und Angenehmen zusammen, die der literarischen Tradition entnommen sind, und gewinnt nirgends die klaren Umrisse einer individuellen Landschaft. Augenscheinlich will der Dichter statt eines plastischen, unverwechselbaren Bildes gleichsam die Natur als solche, als idealen Lebensraum beschwören. Und nicht minder typisiert erscheint das lyrische Ich selbst, das persönliche Charakterzüge gänzlich vermissen lässt, so wie wir auch über seine soziale und ökonomische Position nichts erfahren – ist der Sprecher ein Pächter? ein selbständiger Bauer? ein reicher Grundbesitzer? oder vielleicht nur ein flüchtiger Besucher auf dem Lande? Angesichts der den ganzen Text bestimmenden Gegensatzkonstruktion erweisen sich diese Leerstellen indes als sinnvoll, ja als notwendig. Cronegk stilisiert die ländliche Gegend zur Sphäre eines autonomen Daseins, das vorrangig durch die Abwesenheit von Zwang und sozialem Druck gekennzeichnet ist. Nur unter dieser Bedingung kann das lyrische Ich ausrufen: „Hier bin ich endlich frey."[7] Wir haben es folglich mit einer anti-gesellschaftlichen Utopie zu tun, die ihren Fokus ganz auf den einzelnen Menschen richtet – einzig sich selbst soll er leben und, „[i]n Einsamkeit beglückt", „des Lebens Wollust fühlen".[8] In dem Konzept eines Daseins, das äußere Güter und gesellschaftlichen Rang verachtet und den ungetrübten Selbstgenuss als höchsten Wert setzt, findet die Lebenslehre des Gedichts ihren Mittelpunkt, und das lyrische Ich ist nichts anderes als die exemplarische Verkörperung eines solchen Konzepts. Sowohl seiner Person als auch seiner Existenzweise fehlen alle individuellen Eigentümlichkeiten, weil *Der Morgen* eben keine subjektiven Erfahrungen und Erlebnisse schildert, sondern ein allgemeingültiges Leitbild entwirft.

Da für den Poeten ein harmonisches Leben, das keinen heteronomen Einflüssen unterliegt, offenbar nur jenseits der gesellschaftlichen Ordnungen und Hierarchien denkbar ist, verlegt er es in die ‚unverdorbene' Natur und etabliert damit jenen Gegensatz, der auch die eingangs zitierte Passage aus Goethes *Faust* beherrscht. Die Natur stellt das einzige *positive* Element in Cronegks Utopie des Landlebens dar, die sich ansonsten ganz aus den Negationen jener Unannehmlichkeiten, die die verfeinerte Kultur mit sich bringt, aufbaut. Und diese Natur bildet nicht allein den äußeren Entfaltungsraum für die Existenz des lyrischen Ich, sie fungiert in ihrer sanften Ruhe auch unmittelbar als deren Muster und Vorbild. Indem sie die Möglichkeit eines Daseins vorführt, das sich keinen fremden Zwecken fügt und sich nicht verfälschen lässt, repräsentiert sie einen Maßstab des rechten Lebens, an dem sich der Mensch orientieren sollte, während die „stolze[n] Städte" – zu ihrem Unglück – weit davon abweichen. Freilich ist die Natur im Gedicht wiederum

---

[7] Vgl. dazu Lohmeier: Beatus ille, S. 235: „Landleben ist eine literarische Chiffre für autonomes, selbstbestimmtes Leben, Chiffre für eine Existenz, deren Wesen darin besteht, daß sie nicht städtisch oder höfisch ist, frei ist von jeder gesellschaftlichen Fremdbestimmung." Lohmeier arbeitet jedoch auch heraus, dass die Gedichte des 17. Jahrhunderts meist noch ausdrücklich die *ökonomischen* Aspekte des ländlichen Daseins thematisieren und die Autarkie, die wirtschaftliche Unabhängigkeit, als handgreiflichen Vorzug herausstreichen. Im Zeitalter der Aufklärung tritt dieser Gesichtspunkt ganz zurück; jetzt dominiert in der *laus ruris* der sehr abstrakte Entwurf eines *moralisch* vollkommenen Lebens.

[8] Mit „Wollust" wird hier, dem Sprachgebrauch der Zeit gemäß, ein Gefühl tiefer innerer Befriedigung bezeichnet. Die negative Bedeutungsschicht des Wortes war damals noch nicht vorherrschend, schon gar nicht die Einschränkung auf die sexuelle Lust.

eine hochgradig stilisierte, in deren Schilderung eben nur das Heitere und Anmutige Eingang findet, während schroffe Kontraste und heftige, gewalttätige Bewegungen der Elemente sorgsam ausgespart bleiben. Auf die Paradoxie, dass sich gerade die zum Ideal erhobene Natur als ein aus traditionellen Elementen montiertes Kunstprodukt darbietet, werden wir später noch zurückkommen.

Zunächst sei aber, um die Konturen der Gattung *laus ruris* im 18. Jahrhundert weiter zu profilieren, ein zweites Gedicht angeführt, das aus der Feder von Johann Peter Uz (1720–1796) stammt:

Der Weise auf dem Lande

An Herrn v. Kleist

Ihr Wälder, ihr belaubte Gänge!
Und du, Gefilde! stille Flur!
Zu euch entflieh ich vom Gedränge,
O Schauplatz prächtiger Natur!
5   Wo ich zu lauter Lust erwache;
Und, auf beglückter Weisen Spur,
Im Schoosse sichrer Ruhe lache.

Ich fühl, o Freund, mich neu gebohren
Und fange nun zu leben an,
10   Seit, fern vom Trotze reicher Thoren,
Ich hier in Freyheit athmen kann.
Hier kann ich ohne Mißgunst leben,
Wenn manchen ungerechten Mann
Die Fittige des Glückes heben.

15   Wer will, mag stolz nach Würden trachten.
Ich sehe, mit zufriednem Sinn,
Sie unter ehrnem Joche schmachten,
Verliebt in mühsamen Gewinn.
Sie drängen sich durch List und Gaben
20   An ihre Ruderbänke hin,
Dieweil sie Sclavenseelen haben.

Den leichten Rauch der falschen Ehre
Erkauf ich nicht mit wahrem Weh.
Mein Geist sey, nach der Weisheit Lehre,
25   So stille, wie die Sommersee:
So ruhig im Genuß der Freuden,

Als dort, im bunt beblümten Klee,
Die unschuldvollen Lämmer weiden.

Sieh hin, wie über grüne Hügel
30   Der Tag, bekränzt mit Rosen, naht!
Ihn kühlen Zephyrs linde Flügel,
Der jüngst das Frühlingsfeld betrat.
Nun taumelt Flora durch die Triften:
Nun schwingt sich aus bethauter Saat
35   Die Lerche schwirrend nach den Lüften.

Dort, wo im Schatten schlanker Buchen
Die Quelle zwischen Blumen schwätzt;
Seh ich die Muse mich besuchen,
Wo tiefe Stille sie ergetzt.
40   Da singt sie kühn in ihre Saiten,
Indeß, vom Morgenthau benetzt,
Die Haare flatternd sich verbreiten.

Oft sitzt sie unter frischen Rosen
Und bläst ihr süsses Hirtenrohr;
45   Und Amor kommt, ihr liebzukosen,
Und ieder Ton entzückt sein Ohr.
Auch er versucht, wies ihm gelinget:
Ein schwaches Murmeln quillt hervor,
Das ungeübte Hand erzwinget.

50   Geht hin, die ihr nach Golde schnaubet!
Sucht Freude, die mein Herz verschmäht!
Betrügt, verrathet, schindet, raubet
Und erndtet, was die Wittwe sät!
Damit, wenn ihr in Gold und Seide
55   Euch unter klugen Armen bläht,
Der dumme Pöbel euch beneide.

Dem Reichthum, bleicher Sorgen Kinde,
Schleicht stets die bleiche Sorge nach;
Sie stürmt, wie ungestüme Winde,
60   In euer innerstes Gemach.
Der sanfte Schlaf verschmäht Paläste,
Und schwebet um den kühlen Bach
Und liebt das Lispeln junger Weste.

>   Mir gnüget ein zufriednes Herze
> 65 Und was ich hab und haben muß,
>   Und, kann es seyn, bei freyem Scherze,
>   Ein kluger Freund und reiner Kuß:
>   Dies kleine Feld und diese Schafe,
>   Wo, frey von Unruh und Verdruß,
> 70 Ich singe, scherze, küsse, schlafe.[9]

Die schon bekannte Grundstruktur ist hier unschwer wiederzuerkennen. Das „Gedränge" des gesellschaftlichen Lebens, der Stadt vermutlich, bleibt schemenhaft, da es nicht in anschaulichen Szenen breit ausgemalt, sondern durch die bloße Nennung einiger Topoi nur gerade weit genug konkretisiert wird, um seine Aufgabe als Gegenbild und dunkler Hintergrund des gepriesenen Landlebens erfüllen zu können. Wieder tritt sein doppeltes Antlitz deutlich hervor: Es verheißt Üppigkeit und Ansehen, aber um den Preis der Unfreiheit und der ständigen Unruhe, denn „[d]em Reichthum, bleicher Sorgen Kinde, / Schleicht stets die bleiche Sorge nach". Auch bei Uz erscheinen die Menschen als unselige Gefangene ihrer eigenen gesteigerten Bedürfnisse und Ansprüche, als „Sclavenseelen", die sich willig einem „ehrne[n] Joche" beugen und sich an „Ruderbänke" fesseln lassen, um im Gegenzug Geltung und Besitz zu erlangen – ein Tausch, der dem Sprecher ausgesprochen töricht vorkommt.

Auf der anderen Seite findet sich erneut die Wunschwelt des ländlichen Bezirks, in der das lyrische Ich erst wirklich „zu leben" anfängt und „in Freyheit athmen kann". Auch in diesem Gedicht begegnet uns keine individuell gezeichnete Landschaft. Die Natur setzt sich aus den üblichen Versatzstücken zusammen, bereichert noch um einige Göttergestalten aus der antiken Mythologie, die in diesen Rahmen passen, zugleich aber die Künstlichkeit der ganzen Szenerie unterstreichen. *Der Weise auf dem Lande* schildert eine Ideal-Natur, die als Norm und Maßstab eines erfüllten Daseins fungiert, indem sie dem Betrachter das Glück des zweckfreien Selbstgenusses vor Augen führt:

> Mein Geist sey, nach der Weisheit Lehre,
> So stille, wie die Sommersee:
> So ruhig im Genuß der Freuden,
> Als dort, im bunt beblümten Klee,
> Die unschuldvollen Lämmer weiden.

---

9   Johann Peter Uz: Sämtliche poetische Werke. Hrsg. von August Sauer. ND Darmstadt 1964, S. 47–52.

Diese Verse enthüllen überdies das philosophische Fundament, auf dem die Idee des seligen Landlebens ruht. Die „Lehre", der sich das lyrische Ich verpflichtet fühlt, ist unverkennbar die des Stoizismus, der nach der *tranquillitas animi*, der vollkommenen Ruhe und Ausgeglichenheit des Gemüts strebt. Voraussetzungen dafür sind eine souveräne Distanz zu allen äußerlichen Gütern und Werten – und damit auch zu allen Wechselfällen des Geschicks – und die Konzentration auf die Tugend, die keine Gewalt zu erschüttern vermag. Mit der Verbindung zur stoischen Ethik bewahren die Landleben-Gedichte des 18. Jahrhunderts ein weiteres Element, das die *laus ruris* seit der Antike kennzeichnet. In der resümierenden Schlussstrophe von Kleists *Einladung aufs Land* heißt es geradezu programmatisch:

> Ruhm, Reichthum, Pracht, des Hofs Beschwerde,
> Vom Volk verehrt,
> Ist Wahn und nicht des Herrn der Erde,
> Des Weisen, werth.[10]

Solche Überzeugungen legitimieren die von den Gedichten immer wieder verkündete eigentümliche Werthierarchie, die innere Ruhe und tugendhaften Selbstgenuss an die Stelle von Rang und Besitz setzt: Den „reiche[n] Thoren" steht der stoische „Weise", der „falschen Ehre" das „zufriedne Herz" gegenüber. Übrigens haben auch die Stoiker bereits die Gesetze der von ihnen als göttlich aufgefassten Natur als ethische Norm verstanden, an der sich der Mensch zu orientieren habe. Beispielhaft zeigt sich in diesem Punkt, dass die aufklärerischen Ideale des 18. Jahrhunderts, die für lange Zeit die bürgerlichen Wertvorstellungen prägen sollten, keineswegs aus dem Nichts entstanden sind, sondern oftmals an Traditionen anknüpfen, die bis ins Altertum zurückreichen.

Die künstlichen Bedürfnisse einer verfeinerten Kultur verderben den Menschen, ja sie versklaven ihn buchstäblich, weil sie ihn von all jenen Gütern und gesellschaftlichen Einrichtungen abhängig machen, die zu ihrer Befriedigung notwendig sind. Deshalb verzichtet der ‚Weise auf dem Lande' auf „Gold und Seide", auf jenen „Reichthum", der stets die „Sorgen" mit sich führt, und bescheidet sich mit dem, „was ich hab und haben muß". Während Cronegk die ökonomische Existenzgrundlage seines Sprecher-Ichs ganz ausspart, wird sie bei Uz in dem Vers „Dies kleine Feld und diese Schafe" zumindest flüchtig angedeutet. Konkreteres erfährt man in den Landleben-Gedichten der Aufklärung nie; mit der rauhen Lebenswirklichkeit zeitgenös-

---

[10] Ewald Christian von Kleist: Werke. Erster Theil: Gedichte – Seneca – Prosaische Schriften. Hrsg. von August Sauer. ND Bern 1968, S. 92.

sischer Bauern hat das in den Texten proklamierte Ideal ebensowenig zu tun
wie mit der Stellung, den Rechten und den Pflichten reicher Grundbesitzer
aus dem Adels- oder dem vermögenden Bürgerstand. So ist denn auch von
Arbeit, gar von Mangel und Not nirgends die Rede. Die stilisierte Natur dient
als Raum der Freiheit, der ruhigen Zufriedenheit und des tugendhaften Ge-
nusses, nicht aber als Gegenstand der Bearbeitung. Wenn das Ich überhaupt
einmal tätig wird, dann eher im Sinne eines beschaulichen Zeitvertreibs wie
in der folgenden Strophe von Kleists *Das Landleben*:

> Jetzt pfropft er Bäume, leitet Wassergräben,
> Schaut Bienen schwärmen, führt an Wänden Reben;
> Jetzt tränkt er Pflanzen, zieht von Rosenstöcken
> Schattende Hecken.[11]

Preist Cronegk in *Der Morgen* die „Einsamkeit" als Bedingung von Glück
und „Wollust", so bietet das Landleben bei Uz immerhin noch Raum für ei-
nen Freund, dessen ausdrücklich erwähnte ,Klugheit' (V. 67) sich wohl darin
zeigt, dass auch er der Gesellschaft den Rücken gekehrt hat und sich an „der
Weisheit Lehre" orientiert. Kleists *Das Landleben* mündet ebenfalls in den
Appell an einen „Freund", „Golddurst, Stolz und Schlösser" zu verschmähen
und den Sprecher zum ländlichen „Sitz der Freuden" zu begleiten.[12] Und
schließlich erwähnen einige Gedichte aus unserem Textkorpus auch eine Ge-
liebte, die das ,natürliche', tugendhafte Leben mit dem „Weisen" teilt. The-
matisiert werden im Blick auf das Landleben demnach nur solche zwischen-
menschlichen Beziehungen, die weder Zwecke noch Zwänge kennen und in
denen der jeweils Andere ohne alle Berechnung einzig als fühlender Mensch
geschätzt wird. So trägt die ländliche Utopie auch in jenen Gedichten, die ihr
Personal etwas erweitern, unverkennbar anti-gesellschaftliche Züge.[13]
     Eine detaillierte Erörterung weiterer einschlägiger Texte erübrigt sich
hier, da sie das Gesamtbild allenfalls noch in Nuancen verändern würde. Die
Landleben-Gedichte des 18. Jahrhunderts variieren durchweg dasselbe grund-
legende Schema und arbeiten mit einem eng begrenzten Fundus an Motiven
und Begriffen. Die negativ bewertete Sphäre bleibt in der Schilderung fast

---

[11] Kleist: Werke. Erster Theil, S. 61.
[12] Ebd., S. 62.
[13] Die Verbindungen zwischen der *laus ruris* und dem empfindsamen Freund-
      schaftskult, die sich etwa auch in den Widmungen einiger unserer Texte nieder-
      schlagen, können hier nur flüchtig gestreift werden. Da sich auch das zeittypische
      Konzept der gefühlsbetonten Freundschaft als Gegenmodell zu den Entfrem-
      dungserfahrungen und Zwängen der gesellschaftlichen Ordnung verstehen lässt,
      ist es dem Ideal des freien Landlebens gewissermaßen wahlverwandt.

immer so unspezifisch, dass sie, wie es schon bei Cronegk zu sehen war, eigentlich *sämtliche* gesellschaftlichen Lebenswelten einschließt, in denen sich der Mensch aufgrund der sozialen Zwänge nicht frei entfalten kann. So ist zum Beispiel in Kleists *Das Landleben* von „Schlössern", aber auch von „Wechselbänken" die Rede[14]; neben den Fürstenhof tritt damit das Dasein des bürgerlichen Kaufmanns, ohne dass das Gedicht in seinem Fortgang klar zwischen beiden Bezirken differenziert. Ebenso stereotyp fallen die Beschreibungen des ländlichen Raums und die plakativen Wertungen aus, die den gegensätzlichen Bereichen zugeordnet sind. Friedrich von Hagedorn konfrontiert in *Die Landlust* „Geschäffte, Zwang und Grillen", den „Unmuth" über die aufdringlichen „Schwätzer" sowie „Verleumdung, Stolz und Sorgen, / Was Städte sclavisch macht", mit der „Freude", der „Freyheit" und dem „Ergetzen", die den „Weisen" auf dem Lande beglücken[15], Johann Gaudenz von Salis-Seewis' *Einladung auf das Land* stellt „Modetand" und „Zwanges Bande" gegen „biedre Einfalt" und „Tugend"[16], und in Kleists *Das Landleben* treffen wir auf der einen Seite „Kummer", „Laster", „Golddurst, Stolz und Schlösser", auf der anderen dagegen „Ruh und Wollust" neben „Unschuld und Freude" an.[17] Als ein bemerkenswerter Sonderfall sei das gleichfalls von Ewald Christian von Kleist verfasste umfangreiche Gedicht *Sehnsucht nach Ruhe* hervorgehoben. Hier träumt der Sprecher, der im Krieg mitkämpft, inmitten von Blut und Schlachtgetümmel vom stillen, friedlichen Landleben. Er bedenkt jedoch auch, dass im Grunde die ganze gesellschaftliche Existenz der Menschen einem Krieg gleichkommt, da sie sich als ein unablässiges, gnadenloses Ringen um Macht und Besitz darstellt, dessen Regeln sich der Einzelne zu unterwerfen hat: „Was braucht es Krieg, wir sind uns selber Räuber. / Uns schließt der Stolz in güldne Ketten ein; / Der Geldgeiz schmelzt aus Schächten seine Pein."[18] Als einziger Ausweg bleibt der kompromisslose Rückzug aus der Gesellschaft: „Ein wahrer Mensch muß fern von Menschen sein", denn nur „im Thal, wo Zephyr rauscht", kann er sich ein „ruhig Herz" erhoffen.[19] Nirgends sonst wird die gesellschaftskritische, ja gesellschaftsfeindliche Tendenz der Landleben-Dichtung so schroff und unumwunden ausgesprochen wie hier.

---

[14] Kleist: Werke. Erster Theil, S. 60.
[15] Friedrich von Hagedorn: Sämmtliche poetische Werke. In dreyen Theilen. Dritter Theil. ND Bern 1968, S. 69–71.
[16] Johann Gaudenz von Salis-Seewis: Einladung auf das Land. In: *Komm! Ins Offene*. Deutsche Naturgedichte des 18. Jahrhunderts. Hrsg. von Ursula Heukenkamp. Leipzig 1985, S. 112f.; hier S. 113.
[17] Kleist: Werke. Erster Theil, S. 59–62.
[18] Ebd., S. 44.
[19] Ebd., S. 45f.

Die Freiheit, die das Landleben in den Gedichten bietet, ist in erster Linie eine Freiheit zur ungestörten Tugendhaftigkeit, in der die menschliche Existenz ihre Erfüllung findet. Die Autoren begreifen Natur als Maßstab und Garanten für ihre Vorstellungen vom rechten Dasein: Der vermeintlich unverfälschten Natur wird das aufklärerische und zumeist stark empfindsam getönte Ideal eines moralischen Verhaltens eingeschrieben. Dementsprechend präsentieren die Texte durchweg eine sanfte, frühlingshaft-milde Natur, so wie auch die Affekte der Menschen, die in und mit ihr leben, merklich gedämpft und gezügelt sind. Die enge wechselseitige Verknüpfung von Natur und aufgeklärter Tugendmoral ist für die ethische und, allgemeiner, für die weltanschauliche Position der *laus ruris* von zentraler Bedeutung, ermöglicht sie es doch, die propagierte vorbildliche Lebensweise als natur-gemäß zu legitimieren, ihre kulturellen und gesellschaftlichen Ursprünge zu kaschieren und sie auf diesem Wege allen Zweifeln und Einwänden zu entziehen:

> Wunderseliger Mann, welcher der Stadt entfloh!
> Jedes Säuseln des Baums, jedes Geräusch des Bachs,
> Jeder blinkende Kiesel,
> Predigt Tugend und Weisheit ihm![20]

Damit geht ein umfassender Geltungsanspruch einher, denn eine Moral, die sich keiner zufälligen Setzung verdankt, sondern in der Natur selbst verankert ist, muss für alle Menschen gleichermaßen verpflichtend sein. Auch Hof und Stadt werden daher an ihr gemessen – und verfallen der Kritik, weil die von ihnen gezüchteten Verhaltensweisen und Bedürfnisse als un-natürlich erscheinen und den Einzelnen somit in bedenklicher Weise von der Norm seiner Existenz entfernen.

Sorgfältig vermeiden es die Gedichte, die weitgehend im Vagen belassene ländliche Lebensform etwa als ärmlich und entbehrungsreich darzustellen. Der tugendhafte Weise verzichtet zwar auf falsche Werte und verfeinerte Genüsse, kultiviert aber keine strenge, düstere Askese, sondern lebt in tiefer Zufriedenheit, während die ‚Toren‘, die sich in der Stadt oder am Hofe plagen, sowohl unmoralisch als auch unglücklich sind. Die Tugend und jenes echte Glück, das im vollen Genuss des Daseins besteht, sind also untrennbar miteinander verbunden – ein für die Aufklärung sehr bezeichnender Gedanke. Übrigens ist dieses Glück ein ganz diesseitiges: Indem die Landleben-Gedichte die freie Natur buchstäblich zum irdischen Paradies überhöhen, gren-

---

[20] Ludwig Christoph Heinrich Hölty: Gesammelte Werke und Briefe. Kritische Studienausgabe. Hrsg. von Walter Hettche. Göttingen 1998, S. 220 (*Das Landleben*).

zen sie sich auch von der orthodoxen christlichen Jenseitsorientierung und Weltverneinung ab. Es dürfte kein Zufall sein, dass Gott in diesen Texten praktisch keine Rolle spielt.[21]

Will man die lyrische Verherrlichung des Landlebens und die entschiedene Aufwertung der Natur im Zeitalter der Aufklärung aus ihrem sozial- und geistesgeschichtlichen Kontext heraus verstehen, so ist ein Rückgriff auf die von Norbert Elias entwickelte Zivilisationstheorie hilfreich.[22] Elias rekonstruiert die Geschichte des Abendlandes seit dem Mittelalter unter dem Gesichtspunkt einer zunehmenden Funktionsteilung und sozialen Differenzierung, die den Einzelnen mit immer massiveren Verhaltenszwängen konfrontiert und dadurch allmählich auch Veränderungen in der psychischen Struktur der Betroffenen bedingt: Der Druck der gesellschaftlichen Umwelt wird mehr und mehr verinnerlicht und damit ein stabileres Über-Ich ausgebildet, das die notwendige Selbstkontrolle des Menschen garantiert. Die absolutistischen Fürstenhöfe und die Städte erweisen sich in dieser Sicht als Knotenpunkte von Abhängigkeitsketten, die eine große Zahl von Individuen einbinden, und mithin als Zentren der sozialen Differenzierung in der frühen Neuzeit. Und gerade so erscheinen diese Lebensräume, wie wir gesehen haben, auch in den lyrischen Werken der Gattung *laus ruris*, wo sie eben keineswegs nur einen *räumlichen* Gegenpol zum freien, offenen Land darstellen. Der anti-gesellschaftliche Affekt, der dem Lobpreis des Landlebens zugrunde liegt, lässt sich somit als Ausfluss eines ‚Unbehagens in der Kultur' (Freud) deuten, als Reaktion auf den starken Anpassungsdruck, den die wachsende Komplexität der sozialen Strukturen ausübte. Der Wunschtraum von einer vermeintlich natürlichen Existenz fern vom Hof und den ‚stolzen Städten' verdankte seine Faszination wohl den oftmals bedrückenden lebensweltlichen Erfahrungen in jenen Brennpunkten der zivilisatorischen Entwicklung.

In der Dichtung des 18. Jahrhunderts werden derartige Zusammenhänge oftmals thematisiert. Als Salomon Gessner 1756 seine *Idyllen* veröffentlichte, die rasch weit über den deutschen Sprachraum hinaus ungeheure Resonanz finden sollten, stellte er ihnen eine kleine Vorrede „An den Leser" voran, in der kulturkritische Überlegungen formuliert und in ein – schlichtes – geschichtsphilosophisches Schema eingefügt werden. In jenem längst vergangenen Goldenen Zeitalter, das in der biblischen „Geschichte der Patriarchen" und bei Homer fassbar sei, hätten die Menschen noch in der „natürlichsten Einfalt der Sitten" gelebt, „frey von allen den Sclavischen Verhältnissen, und

---

[21]   Eine Ausnahme bildet Höltys *Das Landleben*, wo Gottes Nähe gerade in der Natur erlebt wird.

[22]   Vgl. dazu generell Norbert Elias: Über den Prozeß der Zivilisation. Soziogenetische und psychogenetische Untersuchungen. 2 Bde. Frankfurt a.M. [20]1997.

von allen den Bedürfnissen, die nur die unglükliche Entfernung von der Natur nothwendig machet". Solche „Sclavischen Verhältnisse" und eine „unglükliche Entfernung von der Natur" prägen in Gessners Augen hingegen den Alltag der Gegenwart, der mit dem Lebensraum ‚Stadt' assoziiert wird. Wer wenigstens vorübergehend noch einmal das „goldne Weltalter" nachempfinden will, muss diesen Bezirk verlassen: „Oft reiß ich mich aus der Stadt los, und fliehe in einsame Gegenden, dann entreißt die Schönheit der Natur mein Gemüth allem dem Ekel und allen den wiedrigen Eindrüken, die mich aus der Stadt verfolgt haben".[23]

Gessner lässt allerdings keinen Zweifel daran, dass die Seligkeit, die ihm die freie Natur verheißt und die er in seinen Idyllen literarisch gestaltet, nur in seiner „Einbildungs-Kraft" besteht[24], denn Szenen ungetrübten ländlichen Glücks passen eigentlich „für unsre Zeiten nicht […], wo der Landmann mit saurer Arbeit unterthänig seinem Fürsten und den Städten den Überfluß liefern muß, und Unterdrükung und Armuth ihn ungesittet und schlau und niederträchtig gemacht haben."[25] Solche nüchternen Erwägungen sind den Landleben-Gedichten der Epoche fremd, die den Phantasie-Charakter ihres Ideals nicht reflektieren. Sie übersetzen das von Gessner skizzierte historische Nacheinander von Goldenem Zeitalter und entfremdeter Jetztzeit in ein räumliches Nebeneinander, so dass der Schritt von der gesellschaftlichen Sphäre auf das Land bei ihnen tatsächlich in die Freiheit, ins selbstbestimmte, erfüllte Dasein führt. Eine Ausnahme in dieser Hinsicht bildet das Gedicht *Der Schäfer* von Uz, das freilich eher an den Traditionsstrang der Bukolik anknüpft. Die ersten drei Strophen entfalten unter Aufbietung aller verfügbaren Topoi ein empfindsam getöntes Wunschbild von „Arkadien", dem „Land beglückter Hirten" – übrigens einmal mehr in ausdrücklichem Gegensatz zur „stolze[n] Stadt"! –, bevor die Schlussverse jäh in die rauhe Wirklichkeit zurückführen:

> Welch süssem Traume geb ich Raum,
> Der mich zum Schäfer machet!
> Die traurige Vernunft erwacht:
> Das Herz träumt fort und liebet seinen Traum.[26]

Das Leiden unter einer entfremdeten Existenz manifestiert sich bei dem Sprecher in einer inneren Spaltung, im Auseinandertreten von „Herz" und

---

[23] Salomon Gessner: Idyllen. Kritische Ausgabe. Hrsg. von E. Theodor Voss. Stuttgart 1973, S. 15.
[24] Ebd.
[25] Ebd., S. 16.
[26] Uz: Sämtliche poetische Werke, S. 130.

„Vernunft". In der nüchternen Alltagswelt, als deren Ort man sich die „Stadt" zu denken hat, regiert die Vernunft, die aber als „traurige" offensichtlich keine wahre Befriedigung zu geben vermag. Deshalb muss das Herz, Sitz der Empfindungen und der emotionalen Bedürfnisse, Zuflucht in einem „Traum" suchen, dem man wiederum seine Herkunft aus der Dichtung nur allzu deutlich ansieht: *Der Schäfer* ist nicht zuletzt ein poetologisches Gedicht, das die psychologisch entlastende Funktion der Landleben- und Schäferphantasien in dieser Epoche aufdeckt. Uz reflektiert zudem einen Zusammenhang von (Ideal-)Natur und Kunst, der für die weitere Geschichte der Naturlyrik ungemein wichtig ist. Da die vollkommene, ‚heile‘ Natur ja tatsächlich nur in der poetischen Fiktion erlebt werden kann, verschmilzt der ersehnte Naturgenuss mit dem Kunstgenuss; der Rückzug aus der einengenden Welt der Gesellschaft und der fortgeschrittenen Zivilisation gestaltet sich als Rückzug in den Bereich der literarischen Phantasie.

Aber auch in den zahlreichen Gedichten über das Landleben, die keine derartige Reflexion leisten, bleiben die Ursprünge sowie die kritischen und kompensatorischen Aspekte dieser Gattung sichtbar, und zwar dank des dominierenden Natur-Kultur-Gegensatzes, der ihnen allen gemeinsam ist. Wie sehr sich das ideale Dasein auf dem Lande durch den Kontrast zu der negativ gezeichneten Sphäre der gesellschaftlichen Ordnung, der Unmoral und des Zwangs definiert, zeigt sich unter anderem darin, dass das lyrische Ich stets aus dieser Sphäre stammt oder sie zumindest aus eigener Anschauung kennt. Die Bewegung des Ausweichens oder gar der Flucht begegnet in den Texten immer wieder: ‚Entflohen‘ ist das Ich bei Uz dem „Gedränge" der Stadt (V. 3), „Laß die Stadt uns fliehen!", heißt es bei Salis-Seewis[27], und der Stoßseufzer in Cronegks *Der Morgen* „Hier bin ich *endlich* frey" (V. 48) gibt gleichfalls zu erkennen, dass der Sprecher sich zunächst einmal aus den Banden der Zivilisation lösen musste.

Dass Menschen die Natur als Sehnsuchtsziel und als verpflichtenden Maßstab ihrer eigenen Existenzweise und inneren Einstellung auffassen, ist keineswegs selbstverständlich. Eine solche Sicht setzt vielmehr – scheinbar paradoxerweise – eine gewisse *Distanz* zur Natur und einen beträchtlichen Grad an Unabhängigkeit von ihr voraus, denn erst wenn die äußere Natur nicht mehr den Gegenstand konkreter Arbeit und direkter lebenssichernder Auseinandersetzung, aber auch keine Quelle dauernder Bedrohung mehr bildet, kurz: wenn das Verhältnis zu ihr von praktischen Rücksichten weitgehend entlastet ist, eröffnet sich ein Freiraum, der mit neuen Deutungs- und Sinngebungsmustern gefüllt werden kann. So kommt es nicht von ungefähr, dass die literarische Schwärmerei für das Landleben und das reine Glück

---

[27] Salis-Seewis: Einladung auf das Land, S. 112.

einer ‚natürlichen' Tugend gerade in Phasen einer hochdifferenzierten, städtisch oder höfisch geprägten Zivilisation prosperierte und von gesellschaftlichen Gruppen und Schichten getragen wurde, deren Abhängigkeit von der Natur bereits eine sehr indirekte und vielfach vermittelte Form angenommen hatte. Das gilt schon für die römischen Poeten in den Jahrzehnten vor Christi Geburt, es gilt für die Dichter der Barockzeit[28] und schließlich nicht minder für die meist dem gebildeten Bürgertum, teils auch dem niederen Adel entstammenden Autoren des 18. Jahrhunderts. Nur diejenigen, denen die Natur in eine erhebliche Ferne gerückt ist, sehen sich überhaupt dazu in der Lage, sie in philosophischen Reflexionen zur Trägerin ethischer Ideale zu erheben und als *Norm* zu etablieren, das heißt als einen dem Menschen vorgeordneten und von seinen Setzungen (vermeintlich) unabhängigen Maßstab, mit dessen Hilfe zum Beispiel die aufgeklärt-empfindsame Tugendmoral legitimiert werden kann. Die Vorstellung, dass die Natur eine ebenso verpflichtende wie unfehlbare Norm für die menschliche Existenz darstelle, ist somit, wie Ruth und Dieter Groh treffend formulieren, eine „Kopfgeburt"[29], ein von Menschen geschaffenes kulturelles Konstrukt. Es gibt keine Möglichkeit, beim Nachdenken über die Natur den anthropozentrischen Blickwinkel zu vermeiden.

Ganz dasselbe gilt für die Natur als Gegenstand der genießerischen Wahrnehmung, als ästhetisches Objekt: „Der Naturgenuß und die ästhetische Zuwendung zur Natur setzen [...] die Freiheit und die gesellschaftliche Herrschaft über die Natur voraus".[30] Erst wenn die Natur nicht mehr Stoff und Raum täglicher Arbeit ist und den Menschen auch nicht mehr unablässig mit schwer berechenbaren Gefahren konfrontiert, kann sie als sinnlicher Reiz empfunden und wie ein gemaltes Kunstwerk betrachtet werden:

> Nichts darf den Weisen binden,
> Der alle Sinnen übt,
> Die Anmuth zu empfinden,
> Die Land und Feld umgiebt.

---

[28] In Teil D ihrer Monographie nimmt Anke-Marie Lohmeier, ebenfalls unter Bezugnahme auf die Zivilisationstheorie, eine ausführliche Untersuchung der „historisch-sozialen Funktion der Landlebendichtung im 17. Jahrhundert" vor, wobei sie den Gegenbildcharakter und die kompensatorischen Funktionen der einschlägigen Texte hervorhebt (Lohmeier: Beatus ille, S. 267–404).

[29] Ruth und Dieter Groh: Natur als Maßstab – eine Kopfgeburt. In: dies.: Die Außenwelt der Innenwelt. Zur Kulturgeschichte der Natur 2. Frankfurt a.M. 1996, S. 83–146.

[30] Joachim Ritter: Landschaft. Zur Funktion des Ästhetischen in der modernen Gesellschaft [1962]. In: ders.: Subjektivität. Sechs Aufsätze. Frankfurt a.M. 1974, S. 141–163, 172–190; hier S. 162.

Ihm prangt die fette Weide
Und die bethaute Flur:
Ihm grünet Lust und Freude,
Ihm mahlet die Natur.[31]

Gerade weil die ästhetische Naturbetrachtung eine Freiheit von allen unmittelbaren praktischen Zwecken voraussetzt, avanciert sie zum lockenden Gegenbild eines höfischen oder städtischen Alltags, der in hohem Grade von Zwecksetzungen und rationalem Kalkül beherrscht wird. Freilich bleibt der ästhetische Genuss in den Landleben-Gedichten dem philosophisch-moralischen Aspekt untergeordnet. Die Natur ist für die Autoren vorrangig Schauplatz und Muster einer idealen Lebensweise und erst in zweiter Linie ein gefälliges Objekt der sinnlichen Wahrnehmung.

In der Natur erhofft sich der Mensch eine Aufhebung jenes beständigen Unbehagens, das die Beschränkungen des gesellschaftlichen Lebens hervorrufen; sie wird in der poetischen Wunschvorstellung zum Schauplatz eines Daseins in vollendeter Autonomie, das ungestörte Entfaltung und reinen Selbstgenuss gestattet. Von hier aus lassen sich Verbindungslinien bis in die Gegenwart ziehen, bedenkt man den Stellenwert, den die Natur in unserer industrialisierten und hochtechnisierten Zivilisation innehat, wo sie in eigentümlicher Verdoppelung einerseits als Forschungsgebiet der Wissenschaft und als rücksichtslos ausgebeuteter Rohstoff, andererseits aber als verklärter Inbegriff des Ursprünglichen und Gesunden erscheint.[32] Wie unter anderem der Blick auf die Landleben-Dichtung des 18. Jahrhunderts lehren kann, ist es nur ein scheinbarer Widerspruch, wenn ausgerechnet eine gesellschaftlich-kulturelle Formation, die die Natur in beispiellosem Ausmaß unterworfen und teilweise auch schon vernichtet hat, das Natürliche so gerne zur absoluten Norm menschlicher Existenz und zum Gegenstand sehnsüchtigen Verlangens stilisiert. Eine weit entwickelte gesellschaftliche, ökonomische und technische Naturbeherrschung schafft überhaupt erst die Voraussetzungen dafür, dass Menschen die Natur als Projektionsfläche für ihre Wunschträume

---

[31] Hagedorn: Sämmtliche poetische Werke. Dritter Theil, S. 71 (*Die Landlust*).

[32] Aus wissenssoziologischer Perspektive führt Norbert Elias diesen Doppelcharakter der Natur – als Objekt von Erkenntnis, Herrschaft und Ausbeutung und als Bezugspunkt eines säkularisierten Heils- und Erlösungsverlangens – auf das „Mischungsverhältnis von Engagement und Distanzierung im Naturbegriff höher entwickelter Gesellschaften" zurück (Norbert Elias: Über die Natur. In: Merkur 40 (1986), S. 469–481; hier S. 479). Wachsende Distanzierung ermöglicht aufgrund der zunehmenden Ausblendung von emotionalen Aspekten eine wirklichkeitsgerechtere Sicht des Gegenstandsbereichs Natur, während die ‚engagierte' Einstellung an stark gefühlhaltigen Naturbildern festhält und die natürlichen Phänomene mit menschlichen Projektionen überlagert.

von einem unentfremdeten Leben nutzen können, und zugleich geht sie mit einer gesteigerten Domestizierung auch der inneren (Trieb-)Natur des Individuums im Prozess der Zivilisation einher, die derartige Träume immer intensiver und verführerischer werden lässt.

Die Ambivalenz der in den zurückliegenden drei Jahrhunderten nicht zuletzt durch literarische Entwürfe vorangetriebenen und popularisierten Naturverklärung deutet sich schon in den hier betrachteten Gedichten des Aufklärungszeitalters an, die man je nach Perspektive als in Verse gefasste eskapistische Phantasien oder als scharfe Kritik an einer gesellschaftlichen Realität, der die zur Norm erhobene Natur entgegengehalten wird, auffassen mag. Wie schnell sich beispielsweise der zweckfreie ästhetische Genuss der Natur zum abgedroschenen Klischee verfestigen konnte, enthüllt eine Passage aus Heines *Harzreise*, in der der Ich-Erzähler, während er von einem Aussichtsturm auf dem Brocken, „in Andacht versunken", den prächtigen Sonnenuntergang betrachtet, neben sich einen jungen Kaufmann ausrufen hört: „Wie ist die Natur doch im Allgemeinen so schön!"[33] Die ironische Brechung macht deutlich, dass das schwärmerische Naturerlebnis, verstanden als eine Möglichkeit der freien Selbstfindung des Menschen jenseits gesellschaftlicher Schranken und Abhängigkeiten, hier schon zu einem standardisierten Erfahrungsmuster geworden ist, das an eigens dafür angelegten Plätzen wie der Aussichtsplattform auf dem Berggipfel förmlich abgerufen werden kann – ein Vorgriff auf den modernen Massentourismus, der die Begegnung mit der ‚schönen Natur' bekanntlich längst in vorgefertigte Schemata gebracht und ökonomisch ausgebeutet hat. Und doch sind selbst in solchen deformierten Spielarten des menschlichen Verhältnisses zur Natur von ferne immer noch jene Wunschvorstellungen zu erkennen, die die Landleben-Gedichte von Cronegk, Uz, Kleist und anderen artikulieren. Die Interpretation der Beziehung zwischen Mensch und Natur, die in den Texten der *laus ruris* des 18. Jahrhunderts Gestalt annimmt, hat in der Folgezeit, vor dem Hintergrund der weiteren gesellschaftlichen Entwicklung, nichts von ihrer Anziehungskraft eingebüßt. In der Naturlyrik späterer Epochen werden wir sie in unterschiedlichen Varianten noch häufiger antreffen.

---

[33] Heinrich Heine: Reisebilder. Erster Theil. Die Harzreise [1824]. In: ders.: Historisch-kritische Gesamtausgabe der Werke. Hrsg. von Manfred Windfuhr. Bd. 6: Briefe aus Berlin. Über Polen. Reisebilder I/II (Prosa). Hamburg 1973, S. 81–138; hier S. 119.

Die Natur als Mutter und als „geheimes Gesetz"

Johann Wolfgang Goethe: *Auf dem See* – *Die Metamorphose der Pflanzen*

Der Zwang zur Auswahl, zur Beschränkung des Stoffes macht sich im vorliegenden Band nirgends so nachdrücklich bemerkbar wie im Falle Johann Wolfgang Goethes (1749–1832), in dessen Lyrik das Thema Natur eine zentrale Stellung einnimmt – und dies gilt für alle Phasen seines Schaffens. Herausgegriffen werden hier zwei Gedichte, die nicht nur aufgrund ihres ästhetischen Ranges Beachtung verdienen, sondern auch jeweils als poetische Gestaltung eines eigentümlichen Verhältnisses zur Natur eine Bedeutung und Aussagekraft erlangen, die weit über die Grenzen des einzelnen Textes hinausgeht. Das eine Werk stammt aus der Übergangsphase zwischen Sturm und Drang und Weimarer Klassik, während das andere ganz die Naturauffassung des klassischen Goethe repräsentiert.

Das Gedicht, das später den Titel *Auf dem See* erhielt, geht auf das Jahr 1775 zurück. Es gehört ursprünglich zu einem Ensemble von lyrischen Texten, die im Zusammenhang mit Goethes Liebesbeziehung zu der Bankierstochter Lili Schönemann entstanden.[1] Diese Gruppe lässt sich der Sesenheimer Lyrik aus Goethes Straßburger Zeit an die Seite stellen, ist aber von der Forschung weit weniger beachtet worden – mit Ausnahme eben des hier zu besprechenden Gedichts, das zu den bekanntesten lyrischen Schöpfungen des Autors gehört. Die Verbindung mit Lili Schönemann begann Anfang 1775, wurde aber noch im Herbst desselben Jahres wieder gelöst.[2] Goethe scheint

---

[1] Vgl. dazu allgemein den Aufsatz von Reiner Wild: „Liebe liebe lass mich los." Goethes Lili-Lyrik. In: Die Poesie der Liebe. Aufsätze zur deutschen Liebeslyrik. Hrsg. von Ulrich Kittstein. Frankfurt a.M. u.a. 2006, S. 157–202.

[2] Eine eingehende Schilderung dieser Liebesgeschichte gibt Goethe, verteilt auf mehrere Episoden, in den Büchern 16 bis 20 von *Dichtung und Wahrheit*. Als au-

sie von vornherein als höchst ambivalent empfunden zu haben, weil sich die Anziehungskraft der Geliebten für ihn mit einem Gefühl der Einschränkung, ja der Selbstentfremdung verband. Die in dieser Zeit verfassten Gedichte stellen vielfach lyrische Reflexionen seiner zwiespältigen Lage dar und dienten auch dem Versuch, die eigene Individualität im Medium der Dichtung zu behaupten.

Die Reise in die Schweiz, zu der Goethe am 14. Mai aufbrach, hielt ihn etwa zehn Wochen lang von der Verlobten fern. Am 15. Juni unternahm der Dichter in Begleitung einiger Freunde in der Nähe von Zürich eine Bootspartie. In dem mit der Notiz „Den 15 Junius 1775 Donnerstags morgen aufm Zürchersee" versehenen Abschnitt seines Reisetagebuches finden sich jene Verse, die später das Gedicht *Auf dem See* bildeten. Allerdings handelt es sich in diesem ursprünglichen Kontext offenbar noch um zwei unabhängige Gedichte, von denen das erste acht, das zweite – ohne äußerlich sichtbare Strophengliederung – zwölf Zeilen umfasst. Für den Druck im achten Band seiner *Schriften*, der 1789 erschien, verlieh Goethe dem Text dann jene Gestalt, in der er bekannt geworden ist. Erst jetzt fasste er die Verse also zu einem einzigen Gedicht zusammen, schuf eine Unterteilung in drei Strophen und setzte auch einen Titel über das Ganze:

Auf dem See

     Und frische Nahrung, neues Blut
     Saug ich aus freier Welt;
     Wie ist Natur so hold und gut
     Die mich am Busen hält!
5   Die Welle wieget unsern Kahn
     Im Rudertakt hinauf,
     Und Berge, wolkig himmelan,
     Begegnen unserm Lauf.

     Aug, mein Aug was sinkst du nieder?
10   Goldne Träume kommt ihr wieder?
     Weg du Traum so Gold du bist,
     Hier auch Lieb und Leben ist.

     Auf der Welle blinken
     Tausend schwebende Sterne,
15   Weiche Nebel trinken
     Rings die türmende Ferne;

---

thentisches Dokument darf seine aus erheblichem Abstand niedergeschriebene und in vieler Hinsicht stilisierte Darstellung freilich nicht aufgefasst werden.

Morgenwind umflügelt
Die beschattete Bucht
Und im See bespiegelt
20   Sich die reifende Frucht.[3]

Der Wortlaut hat sich gegenüber der früheren Version vor allem in den ersten Zeilen verändert, die im Tagebuch der Schweizer Reise noch folgendermaßen lauten: „Ich saug an meiner Nabelschnur / Nun Nahrung aus der Welt. / Und herrlich rings ist die Natur / Die mich am Busen hält."[4]

Erschwert wird der Zugang zu diesem Gedicht schon dadurch, dass sich nicht einmal der Zusammenhang der drei Strophen unmittelbar erschließt: Auf Anhieb ist weder eine logische noch eine chronologische Abfolge zu erkennen. Zwar finden sich durchaus Hinweise auf den situativen Kontext einer gemeinschaftlichen Bootsfahrt, da ja von „unser[m] Kahn" und „unserm Lauf" gesprochen wird, aber die anwesenden Freunde spielen weiter keine Rolle; Goethes Gedicht scheint eine rein individuelle, einsame Erfahrung in der Natur zu entwerfen – im Gegensatz beispielsweise zu Klopstocks Ode *Der Zürchersee*, die von einem ganz ähnlichen Anlass ausgeht, aber das Erlebnis der Freundschaft in den Mittelpunkt stellt und dabei eine von allen geteilte Naturbegeisterung gestaltet. Will man dem Sinnzusammenhang von *Auf dem See* auf die Spur kommen, so empfiehlt es sich, jede Strophe zunächst für sich zu betrachten und sie erst in einem zweiten Schritt als Etappe eines übergreifenden Entwicklungsprozesses zu interpretieren, dessen Eigenart noch zu bestimmen sein wird.

Den ersten Achtzeiler hat Goethe, formal gesehen, durch eine Verdoppelung der sogenannten Chevy-Chase-Strophe geschaffen, die auf die englische Volksballade zurückgeht. Er setzt sich aus zwei kreuzgereimten Vierzeilern

---

[3]   Johann Wolfgang Goethe: Sämtliche Werke nach Epochen seines Schaffens. Münchner Ausgabe. Hrsg. von Karl Richter. Bd. 3.2: Italien und Weimar 1786–1790/2. Hrsg. von Hans J. Becker u.a. München 1990, S. 21. – Jahrzehnte später fügte Goethe diese Verse – ohne den Titel – in seine Schilderung der Schweizer Reise im 18. Buch von *Dichtung und Wahrheit* ein, um dem Leser, wie es dort heißt, eine „Ahnung" von den „glücklichen Momenten" auf dem Zürcher See zu vermitteln (Sämtliche Werke. Bd. 16: Dichtung und Wahrheit. Hrsg. von Peter Sprengel. München, Wien 1985, S. 777). Er stellte das Gedicht damit in einen biographischen Zusammenhang, von dem es in *dieser* Form durch mehr als zehn Jahre getrennt war; die im Kontext der Lebensbeschreibung suggerierte Erlebnisnähe beruht also auf einer nachträglichen Konstruktion des Autors. Der Fall zeigt beispielhaft, dass sich das Konzept des ‚Erlebnisgedichts' mit seiner vermeintlichen Unmittelbarkeit einer bewussten und kunstvollen Stilisierung verdankt.

[4]   Goethe: Sämtliche Werke. Bd. 1.2: Der junge Goethe 1757–1775/2. Hrsg. von Gerhard Sauder. München 1987, S. 543.

mit durchweg männlichen Kadenzen zusammen. Das jambische Metrum
bleibt stets gewahrt, doch weisen die ungeraden Verse jeweils vier, die gera-
den dagegen nur drei Hebungen auf. Am Ende jeder zweiten Zeile ist auch
ein deutlicher syntaktischer Einschnitt erreicht, aber die Abgeschlossenheit
dieser vier Verspaare wird durch den Reim, der ihre Grenzen überschreitet,
aufgelockert. Zudem fällt auf, dass die ganze Strophe einen streng alternie-
renden Gang aufweist, denn aufgrund des Zusammenspiels von männlichen
Kadenzen und jambischem Versbau gerät der vollkommen regelmäßige
Wechsel von unbetonten und betonten Silben nicht einmal an den Versgren-
zen ins Stocken. Das dadurch erzeugte wiegende Gleichmaß führt nun bereits
auf die inhaltliche Interpretation dieser Strophe, korrespondiert es doch un-
verkennbar der hier artikulierten Empfindung des Ich: Der Sprecher fühlt sich
geborgen wie ein Säugling in den Armen der Mutter, die ihn „am Busen
hält", oder in der Wiege. Die w-Alliterationen, besonders markant in dem
Vers „Die Welle wieget unsern Kahn", unterstreichen diesen Eindruck auf
der lautlichen Ebene. Folgerichtig bleibt das Ich passiv und begnügt sich
damit, aus der umgebenden Welt „frische Nahrung" einzusaugen.

Die frühere Fassung betonte den kindlich-abhängigen Zustand sogar noch
stärker, allerdings um den Preis einer gewissen Unstimmigkeit der Bildvor-
stellungen, da das Ich in den oben zitierten Eingangsversen der Tagebuch-
Version in merkwürdiger Gleichzeitigkeit als Embryo im Mutterleib („Ich
saug an meiner Nabelschnur") *und* als Säugling („Die mich am Busen hält")
erscheint. Diesen störenden Bruch beseitigte der Dichter später, indem er auf
das Embryo-Bild verzichtete. Grundsätzlich beibehalten wird aber das innige,
geradezu symbiotische Verhältnis, das den Sprecher mit der nährenden und
schützenden ‚Mutter Natur' verbindet. Dementsprechend beschränkt sich sein
Empfinden ganz auf die Gegenwart, so wie auch die durch den „Rudertakt"
angedeutete Bewegung höchst unbestimmt bleibt und in ihrem wiegenden
Rhythmus eher beruhigend-einschläfernd als zielgerichtet und vorwärtsdrän-
gend wirkt. Es verwundert nicht, dass die „Natur" in dieser Strophe zwar
benannt, aber nicht eigentlich *beschrieben* wird – buchstäblich eingebettet in
die lustvoll erfahrene Einheit mit der „Welt", kann das Ich unmöglich jenen
inneren Abstand zu seiner Umgebung gewinnen, der für eine wirkliche Na-
turschilderung erforderlich wäre. Eindrucksvoll zeigt dies der Vers „Und
Berge, wolkig himmelan": Aus seiner Perspektive vermag der Sprecher of-
fenbar nicht einmal klar zu erkennen, wo die emporragenden Berge aufhören
und die Wolken beginnen, so dass ihm das Panorama zu einer einzigen,
„himmelan" strebenden Masse verschwimmt. Im Ganzen ist Natur hier also
noch eine undifferenzierte, übermächtige Größe, von der sich das Ich in sei-
ner Wahrnehmung ebensowenig klar trennt, wie ein Säugling sich selbst
schon deutlich von der Mutter zu unterscheiden weiß. Wie zielstrebig Goethe

auf diesen Eindruck hinarbeitete, zeigt übrigens ein Vergleich mit dem ursprünglichen Wortlaut des siebten Verses, der im Tagebuch noch lautet: „Und Berge Wolken angetan". Diese Wendung lässt die Berge als ehrfurchtgebietende Gestalten erscheinen, die mit Wolken wie mit prächtigen Mänteln bekleidet sind, und impliziert damit immerhin eine *Unterscheidung* von Bergen und Wolken durch das Ich, die in der späteren Version aufgegeben ist.

Die zweite Strophe grenzt sich schon durch ihre formale Struktur von der vorangegangenen ab. An die Stelle des Kreuzreims tritt der doppelte Paarreim, wobei die Kadenzen im ersten Verspaar weiblich, im zweiten wieder männlich sind; überdies ersetzt ein vierhebiger Trochäus den zuvor verwendeten Jambus. Unter diesen Bedingungen kommt es an der Grenze zwischen der dritten und der vierten Zeile erstmals in diesem Gedicht innerhalb einer Strophe zu einem Zusammenprall zweier Hebungen („bist: / Hier"), der den Gegensatz zwischen dem „Traum" und dem ‚Hier und Jetzt' ebenso unterstreicht wie die Entschiedenheit der Abwehrgeste, mit der das Ich die träumerische Anwandlung verscheucht.

„Träume", offenbar Tagträume des vom schaukelnden Kahn sanft gewiegten Sprechers, bestimmen diese Strophe. Indem seine Augen sich schließen, ‚niedersinken', wendet sich das Ich von der unmittelbar erfahrenen äußeren Wirklichkeit, von der Natur ab und zieht sich in die eigene Innenwelt zurück, aus der jene „Träume" aufsteigen. Damit wird zugleich die reine Gegenwärtigkeit, die in der ersten Strophe herrschte, aufgebrochen, denn es handelt sich um bereits vertraute Träume, die auf eine Vergangenheit verweisen: „kommt ihr *wieder*?" Obwohl diese Träume – als ‚goldene' – anscheinend keineswegs unerfreulich sind, sucht das Ich sich ihrer zu erwehren, weil sie vom gegenwärtigen, sinnlich erlebten Augenblick, eben vom „Hier" der Naturerfahrung auf dem See, abzulenken drohen. Geradezu beschwörend ruft sich der Sprecher ins Bewusstsein, dass „auch" diese Gegenwart „Lieb und Leben" für ihn bereithält.

Das Gedicht verrät nichts Näheres über den Inhalt der Träume. Im Kontext der Lili-Lyrik liegt jedoch die Vermutung nahe, dass sie der entfernten Geliebten und der Erinnerung an die Gemeinschaft mit ihr gelten, und in der Tat ist Lili Schönemann in einer sehr verdeckten Form in *Auf dem See* präsent. Durch das gesamte Lili-Ensemble zieht sich nämlich ein „Spiel mit dem Namen der Geliebten"[5], der da, wo er nicht ausdrücklich genannt ist, oft zumindest in Gestalt von l-Alliterationen angedeutet wird – wie in der Formel „Lieb und Leben". So wäre es also die beglückende, zugleich aber krisenhafte Liebesbeziehung, deren Gedenken das lyrische Ich abweisen muss, um sich wieder ganz auf die Natur besinnen zu können. An diesem Punkt zeigt

---

5   Wild: „Liebe liebe lass mich los.", S. 171.

sich eine Eigentümlichkeit, die Goethes Lili-Lyrik generell von den Sesen-
heimer Gedichten unterscheidet: In dem späteren Ensemble „wird die Drei-
einheit von Natur, Liebe und Subjekt, wie sie für die Sesenheimer Lyrik
kennzeichnend ist und wohl im *Mailied* am sinnfälligsten zur Darstellung
gebracht wurde, gewissermaßen aufgekündigt."[6] In *Auf dem See* schiebt der
Sprecher die Liebeserfahrung buchstäblich beiseite, weil sie im Gegensatz zu
der bergenden Natur steht, mit der er in der ersten Strophe noch so gut wie
eins war.

Freilich zeigt sich nun im Rückblick, dass jene symbiotische Einheit ent-
gegen dem ersten Eindruck gar keine ursprüngliche war, da sie offenbar nur
durch die vorübergehende Verdrängung jener Sehnsüchte und Erinnerungen
zustande kam, die sich dann in der zweiten Strophe in der träumerischen
Versunkenheit des Ich unvermittelt wieder geltend machen. So lässt sich die
anfängliche Verschmelzung mit der Natur als Ergebnis einer Regression in-
terpretieren: Der Sprecher ist vor konfliktreichen Erfahrungen geflohen,
indem er gleichsam zu einer früheren Stufe seiner seelischen Entwicklung
zurückkehrte, nämlich in die undifferenzierte Einheit des Säuglings mit sei-
ner Mutter. Die zweite Strophe beendet diesen Zustand, denn die aufsteigen-
den Träume und Erinnerungen lassen das bloße In-sich-Ruhen in reiner Ge-
genwärtigkeit nicht mehr zu und fordern das Ich zu einer Selbstbesinnung
heraus. Auch wenn sie entschieden zugunsten der Gegenwart und des Natur-
erlebens abgewehrt werden („Weg du Traum"), ist die Verschmelzung des
Sprechers mit der mütterlichen Natur doch nunmehr aufgehoben – er kann
nicht mehr in jenen quasi bewusstlosen Zustand zurücksinken, den die Ein-
gangsverse evozierten. Der Einbruch der „Träume" bedeutet daher im Zu-
sammenhang des Gedichts nicht etwa nur ‚Verirrung' und Gefährdung, son-
dern auch einen notwendigen Schritt in der Entwicklung des Ich. Das Ergeb-
nis wird in der Schlussstrophe greifbar. Hier rückt erneut die Natur in den
Vordergrund, doch das Verhältnis des lyrischen Ich zu ihr hat sich gewandelt.

Die dritte Strophe besteht wieder aus zwei kreuzgereimten Vierzeilern,
die jedoch in ihren Kadenzen nicht übereinstimmen: Weist der erste aus-
schließlich weibliche Versschlüsse auf, so wechselt der zweite zwischen
weiblichen und männlichen. Weniger regelmäßig als noch in der Eingangs-
strophe gestaltet sich auch das Metrum. Die Verse sind zwar grundsätzlich
trochäisch und allesamt dreihebig, aber in den Zeilen 2, 4, 6 und 8 variiert
Goethe den Trochäus jeweils im mittleren Takt durch eine zusätzliche Sen-
kung zum Daktylus. Damit gewinnt diese Strophe in formaler Hinsicht mehr
Variabilität und Freiheit als die vorangegangenen, was dem Reifungsprozess
des lyrischen Ich durchaus entspricht.

---

[6]   Wild: „Liebe liebe lass mich los.", S. 183.

Allerdings fällt auf, dass das Ich in diesen Versen gar nicht mehr explizit genannt ist – im Gegensatz zum ersten Achtzeiler des Gedichts, wo es in „ich" und „mich" sowie, in vermittelter Weise, in „unsern" und „unserm" sogar außerordentlich stark präsent war. Außerdem wird jetzt, anders als zuvor, die Natur wirklich zum Objekt der Betrachtung und daher auch erstmals näher geschildert: Das von den Wellen reflektierte Sonnenlicht, das wie eine Vielzahl funkelnder Sterne wirkt, die Nebelschwaden und die von ihnen teilweise verdeckte „Ferne", der „Morgenwind", die „Bucht" und der „See" treten ins Feld der Wahrnehmung. Dabei fungiert das Ich, ohne noch von sich selbst zu sprechen, als perspektivischer Ausgangspunkt der Naturbeschreibung: Von seinem Standpunkt aus entwirft es die Naturszenerie, die sich „[r]ings" vor seinen Blicken entfaltet. Das bedeutet aber, dass es sich aus seiner anfänglichen passiven Hingabe, aus seiner Abhängigkeit von der Natur gelöst hat und in der Lage ist, sich ihr als Beobachter gegenüberzustellen. Verständlich wird in diesem Zusammenhang noch eine jener Veränderungen, die Goethe in den ersten Zeilen vornahm, als er die Verse aus seinem Tagebuch für den Druck in den *Schriften* zu einem einzigen Gedicht zusammenfasste. Heißt es in der früheren Version in Vers 3 „Und herrlich rings ist die Natur", so ist damit schon eine kreisförmige Struktur mit dem Ich als Mittelpunkt angedeutet. Durch die Änderung in „Wie ist Natur so hold und gut" vermeidet es Goethe in *Auf dem See*, dem lyrischen Ich bereits zu Beginn jene objektivierende, distanzierte Naturwahrnehmung zuzugestehen, zu der es dann in der letzten Strophe gelangt: „Rings die türmende Ferne". In der Eingangsstrophe bleibt die Natur nun in ihrem räumlichen Bezug zum Sprecher vollkommen unbestimmt; sie scheint allumfassend, bergend, schützend, aber auch besitzergreifend. Die Entwicklung, die das Ich im Folgenden durchmacht, tritt erst vor diesem Hintergrund klar hervor.

Die beiden Schlussverse drücken die inzwischen erreichte Selbständigkeit des Sprechers in symbolischer Konzentration aus. Sie müssen zunächst etwas rätselhaft wirken, zumal die „reifende Frucht" mit dem bestimmten Artikel verbunden wird, der in der Regel nur bereits bekannten oder eindeutig bezeichneten Phänomenen zukommt. Indes bietet es sich an, diese „Frucht" als ein Bild für die gelungene Selbstfindung, eben für die ‚Reifung' des Ich aufzufassen, das somit – in verschlüsselter Form – doch auch in dieser Schlussstrophe genannt wird. Indem sich das Ich aus der symbiotischen Einheit mit der Natur löst und sich von ihr abgrenzt, gewinnt es überhaupt erst den Status eines Subjekts. Die erfolgte Distanzierung von der Natur bedeutet aber keine völlige Trennung; vielmehr konstituiert sich das Verhältnis zwischen Ich und Natur lediglich neu, und gerade in diesem neuartigen Verhältnis erlangt das Ich seine Reife, sein Selbstverständnis als Subjekt: Es „bespiegelt" sich im Wasser des Sees. Das ungewöhnliche Verb bezeichnet im Gegensatz zu dem eher passiven ‚sich spiegeln' eine aktive Tätigkeit, ja sogar buchstäblich eine ‚Reflexion' des Sprechers, der im Anblick der Natur nun auch seiner selbst gewahr wird. Freilich kann man die pointiert an das Ende des Textes gesetzte Wendung von der „reifende[n] Frucht" ebensowohl als poetologische Metapher, als Sinnbild für das Gelingen und die Vollendung des Gedichts lesen. Diese Deutung widerspricht der ersten nicht, da die Selbstfindung des lyrischen Ich sich ja in und mit dem Gedicht vollzieht und mit dessen Abschluss gleichfalls zum Ziel gelangt – sie ist auch eine Selbstfindung des Dichters.

Mit etwas Phantasie ist es durchaus möglich, den drei Strophen von *Auf dem See* ein rudimentäres äußeres ‚Geschehen', nämlich einen Wechsel in der Haltung des Sprechers zu unterlegen. Zu Beginn scheint das Ich im Kahn auf dem Rücken zu liegen, nach oben zu schauen, so dass nur Berge und Wolken in sein Blickfeld treten, und sich ganz der wiegenden Bewegung des Bootes zu überlassen. In der zweiten Strophe fallen ihm langsam die Augen zu, es entgleitet der Gegenwart und gibt sich in träumerischer Versunkenheit verdrängten Sehnsüchten und Erinnerungen hin. Nach der entschiedenen Selbstermunterung zur Besinnung auf das „Hier" richtet es sich schließlich auf und lässt den Blick offen und klar umherwandern, um die Szenerie aufzunehmen, die sich ‚rings' ausbreitet. Weit wichtiger als solche Hilfskonstruktionen ist allerdings die Erkenntnis der *inneren* Entwicklung dieses Ich, die ihren Ausdruck in seinem sich wandelnden Verhältnis zur Natur und zu sich selbst findet. Begreift man die Entwicklung und Reifung des Sprechers als das eigentliche Thema des Gedichts, so mag man in der Kahnpartie sogar den Topos von der Lebensfahrt des Menschen wiederfinden. Er ist hier freilich kaum noch als solcher zu erkennen, weil er ganz in eine individuell gestaltete Erfahrung des lyrischen Ich eingeschmolzen wurde.

In *Auf dem See* verweist die Natur nicht mehr auf einen im Himmel thronenden Schöpfergott; das Gedicht verbleibt ganz in der Immanenz des irdischen Seins. Damit tritt ‚Mutter Natur' als entscheidende Bezugsgröße an die Stelle des transzendenten ‚Herrn': „Mutter Natur ist eine moderne Erfindung. Sie konnte erst gemacht werden, als Gott der Schöpfer, der Richter und Erlöser in den programmatischen Welt- und Selbstentwürfen der Menschen zurückzutreten begann."[7] Als eine ungemein wirkmächtige Imagination des ausgehenden 18. und des 19. Jahrhunderts schließt sie sich den Idealisierungen des naturhaften Lebens an, die wir in den Gedichten von Cronegk, Kleist und anderen kennengelernt haben, und sie ist ebenso wie diese in erster Linie als Gegenentwurf zu den spezifisch modernen Entfremdungserfahrungen der Zeitgenossen zu begreifen. Goethes Gedicht bleibt jedoch, wie sich gezeigt

---

Gerhard Kaiser: Augenblicke deutscher Lyrik. Gedichte von Martin Luther bis Paul Celan. Frankfurt a.M. 1987, S. 158.

hat, nicht bei Einheits- und Verschmelzungsphantasien stehen, sondern entwirft die Reifung des Ich als Prozess einer Ablösung von der Natur, der zu einem veränderten Verhältnis zwischen beiden führt. Obwohl der Sprecher jener „Welt", der er anfangs noch symbiotisch verbunden war, am Ende freier gegenübersteht, bleibt sein Selbstverständnis eng mit dem Gegenstand ‚Natur' verknüpft, denn gerade in der neugewonnenen, stärker objektivierten und distanzierten Beziehung zu ihr erfährt er sich als eigenständiges Subjekt.

Die Verbindlichkeit der älteren, religiös begründeten Sinngebungsmuster, die noch Brockes und Klopstock im Vertrauen auf das breite Einverständnis der Leserschaft ihren Naturgedichten zugrunde legten, erreicht Goethes poetischer Entwurf nicht mehr. Von dem Gedicht *Auf dem See* kann sich ein Leser nur angesprochen fühlen, wenn er darin ästhetisch gestaltete Erlebnisse wahrnimmt, die an seine eigenen individuellen Erfahrungen anschließbar, mit ihnen also bis zu einem gewissen Grade vergleichbar sind. Damit ist die Auseinandersetzung mit dem lyrischen Text zu einer sehr persönlichen und geradezu unberechenbaren Angelegenheit geworden. Und dieser Befund darf verallgemeinert werden. Keines jener unzähligen Deutungsangebote, die seit der zweiten Hälfte des 18. Jahrhunderts in der Literatur entwickelt wurden, konnte jemals wieder den universalen Gültigkeitsanspruch gewinnen, der der christlichen Weltanschauung vor ihrem allmählichen Zerfall zu eigen war – das betrifft nicht zuletzt die in der Lyrik konstruierten Modelle eines eigentümlichen Naturverhältnisses des modernen Menschen.

***

Das Gedicht *Die Metamorphose der Pflanzen* entstand am 17. und 18. Juni 1798, mitten in der Hochphase der Weimarer Klassik, und wurde im Herbst desselben Jahres in Schillers *Musen-Almanach für das Jahr 1799* erstmals veröffentlicht. Im Jahre 1800 erschien es dann im siebten Band von Goethes *Neuen Schriften*, und zwar innerhalb der Gedichtgruppe *Elegien II*, in der die Liebesthematik vorherrscht und deren andere Texte auch in zeitlicher Nähe zur *Metamorphose der Pflanzen* geschrieben worden waren. In der Werkausgabe letzter Hand platzierte Goethe das Werk in der Abteilung *Gott und Welt* in der Nachbarschaft philosophisch reflektierender Gedichte, die weltanschauliche Fragen behandeln, und 1817 ließ er es in Verbindung mit seinem bereits 1790 verfassten wissenschaftlichen Aufsatz *Versuch die Metamorphose der Pflanzen zu erklären* in der Zeitschrift *Zur Morphologie* abdrucken. Schon diese verschiedenen Kontexte, in die der Dichter selbst die Elegie im Laufe der Zeit stellte, verraten einiges über deren Vielschichtigkeit und über die von ihr geleistete Verknüpfung sehr unterschiedlicher Gegenstandsbereiche – *Die Metamorphose der Pflanzen* ist Liebesgedicht, weltanschauliches Thesengedicht und naturwissenschaftliches Lehrgedicht in einem. Mit der bis in die Antike zurückreichenden Tradition des Lehrgedichts war Goethe übrigens vertraut. In seinem näheren Umkreis arbeitete Karl Ludwig von Knebel damals gerade an einer deutschen Übertragung von Lukrez' *De natura rerum*, einem der großen Muster dieser Gattung aus dem ersten vorchristlichen Jahrhundert, und Goethe plante zeitweilig sogar ein eigenes umfangreiches Lehrgedicht, in dem er seine naturwissenschaftlichen Anschauungen zusammenhängend vortragen wollte.

Den Kern seiner Theorie von der Metamorphose im Pflanzenreich hatte Goethe 1790 in dem erwähnten Aufsatz dargelegt. Der Beitrag nimmt nicht auf eine spezielle Pflanzenart Bezug – die angeführten Beispiele haben lediglich illustrierenden Charakter –, sondern erhebt für seine Thesen einen sehr umfassenden und allgemeinen Anspruch. Goethe erblickt im *Blatt* die schlichte Grundform alles Pflanzlichen, aus der nach seiner Überzeugung durch Differenzierung und Variation sämtliche anderen, komplexeren Teile einer Pflanze hervorgehen. Eben diese Metamorphose zeichnet der Aufsatz Schritt für Schritt nach. Er stellt mithin, wie der Verfasser rückblickend erklärte, einen Versuch dar, „die mannigfaltigen, besondern Erscheinungen des herrlichen Weltgartens auf ein allgemeines, einfaches Prinzip zurückzuführen."[8] Dieses Prinzip ist aber eben ein eminent dynamisches, denn es fördert und lenkt *Entwicklungsvorgänge*. So zeigt sich Goethe in seiner Naturauffassung ganz einem genetischen, prozesshaften Denken verpflichtet.

Seine „abstrakte Gärtnerei" stieß allerdings, wie er später mit leichter Ironie ausführte, bei einigen „Freundinnen" auf Kritik. Er habe deshalb, um diese Damen doch noch „zur Teilnahme" an seinen Überlegungen zu verlocken, das Gedicht *Die Metamorphose der Pflanzen* verfasst, mit dem er offenbar zugleich den Beweis führen wollte, dass „Wissenschaft und Poesie vereinbar seien."[9] Nach diesen Bemerkungen zu urteilen, liegt die Aufgabe der Elegie im wesentlichen in der Konkretisierung theoretisch-abstrakter Gedankengänge, in der plastischen Veranschaulichung des Allgemeingültigen und Gesetzmäßigen. Es wird sich freilich zeigen, dass das Werk weit mehr ist als eine bloße Versifizierung botanischer Lehrmeinungen und dass sich überdies das komplizierte Wechselspiel von Allgemeinem und Besonderem auch innerhalb des poetischen Textes fortsetzt.

---

[8] Johann Wolfgang Goethe: Schicksal der Handschrift [1817]. In: ders.: Sämtliche Werke. Bd. 12: Zur Naturwissenschaft überhaupt, besonders zur Morphologie. Erfahrung, Betrachtung, Folgerung, durch Lebensereignisse verbunden. Hrsg. von Hans J. Becker. München, Wien 1989, S. 69–72; hier S. 70.

[9] Johann Wolfgang Goethe: Schicksal der Druckschrift [1817]. In: ders.: Sämtliche Werke. Bd. 12, S. 72–79; hier S. 74.

Die Metamorphose der Pflanzen

Dich verwirret, Geliebte, die tausendfältige Mischung
    Dieses Blumengewühls über dem Garten umher;
Viele Namen hörest du an, und immer verdränget
    Mit barbarischem Klang einer den andern im Ohr.
5   Alle Gestalten sind ähnlich, und keine gleichet der andern;
    Und so deutet das Chor auf ein geheimes Gesetz,
Auf ein heiliges Rätsel. O, könnt' ich dir, liebliche Freundin,
    Überliefern sogleich glücklich das lösende Wort!
Werdend betrachte sie nun, wie nach und nach sich die Pflanze,
10   Stufenweise geführt, bildet zu Blüten und Frucht.
Aus dem Samen entwickelt sie sich, sobald ihn der Erde
    Stille befruchtender Schoß hold in das Leben entläßt
Und dem Reize des Lichts, des heiligen, ewig bewegten,
    Gleich den zärtesten Bau keimender Blätter empfiehlt.
15   Einfach schlief in dem Samen die Kraft; ein beginnendes Vorbild
    Lag, verschlossen in sich, unter die Hülle gebeugt,
Blatt und Wurzel und Keim, nur halb geformet und farblos;
    Trocken erhält so der Kern ruhiges Leben bewahrt,
Quillet strebend empor, sich milder Feuchte vertrauend,
20   Und erhebt sich sogleich aus der umgebenden Nacht.
Aber einfach bleibt die Gestalt der ersten Erscheinung;
    Und so bezeichnet sich auch unter den Pflanzen das Kind.
Gleich darauf ein folgender Trieb, sich erhebend, erneuet,
    Knoten auf Knoten getürmt, immer das erste Gebild.
25   Zwar nicht immer das gleiche; denn mannigfaltig erzeugt sich,
    Ausgebildet, du siehst's, immer das folgende Blatt,
Ausgedehnter, gekerbter, getrennter in Spitzen und Teile,
    Die verwachsen vorher ruhten im untern Organ.
Und so erreicht es zuerst die höchst bestimmte Vollendung,
30   Die bei manchem Geschlecht dich zum Erstaunen bewegt.
Viel gerippt und gezackt, auf mastig strotzender Fläche,
    Scheinet die Fülle des Triebs frei und unendlich zu sein.
Doch hier hält die Natur, mit mächtigen Händen, die Bildung
    An, und lenket sie sanft in das Vollkommnere hin.
35   Mäßiger leitet sie nun den Saft, verengt die Gefäße,
    Und gleich zeigt die Gestalt zärtere Wirkungen an.
Stille zieht sich der Trieb der strebenden Ränder zurücke,
    Und die Rippe des Stiels bildet sich völliger aus.
Blattlos aber und schnell erhebt sich der zärtere Stengel,
40   Und ein Wundergebild zieht den Betrachtenden an.
Rings im Kreise stellet sich nun, gezählet und ohne
    Zahl, das kleinere Blatt neben dem ähnlichen hin.

Um die Achse gedrängt entscheidet der bergende Kelch sich,
    Der zur höchsten Gestalt farbige Kronen entläßt.
45   Also prangt die Natur in hoher voller Erscheinung,
    Und sie zeiget gereiht Glieder an Glieder gestuft.
Immer staunst du aufs Neue, sobald sich am Stengel die Blume
    Über dem schlanken Gerüst wechselnder Blätter bewegt.
Aber die Herrlichkeit wird des neuen Schaffens Verkündung;
50   Ja, das farbige Blatt fühlet die göttliche Hand,
Und zusammen zieht es sich schnell; die zärtesten Formen,
    Zwiefach streben sie vor, sich zu vereinen bestimmt.
Traulich stehen sie nun, die holden Paare, beisammen,
    Zahlreich ordnen sie sich um den geweihten Altar.
55   Hymen schwebet herbei, und herrliche Düfte, gewaltig,
    Strömen süßen Geruch, Alles belebend, umher.
Nun vereinzelt schwellen sogleich unzählige Keime,
    Hold in den Mutterschoß schwellender Früchte gehüllt.
Und hier schließt die Natur den Ring der ewigen Kräfte;
60   Doch ein neuer sogleich fasset den vorigen an,
Daß die Kette sich fort durch alle Zeiten verlänge
    Und das Ganze belebt, so wie das Einzelne, sei.
Wende nun, o Geliebte, den Blick zum bunten Gewimmel,
    Das verwirrend nicht mehr sich vor dem Geiste bewegt.
65   Jede Pflanze verkündet dir nun die ew'gen Gesetze,
    Jede Blume, sie spricht lauter und lauter mit dir.
Aber entzifferst du hier der Göttin heilige Lettern,
    Überall siehst du sie dann, auch in verändertem Zug.
Kriechend zaudre die Raupe, der Schmetterling eile geschäftig,
70   Bildsam ändre der Mensch selbst die bestimmte Gestalt!
O, gedenke denn auch, wie aus dem Keim der Bekanntschaft
    Nach und nach in uns holde Gewohnheit entsproß,
Freundschaft sich mit Macht in unserm Innern enthüllte,
    Und wie Amor zuletzt Blüten und Früchte gezeugt.
75   Denke, wie mannigfach bald die, bald jene Gestalten,
    Still entfaltend, Natur unsern Gefühlen geliehn!
Freue dich auch des heutigen Tags! Die heilige Liebe
    Strebt zu der höchsten Frucht gleicher Gesinnungen auf,
Gleicher Ansicht der Dinge, damit in harmonischem Anschaun
80   Sich verbinde das Paar, finde die höhere Welt.[10]

Das Gedicht ist eine Elegie im streng formalen Sinne des Wortes: Es besteht
aus Distichen, das heißt aus Verspaaren, die sich jeweils aus einem Hexame-

---

[10]   Goethe: Sämtliche Werke. Bd. 6.1: Weimarer Klassik 1798–1806/1. Hrsg. von
    Victor Lange. München 1986, S. 14–17.

ter und einem Pentameter zusammensetzen. Goethe verwendet hier also eine jener antiken Formen, auf die die Weimarer Klassik mit besonderer Vorliebe zurückgriff. Die beträchtliche Textmasse der *Metamorphose der Pflanzen* – achtzig Verse in vierzig Distichen – wird überschaubarer, sobald man ihre Binnengliederung erfasst hat. Drei Hauptteile lassen sich unterscheiden. Der erste, zugleich der kürzeste, endet mit Vers 8 und umreißt gewissermaßen das Thema, die Problemstellung des Gedichts, so wie er mit der ausdrücklichen Anrede an die „Geliebte" auch die Sprechsituation konstituiert. Der zweite Teil, bestehend aus den Versen 9 bis 62, ist der bei weitem umfangreichste. Er entfaltet die eigentliche Lehre von der Metamorphose und entspricht, seinem sachlichen Gehalt nach, bis in die Details hinein den Ausführungen von Goethes Aufsatz *Versuch die Metamorphose der Pflanzen zu erklären*. Eingeleitet und von den vorangegangenen Versen abgegrenzt wird er durch den an die Geliebte gerichteten Appell zur ‚Betrachtung': „Werdend betrachte sie nun …". Dasselbe gilt für den abschließenden dritten Teil, der in Vers 63 mit einer vergleichbaren Aufforderung einsetzt: „Wende nun, o Geliebte, den Blick …". Dieser Abschnitt hat, wie schon der erste, in jenem Aufsatz kein Gegenstück. Er fasst zunächst den Erkenntniswert der Metamorphosen-Lehre für das Verständnis der Pflanzenwelt zusammen, weitet den Geltungsbereich dieses Konzepts dann aber auf Gegenstände aus, die jenseits der Grenzen der Botanik liegen: Von den Tieren, vom Menschen und schließlich von dem liebenden Paar selbst ist die Rede. Im Anschluss an diesen knappen Überblick sollen nun die drei Teile des Gedichts nacheinander erörtert werden.

Schon zu Beginn stellt die Anrede klar, dass es in der Elegie, anders als in *Auf dem See*, nicht um eine einsame Naturerfahrung geht, die das lyrische Ich in monologischer Rede artikuliert: Der Sprecher richtet seine Ausführungen explizit an eine textinterne Adressatin. Jene Deutung der Natur, die in *Die Metamorphose der Pflanzen* entwickelt wird, ist also von vornherein auf Austausch und Mitteilung angelegt und folglich mit einem gewissen überindividuellen Geltungsanspruch verbunden. Noch im gleichen Vers offenbart sich auch die Art der Beziehung, die zwischen dem Sprecher und der Angesprochenen besteht: Das lyrische Ich wendet sich an seine „Geliebte" (der biographische Bezug auf Goethes Lebensgefährtin Christiane Vulpius ist hierbei unverkennbar, für die Interpretation der Elegie aber nicht von Belang). Wie sich allerdings die damit ins Spiel gebrachte Liebesthematik mit dem schon im Titel benannten zentralen Gegenstand der folgenden Verse, dem Phänomen der Metamorphose, verbindet, wird erst an späterer Stelle deutlich werden.

Das Paar befindet sich im „Garten", wo sich die Geliebte verwirrt fühlt angesichts der unüberschaubaren Vielfalt der Blumen, deren „Gestalten" mancherlei Ähnlichkeiten aufweisen und doch immer voneinander verschieden sind. Die „Namen" dieser Gewächse leisten ihr keine Orientierungshilfe, da sie mit „barbarischem Klang" – zu denken ist an die griechischen und lateinischen Fachbezeichnungen der Botanik – das (scheinbare) Durcheinander eher noch vergrößern; zudem können solche Namen ja auch nur disparate Einzelphänomene oder Gattungen bezeichnen, nicht aber jenen tieferen Zusammenhang des Ganzen sichtbar machen, nach dem die Geliebte vergebens sucht. Das „geheime Gesetz", das sowohl die offenbare Verwandtschaft als auch die unendliche Mannigfaltigkeit der Formen dieses „Blumengewühls" erklären würde, ist für sie allenfalls zu erahnen und muss ihr vorerst ein „heiliges Rätsel" bleiben. Das lyrische Ich jedoch verfügt über das nötige Wissen, um die Verwirrung in Klarheit zu verwandeln, es kennt das „lösende Wort", das die Verknüpfung aller Einzelerscheinungen, die sich im Garten dem Auge darbieten, verständlich macht. Dieses „Wort" steht im Titel des Gedichts – „Metamorphose" –, wird aber im Text selbst nirgends genannt. Es einfach auszusprechen und so der Geliebten zu „[ü]berliefern", hätte wenig Sinn: Seine Bedeutung muss erläutert und anschaulich entfaltet werden, und genau dies leistet der anschließende zweite Teil der Elegie, mit dem das Ich seine Aufgabe als Lehrmeister erfüllt. Indes umfasst seine Rolle noch einen weiteren Aspekt, der in den ersten Versen zumindest schon angedeutet ist. Die Wendung „heiliges Rätsel" verleiht den Gesetzmäßigkeiten, um deren Erkenntnis es dem Sprecher geht, eine quasi-göttliche Würde und den folgenden Erläuterungen den Charakter einer Initiation, einer weihevollen Handlung, mit der die angesprochene Geliebte gleichsam in das Heiligtum der Natur eingeführt wird. So nimmt das Ich neben der Attitüde des Lehrers auch die des Priesters an, der zwischen dem Menschen und dem Göttlichen vermittelt. Der „Göttin" Natur werden wir im dritten Abschnitt des Gedichts wieder begegnen.

Zunächst aber zeichnet der zweite Teil detailliert den Prozess der Metamorphose im Pflanzenreich nach. Seine Stufenfolge deckt sich, wie erwähnt, mit den Ausführungen des älteren Aufsatzes zum gleichen Thema: Es wird gezeigt, wie sich die verschiedenen Teile der Pflanze – vom Samen über die Blätter, den Stängel und den Kelch bis hin zu Staubfäden und Griffel – organisch auseinander entwickeln. Am Ende stehen die „Früchte", die wiederum neuen Samen bergen, womit gewährleistet ist, dass der geschilderte Entwicklungsgang von vorne beginnen kann und die „Kette", der ewige Kreislauf des Werdens und Wachsens, nicht unterbrochen wird. Doch im Gegensatz zu der trockenen wissenschaftlichen Diktion, die den Aufsatz prägt, gestaltet das Gedicht all diese Phänomene in poetischer Sprache und mit einer Fülle von Bildern und Metaphern. Hinter den vielfältigen Wandlungen der Pflanzengestalt steht, treibend und lenkend, die personifizierte „Natur", die als schöpferischer, dynamischer Impuls – als *natura naturans* im philosophischen Sinne – „mit mächtigen Händen" dem Wachstum seine Richtung gibt und über den „Ring der ewigen Kräfte" wacht. Wieder wird ihr eine sakrale Würde verliehen; so ist vom lebensspendenden ‚heiligen Licht', von der leitenden „göttliche[n] Hand" und vom „geweihten Altar" die Rede, vor dem sich „Hymen", der Gott der Hochzeit, einfindet. Nicht minder auffällig ist die starke Anthropomorphisierung der Naturvorgänge: Wiederholt begegnet man Bildern, die der Sphäre des menschlichen Verhaltens und der Kultur entlehnt sind. Diese Reihe gipfelt in der ‚Hochzeit' der „holden Paare", die durch die Erzeugung neuen Samens für die Fortsetzung der unendlichen „Kette" des Lebens sorgen.

Die bildkräftige Anschaulichkeit der Verse darf freilich nicht darüber hinwegtäuschen, dass sie einen Vorgang schildern, der in dieser Form unmöglich Gegenstand der Beobachtung werden kann. Gewissermaßen im Zeitraffer führt das lyrische Ich vor, wie die Pflanze vom in der Erde schlummernden Samen bis zur vollen Ausbildung voranschreitet. Daher richtet sich die einleitende Aufforderung „Werdend betrachte sie nun" in erster Linie an das *geistige* Auge der Geliebten, denn dieses allein ist imstande, den Prozess so ablaufen zu sehen, wie der Sprecher ihn darstellt. Aus diesem Grunde knüpft der zweite Teil der Elegie, genau besehen, nur bedingt an die in den Eingangsversen entworfene konkrete Situation im Garten und den Blick auf das sinnverwirrende „Blumengewühl" an. Dazu fügt sich der Umstand, dass das lyrische Ich – wie auch der Autor Goethe in seinem *Versuch die Metamorphose der Pflanzen zu erklären* – nicht auf eine bestimmte, individuelle Pflanze Bezug nimmt, sondern offensichtlich einen Idealtypus vorstellt, an dem sich die Entwicklungsprinzipien des pflanzlichen Lebens als solche verdeutlichen lassen. Was an diesem Modell demonstriert wird, gilt nach dem Anspruch des Sprechers für *alle* Blütenpflanzen. So begegnet hier erstmals jenes „Wechselspiel von Konkretion und Verallgemeinerung"[11], das für die Elegie generell typisch ist und seine Wirkung noch mehrfach zeigen wird.

Die abschließende dritte Partie des Gedichts kann noch einmal untergliedert werden, denn die Zeilen 63 bis 66 bilden einen weitgehend in sich geschlossenen Abschnitt. Sie leiten von der geistigen ‚Schau' des Idealtypus wieder zur konkreten Ausgangssituation der lyrischen Rede zurück und resümieren den Ertrag des umfangreichen Mittelteils im Hinblick auf die Problemstellung der ersten acht Verse, indem sie feststellen, dass sich der Blick jetzt, wo die „ew'gen Gesetze" der Pflanzenbildung offengelegt sind, von

---

[11] Reiner Wild: [Goethe:] *Die Metamorphose der Pflanzen*. Die Poetik der Natur. In: Gedichte von Johann Wolfgang von Goethe. Interpretationen. Hrsg. von Bernd Witte. Stuttgart 1998, S. 152–168; hier S. 154.

dem „bunten Gewimmel" im Garten nicht mehr irritieren lassen wird: Das Prinzip der Metamorphose, dem alle Gewächse in ihrem Werden und ihren Gestaltveränderungen unterworfen sind, liefert einen Universalschlüssel für das Verständnis der nur scheinbar unüberschaubaren Vielfalt des vegetativen Lebens. Dem Wissenden werden die „ew'gen Gesetze" der Metamorphose daher von jeder Pflanze „verkündet", wie es in Vers 65 heißt. Unmittelbar darauf bezeichnet das Ich sie zudem als „der Göttin heilige Lettern", deren Entzifferung der Geliebten nun möglich sei. Die Vergöttlichung der schaffenden Natur haben wir bereits an früherer Stelle angetroffen, aber bemerkenswert ist, wie der Sprecher in dieser Passage das erhoffte Resultat seiner didaktischen Bemühungen umschreibt: Durch seine Unterweisung will er der Zuhörerin eine besondere *Lesefähigkeit* vermitteln, die ihr das Verständnis dieser „Lettern" erschließt. So erweist sich die Elegie nicht zuletzt als ein Lehrgedicht über das *richtige Sehen*, das die dynamischen Regeln des Werdens hinter der Fülle der Erscheinungen zu erfassen vermag. Wie bei Barthold Heinrich Brockes geht es um eine ‚Betrachtung‛ im doppelten Sinne: Das intensive Anschauen der Natur wird begleitet von einer geistigen Durchdringung ihrer tieferen Gesetzmäßigkeiten, in denen sich wiederum eine göttliche Ordnung offenbart – daher rührt das feierliche Empfinden, das sich in der *Metamorphose der Pflanzen* in dem würdevoll stilisierten Duktus der Verse und einem entsprechend gehobenen Vokabular ausdrückt. Allerdings liegt der Ursprung jener Ordnung bei Goethe nicht mehr in den Händen eines jenseitigen Schöpfers im christlichen Sinne. Der transzendente Gott der überlieferten Religion ist durch die weltimmanente „Göttin" Natur abgelöst worden.

Die folgenden Verse überschreiten nun das Gebiet der Pflanzenkunde und erweitern das botanische Lehr- zu einem umfassenden Weltanschauungsgedicht. Sie unternehmen nicht weniger als eine Übertragung des Metamorphose-Prinzips auf die ganze erfahrbare Wirklichkeit, die in ihrer Gesamtheit denselben „ew'gen Gesetze[n]" unterworfen sein soll wie die zuvor erläuterte idealtypische Pflanze. Die Ausdehnung des Blickfeldes vollzieht sich in den Versen 67 und 68, nach denen die anhand der Pflanzenformen erworbene eigentümliche Lesefähigkeit auch einen verstehenden Zugang zu allen anderen Bereichen der Welt eröffnet: „Aber entzifferst du hier der Göttin heilige Lettern, / Überall siehst du sie dann, auch in verändertem Zug." Nur flüchtig erwähnt der Sprecher anschließend das Tierreich und die menschliche Gestalt, bevor er in den letzten fünf Distichen die Bedeutung der Metamorphose für seine eigene Beziehung zu der Geliebten darlegt, die sich organisch von der „Bekanntschaft" über die „Freundschaft" bis zur von „Amor" gestifteten Liebe ausgebildet hat. Ihren Gipfel erreicht sie aber erst am „heutigen Tag", an dem die Liebenden auch zu einer vollen geistigen Übereinstimmung, zu

„harmonischem Anschaun" der Welt gelangen. Dieser letzte Schritt vollzieht sich offensichtlich in der lyrischen Rede des Gedichts selbst, mit der das Ich die Geliebte ja in seiner ‚Weltanschauung' unterweist. Indem es sie als Lehrmeister auf die Höhe seiner eigenen Einsicht in die organischen Prinzipien des Werdens führt, vollendet sich die Einheit des Paares.

Wenn sich am Ende der Elegie offenbart, dass der Sprecher mit den Naturphänomenen zugleich auch die Liebe des Paares gedeutet hat, die denselben Bildungsgesetzen unterliegt, hebt sich die latente Spannung zwischen Natur- und Liebesthematik auf. Die Wahl der Geliebten als Adressatin der lehrhaften Ausführungen findet damit ebenfalls ihre Rechtfertigung. Auffällig ist zudem, dass die letzten Verse die Entwicklung der Liebesbeziehung in Bildern beschreiben, die aus dem Gebiet des Pflanzenlebens stammen – der „Keim der Bekanntschaft" lässt nach und nach eine Vertrautheit ‚entsprießen', die später „Blüten und Früchte" der Liebe hervorbringt, und in der übereinstimmenden geistigen Ansicht der Wirklichkeit ist schließlich die „höchste Frucht" gegenwärtig. Wird hier also ein zwischenmenschliches Verhältnis unter Rückgriff auf Phänomene der vegetativen Sphäre veranschaulicht, so hat der Mittelteil des Gedichts, wie oben erörtert, gerade umgekehrt den Werdegang der Pflanze mit Metaphern aus der Menschenwelt illustriert. Diese chiastische Verschränkung der Bild- und Sachbereiche unterstreicht eindrucksvoll den postulierten Zusammenhang alles Seienden, der auf dem Walten des überall gleichermaßen herrschenden Metamorphose-Prinzips beruht. Die Tendenz zur Anthropomorphisierung des pflanzlichen Entwicklungsprozesses im mittleren Abschnitt ist demnach weder Selbstzweck noch willkürliches poetisches Spiel, sondern gewinnt im Horizont der von der Elegie verkündeten Weltdeutung einen tieferen Sinn.

Wenn Natur und Menschenwelt von den gleichen „ew'gen Gesetzen" beherrscht werden, verweist die Anschauung der Natur jeden Betrachter, der richtig zu sehen versteht, zwangsläufig auch auf sich selbst: „Naturerkenntnis und Selbsterkenntnis erscheinen aufs engste verklammert".[12] Goethe unterstellt hier eine übergreifende Einheit alles Existierenden und erteilt der strikten Trennung von Kultur und Natur, der Gegenüberstellung von menschlichem Geist und natürlicher Objektwelt eine Absage – und damit jener Auffassung, die im Laufe der neuzeitlichen Geschichte maßgeblich dazu beigetragen hat, eine rückhaltlose Unterwerfung und Ausbeutung der Natur durch die Menschheit zu legitimieren. Freilich artikuliert die *Metamorphose*

---

[12] Karl Richter: Wissenschaft und Poesie „auf höherer Stelle" vereint. Goethes Elegie *Die Metamorphose der Pflanzen*. In: Gedichte und Interpretationen. Bd. 3: Klassik und Romantik. Hrsg. von Wulf Segebrecht. Stuttgart 1984, S. 156–168; hier S. 159.

der Pflanzen keine regressiven Phantasien von einer Verschmelzung des Menschen mit der Natur. Vielmehr liefern die in den natürlichen Erscheinungen aufgedeckten Gesetzmäßigkeiten dem lyrischen Ich Ordnungsmuster von größerer Reichweite, auf deren Grundlage die gesamte erfahrbare Realität als ein einziger dynamischer Strukturzusammenhang konzipiert werden kann.[13]

Goethes klassische Weltanschauung, die in dieser Elegie ihren konzentrierten Ausdruck findet, vermeidet es sorgsam, die Fülle der Wirklichkeit auf abstrakte Prinzipien zu reduzieren. Das Konzept der Metamorphose erlaubt es zwar dem damit vertrauten Betrachter, das (scheinbare) Chaos der sichtbaren Welt zu durchdringen und zu ordnen, aber andererseits treten die „ew'gen Gesetze" des Werdens doch überhaupt nur in der Mannigfaltigkeit der Phänomene zutage und können nicht unabhängig davon gefasst werden. Hier hat das bereits erwähnte „Wechselspiel von Konkretion und Verallgemeinerung" seine eigentliche Wurzel: Im Besonderen, nämlich in einer Pflanze – die freilich ihrerseits ein aus dem Reichtum der Erscheinungen abgeleiteter Idealtypus ist! –, zeigt die Elegie das Allgemeine eines umfassend geltenden Gesetzes auf. Auf diese Weise verbindet sie sich auch mit dem Symbolverständnis des klassischen Goethe, nach dem im Symbol das Allgemeine, Gesetzmäßige mit dem Konkreten, Besonderen zusammenfällt – zumindest für einen Beschauer, der wirklich zu ‚lesen' versteht, also über eben jene Fähigkeit verfügt, die das lyrische Ich im Gedicht seiner Geliebten vermitteln möchte.

Das in der *Metamorphose der Pflanzen* vorliegende Modell einer Ordnung des Seins, nach dem sich in allen Werdeprozessen ein einheitliches, organisches Gesetz verwirklicht, darf keinesfalls als naiv missverstanden werden. Es reagiert vielmehr sehr bewusst auf gegenläufige Tendenzen der Epoche, die Goethe mit großer Besorgnis vermerkte, insbesondere auf die Entwicklung der modernen Naturwissenschaften, die generell von dem Bemühen geprägt sind, Mensch und Natur als Subjekt und Objekt, Beobachter und Gegenstand streng voneinander zu trennen und die analytische Durchdringung der Naturphänomene an die Stelle ganzheitlicher Entwürfe zu setzen. Vor diesem Hintergrund lässt sich das von Goethe postulierte Prinzip der Metamorphose, das überall wirksam ist und damit allseits Analogien stiftet, als programmatische Gegenthese verstehen, mit der der Dichter die Sphären

---

[13] Bezeichnenderweise hat Goethe ursprünglich geplant, in *Dichtung und Wahrheit* auch den eigenen Werdegang „nach jenen Gesetzen" zu rekonstruieren, „wovon uns die Metamorphose der Pflanzen belehrt" (Sämtliche Werke. Bd. 16, S. 868). Eine solche Anwendung des Metamorphose-Prinzips auf die autobiographische Erzählung hätte die oben angesprochene Verschränkung von Natur- und Selbsterkenntnis zu ihrer äußersten Konsequenz geführt.

von Natur und Kultur noch einmal auf einer gemeinsamen Grundlage zu vereinen sucht.

Auch gegen die zunehmende Dominanz abstrahierender Verfahren in den Naturwissenschaften erhebt das Gedicht Einspruch, indem es darauf beharrt, dass allgemeine Gesetzmäßigkeiten aus der anschaulichen Betrachtung der Gegenstände zu entwickeln sind und ihrerseits wieder auf diese Betrachtung zurückwirken müssen. Goethe hielt es für verfehlt, jene innige Verknüpfung von Allgemeinem und Besonderem, die auch das klassische Symbol konstituiert, in der Wissenschaft aufzugeben und die sinnlich greifbare Fülle des Wirklichen aus der wissenschaftlichen Naturerkenntnis zu verbannen. In der Rückschau zeigt sich freilich, dass sich seine Position in der Folgezeit nicht zu behaupten vermochte – der Siegeszug jenes Typus der wissenschaftlichen Theoriebildung, der gerade auf der weitgehenden Abstraktion von sinnlicher Erfahrung aufbaut, war unaufhaltsam. Er vertiefte zwangsläufig auch die Kluft zwischen Wissenschaft und Dichtung, auf deren Überbrückung Goethe hingearbeitet hatte. Es blieb fortan mehr und mehr der Poesie überlassen, Möglichkeiten einer sinnenhaften Beziehung des Menschen zur Natur durchzuspielen und zu reflektieren: Hier konnten sich jene Formen des Erlebens von Welt und Natur entfalten, denen der (natur-)wissenschaftliche Diskurs der Moderne keinen Platz einräumte.

Unter diesen Prämissen liest sich auch Goethes *Metamorphose der Pflanzen* heute anders als vor zweihundert Jahren. Offenkundig erhebt das Gedicht für seine Thesen einen hochgesteckten Anspruch; das Auftreten des Sprechers als Lehrer, ja als priestergleicher Verkünder der „Göttin" Natur und ihrer „ew'gen Gesetze" lässt keinen Zweifel daran, dass es hier nicht um eine rein subjektive Ich-Aussprache, sondern um die Formulierung einer verbindlichen Weltanschauung geht. Fungiert die Geliebte dabei als text*interne* Adressatin der vorgetragenen Betrachtungen, so rückt der Leser der Elegie in die Position des text*externen* Ansprechpartners: Auch ihm soll die Lehre von der Metamorphose nahegebracht werden. In der Gegenwart wird man dieser Lehre indes keinen wissenschaftlichen Status mehr zugestehen, und es wäre abwegig, sie unmittelbar als naturwissenschaftliches Theoriekonzept wiederbeleben zu wollen. Die fortdauernde Aktualität des Gedichts beruht auf seinen *ästhetischen* Qualitäten, auf dem literarisch inszenierten Entwurf einer spezifischen Naturwahrnehmung, der als solcher nicht vom Fortschritt überholt werden kann und für uns Heutige geradezu „utopischen Charakter" gewinnt, weil er „die Möglichkeit einer anderen Beziehung zur Natur, in der der Mensch nicht als Widerpart von Natur, sondern als deren Teil und darin als ihr Partner agiert", vor Augen führt.[14] Und in jüngster Zeit wird unter dem

---

[14]   Reiner Wild: Goethes klassische Lyrik. Stuttgart, Weimar 1999, S. 169.

Eindruck der manifesten Krise des vorherrschenden neuzeitlichen Naturver-
hältnisses tatsächlich mitunter auf Goethes Gedanken zurückgegriffen, wenn
es darum geht, Natur nicht mehr nur als das ‚ganz Andere' der kulturellen
Ordnung zu begreifen, das rückhaltlos der Beherrschung und Ausbeutung
durch den Menschen preisgegeben werden darf.[15] Jene Vorstellungen, die in
der *Metamorphose der Pflanzen* poetische Gestalt gewonnen haben, können
also noch nach zwei Jahrhunderten für die Selbstreflexion späterer Generati-
onen fruchtbar werden.

Die von Goethe mit Skepsis verfolgte Entwicklung der modernen Natur-
wissenschaften stellt ihrerseits nur einen Einzelaspekt eines sehr viel weiter
ausgreifenden Modernisierungsschubs dar, der sich in den Jahrzehnten um
1800 auf den verschiedensten Feldern der Politik, der Gesellschaft, der Kul-
tur und nicht zuletzt auch der Technik nachdrücklich bemerkbar machte und
eine zunehmende Differenzierung, ja eine förmliche Zersplitterung der Le-
benswelt sowie einen Bruch mit vielen tradierten Überzeugungen und Denk-
mustern mit sich brachte. Die sensible Beobachtung solcher Vorgänge und
der Versuch, den damit einhergehenden Erfahrungen von Verstörung und
Entfremdung neue sinnstiftende Modelle entgegenzusetzen, verbinden – bei
allen Unterschieden im Einzelnen – die Autoren der Weimarer Klassik und
der Romantik miteinander; auch Dichtung und Philosophie der Epoche rü-
cken unter diesem Blickwinkel nahe zusammen. Die *Natur* erhielt dabei ei-
nen besonderen Stellenwert, schien sie doch einen Allzusammenhang zu re-
präsentieren, der sich als geeigneter Bezugspunkt der genannten Modelle
anbot. Nicht von ungefähr avancierte der Pantheismus, die Lehre von der
Göttlichkeit der beseelten, schöpferischen Natur, um diese Zeit unter den Ge-
bildeten zu einer förmlichen „deutschen Gegenreligion"[16], die in Konkurrenz
zu den Dogmen des Christentums trat. Daneben gab es allerdings Autoren
wie Joseph von Eichendorff, die der Krise ihrer Epoche gerade durch einen
Rückgriff auf den christlichen Glauben zu begegnen suchten und die irdische
Natur weiterhin als Werk und Zeichen eines außerweltlichen Gottes interpre-
tierten. In jedem Fall aber spielte die Frage nach dem Verhältnis des Men-
schen zur Natur und nach der Möglichkeit eines Zugangs zu ihr – durch die
Sinne, durch Sprache und Kommunikation und zumal durch die Dichtung
selbst – auch in der Lyrik bis weit ins 19. Jahrhundert hinein eine bedeutsame

---

[15]   So will Klaus Michael Meyer-Abich im Anschluss an Goethe eine neue Bezie-
      hung der technisch-industriellen Moderne zur Natur definieren. Vgl. dazu etwa
      Klaus Michael Meyer-Abich: Der Atem der Natur. Goethes Kritik der industriel-
      len Wirtschaft. In: Goethe und die Verzeitlichung der Natur. Hrsg. von Peter Ma-
      tussek. München 1998, S. 462–476, 517.

[16]   Peter von Matt: Liebesverrat. Die Treulosen in der Literatur. München, Wien
      1989, S. 212.

Rolle. Die nächsten Kapitel werden dieses Phänomen an einigen herausragenden Beispielen erörtern, die sowohl die Konstanz des Kernproblems als auch die vielfältigen Facetten des literarischen Umgangs damit sichtbar machen können.

Nähe und Ferne der göttlichen Natur

Friedrich Hölderlin: *An die Natur*

Der junge Grieche Hyperion, Titelheld des einzigen Romans von Friedrich Hölderlin (1770–1843), findet nach vielen Mühen und Kämpfen und nach dem Scheitern seiner politischen Bestrebungen nur noch in der Natur Trost und Heilung. An seinen deutschen Freund Bellarmin schreibt er:

> O selige Natur! Ich weiß nicht, wie mir geschiehet, wenn ich mein Auge erhebe vor deiner Schöne, aber alle Lust des Himmels ist in den Tränen, die ich weine vor dir, der Geliebte vor der Geliebten.
> Mein ganzes Wesen verstummt und lauscht, wenn die zarte Welle der Luft mir um die Brust spielt. Verloren in's weite Blau, blick' ich oft hinauf an den Äther und hinein in's heilige Meer, und mir ist, als öffnet' ein verwandter Geist mir die Arme, als löste der Schmerz der Einsamkeit sich auf in's Leben der Gottheit.
> Eines zu sein mit Allem, das ist Leben der Gottheit, das ist der Himmel des Menschen.
> Eines zu sein mit Allem, was lebt, in seliger Selbstvergessenheit wiederzukehren in's All der Natur, das ist der Gipfel der Gedanken und Freuden […].[1]

Die Kernformel des Pantheismus, ‚Eins und Alles‘, klingt hier unüberhörbar an: Das „All der Natur" wird als ein einziger, durch und durch beseelter Kosmos aufgefasst, und dieser Kosmos ist wiederum mit dem „Leben der Gottheit" identisch, die man sich somit nicht als personalen, außerweltlichen Schöpfer, sondern als eine weltimmanent wirkende Kraft zu denken hat. Die Vereinigung mit dem gotterfüllten All-Zusammenhang erlöst den Menschen

---

[1] Friedrich Hölderlin: Sämtliche Werke und Briefe. 3 Bde. Hrsg. von Jochen Schmidt. Bd. 2: Hyperion. Empedokles. Aufsätze. Übersetzungen. Frankfurt a.M. 1994, S. 15f.

aus der schmerzlichen „Einsamkeit" der Individuation und bedeutet die höchste Seligkeit, die ihm überhaupt erreichbar ist.

Hyperions Euphorie bleibt indes nicht ungebrochen, denn dem enthusiastisch beschworenen „Bild der ewigeinigen Welt" folgt unmittelbar ein förmlicher Absturz seiner Empfindungen:

> Auf dieser Höhe steh' ich oft, mein Bellarmin! Aber ein Moment des Besinnens wirft mich herab. Ich denke nach und finde mich, wie ich zuvor war, allein, mit allen Schmerzen der Sterblichkeit, und meines Herzens Asyl, die ewigeinige Welt, ist hin; die Natur verschließt die Arme, und ich stehe, wie ein Fremdling, vor ihr, und verstehe sie nicht.

Der Obertitel dieses Kapitels bezeichnet in Kurzform die von Hyperion umrissene Problemlage. Sie spiegelt sich auch in einem Gedicht Hölderlins, das im Jahre 1795 und damit während der Arbeit des Dichters an *Hyperion* geschrieben wurde und im Folgenden näher untersucht werden soll. In diesem Text finden sich neben dem zentralen Thema mehrere mit ihm verflochtene Einzelmotive der zitierten Romanstellen wieder:

An die Natur

Da ich noch um deinen Schleier spielte,
Noch an dir, wie eine Blüte hing,
Noch dein Herz in jedem Laute fühlte,
Der mein zärtlichbebend Herz umfing,
5   Da ich noch mit Glauben und mit Sehnen
Reich, wie du, vor deinem Bilde stand,
Eine Stelle noch für meine Tränen,
Eine Welt für meine Liebe fand,

Da zur Sonne noch mein Herz sich wandte,
10 Als vernähme seine Töne sie,
Und die Sterne seine Brüder nannte
Und den Frühling Gottes Melodie,
Da im Hauche, der den Hain bewegte,
Noch dein Geist, dein Geist der Freude sich
15 In des Herzens stiller Welle regte,
Da umfingen goldne Tage mich.

Wenn im Tale, wo der Quell mich kühlte,
Wo der jugendlichen Sträuche Grün

Um die stillen Felsenwände spielte
20   Und der Äther durch die Zweige schien,
Wenn ich da, von Blüten übergossen,
Still und trunken ihren Othem trank
Und zu mir, von Licht und Glanz umflossen,
Aus den Höh'n die goldne Wolke sank –

25   Wenn ich fern auf nackter Heide wallte,
Wo aus dämmernder Geklüfte Schoß
Der Titanensang der Ströme schallte
Und die Nacht der Wolken mich umschloß,
Wenn der Sturm mit seinen Wetterwogen
30   Mir vorüber durch die Berge fuhr
Und des Himmels Flammen mich umflogen,
Da erschienst du, Seele der Natur!

Oft verlor ich da mit trunknen Tränen
Liebend, wie nach langer Irre sich
35   In den Ozean die Ströme sehnen,
Schöne Welt! in deiner Fülle mich;
Ach! da stürzt' ich mit den Wesen allen
Freudig aus der Einsamkeit der Zeit,
Wie ein Pilger in des Vaters Hallen,
40   In die Arme der Unendlichkeit. –

Seid gesegnet, goldne Kinderträume,
Ihr verbargt des Lebens Armut mir,
Ihr erzogt des Herzens gute Keime,
Was ich nie erringe, schenktet ihr!
45   O Natur! an deiner Schönheit Lichte,
Ohne Müh' und Zwang entfalteten
Sich der Liebe königliche Früchte,
Wie die Ernten in Arkadien.

Tot ist nun, die mich erzog und stillte,
50   Tot ist nun die jugendliche Welt,
Diese Brust, die einst ein Himmel füllte,
Tot und dürftig, wie ein Stoppelfeld;
Ach! es singt der Frühling meinen Sorgen
Noch, wie einst, ein freundlich tröstend Lied,
55   Aber hin ist meines Lebens Morgen,
Meines Herzens Frühling ist verblüht.

Ewig muß die liebste Liebe darben,
Was wir lieben, ist ein Schatten nur,
Da der Jugend goldne Träume starben,
60 Starb für mich die freundliche Natur;
Das erfuhrst du nicht in frohen Tagen,
Daß so ferne dir die Heimat liegt,
Armes Herz, du wirst sie nie erfragen,
Wenn dir nicht ein Traum von ihr genügt.[2]

Die äußere Form des Gedichts ist schlicht: Die acht Strophen umfassen je-
weils acht Verse im Metrum des fünfhebigen Trochäus, die durch doppelten
Kreuzreim mit wechselnden Kadenzen verbunden sind. In den ersten vier
Strophen, die hier zunächst einmal als eine größere Untereinheit zusammen-
gefasst und für sich betrachtet werden sollen, sieht sich der Leser zwar mit
sehr umfangreichen Satzgefügen konfrontiert – je zwei Strophen bilden eine
einzige syntaktische Einheit –, aber der übersichtliche Bau dieser Konstrukti-
onen, ihre klare Gliederung und der Verzicht auf kühne Zeilensprünge er-
leichtern das Verständnis erheblich. Die gesamte erste Strophe besteht aus
einer Reihe von Nebensätzen, die sich in der zweiten ungebrochen fortsetzt,
durch das regelmäßig wiederholte „Da" (im temporalen Sinne) im ersten und
fünften Vers jeder Strophe strukturiert wird und erst am Ende der zweiten
Strophe in den Hauptsatz mündet: „Da umfingen goldne Tage mich." Die
Strophen 3 und 4 sind in exakter Parallele dazu angelegt, sie ersetzen ledig-
lich das „Da" durch ein „Wenn", das an genau denselben Stellen auftritt. Und
wieder ist der Hauptsatz, auf den die ganze Reihe zuläuft, ans Ende gerückt:
„Da erschienst du, Seele der Natur!"
   Durch das verwendete Präteritum und das in den ersten beiden Strophen
gehäuft auftretende „noch" – es erscheint in den 16 Versen nicht weniger als
siebenmal – signalisiert der Text von Anfang an, dass das Ich hier aus größe-
rer Distanz auf einen vergangenen Abschnitt seines Lebens zurückblickt. Die
weitgespannten Satzbögen scheinen dabei den früheren, jugendlichen Enthu-
siasmus des Sprechers zu illustrieren, der sich in der Natur geborgen wusste.
Diese Natur sieht das Ich als eine allumfassende Größe an, die sämtliche
konkreten Erscheinungen in sich begreift. Sie repräsentiert die unermessliche
Fülle des Seienden und wird später, in der fünften Strophe, auch ausdrücklich
mit der „Welt" gleichgesetzt. Zwar erwähnt der Sprecher in seinen Schilde-
rungen vorwiegend positiv konnotierte Elemente und Erlebnisse in einer
frühlingshaften, von Licht und Wärme erfüllten Landschaft, doch in der vier-
ten Strophe kommen auch die „nackte Heide", die „Nacht der Wolken", der

---

[2] Hölderlin: Sämtliche Werke und Briefe. Bd. 1: Gedichte. Frankfurt a.M. 1992,
    S. 163–165.

„Sturm mit seinen Wetterwogen" und „des Himmels Flammen" zur Sprache
– düster-bedrohliche Elemente und zerstörerische Gewalten gehören ebenso
zu den Aspekten der Natur wie sanfte Harmonie und friedliches Gedeihen.
Von der Göttlichkeit dieser All-Natur ist gleichfalls die Rede. Die Wendung
vom „Frühling" als „Gottes Melodie" könnte man, für sich genommen, viel-
leicht noch als Hinweis auf einen transzendenten Gott im christlichen Sinne
verstehen, der sich bisweilen in den Naturphänomenen manifestiert, aber
nicht mit ihnen identisch ist. Spätestens die fünfte Strophe wird indes klar-
stellen, dass der Sprecher die Natur selbst als das Göttliche auffasst.

In der Epoche, von der die vier Eingangsstrophen handeln, trug die leben-
dige und beseelte Natur für das lyrische Ich zudem die Züge einer hegenden,
schützenden Mutter, die als Subjekt, als ,Du' angesprochen werden kann.
Bereits der erste Vers des Gedichts scheint den Sprecher in die Rolle eines
kleinen Kindes zu versetzen, das mit dem mütterlichen „Schleier" spielt; die
vor-bewusste Einheit des Säuglings mit der Mutter kennen wir ja schon aus
Goethes *Auf dem See* als Paradigma für einen Zustand vor aller Entzweiung
und Entfremdung, wie ihn der Mensch in der völligen Verschmelzung mit der
Natur noch einmal erleben kann. Der zweite Vers gestaltet dasselbe Gefühl in
einem anderen Bild, indem er die Abhängigkeit des Ich von der Natur und
zugleich die innige, buchstäblich organische Verbundenheit beider in dem
Vergleich mit der „Blüte", die an einem Baum hängt, verdichtet. Eben dieses
symbiotische Verhältnis des jungen, kindlichen Menschen zur ,Mutter Natur'
ist auch gemeint, wenn das Gedicht wiederholt von „Liebe" spricht. Das
Wort bezeichnet hier keine personale Bindung an einen anderen Menschen –
von einem solchen ist in Hölderlins Text ohnehin nirgends die Rede – und
keine erotisch-sexuelle Beziehung, sondern die regressive Einswerdung mit
der All-Natur. Träger und gleichsam Organ dieser Liebe ist das „Herz" des
Sprechers, das in den ersten beiden Strophen ebenfalls mehrfach genannt
wird. Als Sitz der Gefühle, der Leidenschaften und der Sehnsucht macht das
Herz die Bindung an die Natur erfahrbar, deren „Geist der Freude" sich „[i]n
des Herzens stiller Welle regt" – ein eindrucksvolles Bild für die vollkom-
mene wechselseitige Durchdringung von Ich und Natur.

Die Strophen 1 bis 4 variieren in vielfältiger Weise jenes beseligende Er-
lebnis einer mit allen Sinnen erfahrenen Einheit mit der Natur, das dem Spre-
cher in der Vergangenheit immer wieder zuteil wurde. Eine dieser Schilde-
rungen von der Aufnahme des Ich in den natürlichen All-Zusammenhang, die
sich in den letzten Versen der dritten Strophe findet – „Wenn […] zu mir,
von Licht und Glanz umflossen, / Aus den Höh'n die goldne Wolke sank" –,
erinnert von ferne an Goethes Hymne *Ganymed*, die gleichfalls eine pantheis-
tisch inspirierte Vereinigungsphantasie entwirft: „Hinauf, hinauf strebts / Es
schweben die Wolken! / Abwärts die Wolken! / Neigen sich der sehnenden

Liebe / Mir! Mir!"[3] Wenn bei Hölderlin die lichtumstrahlte Wolke zum Menschen niedersinkt, verbinden sich Himmel und Erde, göttliche und menschliche Sphäre, Natur und Ich. Da aber die göttliche Macht nach pantheistischem Verständnis allgegenwärtig ist, kann prinzipiell jede Naturerscheinung, sei sie milde und lieblich oder gewalttätig und gefahrdrohend, den Zugang zu einem solchen Einheitserlebnis eröffnen. Die beiden Hauptsätze am Ende der zweiten bzw. der vierten Strophe markieren jeweils den Höhepunkt und Abschluss einer Reihe einschlägiger Beschreibungen und resümieren den paradiesischen Zustand, in dem sich das jugendliche Ich in seiner Unmittelbarkeit zur Natur – noch – befand: „Da umfingen goldne Tage mich"; „Da erschienst du, Seele der Natur!"

Die fünfte Strophe bildet eine Einheit für sich, doch schließt sie inhaltlich eng an die vorangehenden an. Sie fasst das Lebensgefühl des lyrischen Ich in jener vergangenen Zeit zusammen und vertieft zugleich noch einmal die pantheistische Auffassung der Natur und die Bedeutung der Vereinigung mit ihr. Eine gewisse Differenzierung von Ich und Natur muss selbst in der Kindheit oder Jugend des Sprechers vorhanden gewesen sein, aber sie konnte offenbar jederzeit nach Belieben zugunsten eines Eintauchens in die gänzliche Ungeschiedenheit der All-Natur aufgehoben werden: „Oft verlor ich da mit trunknen Tränen / […] / Schöne Welt! in deiner Fülle mich". Das ‚Sich-Verlieren' ist hier ganz wörtlich zu nehmen und dennoch unzweideutig positiv besetzt, denn indem der Sprecher seine abgegrenzte Persönlichkeit aufgibt, sein Ich-Bewusstsein abstreift, verschmilzt er mit der unendlichen „Fülle" der gottdurchdrungenen „Welt". Auf diesem Wege entkommt er, wie es auch Hyperion in der eingangs zitierten Romanpassage verkündet, den Leiden der Individuation, der „Einsamkeit" des vereinzelten Lebewesens, dessen Existenz der unerbittlichen „Zeit" unterworfen ist, und kehrt in die „Unendlichkeit" der Natur zurück, die als das Absolute schlechthin weder Trennung und Vereinzelung noch Zeit und Vergänglichkeit kennt. Zwei Vergleiche illustrieren in der fünften Strophe diese ‚Heimkehr'. Das Bild von den Strömen, die sich „nach langer Irre" zum Ozean zurücksehnen, lässt einmal mehr an Goethe denken, diesmal an *Mahomets Gesang*, wo in hymnischem Ton dieselbe Bewegung beschrieben wird. Die Wendung vom „Pilger", der endlich wieder „des Vaters Hallen" betritt, erinnert dagegen eher an christliche Vorstellungen, doch erscheint der göttliche „Vater" bezeichnenderweise nur im Rahmen eines *Vergleichs*. Die „Unendlichkeit", auf die sich die Sehnsucht des Spre-

---

3   Johann Wolfgang Goethe: Sämtliche Werke nach Epochen seines Schaffens. Münchner Ausgabe. Hrsg. von Karl Richter. Bd. 1.1: Der junge Goethe 1757–1775/1. Hrsg. von Gerhard Sauder. München 1985, S. 233.

chers richtet, ist in Hölderlins Gedicht die der ‚schönen Welt', also der ganz
diesseitigen, selbst gotterfüllten Natur.

Wiederum in sich geschlossen ist die sechste Strophe, und auch sie behält
noch die Perspektive des Rückblicks bei. Allerdings markiert das Ich nun
schon weitaus deutlicher den Abstand zwischen jener vergangenen Lebens-
epoche, deren eingehender Schilderung sich der Text bis hierher gewidmet
hat, und seinem gegenwärtigen Zustand, womit es bereits die beiden Schluss-
strophen vorbereitet. Erst jetzt offenbart der Sprecher, dass seine frühere Se-
ligkeit im Einssein mit der Natur lediglich auf schöne, aber trügerische „Kin-
derträume" zurückzuführen war, die auf die Dauer der nüchternen Einsicht in
die Gesetze der Wirklichkeit weichen mussten. Inzwischen weiß er von „des
Lebens Armut", die ihm diese Träume lange verborgen hatten – nur dank der
regen jugendlichen Einbildungskraft konnten sie dem Ich (scheinbar) etwas
schenken, was in der Realität, wie ihm mittlerweile klar geworden ist, ewig
unerreichbar bleibt.

Leitmotivisch verknüpft das Gedicht die frühere, harmonische Existenz
mit dem Attribut ‚golden': „goldne Tage", „goldne Wolke", „goldne Kinder-
träume". Dieser Umstand findet seine Erklärung mit dem Schlüsselwort „Ar-
kadien" am Ende der sechsten Strophe, denn Arkadien ist in der antiken My-
thologie jene paradiesische Landschaft, in der die Menschen noch in einem
Goldenen Zeitalter gelebt und eine beglückte Existenz ohne alle Mühen und
Sorgen genossen haben sollen. So erscheint die Kindheit in *An die Natur*
gleichsam als ein privates, persönliches Arkadien-Erlebnis: Was dem gesam-
ten Menschengeschlecht in mythischer Urzeit zuteil wurde, erfährt der Ein-
zelne in den frühesten Jahren seines Lebens. Die Analogie zwischen indivi-
dueller Entwicklung und Menschheitsgeschichte, die sich hier andeutet, wird
uns an späterer Stelle weiter beschäftigen.

Auf die sechste Strophe folgt ein tiefer Einschnitt, der die Schlusspartie
des Gedichts von allem Vorangegangenen abgrenzt. Die letzten Strophen
wenden sich nämlich ganz der Gegenwart des Sprechers zu, die den bisher
allenfalls implizit erkennbaren Ausgangspunkt seiner Rückschau auf die
Kinderjahre darstellt. So ersetzt das „nun" in den ersten beiden Versen dieses
Abschnitts das zuvor dominierende „[damals] noch", und an die Stelle des
Präteritums tritt das Präsens. Schroff markiert wird der neue Blickwinkel
durch die anaphorisch wiederholte Wendung „Tot ist nun …", die auch be-
reits den Ton vorgibt, in dem die ganze Beschreibung dieser Gegenwart
gehalten ist: Das Ich empfindet sie als eine freudlose, kalte, erstorbene Zeit,
„dürftig", „verblüht" und voller „Sorgen". Der Grund für den Umschwung
wird nirgends ausdrücklich benannt; es ist beispielsweise nicht von einzelnen
ernüchternden Erlebnissen die Rede, mit denen der Sprecher konfrontiert ge-
wesen sein könnte. Vielmehr dürfte der Wandel schlicht auf den Übergang

zum Erwachsenendasein verweisen, auf die fortschreitende Ausbildung des Selbst-Bewusstseins und einer abgegrenzten, individuellen Persönlichkeit, die nicht zuletzt unter dem Druck gesellschaftlicher Anforderungen erfolgt. Gegenüber Bellarmin gibt Hyperion im Roman eine Erklärung für seine leidvoll erfahrene Unfähigkeit, in die ungebrochene Einheit mit der Natur zurückzukehren, die sich wie ein Kommentar zu den Schlussstrophen von *An die Natur* liest:

> Ich bin [...] so recht vernünftig geworden, habe gründlich mich unterscheiden gelernt von dem, was mich umgibt, bin nun vereinzelt in der schönen Welt, bin so ausgeworfen aus dem Garten der Natur, wo ich wuchs und blühte, und vertrockne an der Mittagssonne.[4]

Indem das Ich ein klares Bewusstsein seiner selbst entwickelt, lernt es, ‚sich zu unterscheiden', konstituiert sich also als eigenständiges Subjekt, das sich die Außenwelt, die Natur als Objekt gegenüberstellt. Im Grunde wird hier derselbe Vorgang beleuchtet, den Goethe in *Auf dem See* gestaltet hat. Was aber dort als Reifungsprozess entworfen wird, interpretiert Hölderlin als schmerzlichen Verlust und als buchstäbliche Verstoßung aus dem Paradies der Kindheit. Die strikte Scheidung von Ich und Natur macht eine Verschmelzung fortan unmöglich; der vereinzelte Mensch sieht sich unwiderruflich jener „Einsamkeit der Zeit" ausgeliefert, vor der der Sprecher des Gedichts als Kind noch in die „Arme der Unendlichkeit", der mütterlichen Natur flüchten konnte. Und diese Erfahrung der Trennung, die mit dem ‚Fluch der Individuation' einhergeht, provoziert wiederum jene enthusiastische Erinnerung an die glücklichere Vergangenheit, die das Ich in den ersten Strophen des Gedichts beschwört.

Nicht die Natur als solche hat sich demnach geändert – „es singt der Frühling [...], wie einst, ein freundlich tröstend Lied", stellt das lyrische Ich ausdrücklich fest –, sondern die persönliche Situation des Sprechers: *Seines* „Lebens Morgen" und *seines* „Herzens Frühling" sind vorüber, und damit starb, wie es im vierten Vers der letzten Strophe heißt, *für ihn* auch die „freundliche Natur". Die „Heimat", jene ungebrochene Symbiose mit der Natur, die im kindlichen „Arkadien" noch erfahrbar war, liegt nun unerreichbar fern, und aus dem überfließenden jugendlichen Herzen, das dem Ich den Weg zur unermesslichen Fülle der Natur bahnte, ist ein „armes Herz" geworden. Überdies geht die Trennung von der Natur mit einer inneren Spaltung des Ich einher, wie wir sie in einem ähnlichen Kontext schon in Uz' Gedicht *Der*

---

4   Hölderlin: Sämtliche Werke und Briefe. Bd. 2, S. 16.

Schäfer angetroffen haben. In den letzten vier Versen treten nämlich zwei Instanzen einander selbständig gegenüber: Das sehnsüchtige Gefühl, vertreten durch das angeredete „Herz", verlangt zurück nach der „Heimat", nach der symbiotischen Einheit mit der Natur, während der nüchterne Verstand, der hier offenbar das Wort führt, dieses Verlangen als unstillbar durchschaut. Allenfalls im „Traum", der die Einsichten der Vernunft vorübergehend verdrängt, kann noch eine – illusionäre – Versöhnung stattfinden. Dazu passt Hyperions Ausruf im Roman: „O ein Gott ist der Mensch, wenn er träumt, ein Bettler, wenn er nachdenkt".[5]

Eine elegische Grundhaltung (im Sinne Schillers) prägt das gesamte Gedicht *An die Natur*, das aus einer Situation der Entfremdung, des Mangels und des Ungenügens auf eine ‚goldene' Vorzeit zurückschaut. Der Text bietet damit auch ein Beispiel für die schon mehrfach erwähnte Tatsache, dass die Natur nur aus der Distanz betrachtet, als eine ferne, verlorene, zum Ideal des Menschen erhoben und sehnsuchtsvoll beschworen werden kann. Der vergangene Zustand der erfüllten „Liebe" zur All-Natur war jedenfalls ein vor-reflexiver, und folglich wäre das Ich *damals* außerstande gewesen, ihn zu beschreiben – zu diesem Zweck hätte es ja in der Lage sein müssen, Abstand von ihm zu gewinnen. Erst der zur Reflexion, zum Selbst-Bewusstsein erwachte Sprecher vermag *rückblickend* jenes undifferenzierte Einssein mit der „Welt" zu schildern, aus dem er sich nun entlassen fühlt.

Die schwärmerische Überhöhung der Kindheit, die in *An die Natur* zutage tritt, begegnet in der Zeit um 1800 bei den Autoren der frühen Romantik häufiger. Schon die Aufklärung hatte dem Kind erhöhte Aufmerksamkeit geschenkt, die frühen Jahre des Menschen als eine eigenständige Lebensphase anerkannt und so die Kindheit im modernen Sinne gleichsam erst entdeckt. Sie trug damit der Tatsache Rechnung, dass jene zunehmende gesellschaftliche Ausdifferenzierung, die seit der frühen Neuzeit insbesondere die bürgerlichen Schichten erfasst hatte, die Anforderungen an Selbstkontrolle und Persönlichkeitsbildung des Einzelnen erheblich verschärfte. Unter solchen Umständen musste die Sozialisation, in deren Verlauf sich das heranwachsende Individuum die gültigen Verhaltensstandards aneignet, immer größere Bedeutung gewinnen, so wie auch ihre Dauer tendenziell zunahm. Aus diesen Gründen verstand das ‚pädagogische Jahrhundert' der Aufklärung das Kind allerdings vorrangig als einen noch unvollkommenen Menschen, der sorgfältig zu erziehen und zu bilden sei, damit er schließlich ein vollgültiges Mitglied der Gesellschaft werden könne. Erst Dichter wie Hölderlin, Novalis und später Eichendorff kehrten diese Wertung um, weil ihnen gerade das Kind, das in unbewusster Einheit mit sich und der Welt lebt, als idealer, ganzheitli-

---

[5]   Hölderlin: Sämtliche Werke und Briefe. Bd. 2, S. 16.

cher Mensch erschien. „Ja! ein göttlich Wesen ist das Kind", ruft Hyperion aus, und er fährt fort: „In ihm ist Frieden; es ist noch mit sich selber nicht zerfallen."[6]

Mit einer solchen Verklärung des kindlichen Daseins, die selbstverständlich – wie ja auch in Hölderlins Gedicht – stets aus der elegischen Perspektive des Erwachsenen erfolgt, schuf die Romantik ein Vorstellungsmuster, das bis in die Gegenwart kaum zu ermessende Wirkungen gezeitigt hat. Der ursprüngliche, höchst anspruchsvolle Horizont dieser Überlegungen ging dabei freilich meist verloren, so dass nicht selten nur sentimentaler Kitsch übrig blieb. Im romantischen Kontext ist die Idealisierung der Kindheit dagegen die Kehrseite einer kritischen Diagnose des entfremdeten bürgerlichen Daseins, das in der Gestalt des Kindes mit seinem utopischen Gegenbild konfrontiert wird. Deshalb kann sie sich auch mit den geschichtsphilosophischen Entwürfen der Romantik verbinden. In *An die Natur* verweist das Signalwort „Arkadien", wie bereits erwähnt, auf einen derartigen Zusammenhang: Die Kindheit des Einzelnen entspricht dem mythischen Goldenen Zeitalter der Menschheit – „Wo Kinder sind, da ist ein goldnes Zeitalter", heißt es pointiert im 97. *Blüthenstaub*-Fragment des Novalis.[7] Demgegenüber fassen die Romantiker ihre eigene Zeit als eine Epoche der Zerrissenheit und der rationalen Kälte auf, die gemäß der Analogie zum Entwicklungsgang des Individuums das Erwachsenenalter des Menschengeschlechts darstellt.

Das skizzierte Geschichtsmodell entspringt offenkundig dem Bemühen, die als krisenhaft empfundene Gegenwart historisch zu situieren und auf diese Weise in ihrer Eigenart verständlich zu machen. Von dieser Gegenwart ausgehend, postuliert man zunächst eine in die Vergangenheit, in die klassische Antike oder ein idealisiertes Mittelalter verlegte paradiesische Epoche, die noch keine Entzweiung von Mensch und Natur oder von Verstand und Gefühl kannte, eine „alte goldne Zeit", wie Novalis in seinem Romanfragment *Die Lehrlinge zu Saïs* schreibt, in der die Natur „den Menschen Freundin, Trösterin, Priesterin und Wunderthäterin war".[8] Vervollständigt und zugleich auf die Zukunft hin orientiert wird die romantische Geschichtskon-

---

[6] Hölderlin: Sämtliche Werke und Briefe. Bd. 2, S. 17. – Anzumerken ist freilich, dass die Romantik unter psychologischer Perspektive in der Kindheit auch den Ort seelischer Verletzungen und traumatischer Erfahrungen entdeckte. Belege dafür finden sich vor allem in den erzählenden Werken Tiecks, Brentanos und E.T.A. Hoffmanns.

[7] Novalis: Werke, Tagebücher und Briefe Friedrich von Hardenbergs. Hrsg. von Hans-Joachim Mähl und Richard Samuel. 3 Bde. Bd. 2: Das philosophisch-theoretische Werk. Darmstadt 1999, S. 273.

[8] Novalis: Werke, Tagebücher und Briefe. Bd. 1: Das dichterische Werk, Tagebücher und Briefe. Darmstadt 1999, S. 209.

struktion aber erst durch die Annahme einer künftigen dritten Entwicklungs-phase, in der die ursprüngliche Einheit auf einer höheren Ebene wiederherge-stellt werden soll: Nach dem Durchgang durch die Epoche der Reflexion und der Entfremdung wird die Menschheit demnach erneut zu einer umfassenden Harmonie gelangen, die nicht zuletzt das Verhältnis zur Natur einschließt. Eine solche eschatologische Perspektive spielt gerade im Werk Hölderlins, der sich dabei auch stark von pietistischem Gedankengut beeinflusst zeigt, eine bedeutsame Rolle; die Frage nach möglichen Vermittlungen zwischen Natur und Subjekt, Göttlichem und Menschlichem steht geradezu im Mittel-punkt seines Denkens. In *An die Natur* bleibt es freilich bei einer starren Ent-gegensetzung, bei der bedrückenden Erfahrung eines unwiderruflichen Ge-trenntseins. Die letzte Stufe des Dreischritts wird hier ausgespart, da sich für den Sprecher kein wirklicher Ausweg aus seinem gegenwärtigen Zustand, keine künftige neue Einheit mit der ‚seligen Natur' abzeichnet. Nur der schon angesprochene „Traum" eröffnet noch eine begrenzte Fluchtmöglichkeit. Er kann vielleicht als Anspielung auf die Poesie verstanden werden, die, wie es die ersten Strophen konkret vorführen, zumindest die Erinnerung an die ver-lorene „Heimat" des Menschen aufbewahrt. Damit vollzieht Hölderlins Ge-dicht zum Abschluss eine metapoetische Wendung, indem es seine eigene Funktion und Wirkung in einer kalten, ‚dürftigen' Geschichtsepoche reflek-tiert.

All-Natur und Sprachmagie

Clemens Brentano: *Sprich aus der Ferne*

Sprich aus der Ferne ist eines der bekanntesten Gedichte von Clemens Brentano (1778–1842) und fand Aufnahme in zahlreiche Lyrik-Anthologien. Der Autor selbst hat es jedoch ausschließlich im Zusammenhang seines 1801 erschienenen Romans *Godwi oder Das steinerne Bild der Mutter* drucken lassen; separat wurde es von ihm nie publiziert. Folglich ist es, streng genommen, nicht zulässig, das Gedicht unabhängig von diesem Rahmen zu interpretieren, und so werden auch die folgenden Ausführungen, wenngleich sie von einer detaillierten Analyse der Verse ausgehen, in einem weiteren Untersuchungsschritt den Kontext des *Godwi* mit einbeziehen.

> Sprich aus der Ferne
> Heimliche Welt,
> Die sich so gerne
> Zu mir gesellt.

> 5   Wenn das Abendroth niedergesunken,
>   Keine freudige Farbe mehr spricht,
> Und die Kränze stillleuchtender Funken
>   Die Nacht um die schattigte Stirne flicht:

>   Wehet der Sterne
> 10   Heiliger Sinn
> Leis' durch die Ferne
> Bis zu mir hin.

> Wenn des Mondes still lindernde Thränen
> Lösen der Nächte verborgenes Weh;
> 15   Dann wehet Friede. In goldenen Kähnen
> Schiffen die Geister im himmlischen See.

          Glänzender Lieder
          Klingender Lauf
          Ringelt sich nieder,
20   Wallet hinauf.

Wenn der Mitternacht heiliges Grauen
Bang durch die dunklen Wälder hinschleicht,
Und die Büsche gar wundersam schauen,
Alles sich finster tiefsinnig bezeugt:

25   Wandelt im Dunkeln
          Freundliches Spiel,
          Still Lichter funkeln
          Schimmerndes Ziel.

Alles ist freundlich wohlwollend verbunden,
30   Bietet sich tröstend und traurend die Hand,
Sind durch die Nächte die Lichter gewunden,
Alles ist ewig im Innern verwandt.

          Sprich aus der Ferne
          Heimliche Welt,
35   Die sich so gerne
          Zu mir gesellt.[1]

Auf den ersten Blick mag der Leser dieses Textes nur einen dahinströmenden ‚Klangrausch' wahrnehmen und geneigt sein, Walther Killy zuzustimmen, der es für verfehlt und unangemessen erklärte, „hier ‚Sinn' präzisieren zu wollen".[2] Nun ist die musikalische Qualität der Verse nicht zu bestreiten, und die Stilmittel, mit denen Brentano eine solche Wirkung erzielt, werden uns noch beschäftigen. Voreilig wäre es jedoch, dem Gedicht deshalb jeden Sinngehalt und jede durchdachte Gliederung abzusprechen. Otto Knörrich hat beispielsweise in seiner strukturalen Interpretation zu Recht die sorgfältig kalkulierte Textgestalt hervorgehoben und Brentanos außerordentlichen Kunstverstand betont, den der Dichter in *Sprich aus der Ferne* eindrucksvoll unter Beweis stelle.[3] Der Struktur des Gedichts soll daher im Folgenden auch das

---

[1] Clemens Brentano: Godwi oder Das steinerne Bild der Mutter. Ein verwilderter Roman von Maria. Hrsg. von Werner Bellmann (Sämtliche Werke und Briefe. Bd. 16: Prosa I). Stuttgart u.a. 1978, S. 184f.

[2] Walther Killy: Wandlungen des lyrischen Bildes. Göttingen ⁵1967, S. 67.

[3] Vgl. Otto Knörrich: Lyrische Texte. Strukturanalyse und historische Interpretation. Eine Einführung. München 1985, S. 29–43.

erste Augenmerk gelten, zumal für den Rezipienten auf Anhieb vermutlich nicht einmal das syntaktische Gefüge in allen Punkten durchschaubar ist.

Wie schon das Druckbild zu erkennen gibt, wechseln in *Sprich aus der Ferne* zwei Strophentypen regelmäßig miteinander ab. Gemeinsam sind ihnen der Kreuzreim und die Abfolge von weiblichen und männlichen Kadenzen, unterschiedlich gestalten sich Länge und Metrum der Verse. Fünfmal begegnen Strophen mit durchgängig zweihebigen Zeilen, wobei die Verse 1 und 3 jeweils eine Kombination aus Daktylus und Trochäus darstellen, während in den Versen 2 und 4 demgegenüber die letzte Senkung ausfällt, wodurch die männliche Kadenz zustande kommt. Die vier dazwischen eingeschobenen Strophen bieten ein weniger gleichförmiges Bild. Zwar sind hier sämtliche Verse vierhebig, aber das vorherrschende daktylische Metrum wird hin und wieder durch einzelne trochäische Takte aufgelockert. Und die letzte Zeile der zweiten Strophe fällt dadurch aus dem Rahmen, dass sie mit einem Auftakt beginnt, während alle anderen Verse des Gedichts mit einer betonten Silbe einsetzen. Diese Gestaltung und insbesondere der Wechsel der beiden Strophenformen verleihen der lyrischen Rede insgesamt einen formal wohlstrukturierten und zugleich abwechslungsreichen Gang.

Die erste Strophe dürfte inhaltlich zunächst etwas dunkel bleiben, aber ihre grammatikalische Struktur ist nicht schwer zu durchschauen. Vor größere Probleme stellen den Leser bereits die Strophen 2 und 3, die augenscheinlich enger zusammengehören; immerhin schließt die zweite Strophe mit einem Doppelpunkt, der zum Folgenden überleitet. Dieser Doppelpunkt muss, wie sich bei genauerer Betrachtung zeigt, als Ersatz für jenes ‚dann' verstanden werden, das als Gegenstück zum einleitenden „Wenn" zu erwarten wäre, aber nicht explizit im Text steht. Man könnte die Verse demnach etwa folgendermaßen paraphrasieren: ‚Wenn das Abendroth niedergesunken ist, wenn keine freudige Farbe mehr spricht und wenn die Nacht die Kränze stillleuchtender Funken um die schattigte Stirne flicht, *dann* wehet der Sterne heiliger Sinn leis' durch die Ferne bis zu mir hin.' In der vierten Strophe wiederholt sich diese Konstruktion aus einem temporalen Nebensatz und einem Hauptsatz, diesmal eben zusammengezogen in einem einzigen Vierzeiler: ‚Wenn des Mondes still lindernde Thränen der Nächte verborgenes Weh lösen, *dann* wehet Friede und die Geister schiffen in goldenen Kähnen im himmlischen See.'

Ein grundsätzlich anderes Bild bietet die fünfte Strophe, die ein einziger Hauptsatz füllt. Ihre syntaktische Geschlossenheit und ihre Position im Text lassen bereits vermuten, dass sie als eine Art Mittelachse das Sinnzentrum des Gedichts darstellt, was bei der Interpretation zu überprüfen sein wird. Keine Schwierigkeiten bereiten die beiden folgenden Versgruppen, in denen leicht das Schema der Strophen 2 und 3 wiederzuerkennen ist, wobei der

Doppelpunkt erneut das ausgelassene ‚dann' vertritt: ‚Wenn das heilige Grauen der Mitternacht bang durch die dunklen Wälder hinschleicht, die Büsche gar wundersam schauen und alles sich finster tiefsinnig bezeugt, *dann* wandelt im Dunkeln freundliches Spiel und funkeln Lichter still als ein schimmerndes Ziel.' Über die Analogie zu Früherem lässt sich auch die schwierige Struktur der achten Strophe enträtseln. Versteht man sie nämlich als Gegenstück der Strophe 4, so muss ihr gleichfalls eine temporale ‚wenn-dann'-Verknüpfung zugrunde liegen: ‚Wenn durch die Nächte die Lichter gewunden sind, *dann* ist alles freundlich wohlwollend verbunden, bietet sich tröstend und traurend die Hand und ist ewig im Innern verwandt.' Die Schlussstrophe wiederholt wortgleich die erste und schließt damit den Rahmen, der das gesamte Gedicht einfasst.

Diese ersten Resultate erlauben es, Brentanos Text als eine vollkommen ausgewogene, symmetrische Konstruktion zu beschreiben, der folgendes Schema zugrunde liegt, in dem zusammengehörige oder strukturell verwandte Partien mit den gleichen Buchstaben bezeichnet sind:

$$A\,(1) - B\,(2{+}3) - B'\,(4) - C\,(5) - B\,(6{+}7) - B'\,(8) - A\,(9)$$

Dieses ebenso subtile wie konsequent durchgeführte Muster regt dazu an, auch auf der inhaltlichen Ebene nach komplexeren Sinnzusammenhängen zu forschen, als sie angesichts der überwältigenden musikalischen Klangfülle zunächst erwartet werden könnten. Wenig erfährt man in den Versen über das lyrische Ich, das keine individuellen Konturen gewinnt. Auch sein Standort bleibt weitgehend unklar, zumal das Gedicht kein zusammenhängendes Landschaftsbild entwirft. In der Beschwörung der nächtlichen Natur nehmen kosmische Erscheinungen wie die Nacht selbst, der Mond und die Sterne den breitesten Raum ein, während von der im Dunkeln liegenden irdischen Welt nur einige wenige Elemente – „Wälder" und „Büsche" – flüchtig und in pauschalen Wendungen genannt werden. Immerhin ist ein Fortschreiten in der Zeit vom Verblassen des Abendrots (Strophe 2) über den Mondaufgang (Strophe 4) bis zur tiefen Mitternacht (Strophe 6) zu erkennen. Es herrscht eine feierliche Stimmung, und mitunter deutet sich geradezu ein Gefühl der Bedrohung an („Grauen", „finster"), dem allerdings die zahlreichen Lichter und Klänge sowie viele positiv konnotierte Begriffe entgegenwirken. Letztlich scheint es daher weniger um *Furcht* als um *Ehrfurcht* zu gehen: Zu nächtlicher Stunde offenbart sich dem Menschen eine metaphysische Macht, deren Erscheinung beglücktes Schaudern erregt, und so ist auch das „Grauen", das in dieser Zeit umgeht, ein „heiliges".

Ausdrücklich sprechen die Rahmenstrophen von einer ‚heimlichen Welt', mit der das lyrische Ich in Kontakt tritt. Schon das Attribut ‚heimlich' eröff-

net gewisse Deutungsspielräume, da es ebenso etwas Verborgenes, Versteck-
tes wie etwas innig Vertrautes bezeichnen kann – Sigmund Freud hat aus
dieser Doppelsinnigkeit seine psychoanalytische Interpretation des Unheimli-
chen abgeleitet. Was mit der ‚heimlichen Welt‘, die „aus der Ferne" sprechen
soll, gemeint ist, verraten die ersten Verse noch nicht, doch die dritte Strophe
kann Aufschluss geben: Da „der Sterne / Heiliger Sinn" das lyrische Ich
„durch die Ferne" erreicht, darf man jene gleichfalls ferne „heimliche Welt",
an die das Ich seinen einleitenden Appell richtet, mit der Sphäre der Sterne
identifizieren. Die Sterne erweisen sich damit als ein Leitmotiv des Gedichts,
und in der Tat treten sie auch in anderen Strophen auf: zunächst als „Kränze
stillleuchtender Funken", die sich die personifizierte Nacht wie ein Diadem
um die Stirn legt, sobald sie nach dem Ende des Tages ihre Herrschaft antritt,
dann in Gestalt der „goldenen Kähne", in denen die Geister den Himmel
durchschiffen. Auch die nächtlichen „Lichter", von denen in den Strophen 7
und 8 die Rede ist, können, solange die Perspektive auf das Gedicht be-
schränkt bleibt, wohl nur als Sterne verstanden werden. Beim Blick auf den
Romankontext wird es sich später freilich als notwendig erweisen, diese
Deutung zu revidieren.

In der literarischen Tradition erscheinen die Sterne häufig als Zeichen des
Göttlichen, als Sinnbild einer höheren Macht; in dieser Funktion sind sie uns
bei Gryphius begegnet, wo sie die Erlösung aus der Nacht des Todes im Jen-
seits verheißen. In Brentanos Gedicht gehören die Sterne jedoch keinem
transzendenten Bereich an, denn der von ihnen besetzte Himmelsraum ist
nicht grundsätzlich vom irdischen Diesseits getrennt. Der Sprecher, auf der
nächtlichen Erde stehend, hofft vielmehr auf eine unmittelbare Ansprache
durch die ‚heimliche Welt‘, deren „[h]eiliger Sinn" ihn auch tatsächlich er-
reicht, und der Umstand, dass sich die Sternenwelt „so gerne" zu ihm „ge-
sellt", deutet gleichfalls auf eine vertrauliche Nähe hin, wenn man in dieser
Wendung nicht gar erotische Untertöne anklingen hört. Damit entwerfen die
Verse eine Bewegung von den Sternen zum Ich hin, die den Abstand zwi-
schen beiden überwindet und eine tiefe Verbundenheit des Menschen mit der
kosmischen Natur suggeriert. Die orthodox-christliche Scheidung von Dies-
seits und Jenseits, irdischer und himmlischer Sphäre löst sich hier in einem
umfassenden All-Zusammenhang auf.

Dieser universale Einklang, im Text auch als „Friede" bezeichnet, kann
einzig in der Nacht erlebt werden, in der die Sterne hervortreten. So erklären
sich jene ‚wenn-dann‘-Konstruktionen, die große Teile des Gedichts beherr-
schen und durch die der Sprecher die Offenbarung der kosmischen Harmonie
an die Zeit der nächtlichen Finsternis bindet. Während das helle Licht des
Tages traditionsgemäß für rationale Erkenntnis und vernunftgemäßes Denken
steht, bietet die Nacht einen Freiraum für mystische Erfahrungen, in diesem

Fall für die Empfindung einer tieferen Verwandtschaft alles Seienden, in die sich auch der Mensch eingebunden sieht. Nicht zufällig hat Brentano den Vers „Alles ist ewig im Innern verwandt" an herausgehobener Stelle, nämlich unmittelbar vor der abschließenden Wiederholung der Rahmenstrophe platziert: Er formuliert die zentrale Erkenntnis des Gedichts. Die erwähnte „tröstend[e]" Wirkung dieser Einsicht mag sich, wie übrigens der Romankontext zu bestätigen scheint, auf die Trauer um verstorbene Mitmenschen beziehen, die jetzt als „Geister im himmlischen See" schiffen – in der den ganzen Kosmos durchwaltenden sympathetischen All-Verbundenheit kann selbst durch den Tod nichts und niemand gänzlich verloren gehen. Allgemeiner dürfte damit aber auch auf das menschliche Leiden an der Individuation angespielt sein, auf jene „Einsamkeit", von der schon bei Hölderlin die Rede war und die in *Sprich aus der Ferne* in der Ahnung der harmonischen All-Einheit der Natur buchstäblich aufgehoben wird.

Wie sich inzwischen gezeigt hat, ist die friedvolle Welt der Sterne und der ganzen Natur ‚heimlich' in beiden Bedeutungen des Wortes: verborgen, versteckt vor dem nüchternen Tag und der ihm zugeordneten klaren und doch beschränkten Vernunft, zugleich aber dem Menschen zutiefst vertraut und nahe, wenn er sie in nächtlicher Stunde zu empfinden vermag. Indes geht es in Brentanos Gedicht nicht nur um Gefühle: Bei der Beziehung, die zwischen den Sternen und dem Ich hergestellt wird, handelt es sich um eine Verbindung durch *Sprache*; der universale Einklang von Mensch und Natur ist zugleich ein universaler Kommunikationszusammenhang. Gleich zu Beginn redet das Ich die ‚heimliche Welt' an und appelliert dabei an sie, ihrerseits zu ihm zu sprechen und so die Distanz der „Ferne" zu überbrücken. Erst unter diesem Blickwinkel gewinnt auch die bei unseren Überlegungen bislang ausgesparte fünfte Strophe ihre Bedeutung und erweist sich tatsächlich als Sinnmitte des Gedichts. Nicht um eine beliebige Sprache geht es nämlich in *Sprich aus der Ferne*, sondern um die poetische Sprache, um Dichtung – *Lieder* sind es, die die Verbindung von kosmischer Natur und Ich, von Himmel und Erde gewährleisten, wie diese Strophe durch eine doppelte Bewegung von oben nach unten und von unten nach oben sichtbar macht: „Glänzender Lieder / Klingender Lauf / Ringelt sich nieder, / Wallet hinauf." Brentano bedient sich hier überdies des Stilmittels der Synästhesie, indem er Eindrücke verschiedener Sinnesorgane ineinanderfließen, optische und akustische Reize verschmelzen lässt. Damit veranschaulicht das Gedicht, dass die Erfahrung einer umfassenden poetischen Kommunikation und der durch sie hergestellten Harmonie den *ganzen* Menschen ergreift, während die aus dem vernünftigen Alltagsleben vertrauten Unterscheidungen zwischen den einzelnen Sinneswahrnehmungen verschwimmen.

Die dichterische Sprache ermöglicht dem Menschen also die Einstimmung in einen All-Zusammenhang, der seinerseits die Gestalt von Liedern annimmt. Damit reflektiert das Gedicht *Sprich aus der Ferne* in der fünften Strophe zugleich seine eigene Rolle als das Medium, mit dessen Hilfe sich das Ich in das kosmische ‚Geistergespräch' einschaltet: Die Verbindung zwischen dem Sprecher und der ‚heimlichen Welt' wird in Brentanos Versen nicht nur beschrieben, sie realisiert sich überhaupt erst durch diese Verse, durch das Lied, mit dem das lyrische Ich der poetischen Rede, die es von den Sternen erwartet, entgegenkommt. Und nun wird auch die sprachlich-stilistische Gestaltung des Textes bedeutsam, jene Fülle an quasi-musikalischen Elementen, die den Leser (oder Hörer) schon vor jedem Eindringen in den Sinn der Worte anspricht. Das reiche und harmonische Klanggebilde, das der Dichter durch die Bevorzugung heller Vokale, durch eine Vielzahl von Alliterationen und Assonanzen sowie durch Reime und Binnenreime schafft, korrespondiert zunächst einmal der inhaltlichen Behauptung einer allumfassenden, Mensch und Natur, himmlische und irdische Räume einbeziehenden Verbundenheit. Insofern aber das Gedicht diese Verbundenheit eben nicht nur schildert, sondern buchstäblich herzustellen sucht, wächst den eingesetzten poetischen Mitteln noch eine weitaus gewichtigere Funktion zu: *Sprich aus der Ferne* erhält den Charakter einer sprachmagischen Beschwörung, eines Zauberspruchs, der das Ausgesagte zugleich herbeizwingt – indem der Text den Zustand der All-Harmonie sprachlich und lautlich entwirft, soll er *wirklichkeitssetzende* Kraft entfalten. In diesen Zusammenhang gehören auch die zahlreichen Anthropomorphisierungen und Personifikationen natürlicher Erscheinungen, die diese Naturphänomene der menschlichen Sphäre näher rücken. Mit solchen poetisch-rhetorischen Techniken macht das Gedicht seine These von der universalen Verwandtschaft alles Seienden unmittelbar anschaulich und verleiht ihr eine Überzeugungskraft, die auf begrifflich-argumentativem Wege schwerlich zu erreichen wäre.

Wenn Brentano die Poesie als eine Sprache versteht, über die der Mensch einen eigentümlichen Zugang zur Welt, zur Natur gewinnt, der ihm im Alltag verschlossen bleibt, so hat er damit an Überlegungen seiner romantischen Zeitgenossen teil, die sich wiederum mit deren schon im Hölderlin-Kapitel erörterten geschichtsphilosophischen Spekulationen berühren. Während die uns vertrauten Sprachen aus arbiträren Signifikanten bestehen, die lediglich durch Konventionen mit ihren Bedeutungen verknüpft sind, wurde für das mythische Goldene Zeitalter, jene erste Stufe der triadischen Geschichtskonstruktion, eine ursprüngliche Natursprache angenommen, deren Worte unmittelbar mit den Gegenständen verbunden, ja gewissermaßen eins mit ihnen waren und folglich einen direkten Zugriff auf die Realität gestatteten. Eine solche Sprache, in der Wort und Ding, Zeichen und Bezeichnetes zusammen-

fielen, musste eine magische, wirklichkeitssetzende Macht ausüben. Zwar
versteht und beherrscht der Mensch der Gegenwart diese Sprache nicht mehr,
doch kann die Poesie ihre Stelle vertreten: In Anknüpfung an Lehren der
Mystik, aber auch an Sprachtheoretiker wie Johann Georg Hamann und Jo-
hann Gottfried Herder erkannten die Romantiker der poetischen Rede auf-
grund ihrer Bildhaftigkeit, Sinnlichkeit und Musikalität einen höheren Rang
zu als der abstrakten, begrifflichen Prosa des nüchternen Verstandes, der
geläufigen Sprache ihrer eigenen entfremdeten und erstarrten Epoche. In
konzentrierter Form findet sich dieser Gedanke noch in Eichendorffs be-
rühmtem Vierzeiler *Wünschelruthe* von 1835 ausgedrückt:

> Schläft ein Lied in allen Dingen,
> Die da träumen fort und fort,
> Und die Welt hebt an zu singen,
> Triffst du nur das Zauberwort.[4]

In der prosaischen Gegenwart „[s]chläft" jenes „Lied", das die Ausdrucks-
form der Wirklichkeit selbst ist und mithin allen „Dingen" innewohnt. Das
„Zauberwort" des Poeten aber vermag den schlummernden Gesang wieder zu
erwecken und damit die „Welt" wie den Menschen aus ihrer Entfremdung zu
erlösen. Brentanos *Sprich aus der Ferne* stellt einen Versuch dar, diese Lehre
von der Macht der poetischen Ursprache in dichterische Praxis umzusetzen.
     Ob die sprachmagische Beschwörung letztlich gelingt, bleibt allerdings
offen. Zu Wort kommt im Gedicht ja lediglich das lyrische Ich, und der un-
terstellte All-Zusammenhang, der zugleich ein Zusammenklang sein soll,
wird auch in den Strophen 2 bis 8 ausschließlich von ihm formuliert und
behauptet. Die ‚heimliche Welt' spricht nicht selbst, sie wird nur vom Ich
sprechend oder singend angerufen. Die Ungewissheit des Ergebnisses deutet
sich schon in den Eingangsversen an, die den drängenden *Appell* an die Ster-
nensphäre, dass sie sprechen möge, mit der indikativischen *Feststellung* einer
vertraulichen Nähe zwischen dieser Welt und dem Ich verbinden – ein laten-
ter Widerspruch, der nicht aufgelöst wird, zumal er aufgrund der Rahmen-
konstruktion in der Schlussstrophe unverändert wiederkehrt. Bereits inner-
halb des Gedichts wird die Utopie des poetischen Sprechens also mit einem
Fragezeichen versehen. Und ihr Geltungsanspruch relativiert sich erst recht,

---

[4]   Joseph von Eichendorff: Sämtliche Werke. Historisch-kritische Ausgabe. Bd. I.1:
     Gedichte. Erster Teil. Text. Hrsg. von Harry Fröhlich und Ursula Regener. Stutt-
     gart, Berlin, Köln 1993, S. 121.

wenn man nun die Perspektive erweitert und den Kontext berücksichtigt, in den Brentano die Verse gestellt hat.[5]

Im Rahmen des *Godwi* erscheint das Gedicht tatsächlich als Lied, gesungen von Ottilie, der Tochter des Einsiedlers Werdo Senne, während eines nächtlichen Spaziergangs mit dem jungen Godwi, dem Titelhelden des Romans. Mitgeteilt wird die ganze Episode mitsamt dem Text von *Sprich aus der Ferne* in einem Tagebucheintrag Godwis, den dieser seinem Freund (und Halbbruder) Römer zuschickt; nicht die Sängerin selbst, sondern der Zuhörer zeichnet also das Lied auf. Gleich im Anschluss an die Wiedergabe der Verse berichtet Godwi, wie der Gesang auf ihn gewirkt habe:

> So sang Tilie durch die Büsche, als bete sie. Der ganze Tempel der Nacht feierte über ihr, und ihre Töne, die in die dunkeln Büsche klangen, schienen sie mit goldnen, singenden Blüthen zu überziehen.[6]

Im Gedicht zeigt die Synästhesie, wie intensiv die allumfassende kosmische Harmonie erfahren wird; indem sie sich in der Reaktion des Hörers fortsetzt, veranschaulicht sie den tiefen Eindruck, den die Verse auf Godwi machen. Aufschlussreich ist auch der Vergleich mit einem Gebet, denn das Gebet ist dem Zauberspruch verwandt, mit dem *Sprich aus der Ferne* oben verglichen wurde, da es ebenfalls sprachmagischen Charakter hat: Es soll eine Beziehung des Menschen zu jener höheren Macht, der er sich vertrauensvoll zuwendet, stiften. Dabei nimmt im „Tempel der Nacht" die pantheistisch verstandene All-Natur, mit der die Sängerin in Kontakt treten will, die Stelle des christlichen Jenseits-Gottes ein.

Die in den Strophen artikulierte harmonische Empfindung wird im Prosakontext jedoch in mancher Hinsicht getrübt. Ottilie reagiert mit ihrem Gesang nämlich auf die von Godwi geäußerten *Zweifel* an jenem tieferen Zusammenhang des Seienden, den sie durch geheimnisvolle „stille Lichter"[7], die sich im nächtlichen Wald zeigen, bestätigt sieht. Eben diese „Lichter" – und nicht die Sterne, wie man zunächst annehmen müsste – ruft Ottilie auch in den Strophen 7 und 8 des Liedes als Zeugen für ihren pantheistischen Glauben an. Damit sind sie freilich wiederum den Sternen eng verwandt, die in *Sprich aus der Ferne* ja gleichfalls als Zeichen der innigen Verflochtenheit aller Dinge

---

5   Vgl. zu diesem Thema grundsätzlich die Arbeit von Ursula Matthias: Kontextprobleme der Lyrik Clemens Brentanos. Eine Studie über die Verseinlagen im *Godwi*. Frankfurt a.M., Bern 1982.

6   Brentano: Godwi oder Das steinerne Bild der Mutter, S. 185.

7   Ebd., S. 182.

gedeutet werden: Die „stillen Lichter" bilden gewissermaßen das irdische Pendant der Sternenwelt.

In dem Disput über diese mysteriösen Erscheinungen tritt der tiefe Gegensatz zwischen Ottilie und Godwi zutage. Ottilie erscheint – wenigstens im ersten Teil des Romans, von dem hier zunächst ausschließlich die Rede sein soll – als Repräsentantin einer vor-reflexiven, naturhaften Harmonie, die sich in ihrer Person gleichsam verkörpert. Dementsprechend betont der Text ihre kindlich-unschuldigen Züge und lässt sie vorwiegend in Versen, in der ursprünglichen Sprache der Poesie reden. Godwi ist hingegen der Prototyp des modernen, innerlich zerrissenen Menschen. Er führt ein unstetes, verworrenes Leben und legt ein intensives Genussverlangen sowie einen ausgeprägten Individualismus an den Tag. Zugleich aber leidet er unter seiner Vereinzelung und sehnt sich nach der befreienden Auflösung seines Ich in einem übergreifenden Zusammenhang; so machen sich insbesondere in der fortdauernden Bindung an die verstorbene Mutter, an die nur noch ein steinernes Standbild im Garten erinnert, starke regressive Tendenzen bemerkbar. Im Umgang mit Ottilie wird sich Godwi seines Zustands klar bewusst – jene ruhige Empfindung der Geborgenheit und des Vertrauens, die sie beseelt, ist ihm unbekannt: „Ich sah in mich zurück und um mich her, da blieb es kalt und leer. Kein Bild sprach mit mir von einem heiligen Zusammenhange mit einem höhern Leben. O, wer giebt mir diese Religion?"[8]

Brentanos Roman führt die Leiden des Helden nicht auf eine bloß individuelle Gefühlslage oder auf sein ganz persönliches Schicksal zurück. Sie werden vielmehr als eine förmliche Signatur der gesamten Epoche präsentiert, denn die meisten Figuren des Werkes erweisen sich als Seelenverwandte Godwis und befinden sich in einer ähnlichen Lage wie er. Auch die uns bereits bekannte geschichtsphilosophische Interpretation dieses Phänomens findet sich in *Godwi* wieder. So stellt Molly Hodefield in einem Brief an Werdo Senne Überlegungen an, denen unverkennbar das Deutungsschema vom mythischen Goldenen Zeitalter und der darauf folgenden Phase der Entfremdung, der Reflexion und der kalten, mechanischen Rationalität zugrunde liegt: „da die Liebe die Erde verließ, und mit dem süßesten, thätigsten Nichtsthun, mit dem Bestehen durch aus sich selbst würkende unendliche Kraft, die schreckliche Mühe und die Maschinerie ohne Perpetuum mobile abwechselte", bleiben den Menschen jetzt nur noch die Künste und ihre Schöpfungen als „traurige Denksäulen verlorner Göttlichkeit, die uns ewig winken, wir sollen hin zu jener Welt, die vor uns geflohen ist, und die wir mit unendlicher Sehnsucht erwarten."[9]

---

[8]   Brentano: Godwi oder Das steinerne Bild der Mutter, S. 184.

[9]   Ebd., S. 108f.

Ottilie, die dank ihrer eigentümlichen „Religion" und ihres Gesangs noch ganz in der von den anderen Protagonisten schmerzlich vermissten schönen Ursprungswelt zu leben scheint und jene von Molly betrauerte „Liebe" besitzt, in der sich der Einklang aller Wesen und Dinge ausdrückt, vertritt im Roman somit eine ideale Gegenposition, die durch den Kontrast die schonungslose Zeitdiagnose des *Godwi* noch einmal unterstreicht. Doch diese Gegenposition bleibt keineswegs unangefochten, sondern wird durch die vielfältig gebrochene Konstruktion des Werkes, das dem von Brentano gewählten Titelzusatz „Ein verwilderter Roman" alle Ehre macht, ihrerseits in ein sehr zweifelhaftes Licht getaucht. Nicht genug damit, dass die Episode, in der das Lied *Sprich aus der Ferne* erklingt, dem Leser nur aus Godwis Sicht vermittelt wird – im zweiten Teil des Romans, in dem der fiktive Autor Maria erzählt, wie er mit Godwi zusammentrifft und weitere Aufschlüsse über dessen Lebensgeschichte erhält, stellt sich zudem heraus, dass alle Briefe und Tagebuchnotizen, aus denen der erste Teil besteht, von Maria rigoros umgearbeitet worden sind, so dass der Bericht über jene nächtlichen Erlebnisse nicht im entferntesten als authentisch gelten kann. In einem längeren ‚Werkstattgespräch' erörtern Maria und Godwi überdies gerade die Gestalt der Ottilie mit äußerster Nüchternheit als ein besonderes Problem romanhafter Darstellung und Stilisierung, wobei Godwi dem Freund beiläufig eröffnet, dass er das Mädchen in seiner Schilderung sehr schlecht getroffen habe.[10] So wird die Idealfigur Ottilie schon innerhalb der fiktiven Romanwelt als Kunstprodukt entlarvt, als ein literarischer Gegenentwurf zum entfremdeten Dasein des modernen Menschen, den Maria ebenso wie Godwi repräsentiert. Und zu allem Überfluss gibt Godwi schließlich auch noch eine ganz prosaische Erklärung für die mysteriösen „stillen Lichter", an die Maria in seiner Beschreibung Ottilies gläubiges Vertrauen geknüpft hat. Es handelte sich in Wahrheit einfach um den Schein einer Laterne, mit der ein heimlicher Besucher der Einsiedelei nächtens durch den Wald geleitet wurde.[11]

Die verschiedenen Kontexte, in die der Roman das Gedicht *Sprich aus der Ferne* einbettet – hauptsächlich also Godwis Tagebuchaufzeichnung und die späteren Gespräche über den willkürlichen Umgang des fiktiven Autors Maria mit seinem Textmaterial –, schaffen für den Leser einen erheblichen Abstand zu diesen Versen. Zugleich geben sie zu erkennen, dass auch der Dichter Brentano den Vorstellungen, die das lyrische Werk formuliert, keineswegs so distanzlos und unkritisch gegenüberstand, wie man oft angenommen hat, weil die Strophen, aus dem Zusammenhang des *Godwi* gelöst, als ungebrochener, wohltönender Ausdruck einer harmonieseligen Stimmung

---

[10] Vgl. Brentano: Godwi oder Das steinerne Bild der Mutter, S. 379f.
[11] Vgl. ebd., S. 479.

missverstanden wurden. *Sprich aus der Ferne* dokumentiert keineswegs ein naives Vertrauen auf die tröstende universale Verbundenheit alles Seienden, die durch das poetische Wort erschlossen werden kann. Statt dessen reflektiert das Gedicht, wenn man es in seinem ursprünglichen Rahmen betrachtet, die *Sehnsucht* nach einer solchen Verbundenheit als charakteristisches Gegenstück der spezifisch modernen, leidvollen Erfahrung von Vereinzelung und Entfremdung.

Gottes Natur und die Nacht der Sünde

Joseph von Eichendorff: *Der frohe Wandersmann –*
Zwielicht

Der Spätromantiker Joseph von Eichendorff (1788–1857) hat einige der bekanntesten deutschsprachigen Naturgedichte geschrieben. Einen großen Teil ihrer Popularität verdanken sie den zahlreichen Vertonungen, von denen viele schon zu Lebzeiten des Dichters entstanden, und ihrer breiten Aufnahme in Männergesangvereinen, Wandergruppen und ähnlichen Zirkeln. In solchen Kontexten gehen freilich die tieferen Bedeutungsdimensionen der Gedichte meist verloren, was mit dazu geführt hat, dass Eichendorffs lyrisches Werk im allgemeinen Bewusstsein nur allzu häufig mit naiver Schwärmerei für die schöne Natur und harmloser Wanderfreude assoziiert wird – eine Einschätzung, die ihm keineswegs gerecht wird, wie die folgenden Ausführungen zu zwei ausgewählten Werken zeigen sollen.

Das erste Beispiel trägt in der Gedichtsammlung, die der Autor 1837 publizierte, den Titel *Der frohe Wandersmann*:

> Wem Gott will rechte Gunst erweisen,
> Den schickt er in die weite Welt;
> Dem will er seine Wunder weisen
> In Berg und Wald und Strom und Feld.
>
> 5   Die Trägen, die zu Hause liegen,
> Erquicket nicht das Morgenroth,
> Sie wissen nur von Kinderwiegen
> Von Sorgen, Last und Noth um Brodt.
>
> Die Bächlein von den Bergen springen,
> 10   Die Lerchen schwirren hoch vor Lust,
> Was sollt' ich nicht mit ihnen singen
> Aus voller Kehl' und frischer Brust?

Den lieben Gott laß ich nur walten;
Der Bächlein, Lerchen, Wald und Feld
15 Und Erd' und Himmel will erhalten,
Hat auch mein' Sach' auf's Best' bestellt![1]

Der Text ist allerdings deutlich älter als jene Sammlung und gehört ursprünglich in den Zusammenhang der Erzählung *Aus dem Leben eines Taugenichts*, die 1826 erstmals vollständig veröffentlich wurde. Im Rahmen dieser Novelle, wo es ohne eigene Überschrift erscheint, hat das Gedicht einen geradezu programmatischen Stellenwert: Es handelt sich um das erste von zahlreichen Liedern, die der Titelheld im Verlauf der Handlung singt, und er stimmt es an, als er soeben im vollen Gefühl der frisch gewonnenen Unabhängigkeit von der väterlichen Mühle aus in die „weite Welt" aufbricht. So kann man die Verse als beispielhaftes Dokument jenes romantischen Lebensgefühls verstehen, das in der Figur des Taugenichts Gestalt annimmt. In der Verbindung von Freiheitsgenuss, Naturfreude und Wanderlust mit einer tiefen Verachtung der philiströsen bürgerlichen Existenz und ihrer Zwänge wird das Bild eines wahrhaft humanen, unentfremdeten Daseins entworfen, das im Gesang seinen unmittelbaren Ausdruck findet. Daher ist das Lied des Taugenichts auch kein reflektiertes Kunstprodukt, das von seinem Urheber etwa schriftlich fixiert würde, sondern als spontane Ich-Aussprache ein Stück ‚Naturpoesie', das nicht zufällig mit dem Lied der Lerchen in Parallele gesetzt wird. Fahrende Sänger dieses Schlages, die mit kunstmäßigem Dichten nichts zu schaffen haben, bevölkern Eichendorffs gesamtes erzählerisches Werk. Zu den wenigen Gegenbildern zählt der Berufspoet Faber in dem frühen Roman *Ahnung und Gegenwart*, dessen Porträt denn auch spürbar ironisch gefärbt ist.

Die äußere Gestalt des Gedichts scheint den Eindruck einer spontanen, kunstlosen Schöpfung durchaus zu bestätigen, denn Eichendorff wählt eine sehr einfache, volksliedhafte und sangbare Form sowie eine entsprechend schlichte Sprache. Die vierhebigen, jambischen Verse weisen abwechselnd weibliche und männliche Kadenzen auf und sind durch einen Kreuzreim miteinander verbunden; es handelt sich um eine in der deutschen Lyrik ungemein beliebte und in den unterschiedlichsten Zusammenhängen verwendete Strophenform.[2] Kühne Zeilensprünge finden sich nirgends, und sämtliche Strophen bilden in sich abgeschlossene Sinneinheiten. Die Ausdrucksweise

[1]   Joseph von Eichendorff: Sämtliche Werke. Historisch-kritische Ausgabe. Bd. I.1: Gedichte. Erster Teil. Text. Hrsg. von Harry Fröhlich und Ursula Regener. Stuttgart, Berlin, Köln 1993, S. 10f.
[2]   Vgl. dazu Horst Joachim Frank: Handbuch der deutschen Strophenformen. München 1980, S. 232–238.

ist klar, der Satzbau unkompliziert, und die mehrfach anzutreffenden Reihungen und Aufzählungen wie „In Berg und Wald und Strom und Feld" wirken sogar ein wenig kindlich. Auch auf den Einsatz auffallender stilistischer Mittel verzichtet der Text weitgehend, lediglich Alliterationen (beispielsweise „Gott" – „Gunst" oder „weite Welt" – „Wunder weisen") werden eingesetzt, um der hier artikulierten euphorisch-zuversichtlichen Stimmung Nachdruck zu verleihen.

Doch bei aller Schlichtheit von Form und Diktion sprechen sich in *Der frohe Wandersmann* keineswegs naive Sorglosigkeit und pure Unbekümmertheit aus. Einem solchen Missverständnis wirkt schon der starke religiöse Bezug der Verse entgegen: Das Lebensgefühl des Sprechers ruht auf dem Fundament eines festen Gottvertrauens. Dabei hält Eichendorff, weit entfernt von allen pantheistischen Spekulationen, als überzeugter Katholik an der orthodoxen Vorstellung eines personalen, außerweltlichen Gottes fest. Im Horizont seines Denkens ist die Zeile „Den lieben Gott laß ich nur walten" noch keine verblasste, formelhafte Wendung, sondern ganz wörtlich gemeint. Sie zitiert in leicht abgewandelter Form ein bekanntes Kirchenlied von Georg Neumark aus dem 17. Jahrhundert, dessen erste Verse lauten:

> Wer nur den lieben Gott läßt walten
> Und hoffet auf ihn allezeit,
> Den wird er wunderlich erhalten
> In allem Kreuz und Traurigkeit.
> Wer Gott, dem Allerhöchsten, traut,
> Der hat auf keinen Sand gebaut.

Darüber hinaus spielt die ganze vierte Strophe von Eichendorffs Gedicht auf eine Passage aus dem Matthäus-Evangelium an, in der Jesus die Menschen ermahnt, sich nicht unentwegt um ihre alltäglichen Lebensbedürfnisse zu sorgen, sondern sich wie die Vögel des Himmels und die Lilien auf dem Felde getrost der Güte und Freigebigkeit ihres himmlischen Vaters anzuvertrauen (Mt 6,23–34). So ist das lyrische Ich nicht bloß ein liebenswürdiger Herumtreiber, der sich den gesellschaftlichen Zwängen und Erwartungen entzieht, es repräsentiert vielmehr den idealen Typus des Menschen, der sich in Gott geborgen weiß. Dasselbe gilt für den Taugenichts, dem die Novelle das Lied in den Mund legt. Zwar überkommen selbst ihn bisweilen melancholische Anwandlungen, wenn er sich vorübergehend einsam und verloren fühlt, aber letztlich findet er immer wieder zu jenem sicheren Gottvertrauen zurück, das sich in *Der frohe Wandersmann* kundgibt.

Die religiöse Dimension bestimmt auch das Bild der Natur im Gedicht, denn für das lyrische Ich ist die Natur nicht nur ein Raum der Freiheit und des ungebundenen Lebens, sondern in erster Linie ein Ort unmittelbarer Gotteserfahrung: Sie wird als Schöpfung des Herrn aufgefasst, der dem Betrachter in all ihren Erscheinungen „seine Wunder" vor Augen führt. „Berg und Wald und Strom und Feld" sind mithin *Hieroglyphen*, heilige Zeichen im buchstäblichen Sinne, die der gläubige Mensch entziffert. Als „sichtbare Theologie"[3] verweist die Landschaft auf etwas, was ihre materielle Präsenz übersteigt und dennoch über sie erschlossen werden kann. Einzelne Naturphänomene verbinden sich in Eichendorffs Werk sogar mit ganz bestimmten und in vielen Texten wiederkehrenden Symbolbedeutungen aus dem religiösen Bereich. Das gilt beispielsweise für die Lerche, die der Dichter als Sinnbild der zu Gott emporstrebenden menschlichen Seele einsetzt. So schließt das Gedicht *Götterdämmerung*, das von der Überwindung heidnischer Verlockung durch die Gottesmutter Maria erzählt, mit den Versen:

> Und, wie die Lerche singend,
> Aus schwülen Zaubers Kluft
> Erhebt die Seele ringend
> Sich in die Morgenluft.[4]

Wenn sich das lyrische Ich in *Der frohe Wandersmann* die Lerchen zum Vorbild nimmt, ist damit also nicht nur die Spontaneität der kunstlosen Naturpoesie bezeichnet, die Parallele unterstreicht vielmehr zugleich die Ausrichtung des Sängers auf Gott. Und als ein Weg zu Gott, als eine spirituelle Reise erweist sich unter dem religiösen Blickwinkel schließlich die ganze Wanderung in die „weite Welt" – deshalb spricht das Gedicht auch nirgends von einem konkreten, irdischen *Ziel* der Fahrt. Eine solche ‚höhere Ziellosigkeit' charakterisiert ebenso den Taugenichts in der Novelle, dessen unerschöpfliche „Wanderlust" als „Suche nach des Menschen wahrer Heimat" zu erklären ist.[5] Da diese, der christlichen Lehre zufolge, im Jenseits liegt, kann die Wanderung auf Erden nie zu einem wirklichen Abschluss gelangen. Nicht von ungefähr ist in Eichendorffs Lyrik auch die Natur meist in reger Bewegung: „Die Bächlein von den Bergen springen, / Die Lerchen schwirren hoch vor Lust". Wo diese Bewegung zum Erliegen kommt, Erstarrung an ihre Stelle tritt und sich statische Naturbilder häufen, droht in der Regel auch Gefahr für das Seelenheil des Menschen.

Allein aus der Bindung an die Transzendenz, aus einem intakten Gottesbezug also, empfängt der Mensch in Eichendorffs Augen das wahre Leben.

---

[3]   Oskar Seidlin: Versuche über Eichendorff. Göttingen 1965, S. 34.
[4]   Eichendorff: Sämtliche Werke. Bd. I.1, S. 290.
[5]   Seidlin: Versuche über Eichendorff, S. 34.

Im Zustand der Gottferne drohen dagegen Selbstverlust und melancholische Versunkenheit, die der Dichter in zahlreichen Werken in den Empfindungen der Angst, der Schwermut und der Langeweile gestaltet und wiederum mit bestimmten festen Motiven – etwa dem des geschlossenen Kreises oder dem der Schwüle – verknüpft. Beispiele für eine solche Existenz, die der des Sprecher-Ichs genau entgegengesetzt ist, bietet *Der frohe Wandersmann* in der zweiten Strophe, die wir bei unseren Überlegungen bislang ausgespart haben. Die Personen, von denen in diesen Versen die Rede ist, verstoßen mit ihren ängstlichen „Sorgen" um die täglichen Bedürfnisse in eklatanter Weise gegen die oben zitierte Mahnung Jesu aus dem Matthäus-Evangelium. Dass sie verächtlich als ‚träge' bezeichnet werden, obwohl sie doch offenbar mit großem Eifer dem Broterwerb nachgehen, mag den Leser zunächst irritieren, denn der Vorwurf mangelnder bürgerlicher Tüchtigkeit müsste eigentlich viel eher das lyrische Ich des Gedichts treffen (ebenso wie den Taugenichts in der Novelle, der daher ja auch seinen Übernamen hat). Wieder verhilft an dieser Stelle der Blick auf die religiöse Dimension zum richtigen Verständnis. Faulheit und fehlender Arbeitswille können den Menschen, die die zweite Strophe schildert, gewiss nicht angelastet werden, aber sie machen sich in ihrer Fixierung auf die Belange des irdischen Daseins einer Untätigkeit im geistlich-spirituellen Sinne, einer Trägheit des Herzens und der Seele schuldig. Ihre philiströse Beschränktheit ist daher nicht etwa nur eine schlechte Angewohnheit. Im christlichen Verständnis zählt diese Art von ‚Trägheit' (lat. acedia) zu den sieben Hauptsünden oder Hauptlastern; wer ihr anheimfällt, verfehlt in gravierender Weise die Bestimmung des Menschen und seine Pflichten gegenüber dem Herrn.

So ist den „Trägen" das Wandern als Weg zu Gott unbekannt: Sie „wissen nur" von den Mühen des Lebens, von der Sicherung ihres leiblichen Daseins, nicht aber von der Natur als Schöpfung und Zeichen des himmlischen Vaters. Eingezwängt in ein striktes Nützlichkeitsdenken – die betonte Sorge um das tägliche „Brodt" lässt an Wendungen wie ‚Brotstudium' und ‚Brotberuf' denken –, erfreuen sie sich nicht einmal am „Morgenroth", das in Eichendorffs Werk eine förmliche Epiphanie des Göttlichen und damit eine ‚Erquickung' für den Frommen darstellt. Die fatale Enge der Philisterexistenz spiegelt sich in der zweiten Strophe nicht zuletzt auf der formalen Ebene wider. In dem Binnenreim „Morgen" – „Sorgen" und der fast zungenbrecherischen Wendung „und Noth um Brodt", die zugleich einen weiteren Binnenreim enthält, scheint die Sprache, die in dem Gedicht sonst so flüssig dahingleitet, sich geradezu in sich selbst zu verheddern und nicht mehr recht vom Fleck zu kommen; überdies bringt die Häufung dunkler Vokale im letzten Vers der Strophe die Dumpfheit der philiströsen Lebensart auch lautlich zum Ausdruck. Wie dieses Beispiel zeigt, ist die vermeintlich so schlichte sprachlich-formale Gestaltung des Textes in Wahrheit sorgfältig kalkuliert, und diese Erkenntnis darf ohne weiteres auf alle Aspekte des Gedichts ausgedehnt werden: Was im Rahmen der Novelle *Aus dem Leben eines Taugenichts* als spontane Äußerung einer heiteren, unbeschwerten Stimmung und eines frohen Gottvertrauens daherkommt, eben als ‚Naturpoesie‘, verdankt sich tatsächlich dem hochbewussten Kunstwillen des Autors Eichendorff.

Indes sind die Naturbilder nicht in allen lyrischen Werken des Dichters so ungetrübt positiv besetzt wie in *Der frohe Wandersmann*. Die Formelhaftigkeit seiner Texte und ihre Beschränkung auf eine begrenzte Anzahl stereotyper Elemente verführen den Leser leicht dazu, ihre Vielschichtigkeit zu unterschätzen, aber gerade die wenigen Naturphänomene, die bei Eichendorff ständig wiederkehren, können je nach dem spezifischen Kontext ganz unterschiedliche, ja sogar einander genau entgegengesetzte Bedeutungsnuancen annehmen. Daraus ergibt sich ein erstaunlicher Facettenreichtum, der Eichendorffs Lyrik im Hinblick auf die Naturthematik erst wirklich reizvoll macht. Näher erläutert sei dies an einem Gedicht, das von Anfang an eine ganz andere Stimmung heraufbeschwört als *Der frohe Wandersmann*:

Zwielicht

Dämmrung will die Flügel spreiten,
Schaurig rühren sich die Bäume,
Wolken ziehn wie schwere Träume –
Was will dieses Grau'n bedeuten?

5   Hast ein Reh du, lieb vor andern,
Laß es nicht alleine grasen,
Jäger ziehn im Wald' und blasen,
Stimmen hin und wieder wandern.

Hast du einen Freund hienieden,
10   Trau ihm nicht zu dieser Stunde,
Freundlich wohl mit Aug' und Munde,
Sinnt er Krieg im tück'schen Frieden.

Was heut müde gehet unter,
Hebt sich morgen neugeboren.
15   Manches bleibt in Nacht verloren –
Hüte dich, bleib' wach und munter![6]

---

[6]   Eichendorff: Sämtliche Werke. Bd. I.1, S. 11f.

Auch dieses Gedicht war zunächst in einen Prosakontext eingebettet, bevor es in Eichendorffs Lyriksammlung als selbständiges Werk erschien. Es findet sich – noch ohne Überschrift – im 17. Kapitel des Romans *Ahnung und Gegenwart* (1815). Der Protagonist, der junge Graf Friedrich, hört, wie es in der Abenddämmerung im Wald von einem Unbekannten gesungen wird, und fasst es sogleich wie eine direkt an ihn gerichtete Warnung auf. Schon dadurch, dass die Identität des Sängers unklar bleibt, breitet sich die bedrohliche, ‚zwielichtige' Ungewissheit, die das Gedicht thematisiert, auch in seinem Umfeld im Roman aus.

Wieder ist die Form unkompliziert: Die durch umarmende Reime verbundenen Verse sind durchgängig vierhebig trochäisch und enden stets weiblich. Die erste Strophe entwirft eine ebenso grandiose wie dämonisch-unheimliche Naturszenerie bei Einbruch der Dunkelheit. Für den Sprecher nimmt die heraufziehende Abenddämmerung die Gestalt eines monströsen fliegenden Ungeheuers an, das sich anschickt, seine Fittiche über die Erde auszubreiten, und auch die Bäume scheinen sich wie belebte und beseelte Wesen aus eigenem Antrieb und eigener Kraft zu „rühren". Recht sonderbar fällt die Reaktion des Ich auf diesen düsteren Anblick aus. Es spürt zwar das „Grau'n", das er hervorruft, reagiert aber nicht mit Furcht, sondern mit der scheinbar unpassenden Frage „Was will dieses Grau'n *bedeuten*?" Die Naturphänomene und die von ihnen geweckten Empfindungen werden also von vornherein als sinntragend aufgefasst, als eine Botschaft, die der Entschlüsselung harrt; mit größter Selbstverständlichkeit nimmt der Sprecher gegenüber dem „Grau'n" der Dämmerung die Pose eines Hermeneutikers ein. Einen ersten, freilich noch vagen Hinweis auf den Inhalt der vermuteten Mitteilung könnte der dritte Vers geben, der die ziehenden Wolken mit „schwere[n] Träumen" vergleicht. Ein solcher Vergleich ist ungewöhnlich, weil er gerade nicht zu einer Konkretisierung beiträgt, sondern das für sich genommen sehr anschauliche Bild der ziehenden Wolken eher ins Ungreifbare und Unwirkliche entrückt. Dabei bringt er aber andeutungsweise schon die seelische Innenwelt des Menschen ins Spiel – haben die drohenden Gefahren, von denen die Natur kündet, letztlich in dieser Sphäre ihren Ursprung?

Die folgenden Strophen sind der detaillierten Entzifferung jener Botschaft gewidmet und legen die Zeichen der ‚schaurigen Dämmerung' aus, und zwar sowohl für den Leser als auch für das lyrische Ich – die Du-Anrede und die Appelle, die sich fortan regelmäßig finden, können als Selbstanrede und Selbstermahnung des Sprechers verstanden, ebensogut aber auf den Rezipienten des Gedichts bezogen werden. Mit dem Wechsel auf die Ebene der Auslegung tritt freilich die Naturmotivik in den Hintergrund. Das von den Eingangsversen heraufbeschworene Bild wird nicht mehr weiter ausgeführt, und an die Stelle der Beschreibung treten zunehmend Reflexionen und Warnungen, die sich auf menschliches Verhalten beziehen. Da die Naturimpressionen der ersten Strophe somit nur den Ausgangspunkt und gewissermaßen das Material einer religiös-moralischen Deutung bilden, steht *Zwielicht* ganz in jener weit zurückreichenden Tradition, die wir bereits am Beispiel von Andreas Gryphius' Sonett *Abend* kennengelernt haben. Hier wie dort stellt sich der innere Zusammenhang des Gedichts nicht auf der Bild-, sondern allein auf der Sinnebene her.

Allerdings lassen sich die poetischen Bilder in *Zwielicht* nicht durchweg so glatt in ihre sinnbildlichen Bedeutungen ‚übersetzen', wie dies bei Gryphius dank seines Rückgriffs auf verbreitete rhetorische Muster und Topoi und teilweise auch dank der im Text selbst gelieferten Hinweise möglich war – Eichendorff ist eben kein Dichter des 17. Jahrhunderts, so eng er sich auch an barocke Traditionslinien anschließen mag. Viele der von ihm eingesetzten Symbole entstammen seiner eigenen poetischen Bildersprache und können daher nur im weiteren Kontext seines Werkes entziffert werden. Dies trifft insbesondere für die zweite Strophe zu, die mit neuen verschlüsselten Bildern aus dem Naturbereich aufwartet und bei isolierter Betrachtung wohl allenfalls teilweise verständlich wäre. Das „Reh" fungiert bei Eichendorff häufig als Sinnbild des oder der Geliebten. Die Gefahr, die es ratsam erscheinen lässt, das Reh sorgsam zu behüten, droht offenkundig von den Jägern, die in der Dämmerung, auf ihren Hörnern blasend, den Wald durchstreifen. Zu fragen ist jedoch genauer nach der Art dieser Gefahr. Die zunächst nahe liegende Erklärung, dass die Jäger das Tier töten könnten, tritt nämlich zugunsten einer anderen in den Hintergrund, wenn man die einschlägigen Motivketten in Eichendorffs Œuvre verfolgt, wo das „Hornmotiv" oft für die „Verlockung in die Welt" steht, während „das Motiv der Waldnacht das Verlorengehen in der Welt" ausdrückt.[7] Beispielhaft sei hier eine Parallelstelle aus dem Gedicht *Nacht* zitiert:

> Tritt nicht hinaus jetzt vor die Thür,
> Die Nacht hat eignen Sang,
> Das Waldhorn ruft, als rief's nach dir,
> Betrüglich ist der irre Klang,
> Endlos der Wälder Labyrinth –
> Behüt' dich Gott, du schönes Kind![8]

Übrigens erklingt das später *Zwielicht* betitelte Lied in *Ahnung und Gegenwart* während einer von Hörnerschall begleiteten abendlichen Jagdpartie, bei

---

[7]   Peter Paul Schwarz: Aurora. Zur romantischen Zeitstruktur bei Eichendorff. Bad Homburg v.d.H. 1970, S. 94.

[8]   Eichendorff: Sämtliche Werke. Bd. I.1, S. 204.

der dem Grafen Friedrich durch Verrat und Betrug seine Geliebte Rosa geraubt wird. Und unmittelbar im Anschluss an das Lied greift der Romanerzähler die Bilder der zweiten Strophe auf, indem er Rosa mit einem „aufgescheuchte[n] Reh" vergleicht, das sich „im Walde verlohr".[9] So dürfte auch im Gedicht die eigentliche Bedrohung in der verführerischen Macht der Hornklänge liegen, die das Reh von seinem Liebsten weg in die Tiefe des Waldes locken. Diese Deutung kann obendrein durch einen Blick auf die dritte Strophe untermauert werden, die nun ganz offen vor verräterischer Untreue warnt. Damit bestätigt sich, dass die in den Naturbildern der ersten Verse verdichtete Gefahr, die im „Grau'n" der Dämmerstunde spürbar wird, nicht von außen, sondern aus dem Inneren des Menschen, aus den Tiefen der Seele kommt. Im Horizont von Eichendorffs religiösem Weltbild geht es letztlich um die Gefahr der Sünde, wie sich im Fortgang der Analyse noch deutlicher zeigen wird.

Der Wald, der in der zweiten Strophe von *Zwielicht* genannt wird, ist vielleicht das häufigste und wahrscheinlich das populärste Motiv von Eichendorffs Dichtung, und wie fast alle Elemente seiner Symbolsprache trägt auch dieses ausgesprochen ambivalente Züge. Für den fest in der christlichen Religion verwurzelten Menschen ist der Wald der Ort des wahren Lebens und einer göttlichen Offenbarung – so in dem Gedicht *Abschied*: „O Thäler weit, o Höhen, / O schöner grüner Wald …"[10] –, er kann aber, wie oben zitiert, ebenso als „Labyrinth" erscheinen, das sich unentrinnbar um einen Wanderer zusammenschließt, der gewiss nicht nur im räumlichen Sinne vom rechten Weg abgeirrt ist: „Es ist schon spät, es wird schon kalt, / Kommst nimmermehr aus diesem Wald!" (*Waldgespräch*)[11] Dieser Befund lässt sich verallgemeinern, denn das Bild der Natur ist bei Eichendorff grundsätzlich von der inneren Verfassung des Menschen abhängig, der ihr gegenübertritt. Vermag der gläubige Betrachter die Naturerscheinungen als Zeichen Gottes zu lesen, wie wir es in *Der frohe Wandersmann* gesehen haben, so wird die Natur, wenn die religiöse Perspektive fehlt, zum bloßen Spiegelbild unbewusster, triebhafter Regungen der Seele, die Eichendorff als sündhafte, dämonische Kräfte auffasst, und damit zu einem förmlichen Gefängnis des unerlösten Menschen.

Im letzteren Fall sind für gewöhnlich die bereits früher erwähnten Motive der Enge und Starre, des Kreises und der Richtungslosigkeit nicht fern. In *Zwielicht* finden sie sich im Schlussvers der zweiten Strophe. Die verwirren-

---

[9] Joseph von Eichendorff: Sämtliche Werke. Bd. III: Ahnung und Gegenwart. Hrsg. von Christiane Briegleb und Clemens Rauschenberg. Stuttgart u.a. 1984, S. 221.

[10] Eichendorff: Sämtliche Werke. Bd. I.1, S. 34.

[11] Ebd., S. 367.

den anonymen „Stimmen", die sich im dämmrigen Wald vernehmen lassen, verstärken die Atmosphäre diffuser Ungewissheit und latenter Bedrohung, illustrieren aber darüber hinaus mit ihrer unbestimmten Bewegung „hin und wieder" den fatalen Orientierungsverlust, der sich bei Eichendorffs Figuren regelmäßig einstellt, sobald ihnen die klare Ausrichtung auf Gott als Richtschnur abhanden kommt. In *Waldgespräch* verbindet sich dieselbe Bewegung direkt mit dem lockenden Klang des Horns im Herrschaftsbereich der verderblichen „Hexe Loreley": „Wohl irrt das Waldhorn her und hin", und in *Götterdämmerung* verweisen „Stimmen", die „[v]erwirrend [...] hin und her" gehen[12], auf die Gebundenheit und Unerlöstheit des heidnischen Venusreiches.

Keiner ausführlichen Erläuterung bedarf die dritte Strophe des Gedichts, die offen und ohne bildliche Einkleidung die Gefahr der Untreue und des Verrats und damit die prinzipielle Unsicherheit aller zwischenmenschlichen Beziehungen „zu dieser Stunde" des Zwielichts erörtert. Angesichts der Diskrepanz von Außen und Innen, von Schein und Sein, von „Aug' und Mund" und verborgenem Sinn gilt es, gegenüber dem vermeintlichen „Freund" auf der Hut zu sein. Die Schlussstrophe nimmt dann wieder das Ausgangsmotiv der hereinbrechenden Dunkelheit auf und gibt die religiös-sinnbildliche Dimension dieses Naturvorgangs noch deutlicher zu erkennen (ohne sie jedoch explizit zu formulieren): Bedroht ist in der sich verfinsternden irdischen Welt nichts Geringeres als das Seelenheil des Menschen. Dieser vierten Strophe liegen altvertraute Elemente der christlichen Bildersprache zugrunde, auf die Eichendorff sehr häufig zurückgreift. Die Nacht als Zeichen von Sünde und Tod und den neuen Tag als Symbol der Auferstehung und der Erlösung trifft man beispielsweise auch in den letzten Versen des Gedichts *Nachruf an meinen Bruder* an: „Durch Nacht und durch Graus / Gen Morgen, nach Haus – / Ja, Gott wird mich führen."[13] Wer aber das Vertrauen auf Gott eingebüßt hat und der Sünde verfällt, bleibt für immer „in Nacht verloren".

Begreift man die heraufziehende Nacht, in der der Mensch seinen triebhaften Regungen („schwere Träume"!) erliegen und dem Nächsten verräterisch untreu werden kann, als Sinnbild der Gefährdung durch die Sünde, so ist die volle Bedeutung des einleitenden Naturbildes, nach der das Ich am Ende der ersten Strophe fragt, enthüllt. Damit erklären sich zudem die aktive und bedrohliche Haltung des monströsen fliegenden Ungeheuers „Dämmrung" sowie das „Grau'n", das der Sprecher bei seinem Nahen empfindet. Und auch an dem tieferen Sinn der abschließenden Mahnung „Hüte dich, bleib' wach und munter!" kann nun kein Zweifel mehr bestehen. In Anknüp-

---

[12]   Eichendorff: Sämtliche Werke. Bd. I.1, S. 288.
[13]   Ebd., S. 271.

fung an das Neue Testament (1. Petr. 5,8) ruft sie zu einer *spirituellen* Wachsamkeit auf, die dem Menschen hilft, das irdische Leben zu bestehen, ohne sich von der Verführung der Sünde umgarnen zu lassen, bis ihn das Licht des (himmlischen) Morgens von allen Nöten erlöst.

In christlicher Tradition sieht Eichendorff in der irdischen Welt eine Sphäre der Prüfung und Bewährung des Menschen, die dem Jenseits als dem wahren, höheren Sein untergeordnet ist. Dieser christlichen Orientierung entspricht wiederum der Rückgriff des Dichters auf ein sinnbildliches Naturverständnis unter religiösen Vorzeichen, wie es schon die barocke Literatur prägte. Das streng geordnete Weltbild eines Andreas Gryphius und seiner Zeitgenossen spiegelte nun bekanntlich keineswegs die unmittelbare Erfahrung der damaligen Lebenswirklichkeit wider; es ist vielmehr als entschiedener Gegenentwurf zu dieser Wirklichkeit aufzufassen, als ein Versuch, der vom Dreißigjährigen Krieg blutig zerrissenen, chaotischen Realität ein rigides Ordnungsmodell als verlässlichen Orientierungsrahmen entgegenzusetzen. Etwas Ähnliches lässt sich – unter erheblich veränderten Bedingungen – bei Eichendorff feststellen, der mit seinem literarischen Werk auf verstörende Erscheinungen seiner eigenen Epoche reagierte: auf den Rationalismus der Aufklärung, auf Tendenzen der Entchristlichung in Kultur und Gesellschaft, auf die revolutionären Umbrüche seit 1789 sowie auf die fortschreitende Ausdifferenzierung der bürgerlichen Schichten und den allmählichen Funktionsverlust des Adelsstandes, dem Eichendorff selbst angehörte. Diesen Entwicklungen der beginnenden Moderne, die er als eng zusammengehörig verstand, begegnete der Dichter mit einer religiös fundierten, geschlossenen Weltanschauung, die im Kern vormoderne Züge trägt. Seine christlich-konservative Haltung erwächst daher nicht etwa aus einer naiven, in sich ruhenden Glaubensgewissheit, sondern aus einer kämpferischen Opposition gegen den aufgeklärt-rationalistischen, ‚unchristlichen' Geist, der in Eichendorffs Augen seine Gegenwart in verhängnisvoller Weise dominierte. Den oftmals scheinbar weltfremden Vorstellungen, die dieser Autor in seinen Texten propagiert, liegt ein außerordentlich waches zeitkritisches Bewusstsein zugrunde.

„Mein Wissen mußte meinen Glauben tödten"

Annette von Droste-Hülshoff: *Am dritten Sonntage nach Ostern – Mondesaufgang*

Auch Annette von Droste-Hülshoff (1797–1848) entstammte einem konservativen katholischen Adelsmilieu, und wie bei Eichendorff schlägt sich ihre Traditionsverbundenheit nicht zuletzt in der produktiven Aufnahme älterer Dichtungskonzepte und literarischer Formen nieder. Der eindrucksvollste Beleg dafür ist das *Geistliche Jahr in Liedern auf alle Sonn- und Festtage*, das der seit dem 16. Jahrhundert gepflegten Gattung der lyrischen Perikopen-Zyklen angehört.[1] Diese Zyklen enthalten Gedichte zu den Sonntagen und den kirchlichen Festen des Jahreskreises. Ihre Texte orientieren sich an den Perikopen, also an den für den jeweiligen Tag vorgesehenen Abschnitten aus den Evangelien, und bieten in der Regel zunächst eine erzählende Paraphrase des Evangelienberichts, der sie dann eine theologische Ausdeutung folgen lassen.

Das *Geistliche Jahr* der Annette von Droste-Hülshoff entstand in zwei weit auseinander liegenden Phasen. Die ersten Stücke gehören in das Jahr 1820, doch der größte Teil – ab dem Gedicht *Am ersten Sonntage nach Ostern* – wurde erst 1839/40 verfasst, insbesondere auf Drängen Christoph Bernhard Schlüters, des Freundes und geistlichen Beraters der Autorin, der 1851 auch maßgeblich an der postumen Veröffentlichung des Werkes beteiligt war. Obwohl bereits der Titel der Gedichtsammlung unmissverständlich den Bezug zur Gattung des Perikopen-Zyklus herstellt, weicht Droste-Hülshoff in vielen Punkten von den Vorgaben der Tradition ab. Das zeigt schon die äußere Struktur des *Geistliches Jahrs*, das nicht mehr mit dem ersten Adventssonntag beginnt, der das Kirchenjahr eröffnet, sondern, dem bürger-

---

[1] Vgl. dazu das entsprechende Kapitel bei Stephan Berning: Sinnbildsprache. Zur Bildstruktur des Geistlichen Jahrs der Annette von Droste-Hülshoff. Stuttgart 1975, S. 7–41.

lichen Kalender folgend, mit dem Neujahrstag. In den einzelnen Gedichten bringt das lyrische Ich den einschlägigen Ausschnitt aus den Evangelien häufig mit der eigenen Situation in Verbindung, so dass persönliche Reflexionen an die Stelle allgemein verbindlicher erbaulicher Betrachtungen und Lehren treten, und oftmals lösen sich die Texte auch weitgehend von den Bibelpassagen. Distanz zur Gattungstradition schafft aber vor allem die im *Geistlichen Jahr* immer wieder artikulierte zwiespältige Haltung gegenüber dem christlichen Glauben, auf die noch ausführlicher einzugehen sein wird.

Auf der anderen Seite dürfen diese Gedichte nun freilich nicht mit vermeintlich gefühlsechter Erlebnislyrik verwechselt und an deren Maßstäben gemessen werden. Im *Geistlichen Jahr* überwiegt deutlich das reflektierende Element, und wenn überhaupt einmal konkrete Erlebnisse des Sprechers gestaltet werden, so bleiben sie stets in einen übergreifenden geistig-moralischen Problemhorizont eingeordnet. Zudem arbeitet Droste-Hülshoff durchgängig mit einer komplexen Sinnbildsprache, die – teils im Rückgriff auf Topoi der christlich geprägten Dichtung, teils durch die Bildung neuer Symbolzusammenhänge im Rahmen des Zyklus – den verwendeten Motiven bestimmte höhere Bedeutungen beilegt und damit auch scheinbar unmittelbar Erlebtes oder Gesehenes auf die religiöse Dimension hin transzendiert. Das spannungsvolle Verhältnis zwischen solchen der literarischen Tradition entstammenden poetischen Techniken und dem persönlichen Ausdrucksstreben der Verfasserin macht die Eigenart des *Geistlichen Jahrs* aus und begründet die fortdauernde Faszination, die von diesem Werk ausgeht.

Gerade Erscheinungen aus dem Bereich der Natur werden von Droste-Hülshoff vielfach eingesetzt, um etwa die Stellung des Ich zum Glauben und zur göttlichen Gnade symbolisch zu veranschaulichen. Dies kann im Einzelnen auf sehr unterschiedliche Art und Weise geschehen[2], doch stets hat die *zeichenhafte* Bedeutung der angeführten Naturphänomene Vorrang – sie dienen im *Geistlichen Jahr* nicht primär dazu, ,realistische' Naturbilder zu entwerfen. Als eines von vielen Beispielen, die bei flüchtiger Betrachtung zu einem Missverständnis in diesem Punkt verleiten könnten, sei eine Strophe aus dem Gedicht *Am vierten Sonntage nach h. drey Könige* zitiert, das sich auf das biblische Gleichnis von den Arbeitern im Weinberg bezieht (Mt 20, 1–16):

Ich kann nicht sagen:
„Siehe des Tages Last

---

[2]   Generell sei hier auf die ausgezeichnete und detailreiche Studie von Stephan Berning zur Sinnbildsprache des *Geistlichen Jahrs* verwiesen.

Hab ich getragen!"
Wenn nun zu Duft erblaßt,
Mich meine matte Sonne will verlassen,
Mein Garten liegt ein übergrüntes Moor,
Und blendend steigt das Irrlicht draus empor,
Den Wandrer leitend in den Tod, den nassen!³

Nur auf den ersten Blick haben wir es in den Versen 3 bis 8 mit einer geschlossenen, anschaulichen Naturszenerie zu tun. Tatsächlich wird hier der Seelenzustand des Sprechers charakterisiert, und zwar mit Hilfe von Symbolen, die auch sonst im *Geistlichen Jahr* häufig begegnen und überdies zum größten Teil wohlbekannte Elemente der althergebrachten religiösen Bildersprache darstellen: Die Sonne steht für die Gnade Gottes, die das Ich zu verlassen droht, der Garten für die Seele, das Moor für die Sünde, die sich dieser Seele bemächtigt hat, das Irrlicht schließlich für den selbstherrlichen Verstand, der den Menschen von Gott weg und damit in den sicheren Untergang, den (geistlichen) Tod führt. Das vermeintlich „homogene Naturbild" ist demnach in Wirklichkeit eine „Montage selbständiger Chiffren"⁴, und so enthüllt sich der eigentliche Sinnzusammenhang der Zeilen erst auf der höheren, der religiös-moralischen Bedeutungsebene. Nur auf dieser Ebene ist die Passage auch mit dem weiteren Kontext des Gedichts verbunden.

Die Texte des *Geistlichen Jahrs* erscheinen unter formalen, strukturellen und inhaltlichen Gesichtspunkten sehr heterogen. Ihr dominierendes Thema ist aber die Auseinandersetzung des Sprechers mit seiner eigenen seelischen Lage und seinem prekären Verhältnis zu Gott und zum christlichen Glauben. Während die älteren Perikopen-Zyklen eine feste religiöse Überzeugung aussprechen, bekundet das lyrische Ich bei Droste-Hülshoff immer wieder beklemmende Sündenangst und Reue wegen mangelnden Gottvertrauens und fleht inbrünstig um Erlösung aus diesem unerträglichen Zustand durch die Gnade des Herrn. Noch genauer lässt sich das zentrale Problem als Gegensatz von Verstand und Glaube beschreiben: Der Sprecher sehnt sich nach einem schlichten und reinen Glaubensmut, fühlt sich jedoch durch das übermächtig gewordene kritisch-rationale Denken gehemmt, das zum nagenden Zweifel an den religiösen Dogmen führt und nicht mehr abgeschüttelt werden kann. So beklagen viele Gedichte des Zyklus „Verstandes Fluch" (*Am Frohleichnamstage, Am fünf und zwanzigsten Sonntage nach Pfingsten*), „Verstandes Irren" (*Am Pfingstmontage*) oder „Verstandes Frost" (*Am ersten Sonntage*

---

³   Annette von Droste-Hülshoff: Historisch-kritische Ausgabe. Werke – Briefwechsel. Hrsg. von Winfried Woesler. Bd. IV.1: Geistliche Dichtung. Text. Tübingen 1980, S. 13.
⁴   Berning: Sinnbildsprache, S. 119.

nach Pfingsten), verurteilen das „weltlich Wissen" als „eitle Frucht" (*Am ersten Sonntage nach h. drey Könige*) oder identifizieren es gar mit jener „Erkenntniß", die als „giftge Frucht" vom verbotenen Baum einst Adam und Eva „aus dem Paradiese trieb" (*Am achten Sonntage nach Pfingsten*). Wer sich vom Glauben abwendet und ganz auf den eigenen Verstand baut, wiederholt also den Sündenfall, durch den die ursprüngliche Gottnähe der Menschheit zerstört wurde. Auf der Grundlage der Metaphorik von Licht und Finsternis schildert eine Strophe aus *Am fünften Sonntage in der Fasten* die furchtbare Lage eines solchen Geistes, dessen Grübeln sich von der religiösen Orientierung emanzipiert hat:

> Schrecklich über alles Denken
> Ist die dumpfe Nacht,
> Drin sich kann ein Geist versenken,
> Der allein gedacht,
> Der sich nicht von dir ließ lenken,
> Helle Glaubensmacht!
> Ach, was mag der Finstre denken
> Als die finstre Nacht![5]

Folgerichtig wird im Zyklus mehrfach in beschwörenden Wendungen an den Verstand appelliert, seine „übermüthgen Fragen" zu unterdrücken (*Am Mittwochen in der Charwoche*) und sich der Autorität der überlieferten Glaubenslehren zu beugen – so beispielsweise in *Am zweyten Sonntage im Advent*:

> Gieb dich gefangen, thörichter Verstand!
> Steig nieder
> Und zünde an des Glaubens reinem Brand
> Dein Döchtlein wieder![6]

Die Autorin betrachtete diesen Konflikt zwischen Glaube und Verstand nicht etwa als ein rein persönliches Problem, sondern als eine zeittypische Erscheinung von größter Tragweite, die eine parteiliche Stellungnahme notwendig machte. In dem Gedicht *An die Schriftstellerinnen in Deutschland und Frankreich*, das 1841/42 entstand, fordert sie die Angesprochenen auf, in einer Epoche, die nur noch den „Gott im eignen Hirne" kenne, treu das „heilge Gut" christlicher Werte zu pflegen.[7] In ihrer Sicht hat sich der eigenmäch-

---

[5] Droste-Hülshoff: Historisch-kritische Ausgabe. Bd. IV.1, S. 37.
[6] Ebd., S. 152.
[7] Droste-Hülshoff: Historisch-kritische Ausgabe. Bd. I.1: Gedichte zu Lebzeiten. Text. Tübingen 1985, S. 18.

tige Verstand im Zuge der Aufklärung zum förmlichen Gegen-Gott erhoben, den es vom Standpunkt des Christentums aus zu bekämpfen gilt.

Unter dem Blickwinkel einer Gattungsgeschichte der Naturlyrik ist das Gedicht *Am dritten Sonntage nach Ostern*, das in die später entstandene Partie des Zyklus gehört, sicherlich das interessanteste aus dem *Geistlichen Jahr*, denn hier wird der Gegensatz von Glaube und Verstandeswissen, von demütigem Gottvertrauen und selbstsicherer Rationalität am Beispiel des menschlichen Verhältnisses zu den Naturphänomenen abgehandelt:

Am dritten Sonntage nach Ostern

„Ueber ein Kleines werdet ihr mich sehen."

Ich seh dich nicht!
Wo bist du denn, o Hort, o Lebenshauch?
Kannst du nicht wehen, daß mein Ohr es hört?
Was nebelst, was verflatterst du wie Rauch,
5   Wenn sich mein Aug nach deinen Zeichen kehrt?
Mein Wüstenlicht,
Mein Aaronsstab, der lieblich könnte grünen,
Du thust es nicht;
So muß ich eigne Schuld und Thorheit sühnen!

10   Heiß ist der Tag;
Die Sonne prallt von meiner Zelle Wand,
Ein traulich Vöglein flattert ein und aus;
Sein glänzend Auge fragt mich unverwandt:
Schaut nicht der Herr zu diesen Fenstern aus?
15   Was fragst du nach?
Die Stirne muß ich senken und erröthen.
O bittre Schmach!
Mein Wissen mußte meinen Glauben tödten.

Die Wolke steigt,
20   Und langsam über den azurnen Bau
Hat eine Schwefelhülle sich gelegt.
Die Lüfte wehn so seufzervoll und lau
Und Angstgestöhn sich in den Zweigen regt;
Die Heerde keucht.
25   Was fühlt das stumpfe Thier, ists deine Schwüle?
Ich steh gebeugt;
Mein Herr berühre mich, daß ich dich fühle!

Ein Donnerschlag!
Entsetzen hat den kranken Wald gepackt.
30   Ich sehe, wie im Nest mein Vogel duckt,
Wie Ast an Ast sich ächzend reibt und knackt,
Wie Blitz an Blitz durch Schwefelgassen zuckt;
Ich schau ihm nach.
Ists deine Leuchte nicht, gewaltig Wesen?
35   Warum denn, ach!
Warum nur fällt mir ein was ich gelesen?

Das Dunkel weicht;
Und wie ein leises Weinen fällt herab
Der Wolkenthau; Geflüster fern und nah.
40   Die Sonne senkt den goldnen Gnadenstab,
Und plötzlich steht der Friedensbogen da.
Wie? wird denn feucht
Mein Auge, ist nicht Dunstgebild der Regen?
Mir wird so leicht!
45   Wie? kann denn Halmes Reibung mich bewegen?

Auf Bergeshöhn
Stand ein Prophet und suchte dich wie ich:
Da brach ein Sturm der Riesenfichte Ast,
Da fraß ein Feuer durch die Wipfel sich;
50   Doch unerschüttert stand der Wüste Gast.
Da kam ein Wehn
Wie Gnadenhauch und zitternd überwunden
Sank der Prophet,
Und weinte laut und hatte dich gefunden.

55   Hat denn dein Hauch
Verkündet mir, was sich im Sturme barg,
Was nicht im Blitze sich enträthselt hat?
So will ich harren auch, schon wächst mein Sarg,
Der Regen fällt auf meine Schlummerstatt!
60   Dann wird wie Rauch
Entschwinden eitler Weisheit Nebelschemen,
Dann schau ich auch,
„Und meine Freude wird mir Niemand nehmen."[8]

Das Gedicht gehört zu den wenigen, die zumindest über weite Strecken erzählend verfahren und ein fiktives Geschehen präsentieren. Dessen Schilde-

---

[8]   Droste-Hülshoff: Historisch-kritische Ausgabe. Bd. IV.1, S. 67f.

rung setzt allerdings erst mit der zweiten Strophe ein („Heiß ist der Tag …"),
während die erste auf rein gedanklicher Ebene ein religiöses Problem entwi-
ckelt. Schon dadurch ist angedeutet, dass das ausführlich berichtete Erlebnis
des Sprechers nicht für sich steht, sondern vorrangig der Illustration eben je-
nes Problems dienen soll.

Den Ausgangspunkt des lyrisch gestalteten Gedankengangs bildet die im
Evangelientext (Joh 16,16) ausgesprochene Verheißung „Ueber ein Kleines
werdet ihr mich sehen", mit der Jesus den Jüngern in versteckter Form seine
spätere Auferstehung ankündigt. Diesen Zusammenhang vernachlässigen die
Verse allerdings, die aus dem biblischen Bezugstext einzig die Vorstellung
herausgreifen, dass man Christus – beziehungsweise Gott, auf den das Ge-
dicht den Schwerpunkt verlagert – mit den Sinnen wahrnehmen, ihn also
„*sehen*" könne. Gerade dazu fühlt sich das Ich, das dem Versprechen des
Evangeliums pointiert den klagenden Ausruf „Ich seh dich nicht!" entgegen-
setzt, außerstande. Sehnsuchtsvoll erinnert es sich an Episoden aus der alttes-
tamentarischen Geschichte, in denen Gott seine Gegenwart noch für alle
Menschen sichtbar kundtat: Beim Auszug aus Ägypten führte er die Israeliten
in Gestalt einer Feuersäule als „Wüstenlicht" durch die Dunkelheit (Ex 13,
21 f.), und den Stab Aarons ließ er als Zeichen der besonderen Erwählung sei-
nes Trägers über Nacht Blüten treiben (Num 17,23). Der Sprecher dagegen
muss gestehen, dass er den Herrn, seinen „Hort" und „Lebenshauch", nicht
zu fassen und die „Zeichen" seines Wirkens nicht zu erkennen vermag. Für
diese Unfähigkeit macht er „eigne Schuld und Thorheit" verantwortlich, die
ihm den direkten Zugang zu Gott versperren. Was damit gemeint ist, wird
sehr bald deutlich werden.

Die folgenden Strophen konkretisieren die Lage des lyrischen Ich anhand
eines narrativ entfalteten Naturerlebnisses. Wie schon bei Brockes und Klop-
stock geht es um das Thema der Naturwahrnehmung als einer Möglichkeit
sinnlich-anschaulicher Gotteserkenntnis, und insbesondere zu Klopstocks
Gedicht *Das Landleben* (bzw. *Die Frühlingsfeyer*) bestehen auch enge inter-
textuelle Verbindungen, vermittelt hauptsächlich über das Motiv des Gewit-
ters und über Anspielungen auf dieselben biblischen Bezugsstellen. Vor dem
Hintergrund solcher Kontinuitäten und Parallelen treten freilich die gravie-
renden Unterschiede nur um so klarer hervor: Jene weltanschaulichen Krisen-
erscheinungen, denen die Gedichte des 18. Jahrhunderts mit den von ihnen
entworfenen Sinngebungsmodellen entgegentreten, ohne sie direkt zu benen-
nen, sind bei Droste-Hülshoff in den Text, ja förmlich in das lyrische Ich
eingedrungen, das nicht mehr selbstgewiss die christlichen Glaubenswahrhei-
ten vertritt, sondern von tiefer Unsicherheit gequält wird – es trägt den Wi-
derspruch zwischen der religiösen Perspektive, die alle Naturphänomene als
Zeichen des Schöpfers auffasst, und einer wissenschaftlich-rationalen Be-

trachtung der Natur in seiner eigenen Person aus. So sind hier „Wissen" und „Glaube", die beispielsweise Barthold Heinrich Brockes noch auf der Grundlage der Physikotheologie zu harmonisieren suchte, endgültig auseinandergetreten und in einen erbitterten Kampf verstrickt: „Mein Wissen mußte meinen Glauben tödten." Eben in dieser Schwäche des Glaubens, der der Übermacht des Verstandes erliegt, erblickt das lyrische Ich seine schuldhafte Verfehlung, die es Gott entfremdet.

Die dumpfe, angstvolle Stimmung, die angesichts des heraufziehenden Gewitters die ganze Natur ergreift, spiegelt die innere Not des Sprechers wider, der nur um das rettende Eingreifen des Herrn, um seine erlösende ‚Berührung' bitten kann. Doch auch das Gewitter selbst, dessen Schilderung exakt in die Mitte des Gedichts gerückt ist, bringt nicht den erhofften Durchbruch zur sinnlichen Erkenntnis Gottes, denn die Bemühungen des Ich, dieses gewaltige Ereignis in hergebrachter Weise – und dem Muster von Klopstocks Hymne folgend! – als sichtbare Erscheinung des Herrn zu begreifen, werden sogleich wieder von seinen naturwissenschaftlichen Kenntnissen durchkreuzt: Kann man den Blitz noch als „Leuchte" Jehovas deuten, wenn man doch „gelesen" hat, wie sein Zustandekommen physikalisch zu erklären ist? Wird die Natur streng wissenschaftlich als ein rein immanenter Zusammenhang begriffen, der mechanisch seinen eigenen Gesetzen folgt, so ist der Regen eben nur ein „Dunstgebild" und das „Geflüster" des Waldes nichts weiter als „Halmes Reibung"; die Natur enthält dann keine Botschaft, die der Mensch entziffern könnte, und keinen Verweis auf eine transzendente Dimension, die ihr materielles Sein übersteigt. Letztlich steht hier nicht weniger auf dem Spiel als die altehrwürdige Vorstellung eines ‚mundus symbolicus', nach der die irdische Wirklichkeit als Schöpfung Gottes ein Zeichensystem bildet und in all ihren Details höhere Bedeutungen trägt, die vom kundigen Betrachter entziffert werden können. Gerät diese Überzeugung ins Wanken, so entfällt damit zugleich jede Grundlage für eine Poetik, die der Dichtung die Aufgabe zuweist, eine solchermaßen als *bedeutungsvoll* verstandene Realität im Horizont religiöser Lehren auszulegen. Insofern ist *Am dritten Sonntage nach Ostern* auch ein metapoetischer Text, der einen skeptischen Blick auf jene lange Tradition christlich geprägter Naturlyrik wirft, die wir bereits an mehreren Beispielen kennengelernt haben. Und da die Konstruktion sinnbildlicher Bezüge, die sich an Naturphänomene knüpfen, nicht zuletzt ein wesentliches Strukturmerkmal des *Geistlichen Jahrs* selbst ist, stellt das Gedicht außerdem noch einen kritischen Kommentar zu diesem Zyklus in seiner Gesamtheit dar.

Nach der Überzeugung des lyrischen Ich ist das Verständnis der Natur von der Perspektive und der inneren Verfassung des Betrachters abhängig. Einem Menschen, der die „Schuld und Thorheit" des sündigen Unglaubens auf sich geladen hat und ausschließlich vom Verstand beherrscht wird, verschließt sich die höhere Bedeutungsdimension der Naturerscheinungen, und da er sie nicht mehr zu ‚lesen' versteht, wird Gott für ihn buchstäblich unsichtbar, wie es schon der erste Vers des Gedichts beklagt. Die Hoffnung auf eine Wende zum Besseren gibt der Sprecher freilich nicht auf: Er ringt weiterhin verzweifelt um jenes gläubige Vertrauen, das die Zeichen der Natur für ihn wieder entzifferbar machen würde. Noch in der vierten Strophe misslingt diese Anstrengung, wie zu sehen war, weil sich das angelesene Wissen in fataler Weise einmengt, aber in der fünften Strophe tritt ein Umschwung ein. Angesichts der Aufhellung nach dem Gewitter, des durch die Wolken brechenden Sonnenlichts und des Regenbogens fühlt sich das Ich emotional so stark bewegt, dass die physikalischen Erklärungen all dieser Phänomene, obwohl sie ihm durchaus bewusst bleiben, ihre ernüchternde Wirkung verlieren und in den Hintergrund treten: „Mir wird so leicht!" Diesen befreienden Vorgang unterstreichen zwei Bibelanspielungen, die gewiss nicht zufällig mit denen identisch sind, die in Klopstocks *Das Landleben* die Schlussverse dominieren. Der Regenbogen wird, der *Genesis* folgend, als „Friedensbogen" aufgefasst, als ein Zeichen der Versöhnung von Himmel und Erde, Gott und Menschen (vgl. Gen 9,13–15), das im Kontext des Gedichts auch dem lyrischen Ich die Erlösung aus seinen Glaubensnöten und seiner schmerzlich empfundenen Gottferne signalisiert, und die sechste Strophe setzt die Situation des Sprechers in Parallele zu dem Erlebnis des Propheten Elija, dem Gott am Berg Horeb in einem sanften „Wehn" erschien, das dem Toben der entfesselten Naturgewalten folgte (vgl. 1. Kön 19,11–13).

Indes wäre es voreilig, wollte man in den letzten drei Strophen des Gedichts eine vollkommene Überwindung des Zwiespalts von „Glaube" und „Wissen" erkennen, die eine glückliche Versöhnung des Ich mit den religiösen Lehren ermöglicht. Das Kernproblem des Textes (und im Grunde des ganzen *Geistlichen Jahrs*) wird hier unter dem Eindruck der tiefen gefühlsmäßigen Ergriffenheit des Sprechers eher beiseite geschoben als wirklich bewältigt, und eine umfassende Harmonie stellt sich dabei keineswegs ein. Bezeichnend ist schon die fragende, fast ungläubige Haltung, die das Ich in der fünften Strophe an den Tag legt – es scheint seiner eigenen Rührung nicht recht zu trauen. Und auch die Grenzen der Parallele zu dem großen biblischen Vorbild Elija werden deutlich markiert. Die Ausgangssituation der Suche nach dem Anblick Gottes ist zwar, wie der Sprecher ausdrücklich festhält, dieselbe („Auf Bergeshöhn / Stand ein Prophet und suchte dich wie ich"), aber das *Ergebnis* wird nicht mehr mit der gleichen Gewissheit formuliert, sondern wieder nur in Frageform ausgedrückt: „Hat denn dein Hauch / Verkündet mir, was sich im Sturme barg, / Was nicht im Blitze sich enträthselt hat?" Die souveräne, ja geradezu autoritäre Pose der Verkündigung, die das Ich bei Klopstock einnimmt, wenn es die Erscheinungen der irdischen Natur in enthusiastischem Überschwang als sichere Zeichen Gottes interpretiert, ist dem Sprecher in Droste-Hülshoffs Gedicht fremd; die Rolle des Propheten maßt er sich nicht mehr an.

So muss in der Schlussstrophe die Lösung der Frage, um die der Text kreist, verschoben werden. Der gedankliche Brückenschlag von der sichtbaren Natur zum jenseitigen Schöpfergott ist und bleibt fragwürdig, weil das lyrische Ich trotz aller Bemühungen um eine gläubig-vertrauensvolle Betrachtung der Naturerscheinungen die konkurrierende Perspektive des Verstandes und der wissenschaftlichen Erkenntnisse niemals völlig auszuschalten vermag – nach dem Einbruch der säkularen Rationalität führt kein Weg mehr zur Unschuld des naiven Glaubens zurück. Endgültige Gewissheit kann sich der Sprecher erst nach dem Tode erhoffen, wenn seine Seele die Begrenzungen der irdischen Sphäre hinter sich lässt, die „eitle Weisheit" weltlichen Grübelns und Forschens sich wie „Rauch" und „Nebelschemen" verflüchtigt und eine unmittelbare Schau der göttlichen Wahrheit möglich wird. Nicht von ungefähr ist in der vorletzten Zeile vom ‚Schauen' die Rede, das in einem bedeutungsvollen Gegensatz zu dem Verb ‚sehen' aus dem Eingangsvers des Gedichts steht. Erfasst das *Sehen* lediglich Zeichen, die gedeutet werden müssen und unter Umständen trügerisch sein können, so eröffnet das *Schauen* einen direkten Zugang zum Wesen des betrachteten Gegenstandes und macht damit jede Interpretationsanstrengung mit ihren stets ungewissen Resultaten überflüssig. Erst die Erfahrung Gottes im Jenseits wird also alle Zweifel des Ich tilgen und ihm eine auf Erden unerreichbare ungetrübte „Freude" gewähren, weshalb es den Tod auch förmlich herbeisehnt.[9]

Annette von Droste-Hülshoff stellt sich in diesem Gedicht den Konsequenzen, die der wissenschaftliche Fortschritt für ein traditionelles christliches Weltbild mit sich bringt. Das ‚Buch der Natur', die zweite Offenbarung

---

[9] Die Entgegensetzung der beschränkten Wahrnehmung, die die menschlich-irdischen Sinne erlauben, und der durch Gottes Gnade ermöglichten unmittelbaren ‚Schau' der Wahrheit geht wohl auf den ersten Brief des Paulus an die Korinther zurück: „[9] DEnn vnser wissen ist stückwerck / vnd vnser Weissagen ist stückwerck. [10] Wenn aber komen wird das volkomen / so wird das stückwerck auffhören. [...] [12] Wir sehen jtzt durch einen Spiegel in einem tunckeln wort / Denn aber von angesicht zu angesichte. Jtzt erkenne ichs stücksweise / Denn aber werde ich erkennen gleich wie ich erkennet bin" (1. Kor 13,9f. und 12; zitiert nach: D. Martin Luther: Die gantze Heilige Schrifft Deudsch. Wittenberg 1545. Letzte zu Luthers Lebzeiten erschienene Ausgabe. Hrsg. von Hans Volz unter Mitarbeit von Heinz Blanke; Textredaktion Friedrich Kur. 2 Bde. Herrsching o.J.). – Die Anführungszeichen in der letzten Verszeile dienen bei Droste-Hülshoff vermutlich, wie es zu ihrer Zeit nicht unüblich war, der Betonung und Hervorhebung dieser abschließenden Aussage.

Gottes neben den biblischen Schriften, ist unzuverlässig geworden, weil der Mensch mit der fortschreitenden Entwicklung und Emanzipation des nüchternen, forschenden Verstandes jenes gläubige Vertrauen, das zur angemessenen Lektüre seiner Schriftzeichen befähigt, unwiderruflich eingebüßt hat. Der Rückschluss von der irdischen Natur auf den himmlischen Schöpfer, den Brockes und Klopstock noch mit Hilfe unterschiedlicher poetischer Strategien plausibel machen konnten, gelingt in *Am dritten Sonntage nach Ostern* allenfalls in sehr unvollkommener Weise. Unverstellte Gotteserkenntnis ist nun einzig im Himmelreich denkbar, während Religion und Kirche im Hinblick auf die diesseitige Natur ihre lange beanspruchte Deutungshoheit zunehmend an die modernen Wissenschaften verlieren.

Christliche Denkmuster und die mit ihnen eng verbundenen sinnbildlichen Bezüge spielen auch jenseits des *Geistlichen Jahrs* eine wichtige Rolle in der Lyrik Droste-Hülshoffs. Sie überlagern sich dort jedoch oftmals mit anderen Strukturmerkmalen und Gestaltungsweisen, wodurch sich komplexe lyrische Konstruktionen einer besonderen Art ergeben, wie man sie in jenem Zyklus höchstens in Ansätzen – beispielsweise im Schlussgedicht *Am letzten Tage des Jahres (Sylvester)* – antrifft. Erläutert sei dieser Typus an einem Naturgedicht aus dem Spätwerk der Autorin:

Mondesaufgang

An des Balkones Gitter lehnte ich
Und wartete, du mildes Licht, auf dich;
Hoch über mir, gleich trübem Eiskrystalle,
Zerschmolzen, schwamm des Firmamentes Halle,
5   Der See verschimmerte mit leisem Dehnen,
– Zerflossne Perlen oder Wolkenthränen? –
Es rieselte, es dämmerte um mich,
Ich wartete, du mildes Licht, auf dich!

Hoch stand ich, neben mir der Linden Kamm,
10   Tief unter mir Gezweige, Ast und Stamm,
Im Laube summte der Phalänen Reigen,
Die Feuerfliege sah ich glimmend steigen;
Und Blüthen taumelten wie halb entschlafen;
Mir war, als treibe hier ein Herz zum Hafen,
15   Ein Herz, das übervoll von Glück und Leid,
Und Bildern seliger Vergangenheit.

Das Dunkel stieg, die Schatten drangen ein, –
Wo weilst du, weilst du denn, mein milder Schein! –

Sie drangen ein, wie sündige Gedanken,
20 Des Firmamentes Woge schien zu schwanken,
Verzittert war der Feuerfliege Funken,
Längst die Phaläne an den Grund gesunken,
Nur Bergeshäupter standen hart und nah,
Ein düstrer Richterkreis, im Düster da.

25 Und Zweige zischelten an meinem Fuß,
Wie Warnungsflüstern oder Todesgruß,
Ein Summen stieg im weiten Wasserthale
Wie Volksgemurmel vor dem Tribunale;
Mir war, als müsse Etwas Rechnung geben,
30 Als stehe zagend ein verlornes Leben,
Als stehe ein verkümmert Herz allein,
Einsam mit seiner Schuld und seiner Pein.

Da auf die Wellen sank ein Silberflor,
Und langsam stiegst du, frommes Licht, empor;
35 Der Alpen finstre Stirnen strichst du leise,
Und aus den Richtern wurden sanfte Greise,
Der Wellen Zucken ward ein lächelnd Winken,
An jedem Zweige sah ich Tropfen blinken,
Und jeder Tropfen schien ein Kämmerlein,
40 Drin flimmerte der Heimathlampe Schein.

O Mond, du bist mir wie ein später Freund,
Der seine Jugend dem Verarmten eint,
Um seine sterbenden Erinnerungen
Des Lebens zarten Widerschein geschlungen,
45 Bist keine Sonne, die entzückt und blendet,
In Feuerströmen lebt, in Blute endet, –
Bist, was dem kranken Sänger sein Gedicht,
Ein fremdes, aber o ein mildes Licht![10]

Das Gedicht, zu dessen biographischen Hintergründen ein Aufenthalt Droste-Hülshoffs am Bodensee gehört, entstand 1844. Es fällt nicht schwer, in den Versen zahlreiche Elemente der vertrauten religiösen Sinnbildsprache wiederzufinden. Im Mittelpunkt steht der in geläufiger Lichtmetaphorik ausgedrückte Gegensatz von Schuld und Erlösung: Der „milde" und „fromme" Schein der himmlischen Gnade besiegt das herandrängende Dunkel der Sünde. Das Ende des Tages wird dem Lebensende gleichgesetzt – mit der Wen-

---

[10] Droste-Hülshoff: Historisch-kritische Ausgabe. Bd. I.1, S. 354f.

dung vom „zum Hafen" treibenden „Herz" zitiert die Dichterin den Topos des Lebens als Seefahrt –, und die finstere Nacht verweist auf das drohende Strafgericht über den sündigen Menschen, das dann im Zeichen des sanften Mondlichts in Milde und Vergebung umgewandelt wird. Im Detail finden sich symbolisch bedeutsame Motive vor allem in der fünften Strophe. So dienen die Tautropfen traditionell als Bild für die Gnade des Herrn, die den nach Rettung dürstenden Gläubigen buchstäblich erquickt, während sich mit dem „Kämmerlein" insbesondere im pietistischen Sprachgebrauch die Vorstellung der Geborgenheit des Menschen in Gott verbindet. Und auch „der Heimathlampe Schein" kann leicht als Vor-Schein der wahren, himmlischen Heimat entschlüsselt werden, zumal dieses Bild im Werk Droste-Hülshoffs häufiger vorkommt. Beispielsweise ist das Licht der „heimathlich" flimmernden „Lampe" in der berühmten Ballade *Der Knabe im Moor*[11] nicht nur ein Indiz dafür, dass der Junge die gefährliche Heide glücklich hinter sich gelassen hat, sondern in der sinnbildlichen Dimension auch ein Hinweis auf das jenseitige Heil, das mit dem Moor als dem finsteren Ort der Sünde und der Gottferne kontrastiert.

Und doch ist mit der Rekonstruktion dieser symbolischen Ebene der Sinngehalt des Gedichts nur unzureichend erfasst. Anders als etwa in den meisten Texten des *Geistlichen Jahrs* findet hier nämlich keine strikte Unterordnung der Naturbilder unter die Sphäre der religiösen Bedeutung statt: Die Phänomene der Natur werden nicht auf eine bloße Zeichen- und Verweisfunktion reduziert, sondern bewahren in vollem Umfang ihren gegenständlichen Charakter. Daher gestaltet sich das Verhältnis zwischen Bild- und Sinnschicht in *Mondesaufgang* anders als in der ganz auf Symbolbezüge konzentrierten geistlichen Poesie. Die Verse dieses Gedichts entwerfen zunächst einmal ein durchaus eigenständiges Naturerlebnis, das sie zusammenhängend und in seinem zeitlichen Ablauf vergegenwärtigen, wobei die Situation des lyrischen Ich und alle seine Wahrnehmungen ebenso plastisch wie detailreich geschildert werden. Die Szenerie, die sich dem Blick darbietet, verändert sich in drei Phasen, von denen jede zwei Strophen beansprucht und deren Einsatz jeweils klar markiert ist. Anfangs herrscht noch eine lebendige und bewegte Abendstimmung – man hat wohl an die Zeit kurz nach Sonnenuntergang zu denken –, bevor in den Strophen 3 und 4 („Das Dunkel stieg ...") die Finsternis beängstigend zunimmt und sämtliche Bewegungen und Laute entweder zum Erliegen kommen bzw. verstummen oder einen unheimlichen, bedrohlichen Charakter annehmen. Dann aber geht der Mond auf („Da auf die Wellen sank ein Silberflor") und verwandelt das Panorama aufs neue, indem er es aufhellt und ihm ein sanftes, tröstliches Kolorit verleiht.

---

[11]   Droste-Hülshoff: Historisch-kritische Ausgabe. Bd. I.1, S. 68.

Aus diesen mit äußerst wachen Sinnen registrierten Naturvorgängen entwickelt der Sprecher nun in assoziativer Manier die bereits erwähnte religiös-sinnbildliche Bedeutungsebene. Deren Elemente bleiben daher durchweg subjektiv perspektiviert, was ausdrückliche Vergleiche – etwa: „Sie drangen ein, *wie* sündige Gedanken" – oder auch die in den Strophen 2 und 4 gebrauchte Formulierung „Mir war, als ..." besonders deutlich sichtbar machen, und verselbständigen sich niemals gegenüber der zugrunde liegenden Schicht des konkreten Naturerlebnisses. Statt also von dem abstrakten, gedanklichen Gegensatz zwischen Sündenschuld und göttlicher Gnade auszugehen und ihn in einem zweiten Schritt durch geeignete Phänomene aus dem Reich der Natur zu veranschaulichen, die einzig im Hinblick auf ihren Zeichencharakter ausgewählt werden, gestaltet *Mondesaufgang* einen fiktiven Prozess der Begegnung von Ich und Natur als Erlebnisvorgang, der die symbolische Deutung der in das Blickfeld des Sprechers tretenden Erscheinungen erst nach und nach aus sich entlässt. Indem das Gedicht die sinnbildlichen Aspekte auf diese Weise an das Erleben des lyrischen Ich bindet, umgeht es die Frage nach ihrer ‚objektiven' Gültigkeit: An die Stelle einer prophetischen Verkündigung von Glaubenswahrheiten treten persönliche Eindrücke, Emotionen und Assoziationen des Sprechers – „Und jeder Tropfen *schien* ein Kämmerlein" –, die wiederum mancherlei Rückschlüsse auf dessen seelische Verfassung gestatten. Damit wird die religiöse Bedeutungsdimension ganz in das individuelle Fühlen und Empfinden des Menschen verlagert.

Und gerade weil das Gedicht nicht streng auf eine verbindliche religiöse Ebene hin orientiert ist, gewährt es auch anderen Deutungen der Naturerfahrung Raum, die sich, gleichfalls assoziativ vermittelt, der christlich-sinnbildlichen Sphäre an die Seite stellen. Dies geschieht vornehmlich in der Schlussstrophe, in der das Ich den Mond mit einem „späte[n] Freund" des alternden Menschen und zuletzt auch mit dem „Gedicht" eines „kranken Sänger[s]" vergleicht. Wieder unterstreicht der Text den persönlichen Blickwinkel, unter dem solche Parallelsetzungen vorgenommen werden: „du bist *mir* wie ein später Freund". Die Verbindung zu der vorangegangenen Strophe und ihrer auf christliches Gedankengut bezogenen Auslegung stiftet die tröstende, versöhnliche Wirkung, die das „milde Licht" hier wie dort ausübt; sie wird jetzt nur mit anderen Erlebnisbereichen als dem religiösen verknüpft. Eine biographische Interpretation liegt übrigens in diesen Schlussversen besonders nahe, die ebenso an die zunehmende Kränklichkeit der Autorin in ihren letzten Jahren wie an die Freundschaft mit dem sehr viel jüngeren Levin Schücking denken lassen. So erweitert sich mit der Subjektivierung der Naturdeutung in *Mondesaufgang* auch das Spektrum möglicher Sinnbezüge.

Ausgeschlossen von der „ew'gen Mutterquelle"

Eduard Mörike: *Mein Fluß – Die schöne Buche*

Die literarhistorische Stellung des Lyrikers Eduard Mörike (1804–1875) lässt sich kaum auf einen Begriff bringen. Ihn ‚zwischen Romantik und Realismus' einzuordnen, wie es in der Forschung gelegentlich geschieht, stellt eher eine Verlegenheitslösung dar und besagt nicht viel. Hilfreicher ist der Hinweis, dass der schwäbische Dichter in sehr reflektierter Weise an ganz verschiedene poetische Traditionen anzuknüpfen und sie produktiv fortzuführen verstand, denn diesem Vermögen verdankt sein Werk einen Großteil seines schwer zu klassifizierenden Reichtums an Formen und ‚Tönen'. Anfangs war die Lyrik der Romantik der wichtigste Bezugspunkt Mörikes, der sich insbesondere der Volksliedmanier, etwa nach dem Vorbild von *Des Knaben Wunderhorn*, virtuos bediente. Seit der zweiten Hälfte der dreißiger Jahre verwendete er dann bevorzugt antike Metren, wobei er teils direkt an griechische und römische Autoren, teils an den klassischen Goethe anschloss. Und auch Poeten der Aufklärung, des Rokoko und der Empfindsamkeit wurden von ihm geschätzt. Das Gedicht *Brockes* setzt dem Verfasser des *Irdischen Vergnügens in Gott* ein kleines Denkmal, dem Hainbündler Ludwig Christoph Heinrich Hölty wird in *An eine Lieblingsbuche meines Gartens* gehuldigt, und *Waldplage* erweist den Oden Klopstocks eine humoristisch gebrochene Reverenz.

Gerade Mörikes Naturlyrik bezeugt die Fähigkeit des Dichters zur eigenständigen, schöpferischen Aufnahme älterer literarischer Traditionen und Muster. Auch auf diesem Gebiet entwickelte er seine Position zunächst vornehmlich in der Auseinandersetzung mit der Romantik. Als ein Schlüsseltext kann dabei das 1828 entstandene Gedicht *Mein Fluß* gelten:

Mein Fluß

O Fluß, mein Fluß im Morgenstrahl!
Empfange nun, empfange
Den sehnsuchtsvollen Leib einmal,
Und küsse Brust und Wange!
5   – Er fühlt mir schon herauf die Brust,
Er kühlt mit Liebesschauerlust
Und jauchzendem Gesange.

Es schlüpft der goldne Sonnenschein
In Tropfen an mir nieder,
10   Die Woge wieget aus und ein
Die hingegeb'nen Glieder;
Die Arme hab' ich ausgespannt,
Sie kommt auf mich herzugerannt,
Sie faßt und läßt mich wieder.

15   Du murmelst so, mein Fluß, warum?
Du trägst seit alten Tagen
Ein seltsam Mährchen mit dir um,
Und müh'st dich, es zu sagen;
Du eilst so sehr und läufst so sehr,
20   Als müßtest du im Land umher,
Man weiß nicht, wen? drum fragen.

Der Himmel blau und kinderrein,
Worin die Wellen singen,
Der Himmel ist die Seele dein:
25   O laß mich ihn durchdringen!
Ich tauche mich mit Geist und Sinn
Durch die vertiefte Bläue hin,
Und kann sie nicht erschwingen!

Was ist so tief, so tief wie sie?
30   Die Liebe nur alleine.
Sie wird nicht satt und sättigt nie
Mit ihrem Wechselscheine.
– Schwill an, mein Fluß, und hebe dich!
Mit Grausen übergieße mich!
35   Mein Leben um das deine!

Du weisest schmeichelnd mich zurück
Zu deiner Blumenschwelle;

So trage denn allein dein Glück,
Und wieg' auf deiner Welle
40   Der Sonne Pracht, des Mondes Ruh,
Die lieben Sterne führe du
Zur ew'gen Mutterquelle![1]

In dieser Fassung erschienen die Verse 1838 in Mörikes Band *Gedichte*. Für die vierte Auflage der Sammlung, die 1867 herauskam, formulierte der Autor der Schluss um – „Nach tausend Irren kehrst du / Zur ew'gen Mutterquelle!"[2] –, ließ den Wortlaut des Textes ansonsten aber unverändert. Das Gedicht verwendet die sogenannte „Lutherstrophe", die im Kirchenlied des 16. und 17. Jahrhunderts außerordentlich beliebt war und später von der weltlichen Dichtung übernommen wurde.[3] Ihre Binnenstruktur ist ebenso komplex wie abwechslungsreich: Die sieben Verse, verbunden durch das Reimschema a b a b c c b, umfassen teils vier, teils drei Jamben, wobei die vierhebigen Verse 1, 3, 5 und 6 männlich enden, während die dreihebigen eine weibliche Kadenz aufweisen. Durch den Rückgriff auf die Lutherstrophe verleiht Mörike seinem Gedicht, dem gewählten Thema gemäß, eine ausgesprochen ‚flüssige' und bewegliche äußere Form, und dieser Eindruck wird verstärkt durch eine ebenfalls glatt dahinströmende und überwiegend verhältnismäßig schlichte, wenngleich keineswegs kunstlose Sprache.

Die Eigenart der Beziehung zwischen dem Ich und dem Fluss, die im Mittelpunkt des Textes steht, deutet schon der Titel an: Das Possessivpronomen verrät innige Vertrautheit und drückt zugleich einen gewissen Besitzanspruch des Sprechers aus, der das Naturelement geradezu für sich vereinnahmt. Damit etabliert Mörike gleich zu Beginn eine Paradoxie, die das ganze Gedicht durchzieht, ist doch das Wasser eben *das* flüchtige Element par excellence, das der Mensch nicht zu fassen und zu halten vermag – der Anspruch des Ich rückt so von vornherein in ein fragwürdiges Licht. Die gefühlsbetonte, ja leidenschaftliche Haltung, die es dem Fluss gegenüber einnimmt, bestimmt auch die Eingangsstrophe, in der die unmittelbare Anrede, die emphatische Wiederholung („O Fluß, mein Fluß", „Empfange nun, empfange"), der Binnenreim („fühlt" – „kühlt") und der Parallelismus in den Zeilen 5 und 6 die Tiefe der Empfindungen unterstreichen. Freilich lassen sich insbesondere die ersten Verse ebenso als eine Art sprachmagischer Beschwö-

---

[1]   Eduard Mörike: Gedichte. Stuttgart, Tübingen 1838, S. 62f.
[2]   Eduard Mörike: Werke und Briefe. Historisch-kritische Gesamtausgabe. Bd. I.1: Gedichte. Ausgabe von 1867. Erster Teil. Text. Hrsg. von Hans-Henrik Krummacher. Stuttgart 2003, S. 54.
[3]   Vgl. dazu Horst Joachim Frank: Handbuch der deutschen Strophenformen. München 1980, S. 543–547.

rung lesen: Während es sich ins Wasser begibt, versucht das Ich, die „sehn-
suchtsvoll" erwartete Einheit mit dem Fluss mit rhetorischen Mitteln förm-
lich herbeizuzwingen.

Unübersehbar sind die erotischen Züge dieser Naturbegegnung. Sie ver-
dichten sich in dem Neologismus „Liebesschauerlust", der die sinnliche Er-
regung anschaulich werden lässt. Dass das Erlebnis der Natur so ausdrucks-
voll als intensive *leibliche* Erfahrung gestaltet wird, ist in der deutschen Na-
turlyrik, die sich meist auf visuelle und allenfalls auf akustische Eindrücke
konzentriert, eher eine Ausnahme.[4] Als Vorbild könnten Mörike die ersten
Verse des spielerisch-rokokohaften Gedichts *Unbeständigkeit* gedient haben,
das der junge Goethe 1768 verfasste – hier wird die erotische Komponente
sogar noch stärker akzentuiert:

> Auf Kieseln im Bache, da lieg ich, wie helle,
> Verbreite die Arme der kommenden Welle,
> Und buhlerisch drückt sie die sehnende Brust.[5]

Bei Mörike bleibt bezeichnenderweise unklar, ob die entsprechende Empfin-
dung dem Ich oder dem Fluss zugeschrieben wird: Das Bedürfnis nach einer
Vereinigung und der erotische Genuss selbst scheinen auf beiden Seiten ge-
geben zu sein. Bei nüchterner Betrachtung muss man allerdings konstatieren,
dass das lyrische Ich in seinem Enthusiasmus lediglich seine eigenen Gefühle
auf die Natur überträgt. Der Eindruck einer wechselseitigen liebenden Ver-
bundenheit mit dem Fluss beruht also im wesentlichen auf Projektionen des
Sprechers, die er freilich nicht als solche durchschaut.

In der zweiten Strophe weicht das anfangs dominierende leidenschaftliche
Verlangen einer gewissen Ruhe in der offenbar tatsächlich hergestellten Ein-
heit. Gemächlich im Fluss treibend, sieht sich das Ich in die allumfassende
Natur aufgenommen, die neben dem irdischen auch den himmlischen Bereich
einbezieht: „Es schlüpft der goldne Sonnenschein / In Tropfen an mir nie-
der". Die Verse 5 und 6 führen das Motiv des erotischen Erlebens fort, wenn
die Woge sich dem Ich wie eine Geliebte in die ausgebreiteten Arme wirft.

---

[4] Ein Beispiel aus dem 20. Jahrhundert stellt Bertolt Brechts *Vom Schwimmen in
     Seen und Flüssen* dar. Poetische Verschmelzungsphantasien haben offenkundig
     eine starke Affinität zum Element des Wassers. Am Beispiel des Nixen-Motivs
     wird das Kapitel zu Gottfried Keller ausführlicher auf dieses Thema zurückkom-
     men.
[5] Johann Wolfgang Goethe: Sämtliche Werke nach Epochen seines Schaffens.
     Münchner Ausgabe. Hrsg. von Karl Richter. Bd. 1.1: Der junge Goethe 1757–
     1775/1. Hrsg. von Gerhard Sauder. München 1985, S. 126. Später erhielt das Ge-
     dicht den Titel *Wechsel*.

Das vorangehende Zeilenpaar bringt indes ein anderes, uns bereits aus früheren Texten vertrautes Bild ins Spiel, nämlich die Vorstellung einer ‚Mutter Natur', die den Menschen schützend und sorgend umfängt: In der Hingabe an die wiegende Bewegung des Wassers fühlt sich der Sprecher geborgen. So ist die Naturbegegnung in diesem Gedicht nicht auf eine bestimmte Deutung festzulegen. Der Fluss scheint vielmehr *alle* tiefen Sehnsüchte des Ich gleichermaßen zu befriedigen, indem er ihm sowohl erotische Erfüllung gewährt als auch die Möglichkeit einer Regression eröffnet und Empfindungen der frühesten Kindheit wiederbelebt.

Einen weiteren Aspekt zur Ausgestaltung der Beziehung von Mensch und Natur, der uns schon in der Romantik begegnet ist, trägt die dritte Strophe des Gedichts bei, die den Gedanken einer Kommunikation zwischen dem Fluss und dem Ich entfaltet. Die Vorstellung, dass die *Poesie* als Medium einer solchen Verständigung dienen könnte, klingt an, wenn der Sprecher dem Fluss ausgerechnet die Kenntnis eines „Mährchen[s]" zuschreibt, das er mitzuteilen wünsche. Irritierend wirkt allerdings die Schlusszeile dieser Strophe, denn warum muss der Fluss jemanden nach dem Märchen „fragen", das er doch angeblich selbst kennt und nur allzu gerne „sagen" würde? Einen Zugang zu dieser Paradoxie kann man durch einen Seitenblick auf Mörikes Gedicht *Besuch in Urach* gewinnen, das einige strukturelle Parallelen zu *Mein Fluß* aufweist und auch in dessen zeitlicher Nähe, nämlich im Jahre 1827, geschrieben wurde. In Urach auf der Schwäbischen Alb hatte Mörike von 1818 bis 1822 das Niedere theologische Seminar besucht, um sich auf das Studium in Tübingen vorzubereiten. Auch das lyrische Ich von *Besuch in Urach* ist mit dieser Gegend wohlvertraut. In zwölf Strophen erzählt das umfangreiche Gedicht von dem Versuch des inzwischen erwachsen gewordenen Sprechers, sich im Tal von Urach noch einmal in seine Jugend zurückzuversetzen. Rückkehr in die Jugend heißt für ihn in erster Linie Rückkehr zu einer ungebrochenen Einheit mit der Natur, an die er sich aus jener vergangenen Zeit erinnert. Seine Bemühungen bleiben jedoch fruchtlos, da das Paradies der vor-reflexiven Unschuld, in dem das Kind lebte, unwiderruflich verloren ist – wiederum eine typische Denkfigur der Epoche um 1800. Während das Ich im Tal umherirrt, gelangt es zu einem Wasserfall, der im Wald vom Berghang herabstürzt. Nur diese Passage sei im Folgenden zitiert; es handelt sich um die Strophen 5 und 6 des Gedichts:

> O hier ist's, wo Natur den Schleier reißt!
> Sie bricht einmal ihr übermenschlich Schweigen;
> Laut mit sich selber redend will ihr Geist,
> Sich selbst vernehmend, sich ihm selber zeigen.

– Doch ach, sie bleibt, mehr als der Mensch, verwais't,
Darf nicht aus ihrem eignen Räthsel steigen!
Dir biet' ich denn, begier'ge Wassersäule,
Die nackte Brust, ach, ob sie dir sich theile!

Vergebens! und dein kühles Element
Tropft an mir ab, im Grase zu versinken.
Was ist's, das deine Seele von mir trennt?
Sie flieht, und möcht' ich auch in dir ertrinken!
Dich kränkt's nicht, wie mein Herz um dich entbrennt,
Küssest im Sturz nur diese schroffen Zinken;
Du bleibest, was du warst seit Tag und Jahren,
Ohn' ein'gen Schmerz der Zeiten zu erfahren.[6]

Nach der romantischen Naturphilosophie, wie sie beispielsweise Schelling
vertrat, stellen Natur und menschlicher Geist nur unterschiedliche Erschei-
nungsformen ein und derselben Substanz dar und können demzufolge mitein-
ander in Verbindung treten – „Die Natur soll der sichtbare Geist, der Geist
die unsichtbare Natur seyn."[7] Auf diesen Gedanken, der ganz im Sinne der
Romantik die geheime Einheit alles Seienden postuliert, spielen Mörikes
Verse an. Im Tosen der Wassermassen wird, wie der Sprecher meint, endlich
die Stimme der Natur vernehmlich, die danach trachtet, sich dem Menschen
mitzuteilen, um in diesem Austausch auch ‚zu sich' zu kommen, sich ihrer
selbst bewusst zu werden. Doch in *Besuch in Urach* erweist sich die Kluft
zwischen Mensch und Natur, allen identitätsphilosophischen Spekulationen
zum Trotz, als unüberbrückbar, denn während die Natur in ihrem ewigen
Kreislauf stets dieselbe ist, sieht sich das begrenzte, isolierte menschliche
Individuum dem „Schmerz der Zeiten" und seiner Einsamkeit ausgeliefert.
So bleibt die „Seele" der Natur, ihr eigentliches Wesen, für den Menschen
ein „Räthsel", das sich hinter einem undurchdringlichen „Schleier" seinen
Blicken entzieht.
  Eine ganz ähnliche Konstellation entwirft die dritte Strophe des Gedichts
Mein Fluß, in der das lyrische Ich das Murmeln der Wellen als ein Bestreben,
sich verständlich zu machen, und die ruhelose Bewegung des Flusses als
Suche nach einem möglichen Kommunikationspartner interpretiert. Erst im
gelingenden Austausch mit dem Menschen würde die Natur auch ‚zu sich

---

[6]   Mörike: Werke und Briefe. Bd. I.1, S. 46. – Das Gedicht ist in Stanzen abgefasst,
      einer aus der italienischen Dichtung stammenden Strophenform, die aus acht jam-
      bischen Fünfhebern mit dem Reimschema a b a b a b c c besteht.
[7]   Friedrich Wilhelm Joseph Schelling: Werke. Historisch-kritische Ausgabe. Bd. 5:
      Ideen zu einer Philosophie der Natur (1797). Hrsg. von Manfred Durner. Stuttgart
      1994, S. 107.

selbst' gelangen, könnte das „seltsam Mährchen" erzählt werden – auf eben dieses Angewiesensein scheint der oben vermerkte auffallende Widerspruch von Selbstaussage und Frage hinzudeuten. Aber wie in *Besuch in Urach* müssen auch hier die Äußerungen des Sprechers über die Natur mit Skepsis betrachtet werden, handelt es sich doch um bloße *Deutungen*, deren projektive Grundlage nicht zu übersehen ist. Das Ich, das sich unablässig darum bemüht, eine kommunikative Beziehung zu ‚seinem' Fluss herzustellen – die direkte Anrede findet sich in allen Strophen des Textes mit Ausnahme der zweiten –, schreibt diesem umgekehrt denselben Wunsch zu. Indem er dem Fluss anthropomorphe Züge verleiht und ihn sogar zum potentiellen Gesprächspartner erhebt, versucht der Sprecher, die Fremdheit der Natursphäre zu überwinden und in eine Verwandtschaft mit dem Menschen zu überführen. Welcher Erfolg dieser poetisch-rhetorischen Strategie beschieden ist, wird sich im weiteren Verlauf zeigen.

In der vierten Strophe erreicht das Verlangen des Ich nach einer Verschmelzung mit der elementaren Natur seinen Höhepunkt. Es spiegelt sich sogar unmittelbar in der Klanggestalt der Verse wider: „Indem Mörike zwei von den drei Reimbindungen dieser Strophe durch den -in/-ing-Klang einander annähert – dergleichen kommt in keiner andern Strophe vor –, unterstreicht er auch musikalisch den Versuch, mit allen Kräften die Einheitserfahrung zu erringen."[8] In der Einheitsphantasie, die hier entfaltet wird, sind die Bezüge zur Romantik besonders offensichtlich; sie konzentrieren sich in der Nennung der Signalfarbe Blau, jenes Zeichens der Unendlichkeit und der inneren Verbundenheit aller Dinge und Seinsbereiche, dem Novalis in *Heinrich von Ofterdingen* mit der ‚blauen Blume' seine bekannteste Gestalt verliehen hat. Himmlische und irdische Sphäre werden zu *einer* universalen Natur zusammengeschlossen, wenn das lyrische Ich die Spiegelung des Himmels in den Wellen als die „Seele" des Flusses deutet, die es zu „durchdringen" strebt. „Geist und Sinn" des Menschen sollen eins werden mit dem innersten Kern der All-Natur. In diesem Zusammenhang ist wohl auch das Stichwort „Liebe" zu verstehen, über das der Sprecher in der fünften Strophe reflektiert. Ähnlich wie in Hölderlins Gedicht *An die Natur* drückt es hier nicht die personale Beziehung zu einem anderen Menschen aus – ein solches Verständnis wäre jedenfalls kaum im Gedichtkontext unterzubringen –, sondern eben die regressive Sehnsucht nach vollkommener Einheit mit der Natur. Dass diese Sehnsucht letztlich unerfüllt bleiben muss, machen die Verse allerdings gleichfalls deutlich. Das Ich kann die „vertiefte Bläue" nicht „erschwingen" und den Abstand zur „Seele" der Natur nicht überwinden, und so

---

8   Renate von Heydebrand: Eduard Mörikes Gedichtwerk. Beschreibung und Deutung der Formenvielfalt und ihrer Entwicklung. Stuttgart 1972, S. 35.

wird auch sein liebendes Verlangen niemals gestillt – die Liebe „wird nicht satt und sättigt nie". In einer letzten Steigerung ist der Sprecher darum schließlich, wie schon in *Besuch in Urach*, sogar zum Einsatz seines Lebens bereit. Die Verschmelzung mit der Natur scheint nur möglich in der restlosen Aufgabe der individuellen Existenz, sie wäre aus der Perspektive des Einzelnen mit dem Tod identisch. Die drei letzten Verse dieser Strophe, durchweg mit einem Ausrufezeichen abgeschlossen, markieren den Gipfel der emotionalen Erregung des lyrischen Ich.

Zu dem angebotenen Opfer kommt es jedoch nicht, denn das Ich wird von der Strömung wieder ans Ufer, an die „Blumenschwelle" des Flusses getrieben und fasst diesen Vorgang als eine sanfte, aber entschiedene Zurückweisung durch das Element auf. So klingt das Gedicht, das mit leidenschaftlicher Emphase begann, im Ton wehmütiger Resignation aus. Notgedrungen findet sich der Mensch damit ab, dass die Natur seiner nicht bedarf und seine Sehnsucht nicht erwidert, dass er aus der Einheit des natürlichen Seins, aus der Ganzheit von Himmel und Erde, von kosmischer und irdischer Welt unwiderruflich ausgeschlossen und auf sein begrenztes Ich beschränkt ist. Dementsprechend beschwören die Abschiedsworte der letzten Verse jene Einheit nur noch aus einer distanzierten Außensicht. Der Fluss führt die Gestirne, die sich in seinem Wasser spiegeln, gleichsam zur „ew'gen Mutterquelle" der schaffenden Natur zurück, während der Sprecher einsehen muss, dass *ihm* das „Glück", in einem solchen All-Zusammenhang aufgehoben zu sein, verwehrt bleibt.

Betrachtet man das Gedicht unter individualpsychologischen Gesichtspunkten, so zeugt der Schluss von der Überwindung narzisstischer Verschmelzungssehnsüchte und regressiver Phantasien: Desillusioniert und in gewissem Sinne gereift geht das lyrische Ich aus seiner Begegnung mit dem Element hervor. Auf die Ebene der Geistesgeschichte übertragen, bedeutet das wiederum eine Abkehr von zentralen Denkmustern der romantischen Poesie und Philosophie. Der identitätsphilosophischen These von der Verwandtschaft, ja der Übereinstimmung des menschlichen Geistes mit der universalen Natur, die die Aussicht auf eine harmonische Vereinigung eröffnet, wird die Einsicht in die unaufhebbare Distanz zwischen den beiden Größen entgegengesetzt. Zugleich macht *Mein Fluß* sichtbar, wie sich die Natur, deren Wesen dem Menschen verschlossen bleibt, gerade aufgrund dieser rätselhaften Unzugänglichkeit als Projektionsfläche für charakteristische Wunschphantasien des modernen Individuums anbietet. Jene regressiven Tendenzen, die auf die dominante Erfahrung von Entfremdung, Vereinzelung und Isolation antworten, finden in der (scheinbar) zeitlos in sich ruhenden Natur einen geeigneten Bezugspunkt. In der Tat wird die Naturlyrik seit den Jahrzehnten um 1800 zu einem bevorzugten Medium der Aussprache solcher

Sehnsüchte – von Fall zu Fall aber eben auch zum Werkzeug ihrer kritischen Reflexion und Überwindung.

In Mörikes späterem Werk gibt es freilich durchaus noch Gedichte, die eine große Nähe des Ich zur Natur und sogar eine Verschmelzung mit ihr gestalten. Dazu zählt die Elegie *Die schöne Buche*, die fraglos einen Höhepunkt von Mörikes Naturlyrik darstellt. Ihre Analyse soll im Folgenden zeigen, ob der Dichter hier wirklich, wie es auf den ersten Blick scheinen mag, die resignierte Einsicht widerruft, mit der *Mein Fluß* schließt.

Die schöne Buche

Ganz verborgen im Wald kenn' ich ein Plätzchen, da stehet
    Eine Buche, man sieht schöner im Bilde sie nicht.
Rein und glatt, in gediegenem Wuchs erhebt sie sich einzeln,
    Keiner der Nachbarn rührt ihr an den seidenen Schmuck.
5   Rings, so weit sein Gezweig der stattliche Baum ausbreitet,
    Grünet der Rasen, das Aug' still zu erquicken, umher;
Gleich nach allen Seiten umzirkt er den Stamm in der Mitte;
    Kunstlos schuf die Natur selber dieß liebliche Rund.
Zartes Gebüsch umkränzet es erst; hochstämmige Bäume,
10   Folgend in dichtem Gedräng', wehren dem himmlischen Blau.
Neben der dunkleren Fülle des Eichbaums wieget die Birke
    Ihr jungfräuliches Haupt schüchtern im goldenen Licht.
Nur wo, verdeckt vom Felsen, der Fußsteig jäh sich hinabschlingt,
    Lässet die Hellung mich ahnen das offene Feld.
15   – Als ich unlängst einsam, von neuen Gestalten des Sommers
    Ab dem Pfade gelockt, dort im Gebüsch mich verlor,
Führt' ein freundlicher Geist, des Hains auflauschende Gottheit,
    Hier mich zum erstenmal, plötzlich, den Staunenden, ein.
Welch Entzücken! Es war um die hohe Stunde des Mittags,
20   Lautlos Alles, es schwieg selber der Vogel im Laub.
Und ich zauderte noch, auf den zierlichen Teppich zu treten;
    Festlich empfing er den Fuß, leise beschritt ich ihn nur.
Jetzo, gelehnt an den Stamm (er trägt sein breites Gewölbe
    Nicht zu hoch), ließ ich rundum die Augen ergehn,
25   Wo den beschatteten Kreis die feurig strahlende Sonne,
    Fast gleich messend umher, säumte mit blendendem Rand.
Aber ich stand und rührte mich nicht; dämonischer Stille,
    Unergründlicher Ruh' lauschte mein innerer Sinn.
Eingeschlossen mit dir in diesem sonnigen Zauber-
30   Gürtel, o Einsamkeit, fühlt' ich und dachte nur dich![9]

---

[9]   Mörike: Werke und Briefe. Bd. I.1, S. 106. – Die folgenden Ausführungen knüpfen an meinen einschlägigen Artikel aus dem Mörike-Handbuch an. Vgl. Ulrich

Das Gedicht wurde im Sommer 1842 geschrieben. Die Verse 13 und 14 ergänzte Mörike allerdings erst für den Druck in der zweiten Auflage seiner
Gedichte, die im Jahre 1847 erschien. Die Form der Elegie, des Poems in
Distichen, ist uns bereits von Goethes *Metamorphose der Pflanzen* her vertraut. Sie verleiht dem behandelten Gegenstand von vornherein eine gewisse
Würde und schafft einen merklichen Abstand zu den Niederungen des Alltäglichen, der durch den gehobenen Sprachgestus und das erlesene Vokabular
des Textes unterstrichen wird. Die stürmische Leidenschaftlichkeit, die das
Ich in *Mein Fluß* an den Tag legt, hat hier offensichtlich ebensowenig Platz
wie der in jenem Gedicht bisweilen angeschlagene vertrauliche Ton im Umgang mit der Natur.

Unübersehbar ist die Zweiteilung der Elegie, die der Gedankenstrich vor
Vers 15 schon rein äußerlich markiert, und es bietet sich an, auch bei der
Interpretation die beiden Textpartien gesondert zu behandeln. Der erste Abschnitt, der sieben Distichen umfasst und im Präsens steht, gibt eine Beschreibung der Buche und ihrer Umgebung. Grundlegend für die Raumordnung, die diese Verse entwerfen, ist die Figur des Kreises: Das „Plätzchen"
im Wald baut sich in konzentrischen Ringen auf, deren gemeinsames Zentrum der „Stamm in der Mitte" bildet. Bei ihrer Schilderung bewegt sich der
Blick des Betrachters von innen nach außen. So wird nach der Buche zuerst
der „Rasen" genannt, der sie „[g]leich nach allen Seiten umzirkt"; es folgt
„Gebüsch", das „dies liebliche Rund [...] umkränzet", und schließlich bilden
„hochstämmige Bäume [...] in dichtem Gedräng" noch einen äußeren Kreis.
Diese Anordnung schafft nicht nur eine überaus klare und harmonische räumliche Struktur, sie sorgt auch für eine deutliche Abtrennung des Platzes von
der Außenwelt, die in dem durch die Bäume verdeckten „Blau" des freien
Himmels und in dem nur zu erahnenden „offene[n] Feld" lediglich als *ausge-
grenzte* Erwähnung findet. Statik und Abgeschlossenheit des Ortes verleihen
dem Gedicht Züge einer Idylle, die sich traditionell durch die Vorherrschaft
des Räumlich-Zuständlichen und durch eine Atmosphäre friedlicher Ruhe
auszeichnet. Übrigens ist auch die Buche ein geläufiger Topos der Idyllendichtung, der sich beispielsweise schon in der berühmten ersten Ekloge Vergils findet.

Auffälligerweise unterstellen die Verse den genannten Naturphänomenen
mehrfach Zweck und Absicht: Der „Rasen" hat die Aufgabe, „das Aug still
zu erquicken", und die umgebenden höheren „Bäume" nehmen die Funktion
wahr, das „himmlische Blau" fernzuhalten. Zugleich streicht das lyrische Ich
jedoch den organischen Charakter des ganzen „Plätzchen[s]" heraus, das die

---

Kittstein: [Mörike:] *Die schöne Buche.* In: Mörike-Handbuch. Leben – Werk –
Wirkung. Hrsg. von Inge und Reiner Wild. Stuttgart 2004, S. 138–140.

„Natur selber" hervorgebracht habe – „[k]unstlos", wie eigens vermerkt ist. Die Natur wird demnach als eine schöpferisch wirkende und ordnende Kraft angesehen, deren Produkte neben den höchsten menschlichen Kulturleistungen einen eigenständigen und durchaus ebenbürtigen Rang beanspruchen können: „Eine Buche, man sieht schöner im Bilde sie nicht." Diese Abgrenzung und Gegenüberstellung unterläuft der Text allerdings wiederum durch Metaphern und Wendungen, die der Kultursphäre entnommen sind. So bezeichnet der Sprecher die Blätter der Buche als „seidenen Schmuck", und auch ein „Rasen" deutet – im Gegensatz zu einer Wiese – eigentlich auf menschliche Pflege und Wartung hin. Die im Gedicht beschriebene Natur ist mithin in hohem Grade ‚kulturförmig'.

Eine Erklärung für diese eigentümliche Überlagerung von Natur und Kultur findet sich, wenn man den Blickwinkel des Sprechers berücksichtigt. Ausdrücklich genannt wird das lyrische Ich zwar nur im ersten und im letzten Vers des ersten Gedichtabschnitts („ich" – „mich"), doch wäre es verfehlt, der Naturschilderung, die sich dazwischen erstreckt und in der das Ich nicht explizit vorkommt, deswegen nüchterne Objektivität zuzuschreiben. Obgleich der Beobachter als *Person* in dieser Textpartie zurücktritt, bringt sich seine *Perspektive* doch durchgängig zur Geltung. Sein Blick ist es, der den Raum um die Buche förmlich aufbaut und gliedert; seinen Eindrücken und Assoziationen entstammen die Funktionen, die den einzelnen Elementen dieses Raumes zugewiesen werden, und insbesondere auch jene Metaphern und Anthropomorphisierungen – bis hin zum ‚jungfräuliche[n] Haupt" der Birke –, die den Naturbezirk in eine untergründige Nähe zum Reich der menschlichen Kultur bringen. Mit anderen Worten: Das Bild der Natur, das die ersten Distichen von *Die schöne Buche* ausmalen, verdankt seine Eigenart der konstruktiven Aktivität des gedichtimmanenten Betrachters.

Gleich zu Beginn stellt sich das lyrische Ich als Eingeweihter vor, der – vielleicht als einziger? – den im Wald verborgenen Platz um die Buche kennt. Die im Text so nachdrücklich betonte Abgeschlossenheit des idyllischen Raumes gewinnt dadurch eine weitere Bedeutungsdimension hinzu, denn sie schützt ein Geheimnis, das nicht jedermann zugänglich ist, vor unbefugten Blicken. Diesen Aspekt vertieft der zweite Teil der Elegie, der die verbleibenden acht Distichen umfasst. Das Ich berichtet hier rückblickend von seiner ersten Begegnung mit jenem versteckten Ort – deshalb jetzt auch die Zeitform des Präteritums – und von seiner Initiation in dessen Geheimnis. Der Bewegung des Besuchers folgend, wandert der Blick nun von außen nach innen, bis das Ich den Mittelpunkt, den „Stamm" der Buche, erreicht hat und von dort „rundum die Augen ergehn" lässt, damit gleichsam die konzentrischen Strukturen nachzeichnend, die der durch Sonnenstrahlen und Blätterdach geschaffene „beschattete Kreis" sogar noch um ein zusätzliches Element bereichert.

Aber der zweite Abschnitt der Elegie erschöpft sich keineswegs in der leicht variierten, in ein Geschehen umgesetzten Wiederholung des ersten. Vielmehr führt er eine ganz neue Sinnebene ein, indem er den Raum um die Buche zu einem geheiligten Bezirk stilisiert, der von numinosen Kräften erfüllt ist. Diese Überhöhung geschieht hauptsächlich durch Anleihen bei antiken Vorstellungsmustern: Der „Wald" des ersten Verses verwandelt sich in einen „Hain", in dem ein „freundlicher Geist", eine „auflauschende Gottheit" als ‚genius loci' herrscht. Das „Entzücken", das der Sprecher an diesem Ort verspürt, ist weit mehr als eine bloße angenehme Empfindung, wie man nach dem neueren – abgeschwächten – Verständnis des Wortes annehmen müsste, denn im älteren Sprachgebrauch bezeichnet der Ausdruck „das geistige entrücken und hinreisen, wodurch die seele gleichsam auszer sich an eine andere, übersinnliche stelle geführt wird".[10] Es geht also um eine religiöse Ergriffenheit, die das lyrische Ich buchstäblich aus seinem gewöhnlichen Selbst und seinem alltäglichen Dasein herausreißt, worauf auch die in Vers 18 betonte Plötzlichkeit dieser Erfahrung hindeutet. Nicht minder bedeutsam ist der feierlich verkündete Zeitpunkt seiner Ankunft, galt doch die „hohe Stunde des Mittags" in der Antike als die Stunde des Gottes Pan, in der die Zeit stillsteht und die Mysterien der Natur zugänglich werden. In welche Tiefen das Erlebnis des Sprechers führt, verdeutlicht schließlich auch die „dämonische Stille", die über dem verborgenen Platz waltet. Das Wort ‚dämonisch' hatte ursprünglich nicht jene rein negative, bedrohliche Bedeutung, die wir ihm heute in der Regel beilegen; es zeigt vielmehr die überwältigende Nähe einer höheren Macht an, das Walten des Numinosen, das den Menschen zugleich erhebt und tief erschüttert. Der „innere Sinn" bezeichnet das Vermögen des Sprechers, dieser Macht gewahr zu werden und sich ihrem Wirken zu öffnen.

Die beinahe hermetische Abgeschlossenheit des „Plätzchen[s]" im Walde entpuppt sich im zweiten Teil von Mörikes Gedicht als Abgrenzung eines Sakralraumes von der weltlich-profanen Sphäre, und das lyrische Ich selbst erscheint als ein Auserwählter, der diesen Raum betreten darf – nicht eigener Wille oder purer Zufall haben es dorthin gebracht, sondern die freundliche Führung durch die „Gottheit" des Hains. Daher verhält es sich auch so, wie es von dem Besucher einer Kultstätte erwartet werden darf, indem es ehrfürchtig in andächtigem Schweigen verharrt. Die vollkommene Verschmelzung des Sprechers mit der heiligen Atmosphäre dieses Ortes, eine wahre

---

[10]   Deutsches Wörterbuch von Jacob und Wilhelm Grimm. 16 Bde. Leipzig 1854–1960. Bd. 3, Sp. 668.

unio mystica, bildet den Höhepunkt und zugleich den Abschluss des Gedichts, hervorgehoben durch den kühnen Zeilensprung im letzten Distichon: „Eingeschlossen mit dir in diesem sonnigen Zauber- / Gürtel, o Einsamkeit, fühlt ich und dachte nur dich!" Abgetrennt von aller Zeit wie von allen Bedingungen des profanen Daseins, eben buchstäblich ent-zückt, wird das lyrische Ich eins mit der „[u]nergründliche[n] Ruh'" des Naturheiligtums.

Was in *Mein Fluß* verwehrt bleibt, scheint in *Die schöne Buche* Wirklichkeit zu werden. Freilich haben sich auch die Voraussetzungen auf Seiten des Ich geändert, denn an die Stelle des leidenschaftlich drängenden, teils erotisch, teils narzisstisch gefärbten Einheitsverlangens und der fordernden, besitzergreifenden Haltung, die der Sprecher in dem früheren Gedicht an den Tag legt, sind nun Ehrfurcht und Demut angesichts einer religiös-mystischen Erfahrung getreten. Zudem unterstreicht die Elegie den Ausnahmestatus des geschilderten Erlebnisses, das offenkundig nur in tiefer Einsamkeit und Abgeschlossenheit stattfinden kann. In der kunstvoll arrangierten Raumordnung des versteckten Platzes drückt sich das Bewusstsein des Dichters aus, dass ein Vorgang, wie ihn diese Verse beschwören, einzig in der entschiedenen Abkehr von der zeitgenössischen Lebenswelt, eben in einem geschützten und abgeschirmten Bereich denkbar ist. Und mehr noch – die gewählte Sprache und der Rückgriff auf die Form des Distichons, die stilisierte ‚Kultur-Natur' im ersten und die Sakralisierung des „Hains" unter Bezugnahme auf Topoi der antiken Vorstellungswelt im zweiten Teil des Gedichts machen den künstlich-künstlerischen Charakter der ganzen Schilderung augenfällig: Die mystische Einheit mit der Natur erweist sich in *Die schöne Buche* als Ergebnis einer ästhetischen Inszenierung. Dank dieser – impliziten – metapoetischen Dimension ist Mörikes Gedicht weit davon entfernt, naive Verschmelzungssehnsüchte zu artikulieren oder zu befriedigen. Es gibt vielmehr zu erkennen, dass der Entwurf eines solchen Verhältnisses von Mensch und Natur allenfalls in der Kunst einen legitimen Platz findet, dass es mithin der Mensch selbst ist, der als schöpferisches Kulturwesen die schöne und harmonische Ordnung der Natur stiftet.

Weltfreude und Erstarrung

Gottfried Keller: *Liebliches Jahr,*
wie Harfen und Flöten – Winternacht

Der Schweizer Gottfried Keller (1819–1890) verdankt seinen bis heute an-
dauernden Ruhm vor allem seinen Novellen und dem Roman *Der grüne
Heinrich.* Am Beginn seiner schriftstellerischen Laufbahn stand jedoch die
Lyrik: Seit 1843 griff er mit politischen Gedichten, wie sie für die aufge-
wühlte Vormärz-Zeit typisch waren, zugunsten der liberalen Kräfte in die
eidgenössischen Parteikämpfe ein. Sehr bald erschloss er sich aber auch an-
dere Themen; schon in seiner 1846 veröffentlichten Sammlung *Gedichte*
nehmen vor allem Liebes- und Naturlyrik breiten Raum ein. Von großem
Einfluss auf Kellers Weltanschauung und auf seine Sicht der Natur war in der
Folgezeit die Begegnung mit der Philosophie Ludwig Feuerbachs, den er
1848/49 während eines Studienaufenthalts in Heidelberg persönlich kennen-
lernte. Als radikaler Religionskritiker erklärte Feuerbach sämtliche Vorstel-
lungen von Gott, vom Jenseits und von der Unsterblichkeit der Seele zu Pro-
dukten der menschlichen Einbildungskraft. All jene Eigenschaften, die der
Mensch so lange seinen Göttern zugeschrieben habe, müsse er endlich als
seine eigenen idealen Möglichkeiten erkennen und sich selbstbewusst zu
eigen machen, da nur unter dieser Bedingung eine wahrhaft humane Existenz
denkbar sei. Feuerbach wollte also gewissermaßen das bislang von der Theo-
logie beanspruchte Feld für die Anthropologie in Besitz nehmen. Seine Kon-
zentration auf das diesseitige Dasein, auf das irdische Leben in seinem Reich-
tum und seiner unerschöpflichen Fülle ging mit einer entschiedenen Aufwer-
tung der Sinnlichkeit und der konkreten Sinneserfahrung einher.

Keller nahm diese Ansichten mit Enthusiasmus auf, zumal er überzeugt
war, mit ihnen ein sicheres Fundament für die Dichtung zu gewinnen. Am
28. Januar 1849 schrieb er einem Freund: „Für mich ist die Hauptfrage die:
Wird die Welt, wird das Leben prosaischer und gemeiner nach Feuerbach?
Bis jetzt muß ich des bestimmtesten antworten: Nein! im Gegenteil, es wird

alles klarer, strenger, aber auch glühender und sinnlicher".[1] Seine *Neueren Gedichte*, die 1851 in erster und drei Jahre später in zweiter Auflage herauskamen, zeigen deutliche Spuren der Feuerbach-Rezeption. Vor allem die noch in Heidelberg entstandenen Texte der Rubrik *Aus dem Leben* – in der zweiten Auflage in *Aus der Brieftasche* umbenannt – erörtern weltanschauliche Fragen aus einer unverkennbar ,feuerbachianisch' geprägten Perspektive. Gleich die erste Strophe des Eingangsgedichts formuliert das Programm der ganzen Abteilung:

> Ich hab' in kalten Wintertagen,
> In dunkler, hoffnungsarmer Zeit
> Ganz aus dem Sinne dich geschlagen,
> O Trugbild der Unsterblichkeit.[2]

Der Versuch, solche Reflexionen in poetische Bilder zu kleiden, ist dem Dichter freilich nicht immer überzeugend geglückt. Das folgende Gedicht, in dem er seine von Feuerbach beeinflussten philosophischen Anschauungen mit dem Thema der Natur verknüpft, zählt zu den gelungensten der Reihe:

> Liebliches Jahr, wie Harfen und Flöten,
> Mit wehenden Lüften und Abendröthen
> Endest du deine Bahn!
> Siehst mich am kühlen Waldsee stehen,
> 5   Wo an herbstlichen Uferhöhen
> Zieht entlang ein stiller Schwan.
>
> Still und einsam schwingt er die Flügel,
> Taucht vergnügt in den feuchten Spiegel,
> Hebt den Hals empor und lauscht,
> 10   Taucht zum andern Male nieder,
> Richtet sich auf und lauscht wieder,
> Wie's im klagenden Schilfe rauscht.
>
> Und in seinem Thun und Lassen
> Will's mich wie ein Traum erfassen,
> 15   Als ob's meine Seele wär',
> Die verwundert über das Leben,

---

[1]   Gottfried Keller: Gesammelte Briefe. 4 Bde. Hrsg. von Carl Helbling. Bern 1950–1954. Bd. 1, S. 275.
[2]   Gottfried Keller: Sämtliche Werke. Historisch-Kritische Ausgabe. Hrsg. unter der Leitung von Walter Morgenthaler. Bd. 13: Frühe Gedichtsammlungen. Basel, Frankfurt a.M., Zürich 2008, S. 243.

Ueber das Hin- und Wiederweben,
Lugt und lauschet hin und her.

20 Trink', o Seele nur in vollen Zügen
Dieses heilig friedliche Genügen,
Einsam, einsam auf der stillen Flur!
Und hast du dich klar und tief empfunden,
Mögen ewig enden deine Stunden:
Ihr Mysterium feierte die Natur![3]

In der Rubrik *Aus dem Leben* bzw. *Aus der Brieftasche* in den *Neueren Gedichten* trägt das Werk die Nummer XIII. Einen eigenen Titel erhielt es – wie auch die anderen Stücke aus dieser Gruppe – erst viel später, als es in den achtziger Jahren, überarbeitet und in zahlreichen Details verändert, in Kellers *Gesammelte Gedichte* aufgenommen wurde. Dort findet es sich unter der Überschrift *Stiller Augenblick* in der Abteilung *Buch der Natur*.

In diesem Gedicht erlaubt sich Keller, der sonst regelmäßig gebaute Strophenformen bevorzugte, einige formale Freiheiten. Die Verse der ersten drei Strophen sind vierhebig – lediglich der dritte der Eingangsstrophe dürfte dreihebig zu lesen sein –, während die abschließende vierte Strophe mit Fünfhebern aufwartet; ihr besonderes Gewicht als Appell und Resümee in einem wird durch diese Eigentümlichkeit unterstrichen. Das Metrum mischt Trochäen und Daktylen in ungleichmäßiger Folge, und die zweite Zeile der ersten Strophe weicht durch einen Auftakt, eine unbetonte Anfangssilbe, von allen anderen ab. Durchgehalten ist allerdings in sämtlichen Strophen das Schema des Schweifreims (a a b c c b), wobei die Verse 3 und 6 männlich, alle anderen weiblich schließen.

In direkter Anrede an das zu Ende gehende Jahr beschwört das lyrische Ich zunächst eine Herbst- und Abendstimmung in der abgelegenen Gegend eines Waldsees. Von Wehmut oder Trauer, die sich in der lyrischen Tradition häufig mit diesen Zeiträumen verbinden, findet sich hier jedoch keine Spur, denn der Abschied des als ‚lieblich' angesprochenen Jahres fällt sehr heiter aus und gestaltet sich als Fest für alle Sinne: „wie Harfen und Flöten, / Mit wehenden Lüften und Abendröten" – eine ausdrucksvolle poetische Inszenierung, auf die wir später noch zurückkommen müssen. Gleich anschließend wird der Blick auf den Schwan gelenkt, der auf dem See seine Bahn verfolgt und dem die gesamte zweite Strophe gewidmet ist. Das Gedicht bleibt aber nicht bei einem in sich ruhenden Naturbild stehen, sondern baut in der Folge eine Analogie zwischen dem Schwan und der menschlichen Seele auf. Derar-

---

[3]   Keller: Sämtliche Werke. Historisch-Kritische Ausgabe. Bd. 13, S. 253.

tige sinnbildliche Ausdeutungen von Motiven aus dem Naturbereich zählen zu den Grundbestandteilen von Kellers lyrischer Poetik, und nicht minder typisch für seine stark gedanklich bestimmte Dichtung ist der Umstand, dass die erforderliche Übertragung nicht dem Leser überlassen, sondern im Text ausdrücklich vorgenommen wird: „Als ob's meine Seele wär' …".

Wie der Schwan über den See gleitet, so soll der Mensch sein Leben führen – die Natur ist dem lyrischen Ich Spiegel und Vorbild zugleich. Im Mittelpunkt des idealen Daseins steht die Aufmerksamkeit für die Außenwelt, wie sie sich den wachen Sinnen darbietet. Dabei geht es keineswegs um passive Reizaufnahme, sondern um ein zielstrebiges Handeln, bei dem die menschliche Seele, „verwundert über das Leben", von unstillbarer Neugier auf das, was sie umgibt, getrieben wird. Den tätigen Charakter dieser sinnlichen Weltaneignung bezeugen die Bewegungen des Schwans ebenso wie die alliterierenden Begriffe ‚lugen' und ‚lauschen', die ja über bloßes Sehen und Hören deutlich hinausgehen. Durch eine solche aktive Wahrnehmung, die zwischen Innen und Außen, Seele und Welt vermittelt, kann der Mensch die Fülle der Wirklichkeit „in vollen Zügen" trinken und darin „heilig friedliche[s] Genügen" finden. Den gleichen Gedanken gestaltet übrigens Kellers *Abendlied*, sein wohl berühmtestes Gedicht, das einen Lobgesang auf die Augen anstimmt, weil sie dem Sprecher als „Fensterlein" den Zugang zum „holden Schein" der Dinge eröffnen. Die Schlusszeilen greifen wieder das Motiv des Trinkens auf; auch hier saugen die Sinnesorgane die äußere Realität förmlich ein: „Trinkt, o Augen, was die Wimper hält, / Von dem goldnen Überfluß der Welt!"[4] *Abendlied* dokumentiert eindrucksvoll die Kontinuität von Kellers Vorstellungen in diesem Punkt, denn es entstand 1879, immerhin drei Jahrzehnte nach unserem Beispieltext aus den *Neueren Gedichten*.

Der Schwan ist seit jeher auch ein Symbol für den Dichter, und gerade im 19. Jahrhundert wurde diese bis in die Antike zurückgehende Tradition vielfach aufgegriffen.[5] Daher lässt sich eine metapoetische Deutung von *Liebliches Jahr* … denken: Die begierige Aufnahme der Wirklichkeit durch Auge und Ohr erweist sich als unabdingbare Voraussetzung für die dichterische Produktivität. Diese Auffassung begegnet bei Keller häufiger; so nennt er im *Grünen Heinrich* den „künstlerischen Menschen" einen „Seher" im ganz wörtlichen Sinne, der das festliche Schauspiel des Lebens aufmerksam ver-

---

[4]   Gottfried Keller: Sämtliche Werke in sieben Bänden. Bd. 1: Gedichte. Hrsg. von Kai Kauffmann. Frankfurt a.M. 1995, S. 407.

[5]   Zu nennen wären hier besonders Hölderlins Gedicht *Hälfte des Lebens* und Baudelaires *Le Cygne*.

folgt und seine wesentlichen Züge gestaltend wiedergibt.[6] Doch ist die Gleichsetzung des lyrischen Ich mit einem Poeten nicht zwingend. Offenheit für die sinnliche Wahrnehmung der Welt stellt nach Kellers Ansicht generell eine Haupttugend des Menschen dar, und zwar eine Tugend, die zugleich den tiefsten Genuss verschafft. Die Schlussstrophe des Gedichts postuliert nämlich eine enge Verbindung von intensiver Sinneswahrnehmung und menschlicher Selbsterfahrung. Indem die Seele „in vollen Zügen / Dieses heilig friedliche Genügen" trinkt, gelangt sie auch zu einer ‚klaren' und ‚tiefen' Empfindung ihrer selbst; der Gipfel ihrer Existenz fällt mit dem Höhepunkt ihrer durch die Sinnesorgane hergestellten Weltverbundenheit zusammen. Dagegen sparen die Verse bemerkenswerterweise alle *gesellschaftlichen* Bindungen des Individuums aus. Ihr Interesse gilt allein der Beziehung, die der Einzelne zur – menschenleeren – äußeren Natur aufbaut: Der Schwan zieht „einsam" dahin, und „einsam auf der stillen Flur" denkt sich der Sprecher auch seine Seele. Wie ein großer Teil der deutschsprachigen Naturlyrik entwirft Kellers Gedicht die Natur als gesellschaftsferne Sphäre und das Naturerlebnis als eine einsame Erfahrung.

Hat die Seele des Menschen einmal jenen Gipfelpunkt erreicht, so ist ihr Dasein erfüllt, und sie kann sich ohne Widerstreben der Auflösung im Tod hingeben: „Und hast du dich klar und tief empfunden, / Mögen ewig enden deine Stunden". Das christliche „Trugbild der Unsterblichkeit", das schon im ersten Gedicht der Reihe verabschiedet wird, findet hier offenkundig keinen Platz mehr; die menschliche Existenz ist als endliche gedacht. Sofern sie aber „in vollen Zügen" genossen wird, verdient das dabei verspürte „Genügen" das Attribut „heilig" – es hat die jenseitige Seligkeit, die der christliche Glaube verspricht, als höchsten Wert abgelöst. Im Tod kehrt der Mensch in die Ganzheit der allumfassenden Natur zurück, aus der er einst hervorgegangen ist. In dem unaufhörlichen Gestalten und Auflösen mannigfacher individueller Formen besteht jenes „Mysterium", das die Natur immer wieder feiert und in dessen Anrufung das Gedicht kulminiert. Erneut bezieht der Sprecher damit einen Begriff, der für gewöhnlich mit dem religiösen Vorstellungsbereich verbunden wird, auf die rein diesseitig verstandene Natursphäre.

Das lyrische Ich akzeptiert die Einsicht in seine eigene Vergänglichkeit ohne Einschränkungen und ordnet seine begrenzte Existenz mit größter Gelassenheit der schaffenden Natur unter. Auf die innige Verflechtung beider und auf die Einbettung des Menschen in die irdische Natur deutet ja schon die Analogie zwischen dem Schwan und der Seele des Ich, die dem ganzen

---

[6] Keller: Sämtliche Werke. Historisch-Kritische Ausgabe. Bd. 12: Der grüne Heinrich (1854/55). Dritter und vierter Band. Basel, Frankfurt a.M., Zürich 2005, S. 17.

Gedicht zugrunde liegt. Jenseits dieser Natur gibt es für den Sprecher nichts; sie bildet den einzigen Rahmen seines Daseins, und nicht von ungefähr ist „Natur" das letzte Wort des Textes. Weil es in voller Bewusstheit den ewigen Rhythmus von Werden und Vergehen bejaht, empfindet das Ich auch den Gedanken an den Tod nicht als erschreckend, und deshalb evoziert das Gedicht, obgleich es Parallelen zwischen dem herbstlichen Ausklang des Jahres und dem sich neigenden Lebenslauf des Menschen nahe legt, keine melancholische Stimmung – im Gegenteil. Die festliche Atmosphäre der Eingangsverse gewinnt nun im Rückblick ihre volle Bedeutung: Ebenso wie das scheidende Jahr soll der Mensch dem Ende seiner „Bahn" heiter entgegengehen und die sinnliche Fülle des Daseins bis zuletzt auskosten. Als prächtiges Fest der Sinne erscheint das Leben und Weben der schöpferischen Natur auch in weiteren Texten des von Feuerbachs Lehren inspirierten Gedichtensembles, beispielsweise in *Dich zieret dein Glauben, mein rosiges Kind*, wo die Nähe zu *Liebliches Jahr* ... besonders ins Auge fällt: „Drum feiert der Garten den festlichen Tag / Mit Flöten und feinen Theorben".[7]

Doch Kellers Naturlyrik ist nicht durchweg von heiterer Lebenszugewandtheit und Weltfreude geprägt. Ein ganz anderes Bild vermittelt beispielsweise das Gedicht *Winternacht*, das zu den bedeutendsten lyrischen Schöpfungen des Autors gehört:

Winternacht

Nicht ein Flügelschlag ging durch die Welt,
Still und blendend lag der weiße Schnee,
Nicht ein Wölklein hing am Sternenzelt,
Keine Welle schlug im starren See.

5   Aus der Tiefe stieg der Seebaum auf,
Bis sein Wipfel in dem Eis gefror;
An den Aesten klomm die Nix' herauf,
Schaute durch das grüne Eis empor.

Auf dem dünnen Glase stand ich da,
10   Das die schwarze Tiefe von mir schied;
Dicht ich unter meinen Füßen sah
Ihre weiße Schönheit Glied für Glied.

---

[7]   Keller: Sämtliche Werke. Historisch-Kritische Ausgabe. Bd. 13, S. 251. – Die Theorbe ist ein Saiteninstrument. Das Gedicht trägt in *Aus dem Leben* bzw. *Aus der Brieftasche* die Nummer X, in den *Gesammelten Gedichten* erhielt es den Titel *Rosenglaube*.

Mit ersticktem Jammer tastet' sie
An der harten Decke her und hin.
15   Ich vergess' das dunkle Antlitz nie,
Immer, immer liegt es mir im Sinn![8]

Das Gedicht wurde 1847 erstmals gedruckt, freilich in einer Fassung, der noch die spätere dritte Strophe fehlt. Nur handschriftlich überliefert ist eine weitere Version, die diese Strophe gleichfalls nicht hat, dafür aber eine zusätzliche am Ende aufweist. In den *Neueren Gedichten* von 1851/54, nach denen der Text hier zitiert wurde, bildet er den Abschluss des Zyklus *Jahreszeiten*, später nahm Keller ihn in die *Gesammelten Gedichte* auf, wo er, im Wortlaut fast unverändert, seinen Platz im *Buch der Natur* fand, und zwar wieder als Schlusspunkt der ganzen Abteilung. In beiden Gedichtbänden sind die jeweiligen Rubriken zumindest teilweise nach den vier Jahreszeiten geordnet, wobei der Winter die letzte Stelle einnimmt. Im Fortgang unserer Untersuchung wird allerdings zu fragen sein, ob für die Platzierung von *Winternacht* nicht auch noch andere Motive ausschlaggebend gewesen sein könnten.

In schroffem Gegensatz zu der heiteren, gelösten Stimmung, die die Eingangsverse von *Liebliches Jahr, wie Harfen und Flöten* heraufbeschwören, spricht dieses Gedicht von eisiger Kälte und Erstarrung. Deren Wirkung scheint sich sogar in der formalen Struktur des Textes niederzuschlagen, die von großer Strenge und Regelmäßigkeit ist. Keller verwendet kreuzgereimte fünfhebige Trochäen mit durchweg männlichen Kadenzen. Dadurch treffen an jeder Zeilengrenze zwei Hebungen zusammen, was den Leser förmlich zu einer Pause zwingt, die die Verse deutlich voneinander abhebt. Dementsprechend dominiert der Zeilenstil: Auch syntaktisch bilden die meisten Verse eine Einheit für sich, besonders deutlich in der ersten Strophe, die vier Hauptsätze aneinanderreiht. Die einzigen auffallenden Enjambements finden sich nach den Versen 11 und 13, wo die Satzbewegung ohne markante Einschnitte über die Zeilengrenzen hinweggeht. Diese vorübergehende Lockerung der rigiden formalen Ordnung spiegelt die Annäherung der beiden Bereiche wider, in die der Raum des Gedichts zerfällt, denn gerade hier kommen sich Oben und Unten, Mensch und Nixe am nächsten: Dem Blick des Ich durch die Eisschicht nach unten (V. 11f.) korrespondiert der Versuch der Wasserfrau, sie nach oben zu durchbrechen (V. 13f.). Letztlich siegt jedoch das Trennende, denn die Eisdecke erweist sich als undurchdringlich. Und noch auf ein weiteres Moment, das die außerordentliche Präzision der formalen Gestaltung von *Winternacht* belegt, sei aufmerksam gemacht. Die parallel ge-

---

[8]   Keller: Sämtliche Werke. Historisch-Kritische Ausgabe. Bd. 13, S. 179.

bauten Verse 1 und 3 beginnen, abweichend vom strikten trochäischen Gang, jeweils mit *drei* aufeinanderfolgenden Hebungen – das „ein" unbetont zu lassen, würde in beiden Fällen sinnentstellend wirken! – und können daher kaum anders als langsam, stockend und gleichsam mit angehaltenem Atem gelesen werden. Die reglose Starre der winterlichen Welt wird an diesen Stellen buchstäblich greifbar.

Konstitutiv für die Raumordnung des Gedichts ist, wie schon erwähnt, der Gegensatz von Oben und Unten, von blendend weißer Schneelandschaft und „schwarze[r] Tiefe", dem auch die beiden Figuren zugeordnet sind. Mensch und Wasserfrau verharren in ihrem jeweiligen Bereich (oder *müssen* darin verharren) und bleiben streng voneinander geschieden. Das Ich genießt fast voyeuristisch den Anblick der Nixe – „Dicht ich unter meinen Füßen sah / Ihre weiße Schönheit Glied für Glied." – und leidet zugleich unter der Unerreichbarkeit dieser erotisch verlockenden Gestalt. Deren „Antlitz" prägt sich seinem Gedächtnis für alle Zeit ein: Das Gedicht mündet in das erstarrte Bild einer schmerzlich empfundenen Trennung. Bemerkenswerterweise zeigt das lyrische Ich beim Erscheinen der Nixe keine Überraschung, und auch der ihr zugeordnete bestimmte Artikel deutet darauf hin, dass dem Sprecher hier kein wirklich fremdes, gänzlich unvertrautes Wesen gegenübertritt. Es fragt sich daher, ob das Gedicht tatsächlich die ‚reale' Begegnung mit einem Elementargeschöpf schildert oder ob die Verse nicht eher ein *inneres* Geschehen, das sich eigentlich in der Seele des Ich abspielt, plastisch vorführen, indem sie es in die Interaktion zweier Figuren umsetzen. Einen Beleg für die letztere Hypothese liefert die zusätzliche Strophe, die sich nur in der handschriftlichen Fassung findet:

> Als ein heller Stern vom Himmel fiel,
> Fuhr sie schreiend in die Tiefe da.
> Mich durchschauerte ein bang Gefühl,
> Wie wenn ich die eigne Seele sah.[9]

Dass der Blick in die Tiefe des Sees in diesen Versen explizit auf den Blick in die „eigne Seele" bezogen wird, entspricht jener Tendenz Kellers, die Ausdeutung seiner lyrischen Bilder im Gedicht selbst vorzunehmen, für die auch *Liebliches Jahr, wie Harfen und Flöten* ein Beispiel liefert. Der poetischen Qualität von *Winternacht* ist der spätere Verzicht auf die zitierte Strophe allerdings sicherlich zugute gekommen.

Es ist also durchaus statthaft, die äußere Natur, von der das Gedicht auf der wörtlichen Ebene spricht, als Metapher für den Zustand der seelischen

---

[9] Zitiert nach: Gottfried Keller: Sämtliche Werke in sieben Bänden. Bd. 1, S. 999.

Innenwelt des Ich zu deuten. In der Nixe verkörpern sich eigene Selbstantei-
le, triebhafte Regungen, die aus der „schwarze[n] Tiefe" emporstreben, aber
von einer undurchlässigen Verdrängungsschranke daran gehindert werden, in
den Raum des klaren, nüchternen Bewusstseins vorzudringen, den die blen-
dend weiße Schneelandschaft repräsentiert. Die Zweiteilung der Welt in
Winternacht spiegelt demnach eine innere Spaltung des Menschen wider, die
sich ohne weiteres mit den Begriffen der Freud'schen Psychoanalyse fassen
lässt. Das Ich registriert „den gefrorenen Zustand der eigenen Träume und
Sehnsüchte"[10] und sieht sich getrennt von seiner Triebwelt, deren Fremdheit
gegenüber dem bewussten Selbst hier in der Gestalt des märchenhaften Ele-
mentarwesens anschaulich gemacht wird.

Die Begegnung von Mensch und Wasserfrau ist nun freilich ebensowenig
eine Erfindung Kellers wie die Verknüpfung dieser Konstellation mit inner-
seelischen Verhältnissen. In der klassisch-romantischen Epoche und im gan-
zen 19. Jahrhundert erfreute sich das Nixenmotiv großer Beliebtheit in der
Lyrik wie in der fiktionalen Erzählprosa. Zu denken wäre beispielsweise an
Goethes Ballade *Der Fischer*, an Fouqués *Undine*, an die Sirenenfiguren bei
Eichendorff oder an die Schöne Lau aus Mörikes Märchen *Das Stuttgarter
Hutzelmännlein*, aber auch Kellers Landsmann Conrad Ferdinand Meyer
schrieb mit *Der schöne Tag* und *Die Fei* einschlägige Gedichte. Eine bloße
Moderscheinung war die auffallende Konjunktur dieses Bildkomplexes
sicherlich nicht. Man kann die Konfrontation mit einer verlockenden Nixe
vielmehr als eine zentrale poetische ‚Reflexionsfigur' dieser Jahrzehnte be-
zeichnen, über die die Literatur charakteristische seelische Konflikte des bür-
gerlichen Menschen – genauer: des bürgerlichen Mannes – thematisierte. Die
Strukturen der ausdifferenzierten bürgerlichen Gesellschaft zwingen deren
Angehörigen ein hohes Maß an Selbstkontrolle und Triebunterdrückung auf;
die Entwicklung eines stabilen Über-Ich, das die gesellschaftlichen Anforde-
rungen, Normen und Zwänge vertritt, geht mit dem Aufbau massiver Ver-
drängungsschranken gegen triebhafte Impulse und verbotene Wünsche ein-
her. Damit etablierte sich eben jene psychische Struktur, die Sigmund Freud
später wissenschaftlich zu beschreiben unternahm. Vor diesem Hintergrund
nutzen die Poeten die Gestalt der Nixe häufig, um eine ‚Wiederkehr des Ver-
drängten' zu inszenieren. Ein solcher Vorgang löst ambivalente Empfindun-
gen aus: Verschmelzungsphantasien und die Sehnsucht nach Ich-Entgren-
zung und dem Ausleben ungezügelter Triebwünsche mischen sich mit der
Angst vor dem Selbstverlust, vor dem Zusammenbruch der eigenen Identität,

---

[10] Bernd Neumann: Gottfried Keller. Eine Einführung in sein Werk. Königstein/Ts.
      1982, S. 325.

die eng mit den verinnerlichten Mechanismen der Triebkontrolle verbunden ist.

Das Moment der Gefährdung deutet sich in *Winternacht* gleichfalls an – würde das Eis brechen, das die Schranke zwischen ihm und der Nixe bildet, wäre dem lyrischen Ich der Tod im eisigen Wasser gewiss; die Erfüllung des sehnsüchtigen Verlangens wäre also, ganz traditionsgemäß, an eine existentielle Bedrohung gekoppelt. Doch Keller zitiert die vertraute Konstellation nicht nur, er wandelt sie zugleich auf originelle Weise ab, denn nicht die halb verlockende, halb beängstigende Aussicht auf eine Vereinigung mit dem fremd-vertrauten Elementargeschöpf steht bei ihm im Mittelpunkt, sondern gerade das Leiden an der *Unmöglichkeit* einer solchen Vereinigung. Dem Sprecher wird schmerzlich bewusst, dass es für ihn keinen Weg mehr zu jener Region triebhafter Regungen und Wünsche gibt, die unter dem Druck der Verdrängung endgültig zum ,inneren Ausland‘, zu einer dunklen und unzugänglichen Provinz des Seelenlebens geworden ist. Verbindet sich das Motiv der verführerischen Nixe in der Literatur für gewöhnlich mit Bildern der Auflösung, des Fließenden und Konturlosen, so zeigt *Winternacht* konsequenterweise das genaue Gegenteil, nämlich absolute Verfestigung und Erstarrung. Vor einer Gefährdung durch verbotene Triebregungen ist das lyrische Ich bei Keller durch das „dünne Glas" der Eisschicht geschützt, aber es bezahlt dafür mit der Gefangenschaft in einer kalten, leblosen Welt, in der die verdrängten Sehnsüchte nur noch im unbeweglichen Bild bewahrt werden können: „Ich vergess' das dunkle Antlitz nie, / Immer, immer liegt es mir im Sinn!"[11]

Während *Liebliches Jahr ...* einen harmonischen Einklang von Ich und Natur schildert, der auf der Offenheit des Menschen für die sinnlich erfahrene natürliche Wirklichkeit beruht, ist in *Winternacht* das Verhältnis des Sprechers zur Natur, der inneren wie der äußeren, durch Entfremdung und Erstarrung gekennzeichnet. Die Korrespondenzbeziehung zwischen Innen und Außen, die sich auch hier vorfindet, erhält damit eine gänzlich negative Einfärbung. Feiert das eine Gedicht den ewigen Kreislauf von Werden und Vergehen, in den sich das Individuum willig einfügt, so dokumentiert das andere mit ästhetischen Mitteln die Einsicht in die leidvolle Isolation und Gespaltenheit des Menschen. Die beiden Texte vertreten zwei entgegengesetzte Spielarten von Naturlyrik bei Keller und loten zugleich die Bandbreite der Mög-

---

[11] Das Motiv der trennenden Glasscheibe, das auf die Unmöglichkeit einer unmittelbaren, ungebrochenen Welt- und Selbsterfahrung des Individuums verweist, spielt übrigens auch im *Grünen Heinrich* eine wichtige Rolle, insbesondere im Zusammenhang der Beziehung des Titelhelden zu der jungen Anna, die er zum unberührbaren Engel verklärt.

lichkeiten aus, die dieser Gattung um die Jahrhundertmitte offen standen. Dass der Dichter Wert darauf legte, *Winternacht* in seinen sorgfältig komponierten Lyrikbänden jeweils an den Schluss der Rubrik mit den Naturgedichten zu stellen, wird nun vollauf verständlich, denn das Gedicht führt jene Form von Naturlyrik, die sich auf den Gedanken einer Annäherung von Mensch und Natur und einer Kommunikation zwischen ihnen gründet und der auch die meisten einschlägigen Werke Kellers zuzurechnen sind, an einen Endpunkt. Bernd Neumann schreibt:

> Damit markiert dieses Gedicht zugleich eine (literatur-)geschichtliche Wende. Es realisiert, daß das unmittelbare Aufgehobensein des Menschen in der Natur nach der Art der Goetheschen Naturlyrik oder der Romantiker nunmehr in der 2. Hälfte des 19. Jahrhunderts nicht mehr möglich ist. Gottfried Keller nahm darin eine Kardinalfrage der modernen Naturlyrik [...] vorweg: die Frage danach, ob überhaupt noch ein lyrischer, naiver Zugang zur Natur gegeben ist.[12]

Neumanns literarhistorische Einordnung von *Winternacht* muss freilich korrigiert werden (ganz abgesehen davon, dass Kellers Gedicht seiner Entstehung nach in die *erste* Hälfte des Jahrhunderts gehört). Die tiefe Entfremdung von der eigenen, inneren wie von der äußeren Natur wurde bereits um 1800 vielfach thematisiert. Es handelte sich um eine jener epochentypischen Erfahrungen, auf die Klassiker wie Romantiker mit ihren poetischen und philosophischen Werken reagierten – unter anderem in der Naturlyrik. Das „unmittelbare Aufgehobensein des Menschen in der Natur" vermisste schon Hölderlin leidvoll, und Dichter wie Brentano und Mörike gestalteten es nur noch als ästhetische Inszenierung und als bewussten *Gegenentwurf* zur zeitgenössischen Erfahrungswirklichkeit. ‚Naiv' war Naturlyrik zumindest in ihren komplexeren Ausprägungen schon lange vor der Mitte des 19. Jahrhunderts nicht mehr, falls sie es je gewesen ist. So kann man mit Blick auf *Winternacht* schwerlich von einer „Wende" sprechen. Festzuhalten bleibt aber, dass Kellers Gedicht einen Problemzusammenhang, der in der naturlyrischen Dichtung bereits seit Jahrzehnten angelegt war, mit Hilfe einer in ihrer Intensität kaum zu überbietenden poetischen Bildlichkeit in einzigartiger Weise zuspitzt.

---

[12]   Neumann: Gottfried Keller, S. 326.

Die Naturidylle als ‚Gegenraum' der Geschichte

Theodor Storm: *Juli – Abseits*

Die Popularität des Dichters Theodor Storm (1817–1888) gründet sich heute hauptsächlich auf seine Novellen, während sein lyrisches Werk weit weniger bekannt ist. Storm selbst war jedoch zeitlebens davon überzeugt, gerade auf dem Gebiet der Lyrik Überragendes geleistet zu haben, und schätzte seine Gedichte sehr viel höher als die ‚Brotarbeit' der Novellistik. Das zeigen beispielsweise die Notizen, die er für eine Tischrede anlässlich seines siebzigsten Geburtstags anfertigte. Während er sein umfangreiches erzählerisches Schaffen dort mit keinem Wort erwähnt, stellt er sich selbstbewusst „zu jenen wenigen Lyrikern [...], die die neue deutsche Literatur besitzt: zu unserm alten Asmus Claudius, und Göthe, zu Uhland und Eichendorf, Heinrich Heine und Eduard Mörike."[1] Damit sind zugleich die Poeten benannt, die Storm als Autoritäten und Vorbilder anerkannte und bewunderte. In der Tat vertrat er keine ungewöhnliche oder gar revolutionäre Auffassung vom lyrischen Gedicht; seine Ansichten, die er in verschiedenen Rezensionen und kleineren Aufsätzen darlegte, entsprechen vielmehr einer verhältnismäßig schlichten und noch heutzutage weit verbreiteten Vorstellung von den spezifischen Merkmalen der Gattung Lyrik. Deren Gipfelpunkt erblickte er in einer bestimmten Form des Erlebnis- oder Stimmungsgedichts: „Die eigentliche Aufgabe des lyrischen Dichters besteht aber unsrer Ansicht nach darin, eine Seelenstimmung derart im Gedichte festzuhalten, daß sie durch dasselbe bei dem empfänglichen Leser reproduziert wird".[2] Das wahre Gedicht entspringt aus der unmittelbaren Empfindung des Verfassers: „Den echten Lyriker wird sein Gefühl, wenn es das höchste Maß von Fülle und Tiefe erreicht hat, von selbst

---

[1] Theodor Storm: Sämtliche Werke in vier Bänden. Hrsg. von Karl Ernst Laage und Dieter Lohmeier. Bd. 4: Märchen. Kleine Prosa. Darmstadt 1998, S. 489.

[2] Ebd., S. 331.

zur Produktion nötigen, dann aber auch wie mit Herzblut alle einzelnen Teile des Gedichtes durchströmen." In Storms Augen beruht das „willkürliche und massenhafte Produzieren lyrischer Gedichte, das eigentliche Machen und Ausgehen auf derartige Produktionen auf einem gänzlichen Verkennen des Wesens der lyrischen Dichtkunst", die nur im echten „*Erlebnis*" des Dichters ihr „Fundament" finden könne.[3] Daher stand er allen Spielarten reflexionslastiger Poesie wie auch der stark rhetorisch geprägten politischen Lyrik des Vormärz ausgesprochen skeptisch gegenüber (obwohl er selbst eine ganze Reihe gedanklich reflektierender oder spruchartiger Gedichte geschrieben hat).

Soll sich die vom Dichter empfundene „Seelenstimmung" auf den Leser übertragen, so muss sie mit Hilfe sprachlich-ästhetischer Mittel objektiviert werden. Storms These, dass „die höchste Gefühlserregung" des Poeten „immer den schlagendsten Ausdruck finden", der emotionale Gehalt also die passende sprachliche Form geradezu automatisch mit sich bringen werde[4], ist freilich mit Vorsicht zu betrachten, und er hat sich an anderer Stelle auch um einiges differenzierter zu diesem Thema geäußert. Im Vorwort zu dem von ihm zusammengestellten *Hausbuch aus deutschen Dichtern seit Claudius* ist über die schwierige Aufgabe des Lyrikers Folgendes zu lesen:

> Nicht allein, daß die Forderung, den Gehalt in knappe und zutreffende Worte auszuprägen, hier besonders scharf hervortritt, da bei dem geringen Umfange schon *ein* falscher oder pulsloser Ausdruck die Wirkung des Ganzen zerstören kann; diese Worte müssen auch durch die rhythmische Bewegung und die Klangfarbe des Verses gleichsam in Musik gesetzt und solcherweise wieder in die Empfindung aufgelöst sein, aus der sie entsprungen sind.

Nur wenn es auf diese Weise gelingt, das Gedicht als sinnlich erlebbares Wort- und Klanggebilde zu gestalten, kann es für den Rezipienten zu einer überwältigenden Erfahrung, zu einer „Offenbarung und Erlösung" werden.[5] So dürfen auch Storms eigene Gedichte in ihrer ästhetischen Komplexität nicht unterschätzt werden. Zwar bevorzugt der Autor einfache liedhafte Formen und eine unprätentiöse Sprache, aber bei näherer Betrachtung erweisen sich viele seiner Texte als höchst artifizielle Schöpfungen, deren scheinbare Simplizität sich sorgfältiger Kalkulation verdankt.

Themen wie die Liebe und die Natur schienen Storm besonders geeignet, lyrische ‚Stimmungen' hervorzurufen, und nehmen deshalb in seinem Ge-

---

[3] Storm: Sämtliche Werke. Bd. 4, S. 332.
[4] Ebd., S. 331.
[5] Ebd., S. 393f.

dichtwerk eine dominierende Stellung ein. Für seine Naturlyrik spielen vor allem die Jahreszeiten eine wichtige Rolle, die Storms Wirkungsabsichten entgegenkommen, weil sie schon gewohnheitsmäßig mit gewissen Stimmungswerten verknüpft werden. Häufig bauen die Gedichte Analogien und symbolische Korrespondenzen zwischen Naturphänomenen und den Zuständen der menschlichen Seele auf und stiften damit innige Verbindungen von Außen- und Innenwelt. In *April* gipfelt die wechselseitige Durchdringung der beiden Sphären, des Frühlings und des fühlenden Menschenherzens, in einer förmlichen Verschmelzung des Sprechers mit dem Leben und Weben der Natur: „Mir ist wie Blume, Blatt und Baum".[6] Und auch in *Juli* wird eine suggestive Beziehung zwischen Mensch und Natur hergestellt:

> Klingt im Wind ein Wiegenlied,
> Sonne warm herniedersieht,
> Seine Ähren senkt das Korn,
> Rote Beere schwillt am Dorn,
> Schwer von Segen ist die Flur –
> Junge Frau, was sinnst du nur?[7]

Das 1860 entstandene Gedicht bietet kein zusammenhängendes Landschaftsbild, sondern reiht einzelne Impressionen aneinander, die ihren gemeinsamen Bezugspunkt in der prallen Fülle der sommerlichen Natur haben. Jedes der in sich geschlossenen Bilder wird in einem einzigen knappen Satz ausgedrückt und nimmt auch genau einen Vers in Anspruch. Den letzten Platz in dieser Reihe weist der Sprecher der Frau zu, die er damit bruchlos in den Rahmen der reichen, gesegneten Natur einfügt. In einem Brief an Emil Kuh erläuterte Storm später, er habe diese Verse ursprünglich „an eine junge Frau gerichtet, bei der ich die erste Schwangerschaft vermutete."[8] Im Text ist zwar nicht ausdrücklich von einer Schwangerschaft die Rede, aber das „Wiegenlied" des Windes und das beherrschende Thema der üppigen Fruchtbarkeit legen entsprechende Assoziationen nahe. Selbst fruchtbar zu sein und neues Leben hervorzubringen, erscheint als ‚natürliche' Bestimmung der Frau, die als werdende Mutter in Parallele zur mütterlichen Natur steht; eben diese Bestimmung könnte auch der Gegenstand ihres in sich gekehrten Sinnens sein. Allerdings sind die Analogien zwischen menschlichen Gefühlslagen oder Zuständen und der Natur bei Storm nicht immer so positiv konnotiert wie in

---

[6]   Storm: Sämtliche Werke. Bd. 1: Gedichte. Novellen 1848–1867. Darmstadt 1998, S. 50.

[7]   Ebd.

[8]   Theodor Storm: Briefe. Hrsg. von Peter Goldammer. Bd. 2. Berlin, Weimar ²1984, S. 37.

diesem Fall, denn Schmerz, Trauer und Einsamkeit können ebenfalls in passenden Naturbildern ihren Ausdruck finden. Düster gefärbt ist die Beziehung von Jahreszeit und subjektivem Empfinden beispielsweise in *Über die Heide*, wo die geisterhafte, öde Herbstlandschaft der melancholischen Stimmung des lyrischen Ich korrespondiert. Eine glücklichere Spiegelbeziehung von natürlicher Außen- und seelischer Innenwelt wird hier lediglich über eine Erinnerung eingebracht, wenn das Gedicht mit einem elegischen Rückblick auf den entschwundenen Mai schließt, den der Sprecher mit „Leben und Liebe" assoziiert.[9]

Storm hat jedoch auch lyrische Texte geschrieben, in denen das Verhältnis von Mensch und Natur sich weitaus vielschichtiger gestaltet und distanzierter beleuchtet wird als in den bisher betrachteten Werken. Als Beispiel möge das im Sommer 1847 entstandene und im folgenden Jahr erstmals publizierte Gedicht *Abseits* dienen:

> Es ist so still; die Heide liegt
> Im warmen Mittagssonnenstrahle,
> Ein rosenroter Schimmer fliegt
> Um ihre alten Gräbermale;
> 5   Die Kräuter blühn; der Heideduft
> Steigt in die blaue Sommerluft.
>
> Laufkäfer hasten durch's Gesträuch
> In ihren goldnen Panzerröckchen,
> Die Bienen hängen Zweig um Zweig
> 10   Sich an der Edelheide Glöckchen;
> Die Vögel schwirren aus dem Kraut –
> Die Luft ist voller Lerchenlaut.
>
> Ein halbverfallen' niedrig' Haus
> Steht einsam hier und sonnbeschienen;
> 15   Der Kätner lehnt zur Tür hinaus,
> Behaglich blinzelnd nach den Bienen;
> Sein Junge auf dem Stein davor
> Schnitzt Pfeifen sich aus Kälberrohr.
>
> Kaum zittert durch die Mittagsruh
> 20   Ein Schlag der Dorfuhr, der entfernten;
> Dem Alten fällt die Wimper zu,
> Er träumt von seinen Honigernten.

---

[9] Storm: Sämtliche Werke. Bd. 1, S. 93.

– Kein Klang der aufgeregten Zeit
Drang noch in diese Einsamkeit.[10]

Eine Atmosphäre der Ruhe und der Zeitenthobenheit, die in vollem Sinne als
idyllisch bezeichnet werden kann, bestimmt dieses Gedicht. Sie schlägt sich
auch in seiner äußeren Gestalt nieder, die bei aller Schlichtheit des Vokabu-
lars, der Syntax und der formalen Mittel doch sehr genau auf den Inhalt abge-
stimmt ist. Der Dichter verwendet vierhebige Jamben und eine sechszeilige
Strophe, deren Reimschema die Abrundung der einzelnen Versgruppen un-
terstreicht: Auf einen Kreuzreim mit abwechselnd männlichen und weibli-
chen Kadenzen folgt ein Reimpaar mit männlichen Versschlüssen. Dabei
lassen sich die ersten vier Zeilen wiederum in zwei Blöcke zu je zwei Versen
gliedern, denn aufgrund des jambischen Metrums und der männlichen Ka-
denz im jeweils ersten Vers herrscht innerhalb dieser Texteinheiten ein re-
gelmäßiger Wechsel von unbetonten und betonten Silben, der erst an ihrem
Ende durch den weiblichen Ausgang des jeweils zweiten Verses und den
darauf folgenden Auftakt unterbrochen wird. Auch syntaktisch und seman-
tisch sind die drei Verspaare, aus denen sich jede Strophe zusammensetzt, in
sich geschlossen – sie könnten durchweg mit einem Punkt beendet werden.
Im Hinblick auf ruhiges Gleichmaß und innere Rundung bildet lediglich das
durch einen Gedankenstrich abgesetzte dritte Paar der letzten Strophe, das die
Grenzen des Idylls überschreitet, eine Ausnahme. Auf diese Zeilen wird spä-
ter noch ausführlicher einzugehen sein.

Mit allen poetischen Mitteln, die ihm zur Verfügung stehen, verleiht der
Dichter dem Erlebnis der Heidelandschaft sinnliche Intensität und Gegenwär-
tigkeit. Jede der ersten drei Strophen präsentiert ein Bild der sommerlichen
Heide mit einem eigenen Schwerpunkt, wobei sich aus ihrer Reihung ein
Aufstieg von der Vegetation über das Tierreich bis hin zur Menschenwelt
ergibt. Die erste Strophe nennt die blühenden „Kräuter" und den „Heideduft",
die zweite lenkt den Blick auf „Laufkäfer", „Bienen" und „Vögel" (und da-
mit vom Boden über die Zweige bis in den Himmelsraum), und die dritte
bringt schließlich mit dem „Kätner" und seinem Sohn die menschlichen Be-
wohner der Gegend ins Spiel. Obwohl diese Idylle gleichsam in sich selbst
ruht, ist ihre Statik doch nicht absolut und gerät daher nicht in die Nähe leb-
loser Starre. Ganz im Gegenteil ist die Natur sogar außerordentlich rege: Die
Käfer „hasten", die Vögel „schwirren" – dieses Verb kann sowohl eine Laut-
äußerung als auch eine Bewegung bezeichnen und meint hier vielleicht bei-
des in einem –, und schon die erste Strophe evoziert, obwohl noch nicht ein-
mal Tiere genannt werden, den Eindruck von Leben und Bewegung, wenn

---

[10]   Storm: Sämtliche Werke. Bd. 1, S. 12.

der rötliche Schimmer über die Heide „fliegt" und der Duft zum Himmel
„[s]teigt". All diese Erscheinungen lockern die Szenerie auf, ohne aber den
generellen Eindruck von Ruhe und Dauerhaftigkeit zu beeinträchtigen, denn
als bloße Naturvorgänge bringen sie keine wirkliche Veränderung, keinen
Wechsel des Gesamtbildes mit sich. Ebenso wird die Stille, die der Ein-
gangsvers als erstes und auffallendstes Merkmal der idyllischen Gegend
nennt, durch das Schwirren der Vögel und den allgegenwärtigen „Lerchen-
laut" eher hervorgehoben als durchbrochen. Selbst der ferne „Schlag der
Dorfuhr" verhallt unbeachtet in der „Mittagsruh", in der die Zeit stillzustehen
scheint: Wie in Mörikes *Die schöne Buche* erleben wir die Natur gerade um
die bedeutungsvolle „hohe Stunde des Mittags", der bei Storm freilich jene
sakrale Aura fehlt, von der sie in Mörikes Elegie umgeben ist.

Die im Text erwähnten Menschen hüten sich, den herrschenden Frieden
zu stören. Sie sind sogar um einiges passiver als die Naturphänomene selbst,
denn während diese als vielfältig bewegt und teilweise sogar als tätig-pro-
duktiv vorgeführt werden – die honigsammelnden Bienen! –, träumt der Kät-
ner gänzlich beschäftigungslos vor sich hin, und auch dem Jungen dient das
Pfeifenschnitzen wohl nur als gemütlicher Zeitvertreib. Offenbar leben diese
Menschen wie in einem paradiesischen Zustand allein aus der Fülle der um-
gebenden Natur, etwa von den „Honigernten", die ihnen ihre Bienen zubrin-
gen. Als nährende Lebensspenderin nimmt die Natur mütterliche Züge an,
wie es bei Storm häufig zu beobachten ist. Sie vervollständigt damit auf sub-
tile Weise die fragmentarische Familienkonstellation, die *Abseits* vorführt,
indem sie, wie Birgit Reimann treffend beobachtet hat, die ausgesparte Frau-
en- bzw. Muttergestalt ersetzt.[11]

Die bisherigen Überlegungen haben zwei Elemente des Gedichts unbe-
rücksichtigt gelassen, nämlich den Titel und das abschließende Verspaar. Mit
„Abseits" ist sicherlich die Ferne des geschilderten Wirklichkeitsausschnitts
von den Zentren der modernen, städtisch geprägten Zivilisation angespro-
chen. Von vornherein wird die friedliche Heide als ein Ort an der Peripherie
gekennzeichnet, der bestimmte Lebensweisen noch gestattet, die andernorts
schon keinen Raum mehr finden. Zugleich gibt der Titel einen Blickwinkel
von außen vor, denn nur von einem Außenstehenden, nicht aber von ihren
eigenen Bewohnern, die hier ihren Lebensmittelpunkt haben, kann die idylli-
sche Gegend als ‚abseits' gelegen charakterisiert werden. Und so gilt es wei-

---

[11] Vgl. Birgit Reimann: Zwischen Harmoniebedürfnis und Trennungserfahrung: Das
menschliche Naturverhältnis in Theodor Storms Werk. Zur dichterischen Gestal-
tung von Natur und Landschaft in Lyrik und Novellistik. Diss. Freiburg i.Br.
1995, S. 43.

Sele(?) + (?)e(?)e(?)e(?)!

ter zu fragen, aus welcher Perspektive die Darstellung der Heidelandschaft im Text selbst erfolgt – welchen Standpunkt nimmt das lyrische Ich ein?

Bereits die einleitende Feststellung „Es ist so still" deutet auf einen Sprecher hin, der kein Bewohner dieser Gegend und daher aus seinem Alltag nicht an die dort herrschende Ruhe gewöhnt ist. Wirklich offensichtlich wird die Distanz des Ich aber erst in den Schlusszeilen, in denen es das Heide-Idyll mit der „aufgeregten Zeit" kontrastiert: Jemand, der selbst an der Idylle teilhat – wie beispielsweise der Kätner –, wäre dazu gewiss nicht imstande, da er ja „noch" gar nichts von dieser unruhigen Zeit weiß. Nur weil der Sprecher die aufgewühlte Welt jenseits der friedlichen Enklave aus eigener Anschauung kennt, vermag er *beide* Räume ins Auge zu fassen und einander gegenüberzustellen. Die Schlussverse lassen sogar eine wehmütige Stimmung anklingen, eine elegische Sehnsucht des lyrischen Ich nach dem Refugium der Idylle. Zu überlegen wäre vor diesem Hintergrund zudem, ob in die Schilderung der Landschaft und ihrer Menschen nicht auch Projektionen des Betrachters einfließen, der die Existenz der Heidebewohner zu einer idealen, paradiesischen Daseinsform stilisiert, während ihm die angesichts eines „halbverfallen[en]" Häuschens eigentlich nahe liegende Assoziation von Armut und Mangel bezeichnenderweise nicht in den Sinn kommt.

Die Wendung von der „aufgeregten Zeit", die das Gegenbild zu dem beschriebenen Naturraum andeutet, wird im Text nicht näher erläutert. Berücksichtigt man die Entstehungszeit des Gedichts, so lässt sie sich durch den Hinweis auf die heftig bewegten Jahre des Vormärz konkretisieren: Die Revolution von 1848 warf ihre Schatten voraus und mit ihr, für Storms persönliche Verhältnisse besonders bedeutsam, die Erhebung Schleswigs und Holsteins gegen die dänische Oberherrschaft. Versteht man die „aufgeregte Zeit" jedoch in einem weiter gefassten Sinne, so bezeichnet sie nichts anderes als die historisch-lineare Zeit als solche, die aus dem Bezirk der Idylle ausgesperrt bleibt, eine Zeit, die insbesondere seit dem ausgehenden 18. Jahrhundert rasante, tiefgreifende Umwälzungen mit sich gebracht und Mentalität und Weltwahrnehmung der Menschen von Grund auf verändert hatte. Die schließlich in die Revolution mündenden Konflikte der Vormärz-Epoche bilden, so betrachtet, nur einen Teilaspekt dieser stürmischen Veränderungen der zeitgenössischen Lebenswelt. In der idyllischen, in sich ruhenden Natursphäre erblickt das lyrische Ich den Gegenpol der *Geschichte*, die sich als Ablauf in der Zeit entfaltet.

Es fragt sich aber, ob das im Gedicht entworfene zeitlose, naturverbundene Dasein tatsächlich als lebbare und ernstzunehmende Alternative zu der „aufgeregten Zeit" des historischen Wandels gelten darf, denn die beiden Schlusszeilen relativieren die vorangegangene Schilderung in doppelter Weise. Auffällig ist zunächst der Wechsel ins Präteritum („Drang"), das an die

Stelle der bisher verwendeten Gegenwartsform tritt. Dieser Bruch scheint das Bild der harmonischen Natur plötzlich in die Vergangenheit zu entrücken und als Reminiszenz des Sprechers kenntlich zu machen: „Dann wäre das Präsens des Idylls nur ein – innerhalb des Gedichtes! – fingiertes, eine Art ‚historisches' Präsens, der Dichter *erinnerte sich* nur jenes Heidesommermittags und verriete das in den beiden letzten Zeilen des Gedichts."[12] Der Zufluchtsort der heilen Natur ist für das lyrische Ich also nicht mehr zugänglich, er kann allenfalls in der poetischen Rede und mit Hilfe des ästhetischen Scheins ‚vergegenwärtigt' werden. Ebenso gewichtig ist das Wörtchen „noch" im letzten Vers des Textes, dessen bedrohlicher Unterton nicht überhört werden sollte. Die „aufgeregte Zeit" ist nicht bloß der Gegenpol der ländlichen Idylle, sondern erweist sich als unmittelbare Gefahr für deren Fortbestand, denn die Feststellung, der Bezirk der Natur sei *noch* unberührt von den geschichtlichen Transformationen, impliziert die Annahme, dass er früher oder später doch in die historischen Prozesse hineingezogen werden wird. Mehr noch: Die mit diesem einen Wort eröffnete zeitliche Tiefendimension genügt im Grunde bereits, um die Geschlossenheit der Idylle zu sprengen, denn eine Sphäre, für die der Beobachter eine Differenz von Gegenwart und Zukunft auch nur in Betracht ziehen kann, ist schon nicht mehr zeitenthoben.

In mancher Hinsicht ist Storms Gedicht *Abseits* der Elegie *Die schöne Buche* von Eduard Mörike verwandt. Beide Texte entwerfen Naturszenarien mit idyllischen Zügen, die eine ungebrochene Einheit von Mensch und Natur zu ermöglichen scheinen; sie reflektieren aber auch – mit unterschiedlichen Mitteln –, dass solche Refugien nur in strikter Abgrenzung von der zeitgenössischen Lebenswirklichkeit denkbar sind, die damit *als* ausgegrenzte und ausgesparte gleichsam indirekt doch in den Gedichten anwesend ist. Letztlich erweist sich die ideale Beziehung von Mensch und Natur in beiden Fällen als Produkt dichterischer Gestaltungskraft, als poetische Schöpfung, der ihre eigene Künstlichkeit eingeschrieben bleibt. Allerdings ist das lyrische Ich bei Storm, anders als bei Mörike, selbst nicht mehr Teil der Idylle, sondern erscheint als Außenstehender, dessen distanzierter Blick den Konstruktcharakter des Naturbildes noch augenfälliger macht. Die bei diesen Dichtern zu beobachtende Tendenz, die ersehnte schöne, harmonische Natur als *Kunstgebilde* zu kennzeichnen, werden wir später in einer aufs äußerste zugespitzten Form bei Stefan George wieder antreffen.

---

[12] Peter Spycher: Theodor Storm: *Abseits*. In: Die deutsche Lyrik. Form und Geschichte. Interpretationen. Von der Spätromantik bis zur Gegenwart. Hrsg. von Benno von Wiese. Düsseldorf 1964, S. 191–200; hier S. 197.

Ein Neubeginn im Zeichen der Tradition

Arno Holz: *Frühling*

Die Autoren des Naturalismus, die sich zunächst meist ‚Jüngstdeutsche' oder ‚Moderne' nannten, sind vor allem für ihre Leistungen auf dem Gebiet des Dramas und – in zweiter Linie – der Erzählprosa bekannt. Die Anfänge dieser Strömung waren jedoch in beträchtlichem Maße von der Lyrik bestimmt. Ein besonderer literarhistorischer Stellenwert kommt dabei der Gedichtanthologie *Moderne Dichter-Charaktere* zu, die im Frühjahr 1885 erschien.[1] Bei den 22 Beiträgern handelte es sich überwiegend um junge Bürgerliche, die in Berlin miteinander in Kontakt gekommen waren. Das Attribut ‚modern' ist für ihr Selbstverständnis bezeichnend, denn in seinem allgemeinsten Sinne bringt es die Abkehr von einer als vergangen und überholt betrachteten Epoche und den Anspruch des Neuen, Zukunftsweisenden zum Ausdruck. Von einem literaturrevolutionären Impetus zeugen auch die programmatischen Verlautbarungen der jungen Poeten. So schlagen die der Anthologie beigegebenen Vorreden von Hermann Conradi und Karl Henckell einen ausgesprochen kämpferischen Ton an, indem sie die „sauber gegossene, feingeistige, elegante, geistreiche Lyrik" ihrer Zeitgenossen attackieren, die das „hartkantig Sociale" sowie das „Urewige und doch zeitlich Moderne" vermissen lasse. Den „abgenutzten Schablonen" der populären gründerzeitlichen ‚Goldschnittlyrik' wird in markigen Worten das „Große, Hinreißende, Imposante,

---

[1] Moderne Dichter-Charaktere. Hrsg. von Wilhelm Arent. Leipzig 1885. – Für die zweite Auflage, die im folgenden Jahr herauskam, wurde der Titel in *Jung-Deutschland* geändert. Über den Kontext und die Merkmale dieses Bandes informiert ausführlich der Aufsatz von Günther Mahal: Wirklich eine Revolution der Lyrik? Überlegungen zur literaturgeschichtlichen Einordnung der Anthologie *Moderne Dichter-Charaktere*. In: Naturalismus. Bürgerliche Dichtung und soziales Engagement. Hrsg. von Helmut Scheuer. Stuttgart u.a. 1974, S. 11–47.

Majestätische" gegenübergestellt[2], das die von den Autoren der Anthologie getragene oder zumindest initiierte „Poesie der Zukunft"[3] auszeichnen soll.

Das Aufbegehren der ‚Modernen' trägt offenkundig Züge eines Generationenkonflikts. Indes ging es bei dieser Revolte gegen die etablierten Repräsentanten der Literatur im Kaiserreich auch um ganz handfeste Interessen, nämlich um Anteile am literarischen Markt, die die jungen Autoren für sich erobern wollten. Der Zusammenschluss zu einer lockeren Gruppe und das gemeinschaftliche Auftreten mit der Lyrik-Anthologie sind daher nicht zuletzt als strategische Maßnahmen zu verstehen, die eine günstige Ausgangsposition für die literaturpolitischen Auseinandersetzungen schaffen sollten. Allerdings wird schon in den erwähnten Vorreden zu den *Modernen Dichter-Charakteren* eine gewisse Diskrepanz zwischen der massiven Polemik auf der einen und der Unbestimmtheit der eigenen Zielsetzungen auf der anderen Seite sichtbar: „Das Pathos ersetzt das geordnete Programm".[4] Und die reale poetische Umsetzung des hochgesteckten Anspruchs, eine neue Literaturepoche zu eröffnen, erwies sich für die Beiträger der Anthologie erst recht als schwierig, wie eine nähere Betrachtung der abgedruckten Gedichte zeigt, denn nur in wenigen Fällen gelang es, den angestrebten Bruch mit den Formen und Inhalten der marktbeherrschenden Gründerzeitlyrik auch in der Praxis zu vollziehen. In den *Modernen Dichter-Charakteren* dominieren streng gebundene Gedichtformen, traditionelle sprachlich-stilistische Mittel und teils pathetische, teils sentimentale Gefühlsergüsse. Während die für die weitere Entwicklung des Naturalismus so wichtigen Aspekte des aktuellen Zeitbezugs und der Gesellschaftskritik nur eine geringe Rolle spielen, nehmen klassische Themen der Lyrik wie Natur und Liebe breiten Raum ein; daneben stehen Gedichte mit vagen philosophischen Thesen und ebenso verschwommene religiös-mystische Betrachtungen. Wird das Elend der Ärmsten in der Gesellschaft überhaupt einmal zum Gegenstand gemacht, so bleibt es in der Regel bei einer moralisierenden und stark emotional geprägten Mitleidsrhetorik, die an die Stelle der präzisen Analyse und der politischen Programmatik tritt. Wenn Arno Holz, wie wir noch sehen werden, ausdrücklich für das „rothe Banner" des Sozialismus Partei ergreift, ist dies schon recht untypisch; zudem hat er diese Stellungnahme nie konkretisiert. Bereits der Titel der Sammlung deutet an, dass sich die Autoren in erster Linie als originelle „Charaktere", als kraftvolle Dichterpersönlichkeiten vorstellen wollten: „Schrankenlose, unbedingte Ausbildung ihrer künstlerischen Individualität"

---

2   Moderne Dichter-Charaktere, S. II.
3   Ebd., S. VII.
4   Helmut Scheuer: Arno Holz im literarischen Leben des ausgehenden 19. Jahrhunderts (1883–1896). Eine biographische Studie. München 1971, S. 50.

sei ihr Ziel, schreibt Conradi in seiner Einleitung.[5] Dahinter steht die recht konventionelle, dem Vorbild des Sturm und Drang verpflichtete Auffassung von Dichtung als der genialischen Ich-Aussprache eines ,großen Individuums'.

Insgesamt präsentiert sich der Band *Moderne Dichter-Charaktere* als „unausgegorene[s] Konglomerat von Widersprüchlichem und Halbfertigem"[6], als typisches Produkt einer Übergangsphase, das freilich doch auf seine Weise den späteren ,konsequenten' Naturalismus mit vorbereiten half. Wie sich die spezifische literarhistorische Stellung dieser Anthologie auf dem Gebiet der Naturlyrik auswirkt, soll im Folgenden am Beispiel des Gedichts *Frühling* von Arno Holz (1863–1929), dem aus heutiger Sicht prominentesten Beiträger der Sammlung, untersucht werden. Der umfangreiche Text wurde bald darauf auch in Holz' eigenem Lyrik-Band *Das Buch der Zeit* abgedruckt.[7] In späteren Auflagen trägt er dort den Titel *Berliner Frühling*[8], der die Eigentümlichkeit des Gedichts sehr treffend bezeichnet. Berlin, dessen Einwohnerzahl schon in den siebziger Jahren die Millionengrenze überschritten hatte, war in den Augen der Zeitgenossen *die* deutsche Großstadt schlechthin, und indem Holz die Naturlyrik mit dem Großstadtthema verknüpft, erschließt er ihr tatsächlich ein neues und außerordentlich modernes Gebiet.

Frühling

I.

Wohl haben sie dich alle schon besungen
Und singen dich noch immer an, o Lenz,
Doch da dein Zauber nun auch mich bezwungen,
Meld ich mich auch zur großen Concurrenz.
5   Doch fürcht ich fast, ich bin dir zu prosaisch,
Aus meinen Versen sprüht kein Fünkchen Geist;
Und denk ich gar an deinen Dichter Kleist,
Klingt meine Sprache mir fast wie Havaisch.

---

[5]   Moderne Dichter-Charaktere, S. III.
[6]   Mahal: Wirklich eine Revolution der Lyrik?, S. 36.
[7]   Arno Holz: Das Buch der Zeit. Lieder eines Modernen. Zürich 1886, S. 25–36. – Der Band erschien tatsächlich bereits im Sommer 1885, wenige Monate nach der Anthologie *Moderne Dichter-Charaktere*. Die späteren Auflagen wurden teilweise erheblich verändert und erweitert.
[8]   Arno Holz: Das Buch der Zeit. In: ders.: Werke. Bd. 5: Das Buch der Zeit – Dafnis – Kunsttheoretische Schriften. Hrsg. von Wilhelm Emrich und Anita Holz. Neuwied 1962, S. 98–104.

Kein Veilchenduft versetzt mich in Extase,
10 Denn ach, ich bin ein Epigone nur;
Nie trank ich Wein aus einem Wasserglase,
Und nüchtern bin ich bis zur Unnatur.
Der Tonfall meiner lyrischen Collegen
Ist mir ein unverstandner Dialect,
15 Denn meinen Reim hat die Kultur beleckt
Und meine Muse wallt auf andern Wegen.

Ins Waldversteck verirrt sie sich nur selten,
Die blaue Blume ist ihr längst verblüht;
Doch zieht die Ahnung neugeborner Welten
20 Ihr süßer als ein Mährchen durchs Gemüth.
Zu Armuth tritt sie hin und zählt die Groschen,
Ihr rothes Banner pflanzt sie in den Streit,
An ihr Herz schlägt das große Herz der Zeit
Und aller Weltschmerz scheint ihr abgedroschen.

25 Doch heute singt sie, was ihr längst verboten,
Mir scheint, dein Lächeln hat sie mir behext,
Und unter deine altbekannten Noten
Schreibt sie begeistert einen neuen Text.
Die Flur ergrünt, und bläulich blüht der Flieder,
30 Ich aber leire meine Lenzmusik,
Und lachend schon vernehm ich die Kritik:
Das denkt und singt ja wie ein Seifensieder!

II.

Schon blökt ins Feld die erste Hammelheerde,
Der Hof hielt seine letzte Soiree,
35 Und grasgrün überdeckt die alte Erde
Coquett ihr weißes Winternegligee.
Der Wald rauscht wieder seine Lenzgeschichten
Und mir im Schädel rasselt kreuz und quer
Ein ganzer Rattenkönig von Gedichten,
40 Ein Reim- und Rhythmenungethüm umher.

Wie Gold in meine ärmliche Mansarde
Durchs offne Fenster fällt der Sonnenschein,
Und graubefrackt lärmt eine Spatzengarde:
Ich schnitt es gern in alle Rinden ein!

45 Die Luft weht lau und eine Linde spreitet
    Grün übers Dach ihr junges Laubpanier
    Und vor mir auf dem Tisch liegt ausgebreitet
    Fein säuberlich ein Bogen Schreibpapier.

    O lang ist's her, daß mir's im Hirne blitzte!
50 Im Winterschnee erfror die Phantasie;
    Erst heute war's, daß ich den Bleistift spitzte,
    Erst heut in dieser Frühlingsscenerie.
    Weh, mein Talent versickert schon im Sande,
    Des eitlen Nichtsthuns bin ich endlich satt,
55 Drum, da ich ihn noch nie sah auf dem Lande,
    Besing' ich nun den Frühling in der Stadt.

    Denn nicht am Waldrand bin ich aufgewachsen
    Und kein Naturkind gab mir das Geleit,
    Ich seh die Welt sich drehn um ihre Achsen
60 Als Kind der Großstadt und der neuen Zeit.
    Tagaus, tagein umrollt vom Qualm der Essen,
    War's oft mein Herz, das lautauf schlug und schrie,
    Und dennoch, dennoch hab ich nie vergessen
    Das goldne Wort: Auch dies ist Poesie!

65 O wie so anders, als die Herren singen,
    Stellt sich der Lenz hier in der Großstadt ein!
    Er weiß sich auch noch anders zu verdingen,
    Als nur als Vogelsang und Vollmondschein.
    Er heult als Südwind um die morschen Dächer
70 Und wimmert wie ein kranker Komödiant,
    Bis licht die Sonne ihren goldnen Fächer
    Durch Wolken lächelnd auseinanderspannt.

    Und Frühling! Frühling! schallt's aus allen Kehlen,
    Der Bettler hört's und weint des Nachts am Quai;
75 Ein süßer Schauer rinnt durch alle Seelen
    Und durch die Straßen der geschmolzne Schnee.
    Die Damen tragen wieder lange Schleppen,
    Zum Schneider eilt nun, wer sich's leisten kann;
    Die Kinder spielen lärmend auf den Treppen,
80 Und auf den Höfen singt der Leiermann.

    Schon legt der Bäcker sich auf Osterkringel
    Und seine Fenster putzt der Photograph,

Der blaue Milchmann mit der gelben Klingel
Stört uns tagtäglich nun den Morgenschlaf.
85   Mit Kupfern illustrirt die Frauenzeitung
Die neusten Frühjahrsmoden aus Paris,
Ihr Feuilleton bringt zur Geschmacksverbreitung
Den neusten Schundroman von Dumas fils.

Es tritt der Strohhut und der Sonnenknicker
90   Nun wieder in sein angestammtes Recht
Und coquettirend mit dem Nasenzwicker
Durchstreift den Park der Promenadenhecht.
Das ist so recht die Schmachtzeit für Blondinen
Und ach, so mancher wird das Herzlein schwer;
95   Ein Duft von Veilchen und von Apfelsinen
Schwingt wie im Traum sich übers Häusermeer.

Am Arm das Körbchen mit den weißen Glöckchen,
Das blonde Haar zerweht vom Frühlingswind,
Lehnt bleich und zitternd im verschossnen Röckchen
100   Am Prunkpalast das Proletarierkind.
Geschminkte Dämchen und gezierte Stutzer,
Doch Niemand, der ihm schenkt ein freundlich Wort;
Und naht sich Abends der Laternenputzer,
Dann schleicht es weinend sich ins Dunkel fort!

105   Verfolgt vom blutgen Schwarm der Manichäer,
Um irrt nun Bruder Studio wie gehetzt,
Bis er sich endlich rettet zum Hebräer
Und seinen Winterpaletot versetzt.
Der Hypochonder sinnt auf Frühjahrskuren
110   Und wettert auf die Stickluft der Salons,
Der Italiano formt sich Gypsfiguren
Und zieht vors Thor mit seinen Luftballons.

Nun geht die Welt kopfüber und kopfunter,
Auf Sommerwohnung zieht schon der Rentier,
115   Die Anschlagsäulen werden immer bunter
Und nächtlich wimmert oft das Portemonnaie.
Der Schornsteinfeger klettert auf die Leiter
Und grinst uns an als Vogelperspecteur,
Vor Klingeln kommt die Pferdebahn nicht weiter
120   Und Alles brüllt: „He, schneller, Conducteur!"

Das Militair wirft sich in Drillichhosen
Und übt sich schwitzend im Paradeschritt,
Als ging's kopfüber gegen die Franzosen,
Und krampfhaft schleppt es die Tornister mit.
125 Und blitzt der Exercierplatz dann exotisch
Wie ein gemaltes Farbenmosaik,
Dann wird die Schusterjugend patriotisch
Und lautauf spielt die Regimentsmusik.

Schon dampft der Kaffee hie und da im Garten,
130 Der Schooßhund bellt, es kreischt der Papagei,
Papa studirt die kolorirten Karten
Von Zoppot, Heringsdorf und Norderney.
In den geschlossenen Theatern trauern
Die weichen Polstersitze des Parquets
135 Und rothe Zettel predgen an den Mauern
Die goldne Aera des Retourbilletts.

An eine Spritztour denkt manch armer Schlucker,
Doch dreht sie leider sich ums Wörtchen „wenn",
Am gelben Gurt den schwarzen Opernkucker,
140 Stelzt durchs Museum nun der Inglishman.
Die Provinzialen aber schneiden Fratzen
Dank ihrer anerzognen Prüderie,
Und unbemerkt nur schleichen sie wie Katzen
Um unsre liebe Frau von Medici.

145 Doch drauß vorm Stadtthor rauscht es in den Bäumen,
Dort tummelt sich die fashionable Welt,
Und junge Dichter wandeln dort und träumen
Von ewgem Ruhm, Unsterblichkeit – und Geld.
Rings um die wiederweißen Marmormäler
150 Spielt laut ein Kinderschwarm nun Blindekuh,
Und heimlich giebt der Backfisch dem Pennäler
Am Goldfischteich das erste Rendezvous.

Und macht die Nacht dann ihre stille Runde
Und blitzt es licht durchs dunkle Firmament,
155 Dann ist's dieselbe Lenznacht, die zur Stunde
Sich lagert um den Busen von Sorrent.
Dann ist's derselbe Mond, der rings das Pflaster
Weich überdeckt mit seinem goldnen Vließ,

160 Den vor Jahrtausenden schon Zoroaster
    Als ewgen Herold aller Lenze pries. –

    O Frühling! Frühling, dem die Welt gelodert,
    Du führst im Schild ein Röslein ohne Dorn!
    Daß uns das Herz nicht ganz vermorscht und modert,
    Stößt du noch immer in dein Wunderhorn.
165 Noch immer läßt du deine Nachtigallen
    Ins Frühroth schlagen, wie zur Zeit Homers,
    Und hebst empor die Engel, die gefallen,
    Die kranken Söhne Fausts und Ahasvers.

    Ob du vor Zeiten einst als junge Sonne
170 Glorreich emporstiegst über Salamis,
    Indeß Diogenes in seiner Tonne
    Sich philosophisch in die Nägel biß;
    Und ob dir heute noch im fernsten Norden
    Ein Opfer bringt der fromme Eskimo,
175 Wie weiland an des Südmeers blauen Borden
    Der alte Mythenkönig Pharao:

    Du bist und bleibst der einzig wahre Heiland,
    Dein schöner Wahlspruch jauchzt: „Empor! Empor!"
    Was soll uns noch ein waldumrauschtes Eiland?
180 Du wandelst um den Stadtwall auch durchs Thor!
    Du bist nicht scheu wie deine Waldgespenster,
    Du setzt auch in die Großstadt deinen Fuß
    Und wehst tagtäglich durch das offne Fenster
    Mir in das Stübchen deinen Morgengruß.

185 Und jetzt, wo schon der Abend seine Lichter
    Rothgolden über alle Dächer strahlt,
    Krönst du mich lächelnd nun zu deinem Dichter
    Und hast mir rhythmisch das Papier bemalt.
    Ich aber gebe dieses Blatt den Winden,
190 Die Fangball spielen um den Kirchthurmknauf.
    Und wenn's noch heut die Straßenkehrer finden,
    Was kümmert's mich? Flieg auf, mein Lied, flieg auf!

    Doch fällst du einem schönen Kind zu Füßen,
    Das dich erröthend in den Busen steckt,
195 Dann sprich zu ihm: „Der Frühling läßt Dich grüßen!"
    Bis sie mit Küssen das Papier bedeckt.

Doch hascht ein Graukopf dich auf deinen Bahnen,
So ein vergilbter Langohr-Recensent,
Dann sprich zu ihm: „Respect vor meinen Ahnen!
200   *Mein Urtext steht im Sanskrit und im Zend!"*[9]

Der erste, kürzere Teil des Gedichts ist metapoetischen Überlegungen und einer programmatischen Standortbestimmung des lyrischen Ich gewidmet; er thematisiert weniger den Frühling selbst als die unterschiedlichen Möglichkeiten eines poetischen Sprechens über den Frühling. Das Ich führt sich als moderner Dichter ein, der der Natur mit einer ganz neuen Haltung begegnet. Als „Epigone", als Nachgeborener, ist er mit der einschlägigen literarischen Tradition bestens vertraut – schon die erste Strophe spielt auf das berühmte Gedicht *Der Frühling* (1749) von Ewald Christian von Kleist an[10] –, sieht sich aber außerstande, sie bruchlos fortzuführen: Von einer weit entwickelten „Kultur" und einem hohen Grad an Reflexion geprägt, steht er der Natur „prosaisch" und „nüchtern" gegenüber und findet keinen Zugang mehr zu jener naiven Begeisterung, die – aus seiner Sicht – den „Tonfall" seiner älteren „lyrischen Collegen" bestimmt. Die traditionelle Naturlyrik nimmt in dieser pauschalen Darstellung ihrerseits fast naturhafte Züge an, scheint sie doch unmittelbar aus dem Gefühlsüberschwang der Poeten hervorzugehen. Dagegen bekennt sich der Sprecher unseres Gedichts offen zur eigenen „Unnatur". In der Tat ist seine Diktion von Anfang an sehr „prosaisch", und der geradezu barbarische Reim „Lenz" – „Concurrenz" inszeniert förmlich den Zusammenprall des hochpoetischen Gegenstands mit den Verhältnissen einer nüchternen modernen Lebenswelt.

In der dritten Strophe beschreibt das lyrische Ich genauer, welche „Wege" seine „Muse" einzuschlagen pflegt, und wieder geschieht dies in pointierter Abgrenzung von älteren poetischen Mustern. Das „Waldversteck", die Abgeschiedenheit der Natur als Rückzugsraum, ist dieser Muse kaum noch bekannt, und die „blaue Blume" der Romantik scheint ihr „längst verblüht". Mit dem „Weltschmerz" wird eine in der ersten Jahrhunderthälfte weit verbreitete seelische Disposition benannt, die auch auf die Naturlyrik Einfluss nahm; zu denken wäre etwa an Nikolaus Lenau, der die Natur in seinen Gedichten häufig zum Spiegel schwermütiger Empfindungen macht. Für den Sprecher ist dieser „Weltschmerz" ebenfalls längst zum Klischee verkommen. Sein In-

---

9   Moderne Dichter-Charaktere, S. 137–143.
10   Im *Buch der Zeit* sind dem ganzen Gedicht als Motto einige Verse aus Kleists *Der Frühling* vorangestellt, die vom Rückzug in die „heilige[n] Schatten" der Natur sprechen und „Zephyrs Lispeln" und die „rieselnden Bäche" als Vorbilder für den Gesang des frühlingsbegeisterten Poeten aufrufen (Holz: Das Buch der Zeit (1886), S. 26).

teresse gilt den handgreiflichen sozialen Nöten und Konflikten seiner Gegenwart, die ihn zur Parteinahme und zum gesellschaftskritischen Engagement unter dem „rothe[n] Banner" nötigen. Gleichwohl beschließt er, sich
„heute" ausnahmsweise der Natur zuzuwenden und den Frühling zu besingen, dessen „Lächeln" seine Muse offenbar in Bann geschlagen hat. Damit
wird doch noch einmal der Topos von der Ergriffenheit des Poeten durch die
frühlingshafte Natur zitiert, allerdings in einer durch die skeptisch-ironische
Distanz des Sprechers merklich gebrochenen Form. Dass die „Lenzmusik",
die er nun anstimmt, einen anderen Klang haben wird als die seiner vom
Frühling berauschten Vorgänger, ist hier bereits abzusehen.

Den Reflexionen des Ich über seinen literarhistorischen Standpunkt folgt
im zweiten Teil das eigentliche Frühlingsgedicht, geschrieben aus dem Blickwinkel eines Poeten, der in der Alltagswirklichkeit einer modernen Metropole verwurzelt ist. Seine Selbstdarstellung aus den Anfangsstrophen ergänzend, nennt sich der Sprecher jetzt ein „Kind der Großstadt und der neuen
Zeit" (V. 60): „Denn nicht am Waldrand bin ich aufgewachsen / Und kein
Naturkind gab mir das Geleit" (V. 57f.). Deutlich sichtbar wird in diesen
Versen die Differenz zwischen dem Dichter-Ich im Text und dem realen
Autor des Gedichts, denn Arno Holz war keineswegs ein „Kind der Großstadt". In dem Städtchen Rastenburg geboren, verbrachte er seine Kindheit
im ländlich geprägten Ostpreußen und kam erst 1875, im Alter von zwölf
Jahren, nach Berlin. Das lyrische Ich, das sich als eingefleischter Großstädter
gibt und den Frühling „noch nie sah auf dem Lande", ist mithin eine stilisierte Rollenfigur, mit der Holz einen spezifischen Dichtertypus entwirft, der die
literarische Konfrontation von Naturerfahrung und Großstadtleben beispielhaft durchexerzieren soll. Selbstbewusst reklamiert dieses Ich auch für seinen
Lebensraum die Würde des Dichterischen: „Tagaus, tagein umrollt vom
Qualm der Essen", besinnt es sich auf das „goldne Wort: Auch dies ist Poesie!" (V. 61, 64).

Der Gedanke einer Inspiration durch den Frühling, der, selbst poetisch
und schöpferisch, im Waldesrauschen „seine Lenzgeschichten" erzählt, ist zu
Beginn des zweiten Abschnitts weiterhin präsent – ebenso wie seine ironische Einfärbung durch den modernen Dichter. In dessen Kopf „rasselt kreuz
und quer / Ein ganzer Rattenkönig von Gedichten, / Ein Reim- und Rhythmenungethüm umher" (V. 38–40): Die Eingebungen, die sich der Frühlingsstimmung verdanken, scheinen ihm in ihrer Überfülle fast lästig zu fallen, so
dass von einer ungebrochenen, harmonischen Gefühlsaussprache keine Rede
sein kann. Und die Naturbeschreibung lässt gleich eingangs den Erfahrungshorizont des Großstädters erkennen, denn die Metaphernrede, in der die kokette Erde das „weiße Winternegligee" mit einem grünen Frühlingskleid
vertauscht, zieht die Natur ganz in die gesellschaftlich-kulturelle Sphäre hin

ein. Sie kann daher auch nicht mehr, wie in der Tradition vielfach üblich, als Gegenbezirk zur Welt der Menschen und zur sozialen Ordnung erscheinen.

Die Abgrenzung von den vertrauten Topoi der lyrischen Frühlingsdichtung bleibt ein konstitutives Element des Textes und seiner von Anfang an so entschieden beanspruchten Modernität: „O wie so anders, als die Herren singen, / Stellt sich der Lenz hier in der Großstadt ein!" (V. 65f.) Dazu gehört nicht zuletzt, dass Holz keine *einsame* Begegnung mit der Natur beschreibt, wie wir sie in fast allen bisher behandelten Gedichten vorgefunden haben, denn „in der Großstadt" wird der Frühling kollektiv erfahren, und zwar von Menschen aller gesellschaftlichen Schichten. Das Gedicht zeigt dies in Form eines umfangreichen Bilderbogens, der jeweils mit wenigen Worten vielfältige Impressionen vom Alltag der Großstadtbewohner unter dem Einfluss des Frühlings entwirft. Die herausgegriffenen Figuren sind durchweg stark typisiert und als Repräsentanten bestimmter Milieus und sozialer Gruppen zu verstehen. Mehrfach werden klischeehafte Wendungen aus dem Repertoire trivialer Lyrik durch unmittelbare Konfrontation mit den prosaischen Verhältnissen in der Stadt gebrochen und ins Komische gezogen, beispielsweise in der sechsten Strophe des zweiten Teils: „Ein süßer Schauer rinnt durch alle Seelen / Und durch die Straßen der geschmolzne Schnee" (V. 75f.). Mitunter findet sich aber auch die umgekehrte Bewegung, wenn charakteristische Eindrücke aus der Großstadt, gekleidet in entsprechende Vergleiche, rein ‚poetischen' Naturbildern Platz machen, die nicht mehr ironisch verzerrt erscheinen: „Er [der Lenz] heult als Südwind um die morschen Dächer / Und wimmert wie ein kranker Komödiant, / Bis licht die Sonne ihren goldnen Fächer / Durch Wolken lächelnd auseinanderspannt" (V. 69–72).

Im Ganzen überwiegen jedoch zunächst die teils nüchtern und präzise vorgetragenen, teils mit leichtem Spott gefärbten Beobachtungen aus dem gesellschaftlichen Leben im Zeichen des anbrechenden Frühlings. Erst die 16. Strophe des zweiten Teils bezeichnet eine tiefe Zäsur, die es nahe legt, die folgende Partie bis zum Ende des Gedichts als einen eigenständigen dritten Abschnitt zu verstehen. Der Umschwung macht sich schon stilistisch bemerkbar, denn die Sprache erhebt sich nun plötzlich zu einer Höhe des gefühlvollen lyrischen Ausdrucks, die auffallend von dem bisher vorherrschenden lässigen Plauderton absticht: „Und macht die Nacht dann ihre stille Runde / Und blitzt es licht durchs dunkle Firmament, / Dann ist's dieselbe Lenznacht, die zur Stunde / Sich lagert um den Busen von Sorrent" (V. 153–156). An die Stelle der Großstadtimpressionen tritt ein Hymnus auf die Frühlingsnatur als solche, bevor die letzten beiden Strophen, die wieder der metapoetischen Reflexion gewidmet sind, noch einmal zu der fiktiven Schreibsituation des lyrischen Ich zurücklenken.

Eine gewisse Distanz des Sprechers macht sich freilich auch weiterhin bemerkbar: In Wendungen wie „Indeß Diogenes in seiner Tonne / Sich philosophisch in die Nägel biß" (V. 171f.), in einem Reim wie „Eskimo" – „Pharao" und in den wiederholten Anspielungen auf entlegenes Bildungsgut ist eine deutliche Ironie zu spüren. Das in diesem Schlussteil von *Frühling* gezeichnete Bild einer zeitenthobenen Natur, deren universaler Charakter alle trennenden Grenzen überwindet, erhält dadurch eine ganz eigentümliche Tönung – das Ich scheint seine eigene Begeisterung mit einigem Spott zu betrachten –, wird aber in seiner Geltung keineswegs aufgehoben. Obwohl der Sprecher augenscheinlich weder seine urbane Umgebung noch das moderne Zeitalter vergisst, erklärt er beides jetzt ausdrücklich für zweitrangig. Die Unterschiede zwischen der deutschen Großstadt und der Bucht von Sorrent im paradiesischen Italien schwinden ebenso dahin wie die zwischen der Gegenwart des späten 19. Jahrhunderts und der Epoche des altpersischen Religionsstifters Zoroaster, weil die allumfassende Natur ewig und überall die gleiche ist: „dieselbe Lenznacht", „derselbe Mond". So kann der Frühling auch „noch immer" jene belebende Wirkung ausüben, die ihm in der Dichtung seit jeher zugeschrieben wird, und selbst die „kranken Söhne Fausts und Ahasvers", zweier paradigmatischer Repräsentanten eines ruhelos umhergetriebenen ‚modernen' Menschenschlages, erfahren seine heilende Kraft.

Die vom lyrischen Ich zuvor so stark betonte Besonderheit der eigenen Zeit und Lebenssituation wird in diesen Strophen also zunehmend relativiert und durch Traditionsbezüge überspielt, die die Zeitlosigkeit des Themas Natur unterstreichen sollen. Die postulierte Kontinuität beruht letztlich auf einer in der Tat sehr traditionsreichen Naturdeutung, die pantheistische Züge trägt. „Du bist und bleibst der einzig wahre Heiland" (V. 177), heißt es über den Frühling, der seine lebensspendende Macht in der „Großstadt" ebensogut entfalten kann wie auf einem einsamen „waldumrauschte[n] Eiland". Zum Abschluss rechtfertigt sich der begeisterte Frühlingshymnus sogar durch den Hinweis auf seine „Ahnen [...] im Sanskrit und im Zend", deren „Urtext" er lediglich neu formuliere. Das indische Sanskrit ist die Sprache der Veden, der heiligen Bücher des Hinduismus, während man unter Zend die persischen Kommentare und Übertragungen des Avesta versteht, einer Sammlung von Schriften aus dem Umkreis des schon erwähnten Propheten Zoroaster. Der Bezug auf die *Inhalte* der genannten religiösen Richtungen und Dokumente bleibt bei Holz unklar; die respektheischende Berufung auf solche Autoritäten und ‚Vorfahren' dient wohl hauptsächlich dem Zweck, den Lobpreis des Frühlings und des Lebens als ebenso altehrwürdig wie heilig zu legitimieren.

Es verwundert nicht, dass sich im letzten Teil von *Frühling* auch die Distanz zu jenen poetischen Mustern früherer Epochen verringert, von denen sich der Sprecher in den Eingangsstrophen noch schroff abgegrenzt hat, um seine Stellung als moderner Dichter zu profilieren. Mit dem „Wunderhorn", auf dem der Frühling „noch immer" bläst, ist die Romantik jetzt wieder ganz gegenwärtig, und in eine ähnliche Richtung weist der Ausfall gegen den „vergilbte[n] Langohr-Recensent[en]", dem die Schlussstrophe das gefühlvolle „schöne Kind" gegenüberstellt. Im Gegensatz zu dem pedantischen, trockenen und übergelehrten Alter nimmt die tief empfindende, dem Leben innig verbundene Jugend das Frühlingslied richtig auf – eine verblüffende These aus dem Munde eines lyrischen Ich, das sich anfangs selbst zu jenen nüchternen, reflektierenden Modernen gezählt hat, denen kein naives Fühlen mehr möglich ist.

Die Ambivalenz, die an der gesamten Anthologie *Moderne Dichter-Charaktere* auffällt, kennzeichnet somit auch das Gedicht *Frühling*, in dem die emphatisch behauptete Modernität, die sich über den Bruch mit literarischen und geistesgeschichtlichen Traditionen definiert, durch vielfältige Rückgriffe auf eben diese Traditionen wieder in Frage gestellt wird. Die zunächst vorherrschende produktive Spannung zwischen dem wohlvertrauten Thema der frühlingshaften Natur und der neuen Perspektive des Großstadtbewohners tritt gegen Ende zurück zugunsten einer Naturauffassung, die ein von Zeit und Raum unabhängiges, immer gleiches Wesen und eine höhere, quasi-religiöse Würde der Natur unterstellt. Damit verbindet sich die Rückkehr zu einem nicht minder konventionellen Bild des Dichters, der, ganz ergriffen von der Frühlingsstimmung, seine Empfindungen lyrisch ausspricht. Und schließlich wird die Rolle des schöpferischen Poeten sogar auf den Frühling selbst übertragen, dem der fühlende Mensch nur als Medium dient: „Krönst du mich lächelnd nun zu deinem Dichter / Und hast mir rhythmisch das Papier bemalt" (V. 187f.).

Kann die eigentümlich zwiespältige Physiognomie der *Modernen Dichter-Charaktere* als Ausdruck einer literarhistorischen Übergangsperiode begriffen werden, so lässt sich der Stellenwert des Gedichts *Frühling* innerhalb der Entwicklung des Autors Arno Holz ganz ähnlich bestimmen, wobei diese Entwicklung wiederum für den Werdegang vieler seiner ‚jüngstdeutschen' Mitstreiter repräsentativ ist. Holz' Lyrik war anfänglich ganz von der unreflektierten Nachahmung überlieferter Muster bestimmt. Als Vorbild verehrte er insbesondere Emanuel Geibel, den populärsten zeitgenössischen Lyriker, der ebenso virtuos wie unselbständig sowohl klassische als auch romantische Formen reproduzierte. Nach Geibels Tod im Jahre 1884 gab Holz sogar einen Band mit Nachrufgedichten heraus. Erst allmählich löste er sich von dieser Autorität und forderte von der Dichtung zunehmend neue Töne, direkte Zeitbezogenheit, die Auseinandersetzung mit aktuellen Konflikten und soziales Engagement. Wie widersprüchlich sich dieser Prozess vollzog und wie er sich auf den lyrischen Umgang mit dem Thema Natur auswirkte, soll ein

Blick auf das *Buch der Zeit* verdeutlichen, in dem ja auch das Gedicht *Frühling* nochmals abgedruckt wurde.

Der Untertitel des Bandes, *Lieder eines Modernen*, verwendet einmal mehr jenes Schlagwort, in dem sich das Selbstverständnis der jungen naturalistischen Poeten am prägnantesten ausspricht, und in dem spruchartigen Vierzeiler *Programm* heißt es kurz und bündig:

> Kein rückwärts schauender Prophet,
> Geblendet durch unfaßliche Idole,
> Modern sei der Poet,
> Modern vom Scheitel bis zur Sohle![11]

Doch ebenso wie in den *Modernen Dichter-Charakteren* zeigt sich auch in den gesammelten Gedichten von Holz, wie schwer es war, den geforderten poetischen Neubeginn praktisch zu verwirklichen. Gleich in *Zum Eingang* nimmt der lyrische Sprecher eine markante Positionsbestimmung vor, indem er die Schöpfer der marktbeherrschenden gefühlsseligen Lyrik mit ihren pseudo-romantischen Klischees als „fliedersüße Lenzrhapsoden"[12] verhöhnt und sich selbst zum Dichter der Großstadt, der industriellen Arbeitswelt und der politischen Freiheit stilisiert. Höchst bezeichnend sind indes die Verse, die diese zukunftsweisende Orientierung auf den Punkt bringen sollen: „Ich will hoch über mir entfalten / Der Neuzeit junges Lenzpanier"[13] – das Bekenntnis zum radikalen Neuanfang artikuliert sich in einer altbekannten, längst zum Topos geronnenen Naturmetapher! Diese Paradoxie ist durchaus typisch für das *Buch der Zeit*, in dem manche Gedichte literarische Tendenzen satirisch angreifen, die andere ohne merkliche kritische Distanz fortführen; in *Frühling* geschieht dies, wie zu sehen war, sogar in ein und demselben Text. In seiner Naturlyrik widmet sich Holz, ganz traditionsgemäß, vorzugsweise dem Frühling, und „Lenz" ist eine der Lieblingsvokabeln jenes Dichters, der sich selbst über die „Lenzrhapsoden" lustig macht. Übrigens enthält das *Buch der Zeit* auch noch eine umfangreiche Huldigung an Emanuel Geibel.[14] In späteren Auflagen findet sich zudem ein Gedicht *Eichendorff*, das durch Zitate und Anspielungen unmittelbar an die Naturbilder des romantischen Poeten anknüpft.[15] In *Großstadtmorgen* wird der triste städtische Alltag mit einem Traum von freier, schöner Natur konfrontiert, den der Autor

---

[11]   Holz: Das Buch der Zeit (1886), S. 308.
[12]   Ebd., S. 6.
[13]   Ebd., S. 9.
[14]   Ebd., S. 101–120.
[15]   Holz: Das Buch der Zeit (1962), S. 161f.

von ironischen Einfärbungen gänzlich frei hält[16], und daneben stehen schlichte Naturgedichte, die ohne Großstadtthematik und unmittelbare Zeitbezüge auskommen: „Die Ammer flötet tief im Grund, / der Frühling blüht mein Herz gesund".[17]

Zu einer wirklich neuartigen, in seinem Sinne modernen Ausprägung der Gattung Naturlyrik gelangt Holz sowohl in *Frühling* als auch im ganzen *Buch der Zeit* nur in Ansätzen; stets bleibt die poetische Umsetzung merklich hinter den forcierten programmatischen Verlautbarungen zurück. Diese Feststellung ist aber nicht nur für die Lage des jungen Arno Holz bedeutsam, und sie weist auch über die literarhistorische Konstellation der achtziger Jahre des 19. Jahrhunderts hinaus: Die Beispiele verdeutlichen die generelle Schwierigkeit der Aufgabe, das Thema Natur aus dem Blickwinkel einer durch Verstädterung, Industrialisierung und Massengesellschaft geprägten Lebenswelt lyrisch zu gestalten. Dass die seit der Aufklärung und der klassisch-romantischen Epoche entwickelten poetischen Strategien für die Deutung des Verhältnisses von Mensch und Natur unter diesen gewandelten Bedingungen nicht mehr ohne weiteres übernommen werden konnten, hat gerade Arno Holz sehr wohl erkannt, doch öffnete eine solche Einsicht nicht automatisch den Weg zu geeigneten Alternativen. Noch das ganze 20. Jahrhundert hindurch wird die Geschichte der Naturlyrik in hohem Maße von den unterschiedlichen Antworten der einzelnen Autoren und literarischen Strömungen auf eben diese Herausforderung bestimmt sein.

Die in *Frühling* beschworene Vorstellung einer zeit- und raumübergreifenden All-Natur spielt in abgewandelter Form übrigens auch in den späteren lyrischen Arbeiten von Arno Holz eine zentrale Rolle. Das zeigt besonders der *Phantasus*, jene monumentale Gedichtsammlung, die 1898/99 in einer vergleichsweise schmalen ersten Fassung erschien und bis 1925 auf den Umfang von drei voluminösen Bänden anschwoll. Romantisch-mystisches Einheitsdenken verschmilzt hier mit dem Einfluss monistischer Spekulationen in der zeitgenössischen Naturwissenschaft, wie sie etwa Ernst Haeckel anstellte. Das Resultat sind Gedichte, in denen sich das Ich emphatisch mit der Natur identifiziert und sich ganz nach Belieben in ihre sämtlichen Erscheinungsformen von den größten bis zu den geringfügigsten versetzt, wobei es wie im Rausch unendliche Räume und Zeiten durchlebt:

---

[16]   Holz: Das Buch der Zeit (1962), S. 105f.
[17]   Ebd., S. 235. – Das Gedicht ist *Frühling* betitelt, darf aber nicht mit dem gleichnamigen Werk aus den *Modernen Dichter-Charakteren* und der ersten Auflage des *Buches der Zeit* verwechselt werden.

Dreizehn verschluchzende Ikten
In
Eine tönende Harfe

Sieben Septillionen Jahre
zählte ich die Meilensteine am Ende der Milchstraße.

Sie endeten nicht.

Myriaden
Äonen
versank ich in die Wunder eines einzigen Tautröpfchens.

Es
erschlossen sich ... immer neue.

Meine ... Seele
erschrak!

Mein Sinn ... erschauerte! ... Mein Herz
erzitterte!

Selig ins Moos
streckte ich mich ... und ... wurde Erde.

Jetzt
ranken Brombeeren
über mir,
auf
einem sich wiegenden
Schlehdornzweig
zwitschert ein Rotkehlchen.

Aus
meiner Brust ... springt fröhlich
ein Quell,
aus
meinem Schädel ... wachsen Blumen.[18]

---

18 Holz: Werke. Bd. 1: Phantasus I. Hrsg. von Wilhelm Emrich und Anita Holz. Neuwied 1961, S. 593. – Die Ausrichtung der Gedichte an einer imaginären Mittelachse ist das formale Markenzeichen des *Phantasus*.

Die *Phantasus*-Lyrik ist über weite Strecken von seitenlangen Wortkaskaden, von gewagten Neologismen und oft auch von der Sprengung der syntaktischen Ordnung geprägt. Dabei gelingen dem Dichter zwar vielfach eindrucksvolle Bilder, aber das forcierte Streben nach Totalität – Holz wollte dem universalen Zusammenhang der Natur in einem ebenso universalen Kunstwerk gerecht werden – führt doch allzu schnell in inhaltliche Leere oder Verschwommenheit. Besonders problematisch erscheint im Hinblick auf die zentralen Fragen der Gattung Naturlyrik die Aufhebung jeder Spannung, jeder Distanz zwischen der Natur und einem lyrischen Ich, dessen Verwandlungskunst, wie das zitierte Beispiel belegt, keine Grenzen kennt.

Im Garten der Kunst

Stefan George: *Komm in den totgesagten park und schau – Mein garten bedarf nicht luft und nicht wärme*

Zwischen dem Naturalismus und dem Werk Stefan Georges (1868–1933) besteht ein Gegensatz, der kaum schroffer sein könnte. Sind die naturalistischen Autoren darum bemüht, alle Facetten der zeitgenössischen Wirklichkeit und damit eben auch das Arbeitsleben, die Großstadt und das soziale Elend für die Literatur zu erschließen, so beruht Georges Poetik gerade auf einer strikten Ausblendung solcher Phänomene. Angeregt von den Dichtern des französischen Symbolismus, von denen er manche persönlich kannte und deren Werke er übersetzte oder nachdichtete, entwickelte George ein gleichsam aristokratisches Verständnis von Kunst, die er als einen nur wenigen empfänglichen Gemütern zugänglichen Bezirk des Schönen und Kostbaren verstand. Er war darauf bedacht, die Distanz einer solchen ‚Kunstreligion' zu den Niederungen der modernen Massengesellschaft und ihrer Begleiterscheinungen in jeder Hinsicht deutlich zu markieren. Seine Werke erschienen teilweise zunächst als Privatdrucke in geringer Auflage. Eine gediegene Ausstattung, eine eigens für sie gestaltete Schrifttype und mancherlei Eigenwilligkeiten in Wortwahl, Interpunktion und Orthographie, darunter die konsequente Kleinschreibung der Substantive, entrückten sie schon rein äußerlich der Sphäre des Profanen und Gemeinen. Auf diese Weise suchte George seinen Gedichten jene weihevolle Aura zu erhalten, die die Kunst im Zeitalter technisch-industrieller Fertigung mehr und mehr einzubüßen drohte.[1]

---

[1] Diesen Prozess erörtert, allerdings hauptsächlich mit Blick auf bildende Kunst, Photographie und Film, Walter Benjamin: Das Kunstwerk im Zeitalter seiner technischen Reproduzierbarkeit. In: ders.: Gesammelte Schriften. Bd. I.2. Hrsg. von Rolf Tiedemann und Hermann Schweppenhäuser. Frankfurt a.M. 1974, S. 471–508.

Eine Kunst, die der bloßen Unterhaltung und Zerstreuung diente, lehnte George ebenso entschieden ab wie alle Spielarten engagierter Poesie, die politisch wirken oder soziale Fragen und Konflikte thematisieren wollten. Lyrische Dichtung war für ihn in erster Linie durch äußerste Strenge der Form charakterisiert, die ihm mehr galt als der Inhalt: Als hochartifizielles Produkt eines überlegenen, ordnenden Geistes sollte sich das Kunstwerk von einer chaotischen Epoche der Vermassung und des allgemeinen Werteverfalls abheben. Zucht und Beherrschung bestimmten auch den persönlichen Habitus Georges, der sich im Kreise seiner Verehrer zum ‚Meister' und Dichter-Priester stilisierte. Die elitäre Beschränkung auf den Zirkel der wenigen Gleichgesinnten wurde erst in seinen späteren Jahren durch den Anspruch, als Führer und Erzieher breitere öffentliche Wirkung zu entfalten, abgemildert.

Trotz aller Differenzen stimmen der Naturalismus und das Dichtungskonzept Georges freilich in einem wesentlichen Punkt überein, stellt doch auch das letztere offensichtlich eine spezifische Reaktion auf die Tendenzen der Moderne dar – eben nicht als programmatische Hinwendung, sondern als rigorose Abkehr. Und deshalb bleiben jene Erfahrungen und Entwicklungen, denen sich Georges Gedichte so demonstrativ verweigern, in den Texten stets auf indirekte Weise gegenwärtig; aus dem unausgesprochenen Gegensatz zu ihnen gewinnen diese kunstvoll geformten lyrischen Gebilde erst ihre eigentliche Bedeutung. Das gilt in besonderem Maße für die Naturräume, die George mit Vorliebe entwirft und denen durchweg der Kontrast zu einer Lebenswelt eingeschrieben ist, in der die Natur mehr und mehr zum bloßen Rohstoff der Produktion und damit zum Objekt der Ausbeutung und Vernichtung durch den Menschen gemacht wird. Welcher Stellenwert dem Thema Natur in Georges Werk zukommt und wie es sich in den Horizont seiner Poetik einfügt, soll anhand seines wohl berühmtesten Gedichts erörtert werden:

> Komm in den totgesagten park und schau:
> Der schimmer ferner lächelnder gestade ·
> Der reinen wolken unverhofftes blau
> Erhellt die weiher und die bunten pfade.

> 5   Dort nimm das tiefe gelb · das weiche grau
> Von birken und von buchs · der wind ist lau ·
> Die späten rosen welkten noch nicht ganz ·
> Erlese küsse sie und flicht den kranz ·

> Vergiss auch diese lezten astern nicht ·
> 10   Den purpur um die ranken wilder reben

Und auch was übrig blieb von grünem leben
Verwinde leicht im herbstlichen gesicht.[2]

In der 1897 publizierten Gedichtsammlung *Das Jahr der Seele* haben diese
Verse eine herausgehobene Position inne, denn sie leiten die erste, mit *Nach
der Lese* überschriebene Abteilung ein und eröffnen damit zugleich den gan-
zen Band. Dieser Umstand ist um so bedeutsamer, als George der zyklischen
Anordnung seiner lyrischen Werke größte Aufmerksamkeit widmete – jeder
Gedichtband dieses Autors bildet selbst wiederum eine sorgsam strukturierte
und in sich geschlossene Kunstschöpfung. Über den programmatischen Rang
von *Komm in den totgesagten park*, auf den die Spitzenstellung im *Jahr der
Seele* hindeutet, und über die besondere Funktion des Textes als Einleitungs-
gedicht wird noch zu sprechen sein.

Parks und Gärten zählten um die Jahrhundertwende zu den beliebtesten
Motiven der Dichtung. In den verschiedenen literarischen Strömungen, denen
die Wendung gegen den Naturalismus gemeinsam war – ,Symbolismus‘,
,Jugendstil‘ und ,Neuromantik‘ lassen sich hier kaum präzise voneinander
scheiden –, erscheinen sie als Zufluchtsorte, als verklärte Gegenräume zu den
Zwängen und Missständen der modernen Welt, als „Refugium der ,exklusi-
ven‘ Seele“[3], die sich im Alltag von Industriestaat und Massengesellschaft
nicht heimisch fühlen kann. Gerade bei George begegnet Natur immer wieder
in dieser Gestalt: Nicht die wilde, elementare Natur, sondern eine durch be-
hutsames menschliches Wirken gezähmte und veredelte ,Kultur-Natur‘ wird
zur eigentümlichen Sphäre jener Geistes- und Gefühlsaristokratie, an die sich
seine Lyrik richtet. Demgemäß herrscht bei den Figuren, die in den zahlrei-
chen Gärten und Parks dieser Gedichte auftreten, das Gemessene, Gedämpfte
in Rede und Bewegung vor; ihre edlen, abgewogenen Gebärden entsprechen
den ebenso erlesenen Sprachgebärden des Dichters Stefan George. Lärm und
Hektik bleiben aus diesen Räumen ausgesperrt, die in ihrer Ruhe und vor-
nehmen Schönheit stets Assoziationen an das Paradies, den Garten Eden
wecken.

Es versteht sich von selbst, dass der Zutritt zu einem solchen Park nicht
jedem Beliebigen gestattet ist, und so erklärt sich der Gestus der Einladung,
mit dem unser Gedicht einsetzt. Wem die Aufforderung „Komm“ auf der
textinternen Ebene gilt, bleibt offen; man könnte sogar eine Selbstanrede des
Ich vermuten (in einigen späteren Texten der Gruppe *Nach der Lese* wendet
sich der Sprecher allerdings erkennbar an eine weibliche Begleiterin). Gerade

---

[2]   Stefan George: Die Gedichte. Tage und Taten. Stuttgart 2003, S. 274.
[3]   Werner Strodthoff: Stefan George. Zivilisationskritik und Eskapismus. Bonn
      1976, S. 188.

diese Unbestimmtheit legt es jedoch dem *Rezipienten* nahe, selbst in die Rolle des Du zu schlüpfen und den Appell somit auf sich zu beziehen. Dadurch stellt sich von vornherein eine gewisse Gemeinschaft zwischen dem lyrischen Ich und dem (scheinbar) individuell angesprochenen Leser her, der gewissermaßen bei der Hand genommen und in den „totgesagten park" geführt wird. Da der Imperativ zweifellos eine Betonung verlangt, durchbricht er zudem gleich zu Beginn das jambische Metrum des Textes – ein wohlkalkulierter Regelverstoß, der das Gewicht der Anrede unterstreicht. Augenscheinlich wird mit dem Betreten des Parks eine bedeutungsvolle Schwelle überschritten, der Vorgang nimmt Züge einer Initiation an. Nun ist aber der erste Vers des Gedichts zugleich der erste des ganzen Bandes *Das Jahr der Seele*, was ein erweitertes Verständnis der feierlichen Aufforderung nahe legt: Es geht hier auch um die Initiation des Lesers in diese Gedichtsammlung. Der umgrenzte, kultivierte Naturbezirk des Parks wird damit zum Sinnbild der elitären Dichtung, zur Metapher des geformten Kunstschönen. Diese Verknüpfung von Kultur-Natur und Kunst gilt es bei den weiteren Überlegungen im Auge zu behalten.

Den „totgesagten park" präsentiert das Gedicht als einen Ort, der der sinnlichen Wahrnehmung reichen Stoff bietet. Deren Bedeutung akzentuiert schon der einleitende Vers mit seinem zweiten Appell: „schau". Die Aufmerksamkeit des textinternen Adressaten, an den sich das Ich wendet, wird also gezielt auf den Anblick der Park-Natur gelenkt, während an den *Leser* mit diesem Wort und dem anschließenden Doppelpunkt die Aufforderung ergeht, in seiner Einbildungskraft jene Bilder heraufzubeschwören, die im Folgenden mit den Mitteln der poetischen Sprache entworfen werden. Wie es der Mahnung zum Schauen entspricht, dominieren im ganzen Text die visuellen Eindrücke – eine Ausnahme bildet lediglich der ‚laue Wind' – und insbesondere die Farben: „blau", „gelb", „grau", „purpur", „grün". Indes fällt auf, dass trotz der Fülle an leuchtkräftigen Impressionen kein plastisches Gesamtbild der Parklandschaft entsteht. Die pauschale Wendung, mit der in der vierten Zeile „die weiher und die bunten pfade" erwähnt werden, ist das Konkreteste, was das Gedicht in dieser Hinsicht zu bieten hat. Ansonsten benennt das lyrische Ich überwiegend additiv einzelne Elemente der Vegetation, deren gemeinsames Merkmal die Spätzeitlichkeit ist, die Zuordnung zum Herbst als der Phase des allmählichen Verfalls. Weniger die zusammenhängende *Beschreibung* herbstlicher Natur als vielmehr die Evokation einer herbstlichen *Stimmung* scheint also Georges Absicht gewesen zu sein. Doch bleibt das Gedicht dabei nicht stehen, denn es lässt den Aufforderungen, den Park zu betreten und seine Reize zu betrachten, noch eine dritte folgen, die, in mehrere Imperative aufgelöst, die mittlere und die abschließende Strophe durchzieht: Das Ich appelliert an den Angesprochenen, aus den Materialien, die der Park bereithält, einen „kranz" zu flechten. Diese Materialien sind als schön und edel gekennzeichnet, und das Kranzwinden wird zu einer weihevollen Handlung überhöht: „Erlese küsse sie und flicht den kranz". Offenkundig ist hier von der Schaffung eines *Kunstwerks* die Rede, womit die in Naturmotiven gestaltete metapoetische Reflexion des Gedichts eine weitere Dimension hinzugewinnt – im Bild des Kranzes thematisiert die poetische Schöpfung sich selbst.

Eine solche Spiegelbeziehung erscheint schon aus Gründen der Etymologie plausibel, ist doch ein literarischer Text im wörtlichen Sinne nichts anderes als ein kunstvoll gefertigtes Gewebe (lat. textum). Überdies sind die Worte unseres Gedichts auf der lautlichen Ebene in der Tat aufs engste miteinander verwoben und verflochten, und zwar durch eine Fülle von Anaphern, Alliterationen und Assonanzen. Das gilt zumal für jene Naturelemente, die in den Kranz einbezogen werden sollen: „*gelb*" – „*grau*"; „*birken*" – „*buchs*"; „*r*anken" – „*r*eben"; „Die späte*n* rose*n* welkte*n* *n*och *n*icht ga*n*z". Und schließlich führen die drei Strophen auch wie eine poetische Musterkarte die verschiedenen Möglichkeiten vor, vier Verse durch Reime zu ‚binden', nämlich den Kreuzreim, den doppelten Paarreim und den umarmenden Reim.

Indem das Gedicht seinen eigenen Status als künstlerisches Artefakt zum Thema macht, vermeidet es jeden referentiellen Bezug, der über seine Grenzen hinausweist, und vollendet damit seine Abschließung nach außen: Der einzige wahrhaft angemessene Gegenstand einer gleichsam absoluten Kunst, wie sie George vorschwebt, ist letztlich – sie selbst. Doch die Rekonstruktion der vielschichtigen metapoetischen Aussagen, die diesem Text ‚eingewoben' sind, muss noch einen Schritt weitergehen. Bei näherem Hinsehen zeigt sich, dass der Kranz eigentlich gar nicht aus den greifbaren Naturgegenständen selbst, sondern überwiegend aus deren *Farben* zu fertigen ist, die sich teilweise von ihren materiellen Trägern lösen: „das tiefe gelb" und „das weiche grau" gehen in das edle Gebilde ein, nicht „birken" und „buchs" als solche. In ganz ähnlicher Weise beschreibt George in *Ein Angelico* aus dem Band *Hymnen. Pilgerfahrten. Algabal* am Beispiel eines Gemäldes, das die Krönung der Gottesmutter durch Christus darstellt, das Schaffen des italienischen Renaissancemalers Fra Angelico. In der zweiten Strophe dieses Gedichts heißt es über den Künstler:

> Er nahm das gold von heiligen pokalen ·
> Zu hellem haar das reife weizenstroh ·
> Das rosa kindern die mit schiefer malen ·
> Der wäscherin am bach den indigo.[4]

4	George: Die Gedichte, S. 117.

Auch der Maler entnimmt also seine kostbaren Farben der lebendigen Wirklichkeit, um sie, von ihrem Ursprung abgelöst, im Werk neu zu arrangieren – der schöpferische Akt überführt Leben in Kunst. Im Falle des Park-Gedichts vollzieht sich dieser für Georges Poetik zentrale Prozess sogar auf mehreren, sozusagen gestaffelten Ebenen. Bereits die *Vorrede*, die der zweiten Auflage des Bandes *Das Jahr der Seele* beigegeben ist, betont die durch das Gestaltungsvermögen des Dichters geschaffene Distanz zwischen Lebensrealität und Kunst. Sie warnt vor allen Versuchen, „bestimmte personen und örter" in den Gedichten zu entdecken, um dadurch das „tiefere verständnis" zu fördern; der Leser solle es „bei einer dichtung vermeiden sich unweise an das menschliche oder landschaftliche urbild zu kehren: es hat durch die kunst solche umformung erfahren dass es dem schöpfer selber unbedeutend wurde und ein wissen-darum für jeden andren eher verwirrt als löst."[5] In *Komm in den totgesagten park* wird dann ein gegen die alltägliche Lebenswelt sorgsam abgeschotteter Bezirk geformter und stilisierter Natur entworfen, der, wie wir gesehen haben, wiederum als Symbol der Kunst begriffen werden kann. Er erscheint aber seinerseits weniger als konkreter, begehbarer Raum denn als Reservoir erlesener und schöner Farben, die in den Kranz geflochten und damit einer weiteren kunstvollen Transformation unterworfen werden sollen.

Schon der erste Vers bezeichnet den Park als ‚totgesagt'. Das Attribut kann mit der Herbststimmung, die im Gedicht herrscht, in Verbindung gebracht werden, denn in dieser Zeit des Jahres ist die Natur todgeweiht, dem unaufhaltsamen Verfall preisgegeben; die Nennung der „lezten astern" und Wendungen wie „Die späten rosen welkten noch nicht ganz" rücken diesen Aspekt in den Vordergrund. Allerdings klingt in dem Ausdruck ‚totgesagt' eine leise ironische Distanzierung an, die auch einen Bezug zu dem für Georges Lyrik so typischen Gestus der elitären Abgrenzung herzustellen erlaubt. Viele Menschen mögen den Park für tot oder todgeweiht *halten*, seine Existenz verdrängen oder vergessen, aber den Eingeweihten, dem lyrischen Ich wie dem angesprochenen Du, bleibt er als Refugium der verfeinerten Kultur-Natur und der Kunst vertraut und zugänglich. Rettungslos verloren ist seine spätzeitliche Schönheit ohnehin nicht, da der Kranz ihre Elemente und ihre Farben in sich aufnimmt und sich so zum „herbstlichen gesicht" gestaltet. Eine Vision oder ein ästhetisches Abbild des Herbstes – das Wort „gesicht" changiert hier zwischen beiden Bedeutungsnuancen – liefert aber auch das vorliegende Gedicht selbst, womit die schon erwähnte Analogie von Kranz und poetischer Schöpfung bestätigt wird, zumal die Assoziation ‚Gesicht' – ‚Gedicht' sehr nahe liegt.

---

[5]   George: Die Gedichte, S. 270.

„Und auch was übrig blieb von grünem leben / Verwinde leicht im herbst-
lichen gesicht" – diese Verse lassen sich doppelt lesen, weil das Wort ‚ver-
winden' zwei unterschiedliche Deutungen gestattet. Begreift man es schlicht
als Synonym von ‚zusammenbinden, flechten', so sprechen die beiden Zeilen
weiter im wörtlichen Sinne von der Verfertigung des Kranzes, dem nun auch
die Farbe Grün beigemischt werden soll, gewonnen aus dem, was der herbst-
liche Park noch an „grünem leben" zu bieten hat. ‚Verwinden' heißt aber
auch ‚seelisch verarbeiten'. So betrachtet, reflektiert der Schluss des Textes
einmal mehr Georges Verständnis von Dichtung als Praxis einer künstleri-
schen ‚Aufhebung' des Lebens: Erfahrenes und Erlittenes wird durch die for-
mende Kraft des Poeten in Kunst verwandelt – wobei es sein bedrängendes
Gewicht verliert, „leicht" wird – und führt in dieser Gestalt eine selbstgenüg-
same, dauerhafte Existenz, die sich von ihrem Ursprung gänzlich abgelöst
hat. Auch die oben zitierte *Vorrede* zum *Jahr der Seele* leugnet ja nicht die
Existenz von ‚Urbildern' der dichterischen Gestaltungen, sondern nur die
Bedeutung des Wissens um diese Urbilder für das „tiefere verständnis" der
Kunstwerke.

Komm in den totgesagten park hat sich als ein außerordentlich komplexes
lyrisches Gebilde erwiesen, dessen potenzierte Selbstreflexion letztlich auf
der Analogie von (kultivierter) Natur und Kunstwerk beruht. Kunst, wie Ste-
fan George sie verstand, und die stilisierte Kultur-Natur im „totgesagten
park" grenzen sich als Reiche des Schönen und Erlesenen streng vom prosai-
schen Alltag und allen gesellschaftlichen Zwängen ab und teilen damit die
Eigenschaft, artifizielle Gegenwelten zu einer verachteten modernen Lebens-
realität zu sein. Indem er die schöne Natur zum Sinnbild und Spiegel des auf
sich selbst bezogenen Kunstwerks macht, radikalisiert George eine Tendenz,
der wir schon bei anderen Autoren des 19. Jahrhunderts begegnet sind: Be-
reits Dichter wie Eduard Mörike und Theodor Storm haben – in manchen
ihrer Texte – die ideale Natur als Produkt poetischer Imagination durch-
schaubar gemacht und auf diese Weise in einer nur scheinbar paradoxen Be-
wegung Natur und Kunst einander angenähert. In den Parks und Gärten von
Georges Gedichten gelangt diese Bewegung zu einem Abschluss.

Dabei markieren die Verse vom „totgesagten park" in Georges Werk
noch keineswegs den Höhepunkt der Überblendung beider Bereiche. Zur
Verdeutlichung sei abschließend ein zweiter Text zitiert, der sich im Zyklus
Algabal in der Abteilung *Im Unterreich* findet:

Mein garten bedarf nicht luft und nicht wärme ·
Der garten den ich mir selber erbaut
Und seiner vögel leblose schwärme
Haben noch nie einen frühling geschaut.

5   Von kohle die stämme · von kohle die äste
        Und düstere felder am düsteren rain ·
        Der früchte nimmer gebrochene läste
        Glänzen wie lava im pinien-hain.

        Ein grauer schein aus verborgener höhle
10   Verrät nicht wann morgen wann abend naht
        Und staubige dünste der mandel-öle
        Schweben auf beeten und anger und saat.

        Wie zeug ich dich aber im heiligtume
        – So fragt ich wenn ich es sinnend durchmass
15   In kühnen gespinsten der sorge vergass –
        Dunkle grosse schwarze blume?[6]

Hier wird die Abgrenzung des Naturraums von der profanen Außenwelt
ebenso auf die Spitze getrieben wie die Identifikation von Natur und selbst-
bezüglicher Kunst, denn der düstere Unterweltsgarten, vom lyrischen Ich aus
anorganischen Stoffen „selber erbaut", ist nicht nur eine kultivierte, sondern
buchstäblich eine künstliche Natur. Ihr Schöpfer, der in dieser zeitenthobenen
Sphäre als unumschränkter Herr gebietet, verkörpert den Poeten, der sich
ganz in das „heiligtum" seines elitären dichterischen Kosmos zurückgezogen
hat. Daher äußert er sich auch rein monologisch – anders als für das Ich in
dem oben erörterten Park-Gedicht gibt es für ihn keinen Ansprechpartner.
Die im Schlussvers beschworene „grosse schwarze blume" scheint den idea-
len Gipfel eines solchen leblos-künstlichen Reiches darzustellen. Als ein
höchst unnatürliches Gebilde steht sie der ‚blauen Blume' der Romantik, dem
Inbegriff unendlicher Lebensfülle, gegenüber: Sie ist „Chiffre einer Voll-
kommenheit der Kunst, die alle Natur und alles Leben ausgetrieben hat"[7] –
weil sie beide restlos zu ersetzen beansprucht.

    Diese schwarze Blume wirklich zu ‚zeugen' und damit sein Werk zu
krönen, ist dem Sprecher bisher allerdings offenbar nicht gelungen, und die
ratlose Frage, in die seine lyrische Rede einmündet, lässt Zweifel aufkom-
men, ob es ihm je gelingen kann. In *Komm in den totgesagten park*, wo von
einer Unsicherheit des schöpferischen Künstlers nichts zu spüren ist, hat
diese Frage kein Pendant. Sie deutet aber – wie das ganze Gedicht *Mein gar-
ten bedarf nicht luft und nicht wärme* – jene Aporie an, der Stefan Georges

---

6   George: Die Gedichte, S. 153.
7   Jürgen Egyptien: Herbst der Liebe und Winter der Schrift. Über den Zyklus *Nach
     der Lese* in Stefan Georges *Das Jahr der Seele*. In: George-Jahrbuch 1 (1996/7),
     S. 23–43; hier S. 42.

esoterische Kunstübung auf lange Sicht tatsächlich nicht entgehen konnte: die Gefahr der Sterilität, bedingt durch die Erschöpfung in unablässiger, formvollendeter Selbstbespiegelung.

Dämonische Natur

Georg Heym: *Printemps – Da mitternachts ein feiner Regen fiel*

Schon als Jugendlicher schrieb Georg Heym (1887–1912) zahlreiche Gedichte. Jener Teil seines lyrischen Werkes, der ihn – postum – berühmt machte, entstand aber erst in dem kurzen Zeitraum von 1910 bis zum Unfalltod des jungen Poeten am 16. Januar 1912. Die Arbeiten aus dieser letzten und wichtigsten Schaffensphase sind überwiegend von düsteren Bildern geprägt und entwerfen oft alptraumhafte Visionen einer erstarrten, dem Untergang geweihten Welt, die hauptsächlich von Irren, Kranken, Sterbenden und Toten bevölkert wird. Heyms Vorliebe für solche Figuren deutet nicht nur auf eine Hinwendung zu den Schattenseiten der zeitgenössischen Lebenswirklichkeit, zu den Ausgestoßenen und den Opfern der Gesellschaft; man kann diese Gestalten ebenso als Verkörperungen des wahren Schicksals *aller* Menschen in einer sinnentleerten, von Furcht und Grauen gespenstisch verzerrten Realität verstehen.

Motive des Verfalls und der Bedrohung sowie die dazugehörigen Gefühle von Angst und Verlassenheit durchziehen auch die meisten Naturgedichte Heyms, und so verwundert es nicht, dass er Herbst und Winter, Abend und Nacht als Jahres- bzw. Tageszeiten auffallend bevorzugte. Es gibt allerdings auch einige Texte, die in provozierender Wendung gegen die literarische Tradition gerade den Frühling als eine Zeit der Dunkelheit, der Trauer und des Todes schildern. So greift das unvollendete Gedicht *Frühjahr* eine ganze Reihe vertrauter Hoffnungsbilder auf, um ihre Konnotationen ins Gegenteil zu verkehren und den mit ihnen verbundenen Verheißungen eine Absage zu erteilen: „Nur spärlich, daß ein Sämann schon beschreitet / Das ferne Land, und schwer den Samen streuet, / Den keine Frucht in toten Sommern freuet", heißt es beispielsweise in der zweiten Strophe.[1] Das im April oder Mai 1911 verfasste Sonett *Printemps* scheint dagegen zunächst den gängigen Erwartungen entgegenzukommen. Die harmonische Stimmung, die die ersten Verse evozieren, bleibt freilich nicht lange erhalten:

Printemps

Ein Feldweg, der in weißen Bäumen träumt,
In Kirschenblüten, zieht fern über Feld.
Die hellen Zweige, feierlich erhellt
Zittern im Abend, wo die Wolke säumt,

5   Ein düstrer Berg, den Tag mit goldnem Grat,
Ganz hinten, wo ein kleiner Kirchturm blinkt.
Des Glöckchen sanft im lichten Winde klingt
Herüber goldnen Tons auf grüner Saat.

Ein Ackerer geht groß am Himmelsrand.
10 Davor, wie Riesen schwarz, der Stiere Paar,
Ein Dämon vor des Himmels tiefer Glut

Und eine Mühle faßt der Sonne Haar
Und wirbelt ihren Kopf von Hand zu Hand
Auf schwarze Au, der langsam sinkt, voll Blut.[2]

Heym wählt in seiner Lyrik fast durchweg streng gebundene Formen, so dass sich häufig ein markanter Kontrast zwischen der recht konventionellen äußeren Gestalt und der verstörenden Bilderwelt seiner Werke ergibt. Neben zahlreichen Sonetten schrieb er vor allem Gedichte in vierzeiligen Reimstrophen; es dominiert der fünfhebige jambische Vers, der auch in *Printemps* verwendet wird. Nicht minder typisch für ihn ist der Vorrang der sinnlichen und besonders der visuellen Impressionen, der mit einem Verzicht auf abstrakt-ge-

---

[1]   Georg Heym: Dichtungen und Schriften. Gesamtausgabe. Hrsg. von Karl Ludwig Schneider. Bd. 1: Lyrik. Hamburg, München 1964, S. 437.

[2]   Ebd., S. 261. – Da das Gedicht zu Lebzeiten des Autors nicht publiziert wurde und seine Reinschrift verloren ist, folgt die zitierte Ausgabe einem Manuskript von Robert Jentzsch, der viele Texte aus Heyms Nachlass sorgfältig abgeschrieben hat. Bei *Printemps* ist ihm aber sehr wahrscheinlich ein Fehler unterlaufen. Wie ein erhaltener Entwurf aus Heyms Feder belegt, muss es im Schlussvers heißen: „Auf schwarzen Arm, der ...". Vgl. dazu Georg Heym: Gedichte 1910–1912. Historisch-kritische Ausgabe aller Texte in genetischer Darstellung. Hrsg. von Günter Dammann, Gunter Martens und Karl Ludwig Schneider. 2 Bde. Tübingen 1993. Bd. 2, S. 863, Anm. 3.

dankliche Elemente einhergeht. In *Printemps* beschränkt sich das lyrische Ich offenbar ganz auf die sprachliche Vermittlung dessen, was sich seinen Augen (und Ohren) darbietet, ohne Reflexionen an diese Eindrücke zu knüpfen. Als Person wird es gar nicht greifbar, da es nirgends explizit von sich spricht. So wirkt das Sonett wie die lyrische Beschreibung eines Landschaftsgemäldes – besser gesagt, *zweier* Landschaftsgemälde, die ein und dieselbe Szenerie in unterschiedliche Beleuchtung tauchen: Die sinkende Sonne, die sich in den Quartetten noch hinter dem „düstre[n] Berg" einer Wolke versteckt, ist in den Terzetten wieder zum Vorschein gekommen und steht jetzt, blutrot gefärbt, unmittelbar über dem Horizont, an dem sich die Umrisse einer Mühle abzeichnen. In seiner Studie zur Visualität und zu den ‚bildnerischen' Strukturen in Heyms Lyrik führt Ronald Salter das Gedicht als Beispiel dafür an, wie bei diesem Autor „die künstlerische Aussage organisch aus der formal-bildnerischen Beschaffenheit des Silhouetteneffekts entsteht und wie – dem Darstellungsverfahren der Malerei entsprechend – das Licht bzw. die Abwandlung eines Lichteffekts das maßgebliche Kompositionsprinzip" ganzer Texte bildet.[3] Insbesondere in den beiden letzten Strophen tritt sehr deutlich die „physikalisch-optische Vorstellung der Gegenlichtperspektive" zutage.[4]

Der Übergang von den Vierzeilern zu den Terzetten, vom ersten ‚Bild' zum zweiten, wird von einem spürbaren atmosphärischen Wandel begleitet, der die Gliederung des Gedichts in zwei Abschnitte zu je zwei Strophen bestätigt. In den Quartetten suggeriert bereits die Häufung heller Vokale eine heitere und friedliche Stimmung. Im Zusammenhang mit dem einzigen akustischen Sinneseindruck, der in *Printemps* erwähnt wird, gewinnt sie sogar lautmalerische Qualität, denn die Wendung „im lichten Winde klingt" macht das ‚sanfte' Gebimmel des fernen Kirchenglöckchens buchstäblich hörbar. Heym unterstreicht den harmonischen Charakter dieser Landschaft durch das poetische Mittel der Synästhesie, mit dem traditionell die Intensität eines (Natur-)Erlebnisses ausgedrückt wird: „im lichten Wind", „goldnen Tons". Und schließlich wecken auch die im Text genannten Farben Weiß, Gold und Grün sowie die im dritten Vers gleich zweimal hervorgehobene Helligkeit positive Assoziationen von Reinheit, Glanz und Leben, die zum Topos des Frühlings als der Zeit der Hoffnung und des Neubeginns passen. Selbst die Wolke, die sich als „düstrer Berg" vor die Sonne schiebt, wird durch deren Licht mit „goldnem Grat" gesäumt und verliert damit viel von ihrer latenten

---

[3]   Ronald Salter: Georg Heyms Lyrik. Ein Vergleich von Wortkunst und Bildkunst. München 1972, S. 142. – Heym war mit der zeitgenössischen Malerei vertraut und zog selbst unter anderem Parallelen zwischen seinen Gedichten und den Bildern Vincent van Goghs.
[4]   Salter: Georg Heyms Lyrik, S. 144.

Bedrohlichkeit. Dass *Printemps* die Frühlingslandschaft nicht im Licht des Morgens oder des hellen Tages, sondern in der Abendstunde schildert, mutet vor dem Hintergrund der lyrischen Konvention allerdings etwas ungewöhnlich an, und in der Tat entwickelt Heym in der Folge gerade aus dem Motiv des Sonnenuntergangs jenen Umschwung, der die Terzette des Gedichts schroff von den vorangegangenen Strophen absetzt.

Bereits die veränderte Klangqualität der Dreizeiler lässt aufhorchen: Die zuvor dominierenden hellen Vokale treten nun zugunsten dunkel gefärbter a-, o- und u-Laute zurück, und die Reimworte „Glut" – „Blut" sorgen in beiden Strophen für einen besonders düsteren, bedrohlichen Ausklang. An Farben begegnet neben dem zweimal erwähnten Schwarz nur noch das Rot, das zwar nicht ausdrücklich genannt wird, aber in der „Glut" der sinkenden Sonne ebenso wie im „Blut" unübersehbar präsent ist – das sind, gerade in ihrer Kombination, die Farben des Unheils und des Todes. Freilich kann von einer äußeren Bedrohung des lyrischen Ich nicht die Rede sein, sind doch alle von ihm angesprochenen Phänomene, nüchtern betrachtet, ganz harmloser Natur. Die Quelle der erschreckenden Visionen, die in den Terzetten ausgebreitet werden, liegt vielmehr im Sprecher selbst; allein sein Blick, seine Perspektive gestaltet die abendliche Landschaft zu einem Bild des Schreckens um. In welcher Weise dies geschieht, legt der zweite Vers der dritten Strophe offen: Indem der Betrachter das Paar der Stiere, das sich finster vor dem glutroten Himmel abhebt, mit „Riesen" vergleicht, spielt er ein recht alltägliches Szenario ins Mythisch-Bedrohliche hinüber. Der ausdrückliche Vergleich („wie Riesen schwarz") impliziert allerdings, dass der Sprecher, der diese Verschiebung vornimmt, hier noch sehr wohl zu unterscheiden weiß und die Stiere nicht etwa mit Riesen *verwechselt*. Im Folgenden schwindet dieses Differenzierungsvermögen jedoch. Schon im letzten Vers der Strophe erscheint der „Ackerer" mit seinem Gespann dem Ich nicht mehr *wie* ein „Dämon", sondern unmittelbar *als* ein solcher, und auch das grausige Geschehen im Schlussterzett wird nicht im Modus des Vergleichs geschildert. Statt des Vorgangs der assoziativen Verknüpfung von Bildern und Vorstellungen präsentieren die Verse jetzt nur noch dessen Resultat – für den Sprecher ist die Sonne wirklich ein blutiges Haupt, mit dem die Mühle ihr makabres Spiel treibt.

Die eingangs getroffenen Feststellungen bezüglich der Haltung des lyrischen Ich in *Printemps* müssen also erheblich modifiziert werden. Dass sich das Ich im Text nicht ausdrücklich nennt und nicht als Person hervortritt, deutet, wie sich inzwischen gezeigt hat, keineswegs auf eine weitgehende Zurücknahme seiner subjektiven Empfindungen und auf eine möglichst leidenschaftslose Beschreibung hin. Das Gegenteil ist der Fall: Die Gefühlsregungen des Sprechers bestimmen seine Wahrnehmung der Landschaft zumindest gegen Ende hin in solchem Maße, dass er die äußeren Gegenstände nicht mehr von den sie überlagernden Angstbildern seiner eigenen Vorstellungswelt zu trennen vermag. Nur scheinbar begnügt sich das Ich bei Heym damit, sinnliche Eindrücke präzise zu registrieren und in Worte zu fassen. Tatsächlich ist der Anblick, der sich ihm bietet, von vornherein durch Projektionen überformt und verzerrt, so dass er mindestens teilweise zu einem Spiegelbild der seelischen Innenwelt des Betrachters wird. Auf diesem Wege kommen die zahllosen Schreckensvisionen in Heyms Gedichten zustande, in denen oft die gewöhnlichsten Erscheinungen – zum Beispiel aus dem Bereich der Natur – ein unheimliches Eigenleben gewinnen und dem Ich als monströse Ungeheuer entgegentreten.

Das existentielle Ausmaß der Ängste, die in *Printemps* greifbar werden, offenbaren die letzten Verse, zumal wenn man ihre Motive im weiteren Kontext von Heyms lyrischem Gesamtwerk sieht. Die Sonne dient ihm vielfach als Metapher „für ein imaginäres Glück, für traumhafte Schönheit und erträumten Rausch"[5], auch für das Göttliche. In den Gedichten der späten Phase wird dieser Symbolgehalt aber häufig relativiert und gebrochen, etwa im Bild des abendlichen Sonnenuntergangs, der in unserem Text als Sterben, ja als blutiger Mord erscheint. Die Mühle wiederum verwendet der Dichter als Sinnbild der Ausweglosigkeit, des unentrinnbaren Kreislaufs, beispielsweise in *Die Gefangenen I* und in *Die Mühlen*. Vor diesem Hintergrund erweist sich das im Grunde sehr schlichte Bild der Sonne, die hinter einer Mühle zum Horizont sinkt, als Chiffre für den Untergang von Lebenshoffnung und Schönheit schlechthin. Die in den Quartetten aufgebaute Atmosphäre des Friedens und der Ruhe wird im Nachhinein als milder, aber trügerischer Schein entlarvt.

Als ein weiteres Beispiel dafür, wie in der Lyrik Georg Heyms Angst und Schrecken den Anblick der Natur durchdringen und entstellen, sei hier ein Gedicht aus dem Juni 1910 angeführt:

> Da mitternachts ein feiner Regen fiel
> Aus dunstgen Wolken, kam der Mond herauf,
> Als wenn ein Geisterschiff begänn den Lauf.
> So groß und glühend war des Mondes Kiel.
>
> 5 Er hing am Horizont mit halber Fülle
> Wie eine andre Welt, ein Meteor,
> Das in den Wald gestürzt die Bahn verlor
> Den Wald zerdrückend mit der glühnden Hülle.

---

5 Kurt Mautz: Georg Heym. Mythologie und Gesellschaft im Expressionismus. Frankfurt a.M. [3]1987, S. 276.

Er blähte auf, ein Luftschiff an den Tau'n,
10 Ein stieres Auge eines Ungeheuers,
Wie eine große Blase roten Feuers,
Ein blutger Schädel, der entzweigehaun.

Des Kirchhofs Bäume schwankten um die Gruft.
Ein Hund strich um sie her mit rotem Schein,
15 Er bellte leise auf, wie Katzen schrein.
Das schwarze Tier verschwand, stumm lag die Luft.[6]

Es handelt sich um ebenso einfache wie regelmäßige vierzeilige Strophen aus fünfhebigen Jamben, die mit Abstand häufigste Form in Heyms Gedichtwerk. Einige allgemeine Charakteristika seiner Lyrik, die schon bei der Analyse von *Printemps* zu vermerken waren, finden sich hier wieder. Das lyrische Ich tritt nicht als Person in Erscheinung, so dass selbst sein Standort unklar bleibt: Hat man es sich auf dem Kirchhof und damit im Freien zu denken, oder blickt es von außen, vielleicht von einem Fenster aus, auf den Wald und das Gräberfeld? Wieder überwiegen die visuellen Eindrücke – erst ganz zum Schluss registriert der Sprecher auch noch das Bellen des Hundes und die darauf folgende Stille –, und wieder handelt es sich offenkundig nicht um eine nüchterne Schilderung äußerer Wirklichkeit, sondern um die Konfrontation mit einer nächtlichen Welt, in der der Betrachter den eigenen Angstvorstellungen begegnet. Gleich anfangs wird auf die Geisterstunde hingewiesen und damit eine beklemmende Stimmung geschaffen, die bis zum Schluss anhält, obwohl sich, wie schon im vorigen Gedicht, nichts objektiv Gefährliches ereignet. Gespenstisch wirkt vor allem der schwarze Hund, der um Mitternacht „mit rotem Schein" und seltsamen Lauten über den Kirchhof streicht; wie im *Handwörterbuch des deutschen Aberglaubens* nachzulesen ist, werden Hunde generell „mit großer abergläubischer Scheu betrachtet" und gerne mit Geistererscheinungen und ähnlichen übernatürlichen Phänomenen in Verbindung gebracht.[7] Die Farben Rot und Schwarz wiederum, die einzigen, die im Gedicht Erwähnung finden, sind uns mitsamt ihren unheilvollen Konnotationen schon aus den Terzetten von *Printemps* bekannt.

Im Mittelpunkt des Gedichts aber steht der Mond, dem nicht weniger als elf der sechzehn Verse gewidmet sind: Die über den Horizont steigende Sichel des Erdtrabanten wird zur Folie für die Projektionen des Ich, das sie mit immer neuen Metaphern und Vergleichen förmlich überhäuft. Nun ist der

---

[6] Heym: Dichtungen und Schriften. Bd. 1, S. 85.
[7] Handwörterbuch des deutschen Aberglaubens. Hrsg. von Hanns Bächtold-Stäubli unter besonderer Mitwirkung von E. Hoffmann-Krayer. 10 Bde. Berlin, Leipzig 1927–1942. Bd. 4, Sp. 470.

Mond in der naturlyrischen Tradition ein häufig anzutreffendes Motiv, und es gibt gewisse Epochen und Dichter, die eine ganz besondere Vorliebe für ihn zeigen. In der empfindsamen Lyrik des 18. Jahrhunderts, die sich die Nacht als einen Freiraum für einsames Sinnen und für die Aussprache milder Trauer und ähnlicher sanfter Gefühlsregungen erschließt, wird der Mond oftmals zum Vertrauten eines schwärmerischen oder melancholischen lyrischen Ich. So lautet die erste Strophe von Klopstocks Ode *Die frühen Gräber*:

> Willkommen, o silberner Mond,
> Schöner, stiller Gefährt der Nacht!
> Du entfliehst? Eile nicht, bleib, Gedankenfreund!
> Sehet, er bleibt, das Gewölk wallte nur hin.[8]

Und nicht nur der junge Goethe schrieb ein Gedicht *An den Mond*, in dem das Gestirn als Freund und Tröster des Einsamen angeredet wird („Füllest wieder Busch und Tal / Still mit Nebelglanz / Lösest endlich auch einmal / Meine Seele ganz"[9]) – Werke gleichen Titels gibt es aus diesen Jahren unter anderem auch von Klopstock, Hölty, Friedrich Leopold Graf zu Stolberg und Heinrich Leopold Wagner. In der Romantik eröffnet die mondhelle Nacht dann einen Zugang zum Reich der Phantasie, des Wunderbaren und des mystischen Erlebens, das sich dem hellen Licht der nüchternen Vernunft entzieht. Berühmt ist Eichendorffs Gedicht *Mondnacht*, in dem sich die All-Einheit von Himmel und Erde, von menschlicher Seele und Schöpfungsnatur andeutet, und förmlich zu einem Etikett der romantischen Epoche avancierte die ‚mondbeglänzte Zaubernacht‘, die Ludwig Tieck im Prolog seines Dramas *Kaiser Octavianus* anruft:

> Mondbeglänzte Zaubernacht,
> Die den Sinn gefangen hält,
> Wundervolle Märchenwelt,
> Steig' auf in der alten Pracht![10]

Auch im Werk Heyms kommt dem Mond der Rang eines Leitmotivs zu. Dessen Bedeutungsgehalt hat sich jedoch grundlegend gewandelt, denn der

---

[8] Friedrich Gottlieb Klopstock: Ausgewählte Werke. Hrsg. von Karl August Schleiden. München 1962, S. 108.

[9] Johann Wolfgang Goethe: Sämtliche Werke nach Epochen seines Schaffens. Münchner Ausgabe. Hrsg. von Karl Richter. Bd. 2.1: Erstes Weimarer Jahrzehnt 1775–1786/1. Hrsg. von Hartmut Reinhardt. München 1987, S. 35.

[10] Ludwig Tieck: Schriften. Erster Band: Kaiser Octavianus. In zwei Theilen. Berlin 1828 (ND Berlin 1966), S. 33.

Dichter vollzieht eine von den Vorgaben der Tradition schroff abweichende „Dämonisierung des Mondbildes".[11] So stellt das Gedicht *Luna II* den Mond schon in der ersten Strophe als mordlüsternen Herrscher einer nächtlichen Todeswelt vor, wobei der Kontrast zwischen seiner prachtvollen, aristokratisch-vornehmen Aufmachung und seiner Gier nach Blut einen grotesken Effekt hervorbringt:

> Schon hungert ihn nach Blut. In roter Tracht
> Steht er, ein Henker, vor der Wolken Block
> Und einer Pfauenfeder blaue Pracht
> Trägt er am Dreispitz auf dem Nachtgelock.[12]

Bei Heym ist die Nacht weder die Zeit der Ruhe, der Selbstbesinnung und der empfindsamen Ich-Aussprache noch der Schauplatz von Offenbarungen einer geheimnisreichen, lockenden höheren Welt, sondern eine Epoche des Schreckens, deren Bedrohlichkeit eben besonders im Mond, „der dunklen Nacht Tyrann" ($Kατά$)[13], greifbare Gestalt annimmt. Das Gedicht *Da mitternachts ein feiner Regen fiel* fügt sich in diesen Zusammenhang, wenn es den Mond als „Geisterschiff" einführt, das sich zur Fahrt über den nächtlichen Himmel anschickt. Im Folgenden wird seine Fremdartigkeit betont („Wie eine andre Welt") und gar die apokalyptische Vision einer kosmischen Katastrophe entfaltet: „ein Meteor, / Das in den Wald gestürzt die Bahn verlor / Den Wald zerdrückend mit der glühnden Hülle." Die dritte Strophe verleiht dem im Aufgang rötlich gefärbten Mond vollends die Züge einer monströsen Kreatur, „eines Ungeheuers", einer gespenstischen Erscheinung. Der Umstand, dass das lyrische Ich ihn nicht auf *eine* Bedeutung oder Analogie festzulegen vermag und statt dessen ein ganzes Kaleidoskop grauenvoller Assoziationen bietet – in der dritten Strophe enthält jeder Vers eine neue Metapher! –, spiegelt ebenso die Intensität seiner Ängste wie die Hilflosigkeit, mit der es sich ihnen ausgeliefert fühlt.

Da die mit dem Motiv des Mondes verbundenen Merkmale bei Heym verhältnismäßig einheitlich und stabil sind, geistert dieses Gestirn geradezu als eine mit festen Eigenschaften ausgestattete individuelle Gestalt durch seine Lyrik. Kurt Mautz, der die einschlägigen Attribute aus den Gedichten zusammengestellt hat, kommt zu dem Ergebnis, dass dem Mond vornehmlich „tyrannische Macht", „kalte Grausamkeit", „hämische Bosheit" und „Greisenhaftigkeit", mitunter aber auch „Furchtsamkeit" zugeschrieben werden.[14]

---

[11] Mautz: Georg Heym, S. 249.
[12] Heym: Dichtungen und Schriften. Bd. 1, S. 243.
[13] Ebd., S. 276.
[14] Mautz: Georg Heym, S. 255.

Er verkörpert damit die „groteske Figur eines tyrannischen alten Mannes", der laut Mautz „als dämonisierter Bürger"[15], als Imago des ebenso gehassten wie gefürchteten Vaters und allgemeiner als Sinnbild einer ganzen erstarrten Väter-Welt interpretiert werden kann. So weist dieses Motiv einen Weg zum Verständnis jener Ängste, die einen großen Teil von Heyms Werk prägen, deren Quelle aber in den Texten zumeist nicht deutlich zutage tritt: Sie entspringen einer autoritären sozialen Ordnung, von der sich der Dichter unterdrückt, ja gequält fühlte, weil sie ihm keinen Raum zur Entfaltung bot, und einer Familiensituation, in der er diese Einengung und Bedrückung ganz unmittelbar erleben musste. Die Auseinandersetzung mit den unterschiedlichen Vater-Instanzen einer solchen repressiven Gesellschaft war bekanntlich ein zentrales Thema der expressionistischen Literatur in Deutschland, zu deren frühesten und bedeutendsten Repräsentanten Georg Heym zählt. Übrigens ist auch im Werk anderer Lyriker dieser Generation das Mondmotiv auffallend häufig anzutreffen, und seine negative Umdeutung zum Sinnbild von Schrecken und Zerstörung darf gleichfalls als epochentypisch gelten. Mit Recht hat Peter Rühmkorf den frühen Expressionismus als die „dritte große Mondsüchtigenbewegung der deutschen Literatur" nach Empfindsamkeit und Romantik bezeichnet, die aber die bis dahin vorherrschenden Konnotationen dieses Motivs ins Gegenteil verkehrt.[16]

Nicht alle Naturgedichte Heyms bieten derartig finstere Szenarien, wie sie bisher erörtert wurden. Als ein Gegenbeispiel sei *Autumnus* genannt, ein fast ausschließlich aus „Licht- und Farbeffekten" komponierter Text[17], der die prächtig leuchtende und von den Menschen in einem dionysischen Taumel genossene herbstliche Natur feiert. Insgesamt überwiegen im (späten) Werk des Autors freilich die düsteren Visionen, die zudem im Hinblick auf die Gattungsgeschichte der Naturlyrik das größere Interesse auf sich ziehen. Sie zeigen eine Natur, die von den tiefsten Angstvorstellungen des Menschen durchdrungen und daher in grotesker, dämonischer Weise verzerrt ist: Wie in der literarischen Tradition seit der Empfindsamkeit dient die natürliche Welt als Resonanzraum für die seelischen Regungen des menschlichen Individuums, doch sind es jetzt Regungen der Furcht und des Schreckens. Galt die Natur den Dichtern bis dahin überwiegend als ein idyllischer Bezirk der Geborgenheit, so ist sie in Heyms Lyrik einer umfassenden Verstörung ausgesetzt, die bis in kosmische Dimensionen reicht, wie am Beispiel seines Um-

---

[15]   Mautz: Georg Heym, S. 258.

[16]   Peter Rühmkorf: Anleitung zum Widerspruch [1962]. In: ders.: Werke. Bd. 3: Schachtelhalme. Schriften zur Poetik und Literatur. Hrsg. von Hartmut Steinecke. Reinbek bei Hamburg 2001, S. 43–82; hier S. 54.

[17]   Salter: Georg Heyms Lyrik, S. 75.

gangs mit dem Motiv des Mondes zu sehen war. Jene Zwänge, Ängste und Bedrohungen, vor denen im 19. Jahrhundert zumindest die poetisch beschworene Natur noch eine Zuflucht zu bieten schien, haben bei Heym diese Natur gleichsam überwuchert und entstellt. Was früher als idealer Gegenraum zur gesellschaftlichen Sphäre imaginiert werden konnte, erscheint nun als deren alptraumhaft gesteigertes Spiegelbild.

Mythos und heile Welt

Wilhelm Lehmann: *Mond im Januar – Auflösung*

Das Werk des Dichters Wilhelm Lehmann (1882–1968) ist heute weitgehend vergessen, sein Name kaum mehr bekannt. In der Nachkriegszeit und noch bis in die sechziger Jahre hinein zählte er dagegen zu den erfolgreichsten Lyrikern deutscher Sprache und genoss große öffentliche Anerkennung, die sich unter anderem in der Verleihung mehrerer Literaturpreise niederschlug. Er galt als führender Repräsentant der sogenannten ‚naturmagischen Schule', und tatsächlich bilden die Natur und ein eigentümliches, in gewisser Weise eben magisch zu nennendes Verhältnis des Menschen zu ihr die vorherrschenden, ja im Grunde die einzigen Themen seiner Dichtung. Erste Gedichte schrieb Lehmann schon in seiner Jugend, bevor es zu einer längeren Unterbrechung des lyrischen Schaffens kam, das erst um die Mitte der zwanziger Jahre wieder einsetzte. In der Folgezeit, überwiegend unter der NS-Diktatur, entstanden jene Werke, die ihn nach 1945 bei einem breiteren Publikum bekannt machten. Als sein Renommee wuchs, ging Lehmann auch daran, sein Verständnis von Dichtung und seine Naturauffassung in einigen kurzen Essays darzulegen, die als Selbstkommentare zu seinen eigenen literarischen Arbeiten gelesen werden können und in ihrer Gesamtheit zugleich eine geschlossene Theorie des Naturgedichts skizzieren. Die folgenden Überlegungen sollen jedoch nach bewährtem Muster von der konkreten Interpretation eines Beispielgedichts ausgehen. Anknüpfend an deren Ergebnisse wird dann in einem zweiten Schritt unter Rückgriff auf die erwähnten Aufsätze Lehmanns naturlyrische Poetik systematisch rekonstruiert.

Das ausgewählte Gedicht wurde 1931 verfasst und im Jahr darauf in der Zeitschrift *Die Literarische Welt* erstmals publiziert. 1935 fand es in leicht veränderter Gestalt Aufnahme in Lehmanns Lyrikband *Antwort des Schweigens*; nach diesem Druck wird der Text hier zitiert.

Mond im Januar

Ich spreche Mond. Da schwebt er,
Glänzt über dem Krähennest.
Einsame Pfütze schaudert
Und hält ihn fest.

5   Der Wasserhahnenfuß erstarrt,
Der Teich friert zu.
Auf eisiger Vitrine
Gleitet mein Schuh.

Von Bretterwand blitzt Schneckenspur.
10   Die Sterblichen schlafen schon –
Diana öffnet ihren Schoß
Endymion.[1]

Schon die ersten Worte lassen den Leser stutzig werden: „Ich spreche Mond"
– man würde eher Formulierungen wie ‚Ich sage: Mond' oder ‚Ich spreche
das Wort Mond' erwarten. Die von Lehmann gebrauchte unkonventionelle
Wendung verleiht dem Akt des Sprechens eine besondere Würde und weckt
Assoziationen an einen Zauberspruch: Nicht um eine profane Benennung des
Erdtrabanten geht es hier, sondern um eine förmliche Evokation des Mondes
durch das lyrische Ich, um eine sprachmagische Beschwörung. Die zweite
Hälfte des Verses bestätigt das, indem sie sogleich das Gelingen des Zaubers
konstatiert. Zwar kann man das einleitende „Da" durchaus im lokalen Sinne
als räumlich hinweisendes ‚Dort' verstehen, doch bietet sich mindestens
ebensosehr die temporale Bedeutung ‚In diesem Augenblick' an. Diese wie-
derum suggeriert unterschwellig eine *kausale* Beziehung zwischen der Rede
des Ich und dem Erscheinen des Mondes – ‚In dem Augenblick, in dem ich
das Wort Mond ausspreche, schwebt er …' – und deutet damit auf eine buch-
stäblich realitätssetzende Kraft des gesprochenen Wortes hin: Die Sprachma-
gie, die das lyrische Ich ausübt, beruht auf einer inneren Verwandtschaft, auf
einer geheimen Wesensähnlichkeit von Name und Ding. In dem späteren Ge-
dicht *Februarmond* aus dem Band *Überlebender Tag* formuliert Lehmann
diesen Zusammenhang ausdrücklich: „Ich weiß das Wort, den Mond zu his-
sen, / Ich bin im Paradiese vor dem Falle."[2] Die Aufhebung der Dissoziation
von Zeichen und Bezeichnetem lässt den paradiesischen Urzustand vor aller

---

[1]   Wilhelm Lehmann: Gesammelte Werke in acht Bänden. Bd. 1: Sämtliche Gedich-
te. Hrsg. von Hans Dieter Schäfer. Stuttgart 1982, S. 35.
[2]   Ebd., S. 212.

Entfremdung wieder aufleben. Dass sich das sprachmagische Vermögen auch in diesem Text gerade am Mond bewährt, ist wohl kein Zufall; vielmehr darf man darin – wie schon in der Wahl des Titels – einen gezielten intertextuellen Verweis auf das frühere Werk sehen.

Das lyrische Ich in *Mond im Januar* verfügt also über eine im wahrsten Sinne des Wortes ,poietische', nämlich schöpferische Sprache, es ist als Wortmagier eine ideale Dichtergestalt. Und seine sprachlich vermittelte Verbundenheit mit der kosmischen Welt bleibt nicht isoliert stehen, denn schon die Verse 3 und 4 erweitern sie zu einer umfassenden Annäherung von Himmel und Erde, von himmlischer und irdischer Natur. Dass sich der Mond in einer Pfütze spiegelt, ist an sich ein höchst unscheinbarer Vorgang, aber die Anthropomorphisierung („Einsame Pfütze schaudert") und die Metapher des ,Festhaltens' deuten eine geheimnisvolle Beziehung an, die über das bloße optisch-physikalische Phänomen hinausgeht, obgleich sie sich dem verstandesmäßigen Begreifen entzieht. In der zweiten Strophe scheint sich dann die ganze irdische Welt dem kühlen, silbernen Mond anzugleichen, indem sie „erstarrt" und zu Eis wird. Gegen jede Wahrscheinlichkeit erwecken die Verse „Der Wasserhahnenfuß erstarrt, / Der Teich friert zu" sogar den Eindruck, als vollzögen sich diese Vorgänge, in einem einzigen Augenblick konzentriert, eben im Moment des Sprechens, womit einmal mehr die magisch beschwörende Kraft des dichterischen Worts bestätigt wird.

In den Schlusszeilen des Gedichts geht die Annäherung der beiden Sphären, des Himmels und der Erde, vollends in eine Vereinigung über, die Lehmann in das Bild einer erotischen Begegnung kleidet. Deren Protagonisten entstammen der antiken Mythologie: Die römische Mondgöttin Diana – sie wurde mit der griechischen Artemis identifiziert, die wiederum mit Selene verschmolzen ist – liebt den Hirten Endymion, den sie allnächtlich auf der Erde besucht. Der Mond ist aber außerdem ein altes Fruchtbarkeitssymbol und Diana im Altertum nicht zuletzt eine lebensspendende Naturgottheit. In Lehmanns lyrischem Werk tritt sie in der Tat auch als „Göttin der Fruchtbarkeit" (so der Titel eines Gedichts aus dem Band *Noch nicht genug*) und mithin als Verkörperung der nährenden und hegenden Natur auf. Nicht nur Erde und Himmel, Menschliches und Göttliches, sondern auch Mensch und Natur verbinden sich demnach auf dem Höhepunkt des Gedichts in einer allumfassenden Einheitserfahrung, die offenbar nur im Schutze der Nacht stattfinden kann, fern vom hellen Tageslicht, dem Symbol des nüchternen Verstandes. Lehmann greift damit auf ältere Modelle der Naturlyrik zurück, die uns vor allem aus der Romantik bekannt sind. Besonders nahe liegt der Vergleich mit dem Gedicht *Mondnacht* von Joseph von Eichendorff, das die Vereinigung von himmlischer und irdischer Welt ebenfalls als erotische Annäherung gestaltet: „Es war, als hätt' der Himmel / Die Erde still geküßt".[3] Dieses Bild weist wiederum auf religiös-mythische Vorstellungen von einer ‚heiligen Hochzeit', einem ‚hieros gamos' zurück, die in verschiedenen Kulturen der alten Welt verbreitet waren. Doch während Eichendorff das Geschehen mit Hilfe des Konjunktivs in den Bereich des bloß Vorgestellten rückt und damit behutsam relativiert, stellt es sich bei Lehmann als Faktum dar, das keiner Einschränkung unterliegt. In *Mond im Januar* wird die mystische Einheit zum Ereignis.

In welchem Verhältnis steht der Sprecher zu diesem Vorgang? Als Zeuge ist er jedenfalls gegenwärtig; das Dichter-Ich tritt als Eingeweihter auf, vor dessen Augen das Wunder geschieht. Doch mit Blick auf die Schlusszeile, die nur ein einziges Wort umfasst, kann man noch einen Schritt weiter gehen. Auf Anhieb wird der Leser „Endymion" wohl als einen Dativ auffassen, der syntaktisch unmittelbar mit dem vorangegangenen Vers verknüpft ist: ‚Diana öffnet ihren Schoß ihrem Geliebten Endymion.' Die auffallende isolierte Stellung des Eigennamens macht indes auch eine andere Deutung möglich und plausibel. Liest man nämlich „Diana öffnet ihren Schoß" als abgeschlossenen Satz, so könnte der letzte Vers, für sich stehend, pointiert die neue, mythische Identität benennen, die das lyrische Ich selbst annimmt, indem es mit der in Diana personifizierten Natur verschmilzt. Das Ich *ist* jetzt Endymion, dem die Hingabe der Göttin zuteil wird. Bereits die Feststellung „Die Sterblichen schlafen schon" liefert hierfür ein Indiz, denn da der Sprecher offenkundig nicht schläft, kann er strenggenommen nicht zu den „Sterblichen" gehören – und Endymion erhielt der Sage nach von Zeus das Geschenk ewiger Jugend, das ihn der Sterblichkeit entrückte. Eine Bestätigung findet diese Interpretation in einer früheren Handschrift des Textes, die die Verwandlung des Sprechers noch explizit macht: „Der Mond wird zu Dianas Brust, / Ich zu Endymion."[4] Nicht zuletzt sei auf die Parallele zu dem Gedicht *Mondjubel* verwiesen – es findet sich ebenfalls in dem Band *Antwort des Schweigens* –, in dem Endymion zwar nicht namentlich genannt wird, das lyrische Ich aber unverkennbar in seine Rolle schlüpft, wenn es im Schein des Mondes Dianas „Umarmung" genießt, die zugleich das mystische Einswerden mit der Natur bedeutet.[5]

Somit ist der Sprecher in *Mond im Januar* nicht nur Zeuge, sondern auch Teilhaber eines erfüllten Augenblicks allumfassender Ganzheit. Den Raum,

---

[3] Joseph von Eichendorff: Sämtliche Werke. Historisch-kritische Ausgabe. Bd. I.1: Gedichte. Erster Teil. Text. Hrsg. von Harry Fröhlich und Ursula Regener. Stuttgart, Berlin, Köln 1993, S. 327.
[4] Lehmann: Gesammelte Werke. Bd. 1, S. 401.
[5] Ebd., S. 24.

in dem sich dieser Höhepunkt ereignet, hat aber sein eigenes poetisches Wort geöffnet, das ja eingangs den Mond heraufruft und damit den Prozess der Annäherung und Verschmelzung von kosmischer und irdischer Natur überhaupt erst in Gang setzt. Die Erfahrung eines wunderbaren Einklangs von Ich und Welt wird im Text folglich einerseits als Realität behauptet und andererseits auf der Ebene metapoetischer Reflexion als Produkt lyrischer Wortmagie ausgewiesen. Diese Verknüpfung führt nun schon ins Zentrum von Lehmanns Poetik des Naturgedichts.

Denkt man an Georg Heym zurück, bei dem der Mond ebenfalls eine gewichtige Rolle spielt, so zeigt sich sehr deutlich, dass Lehmann von einer Dämonisierung der Natur, wie sie der frühexpressionistische Autor betrieb, weit entfernt ist. Statt dessen steht er in jener Tradition, die die Natursphäre als Gegenwelt zu den Zwängen des gewöhnlichen Lebens und des beengenden Alltags auffasst und überdies als einen Bereich, in dem, vorzugsweise zu nächtlicher Stunde, höhere Offenbarungen zugänglich werden und mystische Erlebnisse ihren Platz finden. Damit schließt er an die bereits erwähnten Vorbilder aus der Romantik, aber auch an neuromantische Strömungen der Jahrhundertwende an, mit denen er seit seiner Jugend vertraut war. Von ähnlichen literarhistorischen und geistesgeschichtlichen Verflechtungen zeugt, wie sich erweisen wird, auch sein Verständnis der poetischen Sprache.

Hinter Lehmanns Hinwendung zur Natur verbirgt sich eine äußerst kritische Sicht der modernen Zivilisation. Der Dichter versteht die eigene Gegenwart als eine Epoche übersteigerter Reflexion und Abstraktion, die den Menschen der sinnlich erfahrbaren Realität entfremdet und ins Wesenlose führt: Die „zunehmende Entsinnlichung der Welt"[6] droht „die Wirklichkeit zum Gespenst"[7] zu machen. Diese Zeitdiagnose greift Topoi einer weitverbreiteten Zivilisationskritik auf, die die Moderne seit ihren Anfängen begleitet, und entspricht strukturell dem geschichtsphilosophischen Entwurf der Romantik, nach dem die anfängliche Harmonie von Mensch und Natur, von Ich und Welt unter dem wachsenden Einfluss der Selbstreflexion und der nüchternen Rationalität durch eine Phase der Entzweiung abgelöst worden ist. Lehmann nutzt den Topos des Sündenfalls, um diese Entwicklung zu charakterisieren, und bestimmt im selben Atemzug auch Stellenwert und Aufgabe der Dichtung: „Wir wurden aus dem Paradies der alten Einheit ver-

---

[6] Wilhelm Lehmann: Eroberung des lyrischen Gedichts [1961]. In: ders.: Gesammelte Werke. Bd. 6: Essays I. Hrsg. von Wolfgang Menzel. Stuttgart 2006, S. 331–345; hier S. 332.

[7] Wilhelm Lehmann: Kunst als Jubel der Materie [1953]. In: ders.: Gesammelte Werke. Bd. 6, S. 256–266; hier S. 257. – Dass sich Lehmanns poetologisches Programm schon den Titeln seiner Aufsätze recht gut ablesen lässt, sei hier nur am Rande bemerkt.

trieben. Diese Vertreibung bedeutet den Beginn des Dichtens, des Schreibens. Wir verloren das Ganze, wir wurden selbst Teil, um uns als Teil des Ganzen zu erinnern und uns seiner in der Sehnsucht zu vergewissern."[8] Die Poesie, aus der schmerzlichen Erfahrung von Verlust und Entfremdung geboren, dient als Heilmittel, das der fatalen Tendenz zur Entsinnlichung zu begegnen vermag: „Der Dichtung liegt ob, die hinter den Abstraktionen der Zivilisation verschwindende Natur der Phänomene festzuhalten und ihre Wirklichkeit als wirksam geltend zu machen. Die Poesie bewegt aus dem luftlosen in den luftig erfüllten Raum, in Welt ohne Abstraktion."[9]

Aus diesem Grunde setzt Lehmanns eigene Lyrik meist beim einzelnen Gegenstand, bei einem eng begrenzten Naturausschnitt an, der sinnlich-anschaulich vergegenwärtigt wird, wobei die minutiöse Kleinmalerei des Dichters vielfach an den Detailreichtum eines Brockes erinnert. Doch wie schon bei dem frühaufklärerischen Poeten sind Sorgfalt und Exaktheit der Schilderungen auch bei Lehmann nicht Selbstzweck. Die sinnliche Wahrnehmung soll vielmehr den Weg bahnen zu einer geistigen Durchdringung des Wahrgenommenen, die das einzelne Phänomen in einen übergreifenden Zusammenhang einbettet – beide Autoren wollen ihre Leser zu einem tieferen Verständnis der Natur anleiten, das prinzipiell von jedem noch so unscheinbaren Objekt seinen Ausgang nehmen kann. Während aber Brockes in der ebenso schönen wie nützlichen Ordnung der irdischen Natur allenthalben die Spur des gütigen Schöpfers nachzuweisen sucht, fehlt bei Lehmann die transzendente Dimension. Für ihn ist die Natur eine rein immanente, in sich ruhende Ganzheit, die nirgends über sich hinausweist. Als ein lebendiger, beseelter Zusammenhang, den Zeit und Geschichte nicht berühren, stellt sie in seinen Augen das ideale Gegenbild zur modernen Welt dar, einen Zufluchtsort, an dem sich der entfremdete Mensch von den Leiden der Zivilisation befreit und das „Paradies der alten Einheit" wiedergewinnt.

Als eine Dimension des reinen Da-Seins verbindet sich die Natur in Wilhelm Lehmanns Gedichten häufig mit Personen aus Mythos und Märchen, denen dieselbe zeitlose Gegenwärtigkeit eigen ist. Antike Gottheiten wie Diana, Helden aus der Artus-Sage wie der Zauberer Merlin und Geschöpfe aus Shakespeares Feenwelt wie der Elfenkönig Oberon bevölkern seine Lyrik. Eine spezielle Vorliebe zeigt der Dichter für Figuren, die durch besondere Naturnähe oder durch die Gabe des Gestaltwandels ausgezeichnet sind und so die Grenzen zwischen Mensch und Natur verschwimmen lassen: „Alle Wesen gehen überein in Gestalt, können sie tauschen, Bäume werden Menschen,

---

[8]   Lehmann: Kunst als Jubel der Materie, S. 258.
[9]   Wilhelm Lehmann: Grundsätzliches zur Kunst des Gedichts [1954]. In: ders.: Gesammelte Werke. Bd. 6, S. 277–288; hier S. 278.

Menschen Bäume."[10] Zu diesen Wesen gehört beispielsweise Daphne in dem gleichnamigen Gedicht, die sich nach der antiken Sage in einen Lorbeerbaum verwandelt hat. Andere Texte stellen die Verschmelzung des lyrischen Ich mit der Natur, die *Mond im Januar* in das Bild der erotischen Vereinigung kleidet, im Rückgriff auf ein verbreitetes Märchenmotiv als Verwandlung in einen Vogel dar.

Die überragende Bedeutung, die Lehmann der poetischen *Sprache* beimisst, hat sich schon bei der Analyse von *Mond im Januar* gezeigt. Die Sprache des Dichters ist das Medium, in dem sich die Versöhnung von Mensch und Natur vollzieht und die Welt wieder eins mit sich selbst wird; mit ihrer Hilfe soll der Poet als „Bewahrer des Konkreten"[11] seinen Lesern jene intensive sinnliche Naturerfahrung möglich machen, die sonst zunehmend hinter dem Schleier begrifflicher Abstraktionen verschwindet. Demgemäß fordert Lehmann eine präzise, in hohem Maße individualisierende lyrische Sprache, die ihre Gegenstände plastisch und anschaulich werden lässt: Ein Gedicht müsse „das Genaueste des Genauen" sein.[12] Um dies zu erreichen, scheut er beispielsweise auch vor dem Einsatz entlegener botanischer Fachtermini nicht zurück, während er alle Formen von Allegorik, Symbolik oder Gedankenlyrik strikt aus dem Gebiet des Poetischen ausschließt. Sein Ideal ist eine „Hochzeit von Wesen und Signatur"[13], in der Wort und Ding miteinander verschmelzen und die sich somit grundsätzlich von jeder arbiträren, nur durch Konventionen geregelten Beziehung zwischen Sprachzeichen und Gegenstand unterscheidet. Eine solche Bestimmung des poetisch-magischen Sprechens hat eine lange Tradition. Ursprünglich aus hermetischem und mystischem Gedankengut stammend, ist sie uns bereits im Kontext der romantischen Epoche begegnet, die gleichfalls in der Sprache des Dichters die evokative, wirklichkeitssetzende Kraft der adamitischen Ursprache bewahrt glaubte.[14]

Die angestrebte Identität der Rede mit dem angesprochenen Phänomen nennt Lehmann ‚mythisch':

---

[10] Lehmann: Eroberung des lyrischen Gedichts, S. 338.
[11] Lehmann: Kunst als Jubel der Materie, S. 257.
[12] Wilhelm Lehmann: Entstehung eines Gedichts [1943]. In: ders.: Gesammelte Werke. Bd. 6, S. 223–233; hier S. 225.
[13] Wilhelm Lehmann: Erfahrung des Lyrischen [1959]. In: ders.: Gesammelte Werke. Bd. 6, S. 305–316; hier S. 314.
[14] Mit dieser Traditionslinie und ihrer Wiederbelebung bei Lehmann (und Günter Eich) befasst sich Axel Goodbody: Natursprache. Ein dichtungstheoretisches Konzept der Romantik und seine Wiederaufnahme in der modernen Naturlyrik (Novalis – Eichendorff – Lehmann – Eich). Neumünster 1984.

Es gibt [...] im Verhältnis zwischen Objektivem und Subjektivem verschiedene Abstände. Je geringer ein solcher wird, desto mehr nähern wir uns der mythischen Auffassung. Mythus ist die in das Gegenständliche oder rein Sinnliche des Ausdrucks versunkene Sprache selbst.[15]

So bezeichnet das Mythische für Lehmann zunächst einmal die eigentümliche Qualität des poetischen Sprechens – in der Tat bedeutet das griechische Wort Mythos eigentlich nichts anderes als ‚Rede‘ –, eines Sprechens, das *die Dinge selbst* zu sagen vermag. Von hier aus ist es dann aber nur noch ein kleiner Schritt zu jener „Osmose" zwischen dem menschlichen Individuum und der Natur, zu jenem „Hin und Her zwischen Aufnehmendem und Aufgenommenem"[16], das am Ende zur völligen Verschmelzung führt, und deshalb zeichnet Lehmann auch dieses besondere Verhältnis des Menschen zur Natur mit dem Namen des Mythos aus. „Wer Natur sagt, sagt Mythus", heißt es einmal, und gleich darauf: „Mythos als gedeutete, bewältigte Natur."[17] In einer derartigen mythischen Erfahrung, die sich der magischen Kraft des poetischen Wortes verdankt, gipfelt ja das Gedicht *Mond im Januar*. Lehmann pflegt solche Erlebnisse übrigens mit Ausdrücken wie ‚Entzücken‘ oder ‚Hingenommensein‘ zu umschreiben, die sie deutlich als säkularisierte Formen religiöser Erhebung und Ekstase ausweisen.

Indem das gelungene lyrische Werk die Abstraktheit moderner Realitätserfahrung durchbricht, bahnt es dem Menschen wieder einen Zugang zum wahren Sein der Dinge. Jedes echte Gedicht bedeutet folglich ein Stück „eroberte Wirklichkeit"[18], es „befestigt uns im irdischen Dasein"[19]. Die poetische Sprache wird in dieser Perspektive zum Instrument der Welterschließung und der Wirklichkeitsaneignung: „Der Dichter läßt nicht ab, sich der Realität mit Sprache, mit Worten als den Fühlfäden aller seiner Erkenntnis, zu bemächtigen. Er stößt aus einem Scheinleben der Dinge zu ihrem Dasein, das will heißen, aus der Scheinsprache zu der eigentlichen Sprache vor."[20] Und da diese Sprache nach Lehmann im Grunde mit ihren Gegenständen, mit dem Wesen der Dinge identisch ist, bezeichnet er nicht nur die Dichtung häu-

---

[15] Wilhelm Lehmann: Bewegliche Ordnung. Bildnis einer Blume [1941]. In: ders.: Gesammelte Werke. Bd. 6, S. 195–201; hier S. 195.

[16] Wilhelm Lehmann: Vom lyrischen Gedicht [1963]. In: ders.: Gesammelte Werke. Bd. 6, S. 345–355; hier S. 351.

[17] Ebd., S. 350f.

[18] Lehmann: Grundsätzliches zur Kunst des Gedichts, S. 288.

[19] Wilhelm Lehmann: Dichtung und Dichter heute [1952]. In: ders.: Gesammelte Werke. Bd. 6, S. 398–407; hier S. 405.

[20] Lehmann: Erfahrung des Lyrischen, S. 308f.

fig als Lied oder als einen Gesang, der die Erfahrung einer Einheit mit der Natur bewahrt – so etwa am Schluss des Gedichts *Über die Stoppeln* –, sondern fasst auch die Natur als „großen Gesang" auf (*Abschied*[21]): Poesie ist für ihn das Medium, in dem die beseelte Wirklichkeit sich gleichsam mit sich selbst verständigt und erst wahrhaft zu sich findet. Auch diese Vorstellung hat, wie kaum mehr eigens betont zu werden braucht, ihre Wurzeln in der Romantik. Eichendorffs Gedicht *Wünschelruthe*, im Kapitel zu Clemens Brentano bereits zitiert, formuliert sie in musterhafter Klarheit.

Dass sich so gut wie alle Aspekte der von Lehmann entworfenen Poetik an dem Gedicht *Mond im Januar* aufzeigen lassen, muss hier nicht noch einmal im Einzelnen nachgewiesen werden. Wie sich aber eine solche Konzeption von Natur und Naturlyrik angesichts von Zeitereignissen bewährte, die ihre tröstliche, heilende Wirkung, ihren „therapeutische[n] Sinn"[22] auf die härteste Probe stellten, gilt es nun anhand einer zweiten ausführlichen Beispielanalyse zu überprüfen. Das folgende Gedicht erschien 1946 in dem Band *Entzückter Staub*. Entstanden ist es aber bereits im Frühjahr 1943, auf dem Höhepunkt des Zweiten Weltkriegs.

Auflösung

Der Maiwind kost die Buchen,
Die Sonnenflecke schwanken.
Ich brauche nicht zu suchen,
Und wie die Blätter wanken,
5   Verwehn die Qualgedanken.

Gut, nichts mehr zu erwarten.
Die alten Buchenfrüchte,
Zottige, längst entkernte,
Ruhen von ihren Fahrten.
10   Entschlafen jähe Süchte,
Ich bin der Ausgelernte.

Wie bald wird Lautes leise.
Kuckuck ruft seinen Namen;
Fis de ist sie geblieben,

15   Die unerschrockne Weise,
Seit alte Dichter schrieben,

---

21   Lehmann: Gesammelte Werke. Bd. 1, S. 53.
22   Wilhelm Lehmann: Poesie als Einwilligung in das Sein [1951]. In: ders.: Gesammelte Werke. Bd. 6, S. 239–242; hier S. 239.

Homer Ulysses' Reise,
Hariri die Makamen.

20   Sollen sie jemals schweigen?
        Süß, sich an sie gewöhnen,
        Vor Meistern sich verneigen.

        Ich höre Fliegerdröhnen,
        – Kuckuck ruft seinen Namen –
        Ich höre Menschen stöhnen,
25   Ich löse mich mit Schreien,
        Es wird zu Tönen, zweien:
        Kuckuck! Kuckuck! Weltamen.[23]

Wie oben ausführlich dargelegt wurde, begreift Lehmann die Sphäre der Natur als Gegenraum zu der in seinen Augen unwirklichen Welt der modernen Zivilisation. Allerdings werden die Entfremdungs- und Krisenerfahrungen, auf die seine Naturlyrik antwortet, in den Texten meist nicht direkt benannt. Gewisse diffuse Ängste und Irritationen, die gelegentlich anklingen, aber keine nähere Begründung erfahren, lassen sich als Widerhall des allgemeinen Leidens an der Individuation und an der eigenen Zeit deuten, das regressive Sehnsüchte hervorruft und in den Gedichten in der Tat rasch durch die heilende Kraft der Natur aufgehoben wird. Vereinzelt konkretisiert sich der fatale Zustand der modernen Menschheit etwa in einer flüchtigen Anspielung auf Lärm und Hektik der Großstädte – „die geschwätzigen Städte donnern", liest man in *Die Elster*[24] –, aber auch solche Störungen werden umgehend von der Ruhe und Harmonie des natürlichen Seins überdeckt. In einigen Gedichten aus den Jahren des Weltkriegs und der unmittelbaren Nachkriegszeit dringt jedoch die Zeitgeschichte selbst in die Natursphäre ein, vermittelt zumeist durch akustische Wahrnehmungen. In *Signale* beispielsweise lenkt das Krachen der Torpedos, die von der deutschen Marine erprobt werden, die Aufmerksamkeit des lyrischen Ich auf die Kriegsereignisse; ganz auszublenden ist der „Schreck der Zeiten" (*Fahrt über den Plöner See*[25]) auch für Lehmann nicht. Indes bleibt die Verstörung sogar in diesen Fällen eine vorübergehende und weicht sehr schnell dem verzückten Einklang mit der heilen Natur: „Ich bin genährt. Ich hör Gesang", schließt das Gedicht *Deutsche Zeit 1947*, das zuvor die triste und rauhe Nachkriegswirklichkeit thematisiert hat[26] – es ist

---

[23]   Lehmann: Gesammelte Werke. Bd. 1, S. 144.
[24]   Ebd., S. 39.
[25]   Ebd., S. 115.
[26]   Ebd., S. 173.

der uns schon bekannte „Gesang" des natürlichen Kosmos, in dessen umfassender Harmonie die Dissonanzen der Zeitgeschichte verschwinden.

Auflösung kann exemplarisch für all diese Texte stehen, die über die Bände *Der grüne Gott, Entzückter Staub* und *Noch nicht genug* verstreut sind. Hier entwerfen gleich die Eingangsverse jenen idealen Zustand, in dem „das Ich mit der Welt zusammenstimmt".[27] Das Gefühl der Geborgenheit in der Natur wird dem Sprecher ohne Anstrengung, ja ohne sein Zutun zuteil: „Ich brauche nicht zu suchen" – „Gut, nichts mehr zu erwarten." Die Sorgen und Nöte der Gegenwart klingen lediglich von ferne in den „Qualgedanken" an, die aber nur Erwähnung finden, um sogleich vom milden Walten der Natur mühelos zerstreut zu werden. Von Beginn an ist der Sprecher am Ziel seiner Wünsche und befindet sich in völliger Übereinstimmung mit sich wie mit seiner natürlichen Umgebung: „Ich bin der Ausgelernte." Trost zieht er vor allem aus der Zeitlosigkeit der Natursphäre, die alle Unbill eines spezifischen historischen Augenblicks als belanglos erscheinen lässt. Der Laut des Kuckucks ist seit Urzeiten derselbe geblieben und dem geschichtlichen Wandel entzogen.

Der Natur werden die als ebenso zeitenthoben imaginierten großen Schöpfungen der Kunst an die Seite gestellt, die *Odyssee* Homers und die *Makamen* des Hariri[28] – beides weit entrückte Werke, die auch ihrerseits keinen unmittelbaren Zeitbezug aufweisen. Mit der ehrfürchtigen Huldigung für die alten „Meister" der Dichtung tritt das lyrische Ich aus dem Strom der Zeit heraus und taucht ein in die Sphäre des Unvergänglichen, wie es an anderen Beispielen auch die folgende Strophe aus dem Gedicht *Atemholen* vorführt:

> Der Krieg der Welt ist hier verklungene Geschichte,
> Ein Spiel der Schmetterlinge, weilt die Zeit.
> Mozart hat komponiert, und Shakespeare schrieb Gedichte,
> So sei zu hören sie bereit.[29]

In *Auflösung* lässt sich die Drohung des Krieges allerdings doch nicht so ohne weiteres beiseite schieben. Sie ist zu Beginn der Schlussstrophe plötzlich wieder höchst gegenwärtig und tritt, indem sie sich akustisch aufdringlich bemerkbar macht, in direkte Konkurrenz zu dem ewig unveränderlichen Naturlaut: „Ich höre Fliegerdröhnen, / – Kuckuck ruft seinen Namen". Welcher Eindruck am Ende die Oberhand gewinnt, kann indes nicht zweifelhaft

---

[27] Lehmann: Bewegliche Ordnung, S. 200.
[28] Der arabische Dichter Hariri verfasste seine kunstvoll gestalteten Prosadichtungen um einen Bettler und Vagabunden zu Beginn des 12. Jahrhunderts.
[29] Lehmann: Gesammelte Werke. Bd. 1, S. 180.

sein. Zwar ist sich der Sprecher sehr wohl bewusst, was das „Fliegerdröhnen"
in dieser Zeit bedeutet – er assoziiert sogleich Leiden und Sterben (das
„Stöhnen" hallt vermutlich nur in seinem Geist wider) –, doch sein „Schrei-
en" verwandelt sich von einem Ausdruck des Schreckens unvermittelt in den
gleichförmigen Ruf des Kuckucks: Gerade die Konfrontation mit dem ent-
setzlichen Zeitgeschehen liefert den letzten und entscheidenden Anstoß für
das lyrische Ich, die leidvoll erlebte Individualität und die Fesselung an seine
bedrückende Gegenwart endgültig abzustreifen und sich der befreienden
„Auflösung" in der Natur hinzugeben. Als „Weltamen" besiegelt der Vogel-
ruf die Geschlossenheit der heilen Natursphäre, jener nach Lehmanns Über-
zeugung ‚wirklichen' Welt, die von keinem Unheil der Menschengeschichte
verletzt werden kann.

Dass das Gedicht ausgerechnet den Kuckuck zum Herold der Natur
macht, kommt nicht von ungefähr, denn dieser Vogel, der traditionell in ers-
ter Linie als Frühlingsbote gilt, spielt in Lehmanns Poetik des Naturgedichts
noch eine ganz besondere Rolle. Er fungiert nämlich als Sinnbild der voll-
kommenen Übereinstimmung von Laut und Bedeutung, die sich im poeti-
schen Sprechen herstellen soll:

> Den wahren Dichter kennzeichnet seine enge Beziehung zu den
> Phänomenen und seine Überzeugung vom Können der Sprache.
> [...] Er hätte gern das Wort Kuckuck erfunden, der Dichter. Ge-
> heimnisvoll verschmelzen darin Zeichen und Bezeichnetes. Be-
> lehrt man ihn auch rasch, mit Schallnachahmung reiche er nicht
> weit, bleibt seine Poetik im Grunde immer Onomatopoetik.[30]

Onomatopoetische, also lautmalende Ausdrücke wie der Name des Kuckucks
liefern in Lehmanns Augen Paradebeispiele für Zeichen, die nicht willkür-
lich, sondern wesenhaft mit ihren Gegenständen verbunden sind. So klingt in
den Schlussversen von *Auflösung*, vermittelt über das Motiv des Kuckucks,
auch noch einmal das poetologische Programm des Dichters an, jene von ihm
als mythisch bezeichnete Verschmelzung der lyrischen Sprache mit dem
Dasein der Welt, die der Einswerdung von menschlichem Ich und Natur, der
„Auflösung" des Individuums im größeren Zusammenhang des Seienden kor-
respondiert.

Selbst angesichts des Weltkriegs beharrt Lehmann darauf, dass der
Mensch über das Gedicht den Zugang zu einer unangreifbaren, natürlichen
und zeitlosen Welt-Ordnung finden könne: „In der höchsten [poetischen]

---

[30] Wilhelm Lehmann: Gedicht als Tatsache [1956]. In: ders.: Gesammelte Werke.
Bd. 6, S. 289–295; hier S. 290.

Leistung bilden Natur und Geist, Ganzes und Einzelnes eine Einheit; in ihr wird *die Welt* wahr."[31] Auch die formalästhetische Struktur seiner Texte soll die Geschlossenheit dieser Ordnung abbilden, weshalb Lehmann durchgängig an gebundenen lyrischen Formen festhält. Besonders den Reim versteht er als sinnfälliges Zeichen von Harmonie und Übereinstimmung, von Abrundung und innerem Zusammenhang. Noch in dem 1960 entstandenen metapoetischen Gedicht *Der Reim* verteidigt er dieses Kunstmittel, weil es in einer (scheinbar) ganz „ungereimte[n] Welt" dem festen Glauben an die tiefere Einheit und Ganzheit der Natur Ausdruck verleiht und deren ‚Einklang' für den Rezipienten unmittelbar erfahrbar macht.[32]

Gerade die während des Krieges entstandenen Gedichte geben freilich zu erkennen, wie sehr Lehmanns Poetik, die den Bereich der Natur streng von der gesellschaftlichen und politischen Realität des 20. Jahrhunderts trennt, einen fragwürdigen Eskapismus befördert. Sogar jene Texte, die den zeitgeschichtlichen Erfahrungshorizont nicht völlig ausblenden, vollziehen am Ende stets den Übergang in die „Heile Welt" – so ist ein Gedicht aus dem Jahre 1942 (!) überschrieben –, die der Autor in der Natur zu erkennen meint. Es wurde bereits erwähnt, dass Lehmann zwar zentrale romantische Vorstellungsmuster aufgreift, aber auf jede Relativierung der poetisch beschworenen Naturutopie verzichtet. Dies unterscheidet seine Werke von Gedichten wie Eichendorffs *Mondnacht* oder Brentanos *Sprich aus der Ferne* (im Kontext des *Godwi*), die die universale Harmonie auf jeweils eigentümliche Weise als Sehnsuchtsziel und Wunschtraum kenntlich machen, statt sie schlicht als faktischen Zustand zu entwerfen. Für Lehmann stellt sich die Versöhnung des entfremdeten Menschen mit dem zeitlosen Dasein der Natur in der Dichtung *wirklich* her, so wie er auch uneingeschränkt auf die mythische, einheitsstiftende Kraft der poetischen Sprache vertraut. Doch ist es wohl kein Zufall, dass die ‚Weltkriegsgedichte' jene Harmonie, die sie allem Grauen zum Trotz vermitteln sollen, ästhetisch nicht mehr überzeugend zu gestalten vermögen. Der Übergang in die vermeintlich wahre Welt der Natur und des Mythos gestaltet sich zumeist – wie in *Auflösung* – äußerst abrupt, ja fast gewaltsam, und bisweilen muten die Beschwörungen des Ich schon unfreiwillig komisch an: „Und ‚heile, heile, heile!' tönt es, / Kuckuck! Kein Fluch der Erde höhnt es" (*Signale*[33]) – wieder ist es der Kuckuck, dessen beruhigend gleichförmigen Rufen hier zugemutet wird, das Lärmen von „Granaten und Schrapnells" und selbst „[z]erfetzter Leiber Todesschrein" zu übertönen.

---

[31] Lehmann: Erfahrung des Lyrischen, S. 309.
[32] Lehmann: Gesammelte Werke. Bd. 1, S. 284.
[33] Ebd., S. 117. Im folgenden Kapitel wird dieses Gedicht vollständig wiedergegeben.

In solchen inneren Brüchen der Gedichte tritt der krasse Widerspruch zwischen Lehmanns Naturmythos und den weltgeschichtlichen Katastrophen seiner Gegenwart deutlich zutage.

Die Abkehr von der modernen Lebenswelt, vom technischen Fortschritt und von gesellschaftlichen und politischen Konflikten zugunsten der Suche nach einem ‚natürlichen‘ Daseinsgrund und einer verlässlichen, zeitlosen Seinsordnung kennzeichnet das Schaffen einer ganzen Reihe von Lyrikern, die überwiegend mit der 1929 begründeten Zeitschrift *Die Kolonne* in engerer oder weiterer Verbindung standen. Neben Wilhelm Lehmann zählen dazu insbesondere Oskar Loerke, Georg Britting, Elisabeth Langgässer, Peter Huchel und Günter Eich. Die genannten Autoren zogen sich im Grunde schon vor 1933 in eine ‚Innere Emigration‘ zurück, die sie auf der anderen Seite auch über das Ende der nationalsozialistischen Herrschaft hinaus fortsetzten. So bewahrte ihre spezifische Geisteshaltung jenseits aller Einschnitte der Ereignisgeschichte eine Kontinuität, die von den späten zwanziger bis zu den frühen sechziger Jahren reichte. Im restaurativen Klima der Adenauer-Ära wurde eine solche Einstellung, wie Lehmanns Erfolg eindrucksvoll belegt, weithin begrüßt und als zeitgemäß empfunden – nach 1945 beherrschte die ‚naturmagische‘ Richtung in West-Deutschland zunächst fast unangefochten das Feld der Naturlyrik. Neue produktive Anstöße für die Gattungsgeschichte ergaben sich erst aus der allmählichen Überwindung der zumal von Lehmann vertretenen Poetik durch einige Repräsentanten der jüngeren Generation. Wie sich dieser Prozess im Einzelnen vollzog, wird ein späteres Kapitel am Beispiel der Entwicklung des Dichters Günter Eich in der Nachkriegszeit zeigen.

Die Verfremdung der schönen Natur

Bertolt Brecht: *Frühling 1938 (2) – 1940 (1) –*
Böser Morgen

Was sind das für Zeiten, wo
Ein Gespräch über Bäume fast ein Verbrechen ist
Weil es ein Schweigen über so viele Untaten einschließt![1]

Diese Verse aus dem Gedicht *An die Nachgeborenen* stellen wohl die berühmteste Äußerung des Autors Bertolt Brecht (1898–1956) zum Thema Natur dar, und sie sprechen bezeichnenderweise von einer zutiefst gestörten Beziehung zwischen dem Menschen und der natürlichen Sphäre. Der gesamte erste Teil des Gedichts, das Brecht um die Mitte der dreißiger Jahre im dänischen Exil verfasste, liefert eine Bestandsaufnahme, eine Diagnose jener „finsteren Zeiten", die von der faschistischen Diktatur in Deutschland und von der wachsenden Kriegsdrohung geprägt sind, indem er das Bild einer ‚verkehrten Welt' entwirft, in der scheinbar harmlose Dinge plötzlich eine schreckliche Bedeutung annehmen und die Gebote der Güte und der Weisheit nicht mehr befolgt werden können. Auch die Beschäftigung mit der Natur, für die die Bäume hier – wie häufig bei Brecht – als pars pro toto stehen, ist von dieser Verkehrung betroffen: Sie gerät in die Nähe eines Verbrechens, weil sie die Allgegenwart von Unrecht und Gewalt in unverantwortlicher Weise ausblendet. Dem lyrischen Ich, das sich dieser Tatsache bewusst ist, bleibt folgerichtig jeder reine, harmonische Naturgenuss verwehrt. Als Zufluchtsort und heile Gegenwelt hat die Natur ausgedient, oder besser gesagt: Wer sie weiterhin unbeirrt in dieser Weise auffasste, würde damit (fast) wie ein Verbrecher handeln. Das Entsetzen des Sprechers gilt freilich in erster

---

[1]   Bertolt Brecht: Werke. Große kommentierte Berliner und Frankfurter Ausgabe. Hrsg. von Werner Hecht u.a. Bd. 12: Gedichte 2: Sammlungen 1938–1956. Berlin, Weimar, Frankfurt a.M. 1988, S. 85.

Linie den ungeheuerlichen „Zeiten", die das „Gespräch über Bäume" so kor-
rumpiert haben. Die Sehnsucht nach einem Weltzustand, der wieder ein un-
gestörtes Vergnügen an der Natur erlaubt, schwingt in den zitierten Zeilen
unverkennbar mit, und der abschließende dritte Teil des Gedichts beschwört
in einem hoffnungsvollen Vorgriff auch ausdrücklich eine solche künftige
Epoche der „Freundlichkeit" und der menschlichen Freiheit, an deren Reprä-
sentanten, eben die ‚Nachgeborenen', der ganze Text adressiert ist.

Brechts skeptische Bestimmung des Verhältnisses zwischen Mensch und
Natur in den „finsteren Zeiten" von Faschismus, Diktatur und Vertreibung
hat zugleich eine poetologische Dimension. Auch in der Lyrik wäre gegen-
wärtig jede weltvergessene Vertiefung in die Schönheiten der Natur illegitim;
Pflicht des Schriftstellers ist es vielmehr, sich kämpferisch, kritisch und in
aufklärerischer Absicht mit dem Zeitgeschehen zu befassen. Die Schlussver-
se des Gedichts *Schlechte Zeit für Lyrik* formulieren diese Einsicht explizit:

> In mir streiten sich
> Die Begeisterung über den blühenden Apfelbaum
> Und das Entsetzen über die Reden des Anstreichers.
> Aber nur das zweite
> Drängt mich zum Schreibtisch.[2]

Der Sprecher ist keineswegs unempfindlich für die Pracht der Baumblüte,
aber zur literarischen Produktion veranlasst ihn jetzt nur die Notwendigkeit,
den Lügen Hitlers, den Brecht oft verächtlich als „Anstreicher" tituliert, ent-
gegenzutreten.

Indes verzichtete Brecht in den Jahren des Exils keineswegs darauf, das
Thema Natur in Gedichten zu behandeln. Es gab für ihn durchaus eine Form
der Naturlyrik, die sich den „finsteren Zeiten" stellt, statt ihnen auszuwei-
chen, und zwar indem sie die Beziehung zur Natur gerade als eine gestörte
und beeinträchtigte gestaltet. So gilt für Brecht grundsätzlich: „Wo er Natur
in der Lyrik thematisiert, ist immer zugleich von Gesellschaft und der jewei-
ligen geschichtlichen Situation die Rede."[3] Seine einschlägigen Werke leisten
gewissermaßen eine Historisierung des Naturerlebens. Damit aber kann Ber-
tolt Brecht für die Zeit nach 1933 – und nur von dieser Phase seines Schaf-

---

[2]   Brecht: Werke. Bd. 14: Gedichte 4: Gedichte und Gedichtfragmente 1928–1939.
      Berlin, Weimar, Frankfurt a.M. 1993, S. 432.
[3]   Peter Bödeker: Das Ende der Naturlyrik? Brechts Gedichte über das Verhältnis
      von Natur und Gesellschaft. In: Naturlyrik und Gesellschaft. Hrsg. von Norbert
      Mecklenburg. Stuttgart 1977, S. 163–178; hier S. 174.

fens soll hier die Rede sein[4] – auf dem Gebiet der Naturlyrik als Antipode
Wilhelm Lehmanns angesehen werden: nicht weil eine direkte kritische Be-
zugnahme vorläge, sondern weil diese beiden Dichter angesichts der moder-
nen Welt, der totalitären Diktatur und des Krieges das Verhältnis von Politik
und Gesellschaft zur Natur in genau entgegengesetzter Weise bestimmen.

Als ein erstes Beispiel für Brechts Verfahren sei das zweite Gedicht aus
dem kleinen Zyklus *Frühling 1938* vorgestellt, der noch in die Zeit des däni-
schen Exils gehört. Landschaftliche Eindrücke aus der Gegend von Svend-
borg auf der Insel Fünen, wo der Autor damals lebte, finden in diesen Versen
ihren Niederschlag:

> Über dem Sund hängt Regengewölke, aber den Garten
> Vergoldet noch die Sonne. Die Birnbäume
> Haben grüne Blätter und noch keine Blüten, die Kirschbäume hingegen
> Blüten und noch keine Blätter. Die weißen Dolden
> 5   Scheinen aus dürren Ästen zu sprießen.
> Über das gekräuselte Sundwasser
> Läuft ein kleines Boot mit geflicktem Segel.
> In das Gezwitscher der Stare
> Mischt sich der ferne Donner
> 10 Der manövrierenden Schiffsgeschütze
> Des Dritten Reiches.[5]

Den größten Teil des Gedichts nimmt ein präzise beobachtetes und detailrei-
ches Bild der Natur ein. Wir befinden uns in einem Zeitraum des Übergangs,
in einer Phase des ‚noch nicht‘ – „grüne Blätter und noch keine Blüten",
„Blüten und noch keine Blätter", „weiße Dolden […] aus dürren Ästen" –,
aber der schon mit dem Titel der Gedichtgruppe gegebene Hinweis auf die
Jahreszeit sorgt zunächst für eine positive, zuversichtliche Grundstimmung.
Der Frühling lässt an Aufbruch, Neubeginn und frisches Wachstum denken;
die Blüten und Blätter, die „noch" nicht da sind, werden kommen, die „dür-
ren Äste" werden sich mit Grün bedecken. Und es ist charakteristisch für
Brecht, dass er keine einsame, sondern eine *bewohnte* Landschaft schildert,

---

[4]   In Brechts früher Lyrik stellt sich die Natur noch anders dar; sie erscheint hier in
vitalistischer Perspektive als machtvoller, allumfassender Lebenszusammenhang,
der in seinem unablässigen Wechsel von Werden und Vergehen ebenso faszinie-
rend wie bedrohlich wirken kann. Gedichte wie *Vom Klettern in Bäumen* oder
Vom Schwimmen in Seen und Flüssen evozieren Naturerlebnisse als lustvoll erfah-
rene Entgrenzung, während etwa in *Das Lied von der Eisenbahntruppe von Fort
Donald* und *Ballade von des Cortez Leuten* von Vernichtung und Verschlungen-
werden erzählt wird.

[5]   Brecht: Werke. Bd. 12, S. 95.

weil das friedliche Naturpanorama ohne die Anwesenheit von Menschen un-
vollständig bliebe[6]: Das „kleine Boot", das den Sund überquert, bringt Leben
und Bewegung in die Szenerie.

Mit den Schlussversen bricht jedoch in einer schroffen Wendung die bru-
tale Realität der Zeitgeschichte in das Naturbild ein. Dies geschieht in einer
virtuos konstruierten und durch die Zeilenbrüche zusätzlich hervorgehobenen
dreifachen Steigerung: Der „ferne Donner" deutet bereits auf Gefahr, kann
aber doch immer noch als Naturphänomen aufgefasst werden; der Hinweis
auf die „manövrierenden Schiffsgeschütze" macht dann schon unmissver-
ständlich deutlich, dass die Bedrohung in Wirklichkeit von *Menschen* aus-
geht, und der letzte Vers benennt die Aggressoren schließlich direkt und ge-
stattet keinen Zweifel mehr an ihren mörderischen Absichten. So gerät die
vermeintlich heile Welt der ersten Partie des Gedichts unversehens aus den
Fugen, und das zu Beginn entwickelte Landschaftsszenario nimmt, von den
letzten Zeilen her betrachtet, ganz veränderte Züge an. Im Wortsinne über-
schattet von den Kriegsvorbereitungen des nationalsozialistischen Regimes,
erweist sich der Frühling als eine Zeit der Furcht und des Schreckens. Das
Aufleben der Natur wirkt jetzt geradezu wie ein Hohn auf die Lage der Men-
schen, die sich einer furchtbaren Gefahr und einer finsteren Zukunft gegen-
übersehen.

Auch die Naturimpressionen als solche verlieren im Nachhinein ihre Un-
schuld. So mag der eingangs evozierte Kontrast zwischen dem dunkel herauf-
ziehenden „Regengewölke" und dem „noch" sonnenhellen Garten, für sich
gesehen, harmlos sein und sogar einen besonderen ästhetischen Reiz vermit-
teln. Hat man aber den Gedichtschluss zur Kenntnis genommen, drängt sich
im Rückblick eine andere Interpretation auf, die die geschilderte Wetterlage
als Metapher für die unaufhaltsame Verdüsterung der politischen Lage be-
greift. Eine solche nachträgliche Verschiebung des Verständnisses entspricht
genau der kritischen Stoßrichtung des Textes: In den „finsteren Zeiten" gibt
es keine ‚reine' Naturbetrachtung, keinen ungetrübten Genuss mehr, weil
selbst die Wahrnehmung an sich unverdächtiger Naturvorgänge durch das
Wissen um die konkrete zeitgeschichtliche Situation überlagert und entstellt
wird. Auf die hier vollzogene ‚Historisierung' der Naturbetrachtung deutet
übrigens bereits die Überschrift des Zyklus, die – für Naturgedichte höchst
ungewöhnlich! – eine genaue Jahreszahl nennt. Verweist der Frühling traditi-
onell auf die beruhigende Verlässlichkeit der ewig gleichförmigen organi-

---

[6]   Das ist noch die Pointe des Gedichts *Der Rauch* aus den *Buckower Elegien* von
      1953: „Das kleine Haus unter Bäumen am See / Vom Dach steigt Rauch / Fehlte
      er / Wie trostlos dann wären / Haus, Bäume und See." Brecht: Werke. Bd. 12,
      S. 308.

schen Entwicklung und auf die ungebrochene Kraft des vegetativen Lebens, so verankert die Angabe des Jahres 1938 das im Folgenden geschilderte Naturszenario in einem besonderen historischen Augenblick und beugt damit jedem Anschein von Zeitenthobenheit vor.

Auch in der Natur vermag der Mensch den Bedingungen seiner geschichtlichen Existenz mit all ihren Sorgen und Gefährdungen nicht zu entkommen – das ist die von Brecht poetisch skizzierte Gegenposition zu der naturmagischen Lyrik eines Wilhelm Lehmann. Um den Kontrast anschaulicher zu machen, sei an dieser Stelle noch einmal ein Gedicht des Letzteren angeführt, das aus der Zeit des Zweiten Weltkriegs stammt:

Signale

Seewärts hör ich Signale tuten:
Sie schießen die Torpedos ein.
Auf fernen Meeren, nah dem Ohre,
Gesprengter Leiber letztes Schrein.

5   Der Märzwind greift den Wandernden,
Ich gleite wie auf Flügelschuhn;
Dann bin ich selbst ihm aufgestiegen
Und kann auf seinem Rücken ruhn.

Ein Girren streicht um meine Knie,
10 Ein Rebhahn schwirrt am Kleinbahndamm.
Vor aufgerauhter Schlehdornhecke
Säugt Mutterschaf sein erstes Lamm.

Hör ich noch die Signale rufen?
Sie wurden Klang von Roncevalles;
15 Woran die Herzen einst zersprangen,
Schwebt echoleicht als Hörnerschall.

Mich feit der süße Augenblick.
Die Zügel häng ich ins Genick
Dem Windpferd, daß es schweifend grase.
20 Huflattich blüht, es springt der Hase.

Die Wolken bauen Pyrenäen,
Der Erdgeist denkt die Vogelreise:
Und ohne daß sie wissen, zucken
In Aufbruchslust die Kuckuckszehen.

25   Sie landen, höheren Flugs getragen,
        Als ihn Schrapnells, Granaten wagen.

        Ob draußen noch Signale tuten?
        Schießt man noch die Torpedos ein?
        Schreckt noch das Ohr auf fernen Meeren
30   Zerfetzter Leiber Todesschrein?

        Tief innen übte sich inzwischen
        Gesang, der Thebens Mauer baute.
        Fang an mit zwiegespaltnem Laute:
        Und „heile, heile, heile!" tönt es,
35   Kuckuck! Kein Fluch der Erde höhnt es.

        Granaten und Schrapnells verzischen.[7]

Hier wird das Grauen der Zeit gleich zu Beginn akustisch vernehmbar, näm-
lich in den Signalen der deutschen Marine, die ihre Torpedos erprobt, und im
Geschrei der Opfer des Krieges auf den Weltmeeren. Doch der Trost der Na-
tur drängt diese Zeichen der Gewalt und des Todes mehr und mehr zurück,
bis er sie am Ende ganz überwunden hat. Aufgenommen in den zeitlosen
Frieden des naturhaften Seins, das mit dem Reich der Sage und des Märchens
verschmilzt, fühlt sich das lyrische Ich geborgen und gegen alle störenden
Einflüsse einer mörderischen Wirklichkeit ‚gefeit'. So nennt Uwe-K. Ketel-
sen diesen Text mit Recht ein „widerrufendes Zeitgedicht", das die „Vernich-
tung der historischen Realität durch die Kraft von Mythos/Kunst/Natur" vor-
führt und die konkrete geschichtliche Situation durch das „wachsende Maß
der Entrückung des Sprechenden" schrittweise transzendiert.[8] In Brechts Ge-
dicht aus dem Zyklus *Frühling 1938* vollzieht sich dagegen exakt die umge-
kehrte Bewegung, wenn die Drohung des Krieges das Naturbild förmlich
aufsprengt und die anfangs aufgerufene Vorstellung einer für sich bestehen-
den, heilen Natursphäre als trügerischen schönen Schein entlarvt. Bei Brecht
erweist sich die von Lehmann anvisierte Trennung von Natur und geschicht-
lich bestimmter menschlicher Lebenswelt als unmöglich. Beide schieben sich
vielmehr buchstäblich ineinander, womit zugleich der schockierende Wende-
punkt des lyrisch gestalteten Wahrnehmungsprozesses markiert ist: „In das
Gezwitscher der Stare / *Mischt sich* der ferne Donner …".

---

[7]   Wilhelm Lehmann: Gesammelte Werke in acht Bänden. Bd. 1: Sämtliche Gedich-
     te. Hrsg. von Hans Dieter Schäfer. Stuttgart 1982, S. 116f.

[8]   Uwe-K. Ketelsen: Natur und Geschichte – Das widerrufende Zeitgedicht der 30er
     Jahre. Wilhelm Lehmann: *Signale*. In: Naturlyrik und Gesellschaft. Hrsg. von
     Norbert Mecklenburg. Stuttgart 1977, S. 152–162; hier S. 154f.

Die Unterschiede zwischen Lehmann und Brecht manifestieren sich auch in den jeweiligen künstlerischen Mitteln und in den Zielsetzungen dieser Autoren. Während Lehmanns Poetik, wie wir im vorigen Kapitel gesehen haben, auf dem Glauben an die ‚mythische‘ Kraft des Dichterworts beruht und eine Verzauberung des Lesers anstrebt, den die lyrische Sprache von der Last der modernen Alltagswirklichkeit befreien soll, erblickt Brecht seine Aufgabe darin, die Rezipienten zur Reflexion über die gesellschaftlichen und politischen Verhältnisse und über ihre eigene Sicht der Natur anzuregen. Er präsentiert deshalb keine in sich geschlossenen, zu emotionalem Nachvollzug und ästhetischem Genuss einladenden lyrischen Gebilde, sondern akzentuiert verstörende Brüche und Widersprüche, die eine geistige Auseinandersetzung herausfordern. Seine Naturgedichte verweigern entschieden jene Versöhnung in umfassender Harmonie, die Lehmann zu verwirklichen sucht. Und während dieser an geregelten metrischen Strukturen und am Reim festhält, weil sie geeignet erscheinen, eine solche Harmonie schon äußerlich sichtbar und sinnlich erfahrbar werden zu lassen, steht Brecht den genannten Kunstmitteln aus demselben Grund skeptisch bis ablehnend gegenüber. In dem 1938/39 verfassten Aufsatz *Über reimlose Lyrik mit unregelmäßigen Rhythmen* kritisiert er „Glätte und Harmonie des konventionellen Verses", weil sie seines Erachtens dazu beitragen, in der Lyrik die offenkundigen „Disharmonien" der lebensweltlichen Realität „formal zu neutralisieren".[9] Und in einem kleinen Nachtrag zu dieser theoretischen Schrift finden sich noch präzisere Überlegungen zum Problem des Rhythmus beziehungsweise des Metrums:

> Sehr regelmäßige Rhythmen hatten auf mich eine mir unangeneh-
> me einlullende, einschläfernde Wirkung […], man verfiel in eine
> Art Trance […]. In der mir unangenehmen Traumstimmung, die
> durch regelmäßige Rhythmen erzeugt wurde, spielte das Gedank-
> liche eine eigentümliche Rolle: es bildeten sich eher Assoziationen
> als eigentliche Gedanken; das Gedankliche schwamm so auf Wo-
> gen einher, man mußte sich immer erst einer alles nivellierenden,
> verwischenden, einordnenden Stimmung entreißen, wenn man
> denken wollte.[10]

Folgerichtig ist Brecht in seinen eigenen Texten darauf bedacht, eine solche „Trance" zu vermeiden. Unregelmäßige Rhythmen und schroffe, betont ‚un-

---

9 Bertolt Brecht: Über reimlose Lyrik mit unregelmäßigen Rhythmen [1938]. In: ders.: Werke. Bd. 22.1: Schriften 2, Teil 1. Berlin, Weimar, Frankfurt a.M. 1993, S. 357–364; hier S. 359.

10 Bertolt Brecht: [Nachtrag zu: *Über reimlose Lyrik mit unregelmäßigen Rhythmen*] [1938]. In: ders.: Werke. Bd. 22.1, S. 364f.; hier S. 364.

organische' Zeilenbrüche sollen verhindern, dass sich der Leser vagen Stimmungen und verschwommenen Assoziationen hingibt, und die Freiheit des selbständigen Denkens gewährleisten. Ähnliches gilt für den Verzicht auf Reime, der die von den Gedichten thematisierten ‚Ungereimtheiten' auf der formalen Ebene spiegelt. „In meinem Lied ein Reim / Käme mir fast vor wie Übermut", heißt es in *Schlechte Zeit für Lyrik*[11] – angesichts der krassen Widersprüche und Konflikte, mit denen die historisch-gesellschaftliche Welt den Menschen unablässig konfrontiert, müsste der durch den Reim hergestellte Einklang verlogen oder zynisch wirken. Wilhelm Lehmann erhofft sich von der Dichtung die Erlösung des modernen Individuums von den Zwängen und Leiden seiner Existenz, für Bertolt Brecht ist sie hingegen ein Mittel, diese Zwänge und Leiden aufzudecken und zum Gegenstand des kritischen Nachdenkens zu machen.

Die literarischen Strategien in Brechts Naturgedichten aus der Exilzeit können mit dem Begriff der *Verfremdung* bezeichnet werden, den der Autor zwar im Zusammenhang seiner Theorie des epischen Theaters geprägt und erörtert hat, der aber ebenso geeignet ist, grundlegende Verfahrensweisen seines lyrischen Schreibens zu erfassen. Die Verfremdung zielt generell darauf ab, allzu vertraute, zu festen Mechanismen erstarrte Denk- und Wahrnehmungsmuster zu durchbrechen und vermeintlich längst bekannte Phänomene in ein neues, ungewohntes Licht zu stellen – in Brechts Augen die erste und wichtigste Bedingung für eine produktive, eingreifende Haltung, die das Gegebene nicht mehr ohne weiteres als selbstverständlich und unabänderlich hinnimmt. Wie er die Natur und ihre Bedeutung für den Menschen zu Objekten verfremdender Gestaltung macht, sei an einem weiteren Beispieltext verdeutlicht, dem ersten Stück des Zyklus *1940*:

> Das Frühjahr kommt. Die linden Winde
> Befreien die Schären vom Wintereis.
> Die Völker des Nordens erwarten zitternd
> Die Schlachtflotten des Anstreichers.[12]

Schon im Frühjahr 1939 hatte Brecht angesichts der sich zuspitzenden politischen Lage seinen Zufluchtsort in Dänemark verlassen und war nach Schweden übergesiedelt, wo im März 1940, einige Monate nach Ausbruch des Krieges, dieses Gedicht entstand. Die in den Schlussversen angedeutete Voraussage erfüllte sich rasch, denn bereits im April besetzte die deutsche Wehrmacht im Zuge der Operation „Weserübung" Dänemark und Norwegen.

---

[11] Brecht: Werke. Bd. 14, S. 432.
[12] Brecht: Werke. Bd. 12, S. 96.

In seiner ersten Hälfte entwirft der Text zunächst ein freundliches Naturbild, das ganz den Erwartungen entspricht, die die lakonischen Eingangsworte „Das Frühjahr kommt" beim Leser geweckt haben dürften. Diese Erwartungen sind wiederum in hohem Maße durch literarische, meist lyrische Werke geprägt. Die „linden Winde", das Schwinden von Schnee und Eis und der Gedanke der Befreiung, des Aufbruchs und des Neuanfangs stellen Topoi der Frühlingsdichtung dar, die in zahllosen Gedichten, aber beispielsweise auch im ‚Osterspaziergang' in Goethes *Faust* begegnen: „Vom Eise befreit sind Strom und Bäche, / Durch des Frühlings holden, belebenden Blick, / Im Tale grünet Hoffnungs-Glück ...".[13]

Daher genügt der knappe Satz „Die linden Winde / Befreien die Schären vom Wintereis", um einen weitgespannten, traditionsgesicherten Vorstellungsraum und die zugehörigen Assoziationen heraufzubeschwören. Diese fast schon klischeehafte Naturszenerie erfährt jedoch anschließend durch die Konfrontation mit den Schrecken der Zeitgeschichte eine beispielhafte Verfremdung. Weil das milde Wetter wieder militärische Operationen zur See gestattet, verwandelt sich die Zeit des aufblühenden Lebens für die „Völker des Nordens" in eine Epoche mörderischer Gefährdung. So beginnen die Menschen gerade dann zu „zittern", wenn die Winterkälte weicht – in dieser paradoxen Wendung verdichtet Brecht die ganze Unnatürlichkeit der Lage angesichts der Kriegsdrohung und der Nähe des Faschismus. Und wieder bleibt es der Schlusszeile vorbehalten, das Subjekt der Aggression, das hier zugleich das Objekt einer angstvollen Erwartung ist, ausdrücklich zu benennen. Die Analogie zu dem oben analysierten Gedicht aus *Frühling 1938* beschränkt sich freilich nicht auf dieses Detail, sondern betrifft die gesamte Struktur des Textes und seine Kernaussage. Die nicht zuletzt in einer breiten literarischen Tradition verankerten positiven Konnotationen, die sich an den Frühling heften, erweisen sich als täuschend und irreführend, da die Natur dem Menschen in einer von Krieg und Gewalt dominierten Zeit weder Schutz noch Hoffnung bieten kann.

Brecht verwirft unmissverständlich jeden Versuch, aus den katastrophalen Entwicklungen der politischen Realität in die Natur zu fliehen und diese Natur als paradiesisches Refugium dem historisch-gesellschaftlichen Raum des menschlichen Daseins entgegenzusetzen. Ebenso wie seine poetologischen Überlegungen, die er teilweise selbst wiederum in lyrischer Form artikulierte, erklären seine Gedichte implizit jene Werke, die Lehmann in diesen Jahren

---

[13]   Johann Wolfgang Goethe: Faust. In: ders.: Sämtliche Werke nach Epochen seines Schaffens. Münchner Ausgabe. Hrsg. von Karl Richter. Bd. 6.1: Weimarer Klassik 1798–1806/1. Hrsg. von Victor Lange. München 1986, S. 535–673; hier S. 560 (V. 903–905).

schrieb, für naiv und anachronistisch, ja für illegitim. Und genau in diesem Sinne hat Lehmann Brechts Arbeiten auch verstanden. In einem Aufsatz mit dem Titel *Die gefährliche Kunst*, der 1955 publiziert wurde, äußert er sich missbilligend über „gewisse Verfasser", die unablässig verkündeten, „daß unsere Zeit bitter und finster, es mithin unangebracht sei, sich auf anderes als die soziale und moralische Situation des historischen Augenblicks zu verengen."[14] Und nachdem er im Gegenzug am Beispiel seines Gedichts *Testament des Sommers* noch einmal dargelegt hat, wie er sich als Lyriker von dem „Stoß eines Eindrucks" inspirieren lässt und eine „Annäherung an die sinnliche Wahrheit der Dinge" unternimmt[15], spitzt er seine Polemik folgendermaßen zu:

> Bert Brecht schlägt dem möglichen Leser ein Gedicht wie mein *Testament des Sommers* aus der Hand. Er klagt:
>
> „Was sind das für Zeiten, wo
> ein Gespräch über Bäume fast ein Verbrechen ist,
> weil es ein Schweigen über so viele Untaten einschließt."
>
> Ein Gespräch über Bäume schließt nicht das Wissen um böse Zustände und Taten aus, es hilft vielmehr, den verlorengegangenen *Menschen* wieder zu holen. Es zerbricht nichts, also verbricht es nichts, sondern bindet und kann in denjenigen Zustand leiten, in den ohne böses Gewissen zu gelangen niemandem verwehrt ist.[16]

Etwas später wird resümiert: „Möge man dem in den Tag greifenden Traktat einen Platz gönnen, aber auch dem Gedicht, das nichts als Gedicht ist. Findet jener die Erde unbewohnbar, macht dieses sie bewohnbar."[17] Bei aller Parteilichkeit und Überspitzung fixieren diese Ausführungen doch recht präzise den Gegensatz zwischen zwei spezifischen Möglichkeiten, angesichts der in Krieg und Völkermord kulminierenden Krise der modernen Welt das Thema Natur in der Lyrik zu behandeln.

Brecht verstand das nationalsozialistische Regime als Extremform der bürgerlich-kapitalistischen Ordnung und den von ihm entfesselten Weltkrieg als eine äußerste, offen gewalttätige Manifestation kapitalistischer Unterdrückung und Ausbeutung. Doch obwohl er deshalb nach 1945 den Versuch, in

---

[14] Wilhelm Lehmann: Die gefährliche Kunst [1955]. In: ders.: Gesammelte Werke. Bd. 6: Essays. Hrsg. von Wolfgang Menzel. Stuttgart 2006, S. 422–430; hier S. 426.
[15] Ebd., S. 427.
[16] Ebd., S. 428.
[17] Ebd., S. 429.

der sowjetischen Besatzungszone und später in der DDR eine sozialistische
Gesellschaft aufzubauen und eine rigorose Abkehr von der NS-Vergangen-
heit zu vollziehen, grundsätzlich begrüßte, blieb ihm keineswegs verborgen,
dass Anspruch und Wirklichkeit hier weit auseinanderklafften. Ein Schlüs-
selerlebnis war dabei der Aufstand vom 17. Juni 1953, der die tiefe Entfrem-
dung zwischen der politischen Führung, der Kaste der Parteifunktionäre, und
weiten Teilen der Arbeiterschaft offenbarte. Am 20. August notierte Brecht
in seinem Journal: „Der 17. Juni hat die ganze Existenz verfremdet."[18] In
diesem Fall war der Verfremdungseffekt also kein Produkt künstlerischer
Strategien, sondern resultierte unmittelbar aus realen politisch-gesellschaftli-
chen Vorgängen: Der Arbeiteraufstand eröffnete eine neue Perspektive auf
die Verhältnisse in der DDR und konfrontierte Brecht mit Einsichten, die er
zwar als erschreckend empfand, die ihn aber gleichwohl zu einer gedankli-
chen Auseinandersetzung nötigten. Dass sich der Autor dieser Herausforde-
rung stellte, bezeugen insbesondere die *Buckower Elegien*, eine Gruppe von
kurzen, reimlosen Gedichten, die noch im Sommer 1953 entstanden und zum
Teil – ausdrücklich oder in verhüllter Form – auf den 17. Juni Bezug neh-
men. Die meisten dieser Elegien wurden erst postum veröffentlicht, darunter
die folgende, die die Auswirkungen eines zutiefst verstörenden Erlebnisses
auf das Verhältnis des Menschen zur Natur thematisiert:

Böser Morgen

Die Silberpappel, eine ortsbekannte Schönheit
Heut eine alte Vettel. Der See
Eine Lache Abwaschwasser, nicht rühren!
Die Fuchsien unter dem Löwenmaul billig und eitel.
5   Warum?
Heut nacht im Traum sah ich Finger, auf mich deutend
Wie auf einen Aussätzigen. Sie waren zerarbeitet und
Sie waren gebrochen.

Unwissende! schrie ich
10   Schuldbewußt.[19]

In den oben betrachteten Texten aus den Zyklen *Frühling 1938* und *1940*
nimmt der Sprecher jeweils eine distanzierte Beobachterposition ein und
begnügt sich mit nüchternen Schilderungen, ohne sich selbst als Person ins
Spiel zu bringen. In *Böser Morgen* verhält es sich anders, denn hier rückt die

---

[18]   Brecht: Werke. Bd. 27: Journale 2. Berlin, Weimar, Frankfurt a.M. 1995, S. 346.
[19]   Brecht: Werke. Bd. 12, S. 310f.

individuelle und ganz private Erfahrung eines Ich in den Mittelpunkt. Selbstverständlich darf dieses Ich nicht einfach mit dem Autor Bertolt Brecht identifiziert werden, doch scheint es ihm vergleichsweise nahe zu stehen. So spielen die ersten Verse auf die Gegend von Buckow in der Märkischen Schweiz an, in die sich Brecht in seinen letzten Jahren gerne zurückzog, um dem Getriebe der Großstadt Berlin für eine Weile zu entkommen. Ein „See", eine „Silberpappel" und „Blumen" werden auch in dem Gedicht *Der Blumengarten* erwähnt, das ebenfalls zum Ensemble der *Buckower Elegien* gehört.[20] Man kann das sprechende Ich in *Böser Morgen* somit als eine Rollenfigur auffassen, über die Brecht seine eigene Situation reflektiert, indem er sie lyrisch gestaltet und im Kunstwerk zugleich auf Distanz bringt.[21] Damit eröffnet er außerdem, wie sich noch zeigen wird, allgemeinere Deutungsmöglichkeiten, die über den Bezug auf seine persönliche Lage hinausgehen.

In den ersten Versen tritt das lyrische Ich allerdings noch nicht in den Vordergrund und verzichtet darauf, seine subjektive Perspektive als solche kenntlich zu machen. Daher muss zunächst der Eindruck entstehen, als hätten sich tatsächlich in der äußeren Wirklichkeit, in der Natur selbst, von einem Tag auf den anderen schreckliche Veränderungen vollzogen. Die Umgebung, anscheinend ein Garten, der an einen See stößt, präsentiert sich auf einmal abstoßend und verkommen. Betroffen sind gerade jene Landschaftselemente, die in Brechts Werk sonst exemplarisch für die Reize einer schönen Natur stehen und mit denen überdies die Tradition des *locus amoenus* zitiert wird, nämlich ein Baum und ein Gewässer. Und einmal mehr setzt der Dichter wohlkalkulierte Zeilenbrüche ein, um den so abrupt eingetretenen Wandel zu akzentuieren: „Die Silberpappel, eine ortsbekannte Schönheit / Heut eine alte Vettel. Der See / Eine Lache Abwaschwasser, nicht rühren!" Assoziationen an Umweltverschmutzung, Waldsterben und vergiftete Abwässer drängen sich dem heutigen Leser förmlich auf, aber schon der vierte Vers passt nicht mehr in dieses Bild, da Fuchsien schwerlich „billig und eitel" *sein*, sondern allenfalls einem entsprechend gestimmten Betrachter so *erscheinen* können – der persönliche Blickwinkel des Sprechers macht sich hier erstmals zumindest indirekt bemerkbar.

Das folgende lakonische „Warum?", in einem eigenen Vers platziert, ist gleichsam ein Echo des Staunens, das die Schilderung der plötzlich entstellten Natur beim Leser hervorgerufen haben muss; das lyrische Ich nimmt die neugierige Frage auf, die dem Rezipienten auf der Zunge liegt. Überdies

---

[20] Brecht: Werke. Bd. 12, S. 307.
[21] Ähnliches gilt übrigens für das lyrische Ich vieler anderer Gedichte aus Brechts mittleren und späten Schaffensphasen, zum Beispiel für die Sprechinstanzen in jenen Texten, die nach 1933 die Lage des Schriftstellers im Exil erörtern.

bildet diese Zeile die Mittelachse des Gedichts, das in seinem Fortgang nun in Form eines Rückblicks die Ursache für die bestürzende Verwandlung aufdeckt. Sie liegt, wie schon vermutet, nicht in der objektiven Außenwelt, sondern im Inneren des Sprechers: Die Voraussetzungen seiner Wahrnehmung dieser Außenwelt sind es, die sich buchstäblich über Nacht von Grund auf gewandelt und ihm den Anblick der Natur ‚verfremdet' haben. In einem Alptraum sah er sich den stummen Vorwürfen von Unterdrückten und Ausgebeuteten gegenüber. Zwar suchte er sich zu rechtfertigen – „Unwissende! schrie ich" –, aber die wieder nur aus einem einzigen Wort bestehende Schlusszeile enthält dann doch das unvermittelte Eingeständnis seiner Schuld. Und dieses Schuldgefühl ist offensichtlich für die Unannehmlichkeiten des folgenden Morgens verantwortlich, weil es die Sicht des Ich auf die Natur überformt und verzerrt und ihm deren Schönheiten verleidet. Nüchtern betrachtet, dürften Baum, See und Blumen ganz dieselben sein wie am Vortag, doch das lyrische Ich ist jetzt nicht mehr imstande, sich an ihren Reizen zu erfreuen.

Der als Erklärung angebotene Traum wirft freilich seinerseits neue Fragen auf, die im Text keine ausdrückliche Antwort finden. Dass er den Sprecher mit einer Schuld konfrontiert, die dessen waches Bewusstsein erfolgreich verdrängt hatte, ist kaum zu bezweifeln, doch die Eigenart dieser Schuld bleibt ebenso im Dunkeln wie die Gestalten der Misshandelten, von denen lediglich ihre anklagend und drohend erhobenen zerschundenen Finger sichtbar werden. In einem ersten Schritt kann man versuchen, diese auffallenden Leerstellen unter Rückgriff auf die Biographie des Verfassers zu füllen, wobei der Bezug zu den Unruhen vom 17. Juni besonders nahe liegt. Diese Geschehnisse hatten nur allzu deutlich gezeigt, dass auch die ‚sozialistische' Ordnung in der DDR weit davon entfernt war, alle Spannungen und Konflikte zwischen den Menschen zu beseitigen. Und Brechts eigene Lage war zwiespältig. Während er einerseits mit wachsender Sorge die elitäre Abschottung der Parteifunktionäre und das Erstarken einer in seinen Augen ganz und gar volksfremden Bürokratie registrierte, denen er eine beträchtliche Mitschuld an der Eskalation der Juni-Tage beimaß, genoss er andererseits selbst als renommierter Autor mancherlei Privilegien und materielle Vorzüge – man denke nur an das komfortable Asyl, das er sich in Buckow hatte schaffen können. So musste er befürchten, sich gleichfalls zunehmend der Arbeiterklasse zu entfremden, in deren Belehrung und Aufklärung er doch seit den späten zwanziger Jahren die wichtigste Aufgabe seines literarischen Schaffens sah. Der Ausruf „Unwissende!" in *Böser Morgen* verweist wohl in erster Linie darauf, dass Außenstehende keinen Einblick in die prekäre, widersprüchliche Situation des Sprechers haben können, er wirkt aber zugleich wie eine ferne Erinnerung an die gewohnte oder zumindest beanspruchte ‚Lehrer-rolle' Brechts.

So könnte man das Gedicht als Ausdruck und Reflexion einer akuten Krise von Brechts Selbstverständnis und als Auseinandersetzung mit ihren Folgen lesen. Damit ließe sich auch der auffallende Umstand erklären, dass das lyrische Ich hier weitaus direkter und persönlicher mit dem prekären Verhältnis des Menschen zur Natur konfrontiert ist, als das in den Gedichten aus den Jahren vor 1945 zu beobachten war. In der Zeit des Exils mögen die äußeren Bedrängnisse größer gewesen sein, doch bestanden damals wenigstens keine Zweifel am Verlauf der Fronten auf dem Feld der politisch-ideologischen Konflikte und an der Position des engagierten Kommunisten und Antifaschisten Brecht.

Freilich wäre es eine unzulässige Verengung, wollte man *Böser Morgen* ausschließlich biographisch interpretieren, denn gerade die erwähnten Leerstellen, die der Text erzeugt, erlauben es, das in den Versen gestaltete Problem in einem sehr viel weiteren Rahmen zu sehen. Allgemeiner formuliert, lautet die These dieses Gedichts, dass die schöne Natur niemals guten Gewissens genossen werden kann, solange noch Menschen unter Ungerechtigkeit und Mangel zu leiden haben, weil sich das Wissen um solche Leiden in jede Naturbetrachtung mischt und die Freude daran zunichte macht. Auch nach der Niederwerfung des NS-Regimes bleibt die ästhetische Beziehung zur Natur nach Brechts Überzeugung tiefgreifend gestört, bis einmal eine freie und gerechte Form des gesellschaftlichen Zusammenlebens hergestellt ist – und folgerichtig bleibt es die Aufgabe einer zeitgemäßen Naturlyrik, diesen Zustand zu thematisieren und die Sehnsucht nach einem harmonischen Naturverhältnis ebenso bewusst zu halten wie dessen derzeitige Unmöglichkeit mitsamt ihren Gründen.

Das Vergnügen an der Natur betrachtete Brecht immer als notwendiges Element eines erfüllten, wahrhaft menschenwürdigen Daseins, aber in seiner reinen und ungetrübten Form schien es ihm nur im Rahmen einer politischen und sozialen Ordnung denkbar, die kein menschliches Elend mehr hervorbringt oder duldet. Erst dann könnte auch die Dichtung, ohne sich einer verantwortungslosen Schönfärberei schuldig zu machen, ein solches Naturerleben mit den Mitteln der poetischen Sprache beschwören, um es dem Leser zum Nachvollzug anheimzugeben und damit seine Genussfähigkeit zu steigern. Bereits in der zweiten Hälfte der dreißiger Jahre hatte Brecht diese Zusammenhänge in einer Episode aus seinem Fragment gebliebenen *Buch der Wendungen* erörtert. Sie kreist um den Lyriker Kin-jeh, eine weitere dem Autor Brecht nahe stehende Rollenfigur, und sei hier abschließend als passendes Resümee des Kapitels vollständig wiedergegeben:

Über reine Kunst

Me-ti sagte: Neulich fragte mich der Dichter Kin-jeh, ob er in die-
sen Zeitläuften Gedichte über Naturstimmungen schreiben dürfe.
Ich antwortete ihm: Ja. Als ich ihn wieder traf, fragte ich ihn, ob er
Gedichte über Naturstimmungen geschrieben habe. Er antwortete:
Nein. Warum, fragte ich. Er sagte: Ich stellte mir die Aufgabe, das
Geräusch fallender Regentropfen zu einem genußvollen Erlebnis
des Lesers zu machen. Darüber nachdenkend und hie und da eine
Zeile skizzierend, erkannte ich es als nötig, dieses Geräusch fal-
lender Regentropfen für alle Menschen, also auch für solche Men-
schen zu einem genußvollen Erlebnis zu machen, die kein Obdach
besitzen und denen die Tropfen zwischen Kragen und Hals fallen,
während sie zu schlafen versuchen. Vor dieser Aufgabe schreckte
ich zurück.

Die Kunst rechnet nicht nur mit dem heutigen Tag, sagte ich
versucherisch. Da es immer solche Regentropfen geben wird,
könnte ein Gedicht dieser Art lange dauern. Ja, sagte er traurig,
wenn es keine solche Menschen mehr geben wird, denen sie zwi-
schen Kragen und Hals fallen, kann es geschrieben werden.[22]

---

[22]   Brecht: Werke. Bd. 18: Prosa 3. Berlin, Weimar, Frankfurt a.M. 1995, S. 143.

Wachsende Skepsis

Günter Eich: *Die Häherfeder – Tage mit Hähern – Vorsicht*

Von der Konjunktur, die die ‚naturmagische' Lyrik nach dem Krieg in West-Deutschland erlebte, war bereits an anderer Stelle die Rede. Jürgen Haupt belegt sie eindrucksvoll durch eine Aufzählung von Gedichtbänden, die in jenen Jahren herauskamen und deren Titel eine deutliche Sprache sprechen: „*Die Silberdistelklause* (F.G. Jünger, 1947), *Der Laubmann und die Rose* (E. Langgässer, 1947), *Mein Blumen-ABC* (R. Hagelstange, 1950), *Die heile Welt* (W. Bergengruen, 1950), *Die Zisterne* (W. Bächler, 1950), *Der Regenbaum* (Ch. Busta, 1951), *Aus dumpfen Fluten kam Gesang* (H. Lange, 1951), *Unter hohen Bäumen* (G. Britting, 1951), *Vor grünen Kulissen* (R. Hartung, 1959), *Nur eine Rose als Stütze* (H. Domin, 1959), *Mit einer Kranichfeder* (H. Piontek, 1961)"[1]; zu ergänzen wären unter anderem Lehmanns Sammlungen *Entzückter Staub* (1946), *Noch nicht genug* (1950) und *Überlebender Tag* (1954). Man könnte zudem versucht sein, auch Günter Eich (1907–1972) in diese Reihe aufzunehmen, dessen Band *Botschaften des Regens* aus dem Jahr 1955 sich vom Titel her nahtlos einzufügen scheint. Und als junger Dichter war Eich in der Tat von der naturmagischen Richtung beeinflusst; um 1930 gehörte er zu den Mitarbeitern der Zeitschrift *Die Kolonne*, mit der die wichtigsten Repräsentanten dieser ‚Schule' in Verbindung standen. Nicht wenige seiner frühen Werke verraten die Sehnsucht nach einer regressiven Verschmelzung mit der Natur, nach der erlösenden Rückkehr in ein vorbewusstes, vegetatives Dasein: „Du mußt wieder stumm werden, unbeschwert, / eine

---

[1]   Jürgen Haupt: Natur und Lyrik. Naturbeziehungen im 20. Jahrhundert. Stuttgart 1983, S. 90.

Mücke, ein Windstoß, eine Lilie sein", schließt das Gedicht *Verse an vielen Abenden*, das er im Alter von zwanzig Jahren verfasste.[2]

Doch als Eich nach dem Krieg nach längerer Pause wieder lyrische Texte zu publizieren begann, legte er in seinen Naturgedichten überwiegend eine veränderte Haltung an den Tag – gerade in jener Phase, in der die mystische Versenkung in die zeitlose, heile Natursphäre buchstäblich in höchster Blüte stand, rückte dieser Autor mehr und mehr von ihr ab. Freilich vollzog er keinen schroffen und abrupten Bruch mit dem naturmagischen Konzept. Zutreffender wäre von einer schöpferischen Weiterentwicklung zu sprechen, die letztlich zu einer Infragestellung des ganzen Modells führte. Eich greift Themen und Motive auf, die auch bei Lehmann häufig begegnen, stellt sie aber in ein neues Licht, das insbesondere die Hoffnung auf eine beglückende Einheit von Mensch und Natur zweifelhaft erscheinen lässt. Wie er seine Naturlyrik zum Medium einer poetischen Kritik an der naturmagischen Strömung macht, zeigt das 1946 verfasste Gedicht *Die Häherfeder*:

> Ich bin, wo der Eichelhäher
> zwischen den Zweigen streicht,
> einem Geheimnis näher,
> das nicht ins Bewußtsein reicht.
>
> 5   Es preßt mir Herz und Lunge,
> nimmt jäh mir den Atem fort,
> es liegt mir auf der Zunge,
> doch gibt es dafür kein Wort.
>
> Ich weiß nicht, welches der Dinge
> 10 oder ob es der Wind enthält.
> Das Rauschen der Vogelschwinge,
> begreift es den Sinn der Welt?
>
> Der Häher warf seine blaue
> Feder in den Sand.
> 15 Sie liegt wie eine schlaue
> Antwort in meiner Hand.[3]

---

[2]   Günter Eich: Gesammelte Werke in vier Bänden. Revidierte Ausgabe. Hrsg. von Axel Vieregg. Bd. 1: Die Gedichte. Die Maulwürfe. Frankfurt a.M. 1991, S. 10. – Das Verhältnis des Poeten Eich zu den Themen Natur und Natursprache erörtert ausführlich Axel Goodbody: Natursprache. Ein dichtungstheoretisches Konzept der Romantik und seine Wiederaufnahme in der modernen Naturlyrik (Novalis – Eichendorff – Lehmann – Eich). Neumünster 1984, S. 253–345.

[3]   Eich: Gesammelte Werke. Bd. 1, S. 43f.

Die Begegnung eines einsamen lyrischen Ich mit der Natur, gestaltet als Eintauchen in einen gesellschaftsfernen Bereich, der ein dem nüchternen „Bewußtsein" entzogenes „Geheimnis", ja vielleicht sogar „den Sinn der Welt" birgt; der Gedanke einer Kommunikation mit dieser Natur; selbst die zentrale Bedeutung der Vogelwelt – das sind vertraute Elemente naturmagischer Dichtung. Doch ist auch der Unterschied nicht zu übersehen. Der Sprecher fühlt sich im Wald dem Naturgeheimnis zwar „näher", aber er *erreicht* es nicht, und an dieser Distanz, die schon in der ersten Strophe sichtbar wird, ändert sich bis zum Schluss nichts. Die in der Natur vermutete tiefere Einheit des Seienden verschließt sich dem Menschen, die mystische Entrückung als Verschmelzung mit dieser zeitlosen Sphäre ist ihm nunmehr verwehrt. Und eben weil das „Geheimnis", so greifbar nah es auch scheinen mag, unzugänglich bleibt, wird es nicht mehr als befreiende Epiphanie, sondern als Last und Bedrohung erfahren. Auf den Sprecher wirkt es geradezu physisch bedrückend: „Es preßt mir Herz und Lunge, / nimmt jäh mir den Atem fort".

Das Unvermögen des Ich, sich des Geheimnisses zu bemächtigen, ist, wie die Verse 7 und 8 offenbaren, hauptsächlich ein Unvermögen der *Sprache* – es fehlt das passende „Wort" dafür. Auch diese Aussage gewinnt ihr volles Gewicht erst, wenn man sie auf den Horizont der naturmagischen Lyrik bezieht und deren Vertrauen in die Macht des (poetischen) Sprechens bedenkt. Während das Dichter-Ich beispielsweise bei Lehmann imstande ist, durch seine mythische Rede einen Zugang zum reinen Da-Sein der Natur zu eröffnen, ringt der Sprecher in *Die Häherfeder* vergebens nach dem erlösenden „Wort". Die metapoetische Reflexion, die diesem Gedicht eingeschrieben ist, fällt demnach sehr viel skeptischer aus als bei Lehmann und anderen ‚Naturmagiern'.

Sprachreflexion und Sprachkritik sind beherrschende Themen in Eichs lyrischem Werk. Im Hintergrund steht dabei zumindest in den vierziger und fünfziger Jahren die Idee einer verlorenen Ursprache, die keinen Unterschied zwischen Sprachzeichen und Bezeichnetem kennt; hier ist der Anschluss an mystische Spekulationen und an Vorstellungen der Romantiker wie auch der naturmagischen Schule besonders deutlich zu erkennen. Das 1949 veröffentlichte Gedicht *Fragment* liest sich wie ein ausführlicher poetischer Kommentar zu dem einschlägigen Verspaar aus *Die Häherfeder*, denn es thematisiert gleichfalls die vergebliche Suche nach dem einen zauberkräftigen „Wort", das dem Menschen den verborgenen Zusammenhang der Welt offenbaren könnte:

> Das Wort, das einzige! Immer suche ichs,
> das wie Sesam die Türen der Berge öffnet,

es, durch die gläsern gewordenen Dinge blickend
ins Unsichtbare –

[...]

Du Wort, einziges, allen Wörtern unähnlich und gemeinsam,
ich vernehme dich in den Farben, horche auf dich im Anblick des Laubs,
wie liegst du mir auf der Zunge!
Du, das ich gekannt habe,
du, dessen ich teilhaft war,
du, das im Schallen des Ohrs ganz nahe ist, –
dennoch faß ich dich
niemals, niemals, niemals!

Du, das Wort, das im Anfang war,
du, so gewiß wie Gott und so unhörbar,
wie soll ich hinnehmen deinen grausamen
Widerspruch, daß unaussprechlich zu sein,
dein Wesen ist, oh Wort –?[4]

Die Wendung vom „Wort, das im Anfang war", spielt auf den Eingangsvers des Johannesevangeliums an; das rätselhafte Wort, dem das Ich nachspürt, scheint demnach mit dem göttlichen Schöpfungswort identisch zu sein. Darüber hinaus klingt der Gedanke einer paradiesischen Urzeit an, in der auch der Mensch über dieses Wort verfügte: „Du, das ich gekannt habe, / du, dessen ich teilhaft war". Die Dichter der Romantik hofften bekanntlich, eine solche magische Sprache in der Poesie wiedergewinnen zu können. Erinnert sei einmal mehr an das „Zauberwort" aus Eichendorffs *Wünschelruthe*, aber auch an jenes „Eine geheime Wort", dem Novalis in seinem Gedicht *Wenn nicht mehr Zahlen und Figuren* zutraut, die Welt mit einem Schlag von ihrer ‚Verkehrtheit' zu erlösen und zu ihrer wahren Ordnung zurückzuführen.[5] Und noch Lehmanns Poetik gründet sich, wie wir gesehen haben, auf die feste Überzeugung vom magischen Vermögen des dichterischen Sprechens. Günter Eich hat diese Gewissheit eingebüßt. Für ihn muss das gesuchte „Wort" letztlich „unaussprechlich" bleiben, da der Poet den Abstand zu jener Sprache, die mit der Wirklichkeit der Gegenstände eins wäre, niemals ganz überwinden kann. In seinem Vortrag *Der Schriftsteller vor der Realität* formuliert Eich diese Einsicht ausdrücklich:

---

4   Eich: Gesammelte Werke. Bd. 1, S. 80.
5   Novalis: Werke, Tagebücher und Briefe Friedrich von Hardenbergs. Hrsg. von
     Hans-Joachim Mähl und Richard Samuel. 3 Bde. Bd. 1: Das dichterische Werk,
     Tagebücher und Briefe. Darmstadt 1999, S. 395.

Ich bin Schriftsteller, das ist nicht nur ein Beruf, sondern die Entscheidung, die Welt als Sprache zu sehen. Als die eigentliche Sprache erscheint mir die, in der das Wort und das Ding zusammenfallen. Aus dieser Sprache, die sich rings um uns befindet, zugleich aber nicht vorhanden ist, gilt es zu übersetzen. Wir übersetzen, ohne den Urtext zu haben. Die gelungenste Übersetzung kommt ihm am nächsten und erreicht den höchsten Grad von Wirklichkeit.[6]

Da ihm diese „eigentliche Sprache" nicht zu Gebote steht, sieht sich der Sprecher in *Die Häherfeder* von der Teilhabe an dem „Geheimnis" des naturhaften Seins ausgeschlossen. Dementsprechend unsicher und zurückhaltend äußert er sich darüber. Nicht von ungefähr vermutet er jenes „Geheimnis", zu dem ihm der Schlüssel fehlt, ausgerechnet im „Wind", dem flüchtigsten und am wenigsten greifbaren aller Elemente, und wenn sich die Natur überhaupt artikuliert, dann nicht in verständlicher Rede, sondern in dem unbestimmten „Rauschen der Vogelschwinge". Ob sich darin wirklich der tiefere „Sinn der Welt" kundtut, muss der Sprecher offen lassen. Die letzte Strophe des Gedichts scheint allerdings einen Schritt weiter zu führen und schließlich doch noch eine Art von Kommunikation zwischen dem lyrischen Ich und der Natur anzubahnen, denn die „Feder" fällt nicht einfach herab, sondern wird vom Häher „in den Sand" *geworfen*, wo der Sprecher sie aufheben kann – wird ihm auf diese Weise eine Botschaft übermittelt? Zudem ist es eine *blaue* Feder: Die ‚romantische' Farbe verweist zeichenhaft auf den lebendigen All-Zusammenhang der Natur.

Gleichwohl dauert die Ungewissheit fort. Nüchtern betrachtet, ist ja nichts weiter geschehen, als dass der Eichelhäher eine blaue Feder verloren hat – wenn das Ich hierin ein aktives Tun des Vogels („Der Häher warf ...") und womöglich gar den Versuch einer Kontaktaufnahme zu erkennen meint, so liefert es damit nur eine *Deutung* dieses Vorgangs, deren Geltung fraglich bleibt. Die Feder erscheint dem Ich „wie eine [...] Antwort" auf seine Fragen; durch den Vergleich vermeidet es der Text, ihren Stellenwert eindeutig festzulegen. Und zu entschlüsseln vermag der Sprecher die vermeintliche Antwort jedenfalls nicht, wird sie doch als „schlau" charakterisiert, und das heißt im gegebenen Zusammenhang wohl: als chiffriert, undurchschaubar, sich listig entziehend. Das lyrische Ich ahnt in der Natur eine Fülle von Zeichen und einen verborgenen Sinn, ist aber nach wie vor außerstande, zu diesem Bedeutungskern vorzustoßen.

---

[6]   Günter Eich: Der Schriftsteller vor der Realität [1956]. In: ders.: Gesammelte Werke. Bd. 4: Vermischte Schriften. Frankfurt a.M. 1991, S. 613f.; hier S. 613.

Der Gedanke einer Sprache und eines geheimnisvollen Eigenlebens der beseelten Natur ist bei Eich also durchaus noch vorhanden, nur sperrt sich dieser Bereich nun gegen den Zugriff des Menschen – auch des Dichters. Dieselbe Auffassung begegnet übrigens bei anderen Autoren, die Eichs skeptischen Abstand zu den Positionen der naturmagischen Schule teilen: Sollte sich die Natur wirklich zeichenhaft mitteilen, so sind diese Zeichen für den Menschen doch nicht mehr verständlich. In Peter Huchels *Todtmoos* finden sich beispielsweise folgende Zeilen: „Schneenarben an den Felsen, / Wegzeichen wohin? Schriftzeichen, / nicht zu entziffern".[7] Und in Jürgen Beckers *„Tage auf dem Land"* liest man: „ja, das Gespräch der Bäume, das uns ausschließt".[8] Günter Eich hat die Überzeugung, dass der Mensch lediglich einen begrenzten Ausschnitt der ganzen Wirklichkeit wahrnehmen und sprachlich erfassen kann, mehrfach und in verschiedenen Zusammenhängen formuliert, unter anderem in dem Gedicht *Tauben*, wo erneut Vögel als Repräsentanten einer allgegenwärtigen, sich aber zugleich stets entziehenden höheren Sphäre auftreten:

> [...]
> Vertrau deiner Macht nicht,
> so wirst du auch nicht verwundert sein,
> wenn du erfährst, daß du unwichtig bist,
>
> daß neben deinesgleichen heimliche Königreiche bestehen,
> Sprachen ohne Laut, die nicht erforscht werden,
> Herrschaften ohne Macht und unangreifbar,
> daß die Entscheidungen geschehen im Taubenflug.[9]

Daneben wäre besonders auf das Hörspiel *Sabeth* zu verweisen, in dem ein Rabe beim Übertritt in die Raum- und Zeitordnung der Menschenwelt einerseits Sprache und Bewusstsein erlangt, andererseits aber die selbstverständliche Übereinstimmung mit der Totalität des Seins einbüßt. Als er auf geheimnisvolle Weise in seine wahre Heimat zurückkehrt, lässt auch er eine Feder zurück, eine mysteriöse Botschaft an die Menschen, die keinen Zugang zu der Region des Absoluten haben. Allenfalls jenseits des begrenzten Ich-Bewusstseins vermag der Einzelne diese Schranken vorübergehend zu überwinden. Freilich deuten sich solche Möglichkeiten, doch noch zur Sprache der ‚eigentlichen' Realität zu kommen, in Eichs Werk nur selten an. So buchsta-

---

[7]   Peter Huchel: Gesammelte Werke in zwei Bänden. Hrsg. von Axel Vieregg. Bd. 1: Die Gedichte. Frankfurt a. M. 1984, S. 258.
[8]   Jürgen Becker: Gedichte 1965–1980. Frankfurt a.M. 1981, S. 122.
[9]   Eich: Gesammelte Werke. Bd. 1, S. 105f.

biert das *Mädchen unterm Mond* im „Traume" aus den Chiffren des Mondlichts ein bedeutungsvolles „Wort", das ihm allerdings bald wieder entgleitet[10], und zuletzt bleibt nur die Erwartung, dass sich mit der endgültigen Auslöschung des individuellen Ich im Tod das Rätsel jener Sprache, deren Zeichen die Naturphänomene sind, lösen wird: „Es heißt Geduld haben. / Bald wird die Vogelschrift entsiegelt, / unter der Zunge ist der Pfennig zu schmecken" (*Ende eines Sommers*).[11]

Eichs distanzierte Haltung gegenüber allen Versuchen, den verborgenen Sinn der Natur zu entschlüsseln, prägte sich mit den Jahren immer schärfer aus. Das 1954 entstandene Gedicht *Tage mit Hähern* formuliert nicht nur eine entschiedene Absage an das von der naturmagischen Lyrik beschworene Ideal des menschlichen Naturverhältnisses, sondern auch eine Zuspitzung jener Position, die Eich selbst in *Die Häherfeder* bezogen hatte.

Tage mit Hähern

Der Häher wirft mir
die blaue Feder nicht zu.

In die Morgendämmerung kollern
die Eicheln seiner Schreie.
5   Ein bitteres Mehl, die Speise
des ganzen Tags.

Hinter dem roten Laub
hackt er mit hartem Schnabel
tagsüber die Nacht
10   aus Ästen und Baumfrüchten,
ein Tuch, das er über mich zieht.

Sein Flug gleicht dem Herzschlag.
Wo schläft er aber
und wem gleicht sein Schlaf?
15   Ungesehen liegt in der Finsternis
die Feder vor meinem Schuh.[12]

Der intertextuelle Bezug ist deutlich markiert: Die beiden Eingangsverse, die einen eigenen Textabschnitt bilden, widerrufen ausdrücklich das Schlussbild

---

[10]   Eich: Gesammelte Werke. Bd. 1, S. 265.
[11]   Ebd., S. 81. – In der Antike pflegte man den Verstorbenen ein Geldstück in den Mund zu legen, das für den Fährmann am Totenfluss bestimmt war.
[12]   Ebd., S. 81f.

des früheren Gedichts, in dem sich zumindest noch eine zaghafte Hoffnung auf eine Verständigung mit der Natur andeutete. Vom „Geheimnis" des natürlichen Seins und vom „Sinn der Welt" ist jetzt nicht mehr explizit die Rede, doch bleibt diese Thematik durch die Anknüpfung an *Die Häherfeder* unterschwellig präsent. Um so bedrückender wirkt die außerordentlich düstere Stimmung, die das lyrische Ich nun evoziert. Die Natur tritt ihm völlig fremd, ja feindlich und bedrohlich gegenüber, und der Häher, der die „Nacht" aus den Bäumen hackt, um sie, einem Leichentuch ähnlich, über den Sprecher zu ziehen, nimmt geradezu dämonische Züge an. Generell trägt – wie überhaupt in Eichs später Lyrik – die zunehmende Verrätselung von Metaphorik und Bildersprache zur Verunsicherung des Ich wie auch des Lesers bei. Kann der Sprecher den „Flug" des Hähers noch mit dem (eigenen?) „Herzschlag" vergleichen, wodurch er immerhin eine Analogie zwischen Mensch und Natur herstellt, so versagt dieses Deutungsmuster schon wieder, wenn es um den „Schlaf" des Vogels geht. Gänzlich paradox muten schließlich die beiden letzten Zeilen an. Hier kommt nun doch eine „Feder" ins Spiel – aber woher weiß das Ich von ihr, wenn es sie „in der Finsternis" gar nicht sieht? Es scheint an dieser Stelle eine merkwürdige Spaltung des Sprechers vorzuliegen, der einerseits das Zeichen der Natur nicht bemerkt, andererseits aber imstande ist, von einer höheren Warte eben diese Ignoranz zu konstatieren. Hoffnungen auf eine gelingende Kommunikation mit der Natursphäre verbinden sich mit dieser ‚ungesehenen' Feder offenbar nicht mehr.

Auch die äußere Gestalt des Gedichts lässt den Abstand zu *Die Häherfeder* erkennen. Dort gibt es zwar kein festes Metrum, aber doch andere strenge Formprinzipien: Sämtliche Verse sind dreihebig und ordnen sich zu kreuzgereimten Vierzeilern mit wechselnden weiblichen und männlichen Kadenzen. In *Tage mit Hähern* ist diese formale Kohärenz verlorengegangen, denn die zu unregelmäßigen Gruppen zusammengefassten Verse des Textes weisen weder Metrum noch Reim auf. Die Veränderung zeigt anschaulich den fortschreitenden Zerfall des Vertrauens in eine höhere Welt-Ordnung und in eine sprachlich vermittelte ‚mythische' Einheit von Ich und Natur, die etwa Wilhelm Lehmann nicht zuletzt durch die streng gebundene lyrische Form und den harmonischen Klang des Reims verbürgt sah.

Im Laufe der Zeit schrieb Eich auch immer häufiger Werke, in denen die Zeichen der Natursprache zwar in ihren Grundzügen sehr wohl zu entziffern sind, statt Trost aber nur Schrecken und Drohungen enthalten. Schon das Gedicht *Angst* von 1947 schließt mit folgenden Zeilen:

> In den leeren Himmel starrend
> weiß ich ihn doch voll,

regungslos des Grauens harrend,
das ich lesen soll.[13]

Und in dem Titelgedicht des Bandes *Botschaften des Regens* formt das Po-
chen der fallenden Tropfen auf dem Fensterblech „rasselnde Buchstaben",
die dem erschrockenen Ich „die Botschaften der Verzweiflung, / die Bot-
schaften der Armut / und die Botschaften des Vorwurfs" bringen.[14] Gründe
für diese zunehmende Verdüsterung des Naturbildes und die dunkle Einfär-
bung des Topos von der Sprache der Natur werden in den Texten für ge-
wöhnlich nicht angegeben. Hin und wieder spielt Eich zwar auf zeitge-
schichtliche Ereignisse an, die gewiss geeignet sind, Entsetzen zu wecken –
so in *Geometrischer Ort* auf Hiroshima, in *Rauchbier* auf die Kubakrise von
1962 –, aber das „Grauen", dem viele Gedichte Ausdruck verleihen, scheint
über solche konkret benennbaren Anlässe hinauszugehen und einer existen-
tiellen Angst zu entwachsen, die mit dem menschlichen Dasein untrennbar
verbunden ist. Davon spricht beispielsweise das Gedicht *Ich beneide sie alle,
die vergessen können*, das Eich 1953 nachträglich in sein Hörspiel *Träume*
einfügte: „Sieh, was es gibt: Gefängnis und Folterung, / Blindheit und Läh-
mung, Tod in vieler Gestalt, / den körperlosen Schmerz und die Angst, die
das Leben meint."[15] Wer sich all dies bewusst macht und nicht zu den benei-
denswerten Vergesslichen gehört, wird keine „blinde Zufriedenheit" und kein
„reines Glück" mehr erleben. Es ist nun aber gerade die Natur, deren Laute
den hellhörigen Menschen ohne Unterlass an das Entsetzliche mahnen und
die damit zum Spiegel seiner quälenden Angst- und Schuldgefühle wird:

Fuhrest auch du einmal aus den Armen der Liebe auf,
weil ein Schrei dein Ohr traf, jener Schrei,
den unaufhörlich die Erde ausschreit und den du
für Geräusch des Regens sonst halten magst oder das Rauschen des
Winds.

Ihre traditionsreiche Rolle als entrückter Zufluchtsort, als Refugium des ge-
plagten Menschen hat diese Natur endgültig eingebüßt. Sie wird statt dessen
mehr und mehr zur Trägerin gesellschaftskritischer Botschaften und aufrüt-
telnder Appelle, die freilich aufgrund der von Eich angenommenen existen-
tiellen Dimension menschlichen Leidens meist recht vage bleiben.

In seinen letzten Jahren verschärfte sich die Skepsis des Dichters zu ei-
nem umfassenden Protest gegen die gesamte Ordnung der Wirklichkeit. In

[13] Eich: Gesammelte Werke. Bd. 1, S. 73.
[14] Ebd., S. 86.
[15] Ebd., S. 246.

einem Interview von 1971 definierte er seine Haltung als ein radikales „Nichtmehreinverstandensein", das auch das Verhältnis zur Natur betrifft. Eich lehnte das Etikett „Naturdichter" jetzt ausdrücklich ab und erklärte: „Heute akzeptiere ich die Natur nicht mehr".[16] Bereits zwei Jahre zuvor hatte er in spöttischer Anspielung auf Goethe geschrieben: „Das ewig nachgestammelte Naturgeheimnis. [...] Einmal genügt. Nachtigallen kann auf die Dauer nur ertragen, wer schwerhörig ist."[17] Und tatsächlich verliert das zuvor so zentrale Naturthema in Eichs Spätwerk merklich an Bedeutung. Allerdings hat er diese Entwicklung selbst wiederum in einigen lyrischen Texten reflektiert, so insbesondere in dem folgenden Gedicht, das 1966 in dem Band *Anlässe und Steingärten* veröffentlicht wurde:

Vorsicht

Die Kastanien blühn.
Ich nehme es zur Kenntnis,
äußere mich aber nicht dazu.[18]

Von seiner Form her erinnert das Werk an die japanische Gattung des Haiku: Die Verknappung der lyrischen Aussage kann kaum weiter getrieben werden. So lakonisch wie irgend möglich, nämlich in einem auf seine unabdingbaren Bestandteile Subjekt und Prädikat reduzierten Satz, vermerkt der erste Vers ein Naturphänomen. Das lyrische Ich beschränkt sich darauf, die Kastanienblüte „zur Kenntnis" zu nehmen, und bezieht damit die neutralste Position, die einem Gegenstand oder einem Ereignis gegenüber nur denkbar ist, bevor es abschließend seinen Entschluss bekräftigt, sich nicht weiter zu dem Thema zu „äußer[n]".

Auf den ersten Blick mag dieses Gedicht fast banal wirken. Ein differenzierteres Bild ergibt sich jedoch, wenn man den kleinen Text in den Rahmen

---

[16] Günter Eich: Die etablierte Schöpfung. Ein Gespräch mit dem ‚neuen' Günter Eich [1971]. In: ders.: Gesammelte Werke. Bd. 4, S. 534.
[17] Günter Eich: In eigener Sache. In: ders.: Gesammelte Werke. Bd. 1, S. 364. – Bezug genommen wird hier auf den Vers „Naturgeheimnis werde nachgestammelt" aus Goethes *Elegie* (Johann Wolfgang Goethe: Sämtliche Werke nach Epochen seines Schaffens. Münchner Ausgabe. Hrsg. von Karl Richter. Bd. 13.1: Die Jahre 1820–1826/1. Hrsg. von Gisela Henckmann und Irmela Schneider. München, Wien 1992, S. 139). Lehmann hatte diese Wendung übrigens seinem Lyrikband *Antwort des Schweigens* von 1935 als Motto vorangestellt (Wilhelm Lehmann: Gesammelte Werke in acht Bänden. Bd. 1: Sämtliche Gedichte. Hrsg. von Hans Dieter Schäfer. Stuttgart 1982, S. 9). Eichs Äußerung ist mithin auch als endgültige Absage an das Poesieverständnis der naturmagischen Schule zu verstehen.
[18] Eich: Gesammelte Werke. Bd. 1, S. 173.

der naturlyrischen Tradition stellt und als poetologisches Gedicht liest. So betrachtet, proklamiert *Vorsicht* buchstäblich die Abdankung oder Aufhebung der Gattung Naturlyrik, insofern diese davon lebt, Natur deutend auf den Menschen zu beziehen, sei es als Spiegel seines Gefühlslebens oder als Ziel regressiver Verschmelzungswünsche, sei es als eine von ihm zu entziffernde Botschaft oder als Quelle von Normen und Gesetzmäßigkeiten seines Daseins. Die Absage an jede hermeneutische Anstrengung, an alle Bemühungen, die Natur lyrisch auszulegen und ihr geahntes Geheimnis ‚nachzustammeln‘, spitzt im Grunde jene Tendenz weiter zu, die von *Die Häherfeder* zu *Tage mit Hähern* führte: Das Ich des Gedichts belässt die Naturerscheinung nun ganz in ihrer eigenen Sphäre, ohne sie irgendwie mit sich und seiner Existenz in Verbindung zu bringen. Vielleicht soll der Titel eben diese behutsame Haltung des Sprechers bezeichnen. Man könnte ihn aber ebensogut als Appell auffassen – er wäre dann gewissermaßen mit einem Ausrufezeichen zu denken –, als Mahnung zu einem solchen zurückhaltenden Umgang mit der Natur, bei dem der Betrachter darauf verzichtet, sich ihrer gedanklich und sprachlich zu bemächtigen und ihr um jeden Preis einen ‚Sinn‘ abringen zu wollen. Mit der lyrischen Formulierung dieses programmatischen Verzichts schreibt Günter Eich allerdings doch in gewissem Sinne die Gattungsgeschichte fort und bereichert sie um eine neue Variante. Das Gedicht *Vorsicht* repräsentiert selbst eine eigentümliche Spielart der Naturlyrik, indem es eine „subversive Rettung der poetischen Rede über Natur unter der Voraussetzung ihrer Negation" betreibt.[19]

---

[19] Sabine Buchheit: Günter Eich. In: Deutschsprachige Lyriker des 20. Jahrhunderts. Hrsg. von Ursula Heukenkamp und Peter Geist. Berlin 2007, S. 307–318; hier S. 315.

Vom Ende einer natürlichen Kultur

Peter Huchel: *Der Garten des Theophrast*

Zwischen Günter Eich und Peter Huchel (1903–1981) bestanden nicht nur enge persönliche Beziehungen, auch im Hinblick auf ihr Dichtungsverständnis und ihre Entwicklung im Laufe der Jahrzehnte lassen sich manche Parallelen ausmachen. Huchels Frühwerk zeigt eine große Nähe zu naturmagischen Vorstellungen, und die Auffassung der Natur als eines Systems verschlüsselter Zeichen gehört zu den Konstanten seines Œuvres. 1932 erhielt er den Lyrikpreis der Zeitschrift *Die Kolonne*, zu deren Mitarbeitern Eich zählte und mit der die meisten Autoren aus dem Umkreis der ‚naturmagischen Schule' in Verbindung standen. Nach dem Weltkrieg verdüsterten sich Huchels poetische Landschaften zusehends, und die fortschreitende Chiffrierung machte den Zugang zu seinen Texten schwieriger, was ihnen übrigens die schroffe Ablehnung Wilhelm Lehmanns eintrug, der ihre mangelnde sinnliche Präzision beanstandete. Natur zeigt sich jetzt oftmals abweisend und öde, teils feindlich, ihre Sprache wird unverständlich. „Unter der blanken Hacke des Monds / werde ich sterben, / ohne das Alphabet der Blitze / gelernt zu haben", heißt es etwa in einem Gedicht aus dem Band *Gezählte Tage* von 1972.[1]

Ähnlich wie bei Eich dringt auch in Huchels Werk die *Geschichte* in die Lyrik ein; die Erfahrungen von Krieg und Gewalt, von Totalitarismus und Unterdrückung zwingen ihn zu einer Modifikation der poetischen Konzepte. Doch im Gegensatz zu Eich hielt Peter Huchel auch in seinen späteren Jahren an der Naturlyrik fest, indem er weiterhin aus dem Reservoir der Naturmotive schöpfte, um Einsamkeit, Angst, Fremdheit und den Verlust geschichtlicher Zukunftsperspektiven poetisch zu gestalten. Wie er dabei im Einzelnen ver-

---

[1] Peter Huchel: Unter der blanken Hacke des Monds. In: ders.: Gesammelte Werke in zwei Bänden. Hrsg. von Axel Vieregg. Bd. 1: Die Gedichte. Frankfurt a.M. 1984, S. 211.

fuhr, soll eine Analyse des Gedichts *Der Garten des Theophrast* zeigen, das zu seinen bekanntesten Werken zählt.

> Der Garten des Theophrast
>
> >   Meinem Sohn
>
> Wenn mittags das weiße Feuer
> Der Verse über den Urnen tanzt,
> Gedenke, mein Sohn. Gedenke derer,
> Die einst Gespräche wie Bäume gepflanzt.
> 5 Tot ist der Garten, mein Atem wird schwerer,
> Bewahre die Stunde, hier ging Theophrast,
> Mit Eichenlohe zu düngen den Boden,
> Die wunde Rinde zu binden mit Bast.
> Ein Ölbaum spaltet das mürbe Gemäuer
> 10 Und ist noch Stimme im heißen Staub.
> Sie gaben Befehl, die Wurzel zu roden.
> Es sinkt dein Licht, schutzloses Laub.[2]

1949 übernahm Huchel in der DDR die Redaktion der neugegründeten Zeitschrift *Sinn und Form*, die er rasch zu außergewöhnlichem Ansehen brachte. Er wahrte Distanz zu den dogmatischen kulturpolitischen Positionen der SED, bot auch bundesdeutschen Autoren ein Forum und bemühte sich mit einigem Erfolg, einen offenen Dialog zwischen Ost und West zu etablieren. Der Druck der staatlichen Instanzen wuchs freilich mit den Jahren, und spätestens nach dem Mauerbau war Huchels Ablösung nur noch eine Frage der Zeit. Ende 1962 musste er seinen Posten räumen und stand fortan praktisch unter Hausarrest, bis er 1971 in den Westen ausreisen durfte. Die Hoffnung, zumindest auf der Ebene des kulturellen Austauschs die verhärteten politischen Fronten überwinden zu können, war endgültig gescheitert.

Der Garten des Theophrast entstand im Herbst 1962 und damit auf dem Höhepunkt der Affäre um die Zeitschrift und um Huchels Person. Zusammen mit fünf weiteren Gedichten des Autors erschien der Text im letzten noch von Huchel verantworteten Heft von *Sinn und Form*, das der scheidende Chefredakteur durch die geschickte Auswahl der Beiträge zu einem eindrucksvollen Dokument des Protests gegen die Knebelung der Kunst und der freien Meinungsäußerung zu gestalten wusste. Im folgenden Jahr wurde das *Theophrast*-Gedicht dann in die fünfte Abteilung von Huchels zweitem Gedichtband *Chausseen Chausseen* aufgenommen.

---

[2] Huchel: Gesammelte Werke. Bd. 1, S. 155.

Es kann unter diesen Umständen nicht verwundern, dass viele Interpreten vom Entstehungskontext her einen Zugang zu den Versen gesucht haben. Am weitesten geht dabei Peter Hutchinson, der das Gedicht als verschlüsselte Darstellung der oben referierten Ereignisse versteht. Der „Garten" repräsentiere die DDR, das „Gemäuer" die Spaltung Deutschlands, und der bedrohte „Ölbaum" sei als Symbol der von Huchel herausgegebenen Zeitschrift zu lesen, die diese Spaltung überbrücken wollte. Hutchinson fasst zusammen: „Der *Garten des Theophrast* allegorisiert Huchels Situation vom Ende des Jahres 1962".[3] Ein solcher Interpretationsvorschlag ist nicht völlig von der Hand zu weisen, darf aber auch keinesfalls absolut gesetzt werden, denn Huchels Gedicht eröffnet Bedeutungsdimensionen, die weit über die von Hutchinson unternommene schlichte ‚Übersetzung' seiner poetischen Bilder hinausreichen. Im Folgenden sollen diese komplexen Sinnschichten, ausgehend von der Form des Textes und von der Sprechsituation des lyrischen Ich, nach und nach rekonstruiert werden.

Die zwölf Verse, die *Der Garten des Theophrast* – abgesehen von der Widmung – umfasst, weisen ein auf den ersten Blick verwirrendes Reimschema auf. Bei näherem Hinsehen tritt aber doch eine Gesetzmäßigkeit zutage. Gliedert man das Gedicht nämlich in drei vierzeilige Strophen, deren Grenzen übrigens auch mit deutlichen syntaktischen Einschnitten zusammenfallen, so reimen durchgängig die Verse 2 und 4 miteinander, während die übrigen Reimklänge für eine Verknüpfung über die Strophengrenzen hinweg sorgen. Es ergibt sich dann folgendes Schema, aus dem zu ersehen ist, wie kunstvoll der Autor jede Versgruppe mit jeder anderen verbindet:

$$a \quad b \quad c \quad b \quad | \quad c \quad d \quad e \quad d \quad | \quad a \quad f \quad e \quad f$$

Ganz regelmäßig gestaltet sich überdies die Kadenzenfolge, denn alle ungeraden Verse enden weiblich, alle geraden männlich. Ein festes Metrum liegt nicht vor – einmal stoßen sogar zwei Hebungen aufeinander („… Licht, schutz- …") –, doch sind sämtliche Zeilen mit Ausnahme der ersten, die nur drei Betonungen aufweist, vierhebig zu lesen. Eine Ausnahme in anderer Hinsicht bildet der fünfte Vers, der als einziger ohne Auftakt, also mit betonter Silbe beginnt, wodurch das vernichtende Wort „Tot" mit zusätzlichem Gewicht beladen wird.

Das lyrische Ich spricht offenkundig in einer Grenzsituation, aus deren Perspektive Vergangenheit und Zukunft als zwei Zeiträume von höchst un-

---

3   Peter Hutchinson: „Der Garten des Theophrast" – Ein Epitaph für Peter Huchel? In: Über Peter Huchel. Hrsg. von Hans Mayer. Frankfurt a.M. 1973, S. 81–95; hier S. 94.

terschiedlicher Eigenart und unterschiedlicher Qualität sichtbar werden. Dabei ist seine Haltung gegenüber dem angesprochenen „Sohn" nicht nur die eines Mahners und Lehrers, sondern geradezu die eines Sterbenden („mein Atem wird schwerer"), der ein Vermächtnis weitergibt – das gesamte Gedicht nimmt den Charakter eines poetischen Testaments an. Mit dem Garten und dem Ölbaum scheint auch das Ich zu sterben, die Zukunft bleibt allein dem Sohn überlassen. Aber gerade indem die Verse – und zwar, in je eigentümlicher Weise, jede der drei Strophen für sich – einerseits auf die entschwindende Vergangenheit zurückblicken („einst", „noch") und andererseits die Zukunft vorwegnehmen, werden sie selbst zu einer Brücke zwischen den getrennten Epochen. Die lyrische Rede, genau auf der Schwelle zwischen dem ‚Einst' und der künftigen Zeit angesiedelt, bindet beide zusammen. Und sie appelliert in der Wendung an den Sohn des Sprechers noch an eine andere Kraft, die eine solche Bindung zu stiften vermag, an Gedächtnis und Erinnerung: „Gedenke, mein Sohn" – „Bewahre die Stunde". Das Vermächtnis des Ich enthält also die Aufforderung an die Nachlebenden, das Vergangene erinnernd gegenwärtig zu halten und damit den schroffen Bruch zwischen der Vergangenheit und der nun anbrechenden Zukunft wenigstens zu lindern. Im dritten Vers wird dieser Appell durch die bedeutungsvolle Wiederholung des „Gedenke" und durch das Innehalten mitten in der Zeile auch formal unterstrichen.

„Tot ist der Garten" – diese Feststellung markiert besonders drastisch den Einschnitt, der die beiden Zeiträume, auf die der Sprecher seinen Blick richtet, voneinander trennt. Der Garten war für das lyrische Ich ein Ort des hegenden und pflegenden Umgangs mit der Natur – über die Gestalt Theophrasts wird noch zu sprechen sein –, zugleich jedoch augenscheinlich ein Freiraum für den offenen Austausch zwischen Menschen, für eine ideale Gemeinschaft, die sich im Gespräch herstellte. Der ungewöhnliche Ausdruck „Gespräche wie Bäume gepflanzt" verknüpft beide Aspekte unmittelbar miteinander[4]: Die produktive Haltung gegenüber der dem Menschen anvertrauten Natur entspricht einer Form der Geselligkeit, die sich nicht in bloßem Gerede erschöpft, sondern buchstäblich fruchtbar wird und bleibende Wirkungen zeitigt. So ist der „Garten des Theophrast" – bislang – in doppelter Hinsicht eine Sphäre der vollendeten Kultur-Natur gewesen, die der behutsamen Formung des naturhaften Seins ebenso Raum bot wie der Entfaltung freier, ungezwungener, gleichsam ‚natürlicher' zwischenmenschlicher Ver-

---

[4]   Ob man die Wendung als Vergleich zu nehmen oder das „wie" als poetische Form eines „und" zu verstehen hat, lässt sich nicht entscheiden. Im Gedichtkontext erweisen sich beide Varianten als sinnvoll.

hältnisse. In dieser Verschränkung von Natur und menschlicher Existenz wird der Garten zum Sinnbild eines wahrhaft humanen Lebens.

Mit der Erwähnung Theophrasts erfährt dieser Idealentwurf eine Konkretisierung und zudem eine beträchtliche Erweiterung in kulturhistorischer Perspektive. Theophrast war Schüler des Aristoteles und übernahm nach dessen Tod die Leitung seiner Philosophenschule, des Peripatos in Athen. Dauerhafte Berühmtheit verschaffte ihm seine satirisch gefärbte Charaktertypologie, aber er befasste sich unter anderem auch mit botanischen Studien; überliefert ist beispielsweise seine Empfehlung, Bäume mit Eichenlohe zu düngen, auf die Huchels Gedicht ebenfalls anspielt. Über die testamentarischen Verfügungen Theophrasts sind wir durch den Bericht des Philosophiehistorikers Diogenes Laertius aus dem dritten nachchristlichen Jahrhundert unterrichtet, der sie folgendermaßen wiedergibt:

> Den Garten und das Schulhaus nebst den an dem Garten liegenden Häusern überlasse ich den Nachverzeichneten [= seinen Schülern] zu beliebigem Beisammensein und gemeinsamen philosophischen Erörterungen, doch [...] nur unter der Bedingung, daß sie es nicht veräußern und keiner es für sich allein in Besitz nimmt, vielmehr soll es wie ein Heiligtum gemeinsamer Besitz sein, und sie sollen wie Verwandte und Freunde zu ihrem Verkehr miteinander Gebrauch davon machen, wie es ziemend und billig ist.[5]

Offenbar wollte Theophrast sicherstellen, dass auch nach seinem Tod die peripatetische Tradition, im gemächlichen Umherschlendern ungezwungene „gemeinsame philosophische Erörterungen" zu pflegen, fortgesetzt werden könne. Diese Idee wird, verbunden mit dem Motiv des Gartens und mit Theophrasts botanischen Interessen, von Huchel aufgenommen. Die „Gespräche" im abgegrenzten Bezirk der Kultur-Natur lassen bei ihm die Utopie eines harmonischen dialogischen Miteinanders von Menschen aufscheinen, die sich implizit gegen die repressive Gesellschaftsordnung der DDR richtet, unter deren Auswirkungen der Dichter selbst zu leiden hatte. Unklar bleibt, ob sich das lyrische Ich im Gedicht mit Theophrast identifiziert oder ob der griechische Philosoph, von dem ja in der dritten Person die Rede ist, lediglich als Vorbild und Parallelfigur beschworen wird. Jedenfalls schließt Huchel mit der Nennung dieses Namens und mit der Anspielung auf die Peripatetiker an eine Tradition des geselligen Austauschs und der Pflege der Natur an, die in der abendländischen Geschichte über Jahrtausende zurückreicht.

---

[5] Diogenes Laertius: Leben und Meinungen berühmter Philosophen. Übersetzt aus dem Griechischen von Otto Apelt. Hamburg ³1990, S. 272.

In der Gegenwart aber sieht sich eine solche humane ‚natürliche Kultur' der Vernichtung ausgesetzt, was das Gedicht folgerichtig in Bildern einer verwüsteten Natur ausmalt. Anders als der historische Theophrast kann das lyrische Ich der Nachwelt keinen unversehrten Garten anvertrauen und nicht mehr auf die ungebrochene Fortsetzung einer bewahrenswerten Tradition hoffen. Die Feinde, die der Text nur als anonymes Kollektiv benennt („Sie"), haben den Garten schon ‚getötet' und das fruchtbare Land in „heißen Staub" verwandelt; mit der ebenfalls bereits angeordneten Rodung der „Wurzel" des Ölbaums wäre das Zerstörungswerk vollendet. Während sich Brecht, zu dem Huchel in seinen Versen einen untergründigen Bezug herstellt, in *An die Nachgeborenen* über die „Zeiten" entsetzt, die ein „Gespräch über Bäume" beinahe zu einem „Verbrechen" werden lassen, klagt Huchel jene Menschen und Zustände an, die „Gespräche wie Bäume" durch ihr barbarisches Handeln unmöglich zu machen drohen. Dass ihrem verderblichen Wirken am Ende ausgerechnet ein Ölbaum zum Opfer fallen soll, ist kein Zufall. Der Ölbaum, der als südlich-mediterranes Gewächs noch einmal an den Griechen Theophrast und die philosophische Schule in Athen erinnert, spielte in der antiken Kultur eine zentrale Rolle. Ökonomisch von großer Bedeutung, galt er zugleich als heiliger Baum der Athene, der Göttin der Weisheit, und als Zeichen des Friedens (der Ölzweig!); ihn abzuholzen, wurde als Sakrileg betrachtet. In Huchels lyrischem Werk trifft man ihn häufiger an, so in *Griechischer Morgen*, wo er für die vitale Kraft und die Schönheit der Natur steht, in *Psalm*, dem letzten Gedicht des Bandes *Chausseen Chausseen*, wo er die gesamte, von menschlicher Gewalt bedrohte natürliche Sphäre repräsentiert, und in *Ölbaum und Weide*, wo der Dichter ihn als Baum des Lebens mit der nordischen Weide konfrontiert, die Volksaberglaube und Symboltradition mit dem Tod und dem Bösen in Verbindung bringen. Erst vor diesem Hintergrund kann man ganz ermessen, welches Gewicht der Ausrottung des Ölbaums in *Der Garten des Theophrast* zukommt.

Und das Gedicht schreibt dem Baum eine weitere Bedeutungsdimension zu, wenn es ihn eine „noch" nicht verstummte „Stimme" inmitten jener Öde nennt, die sich inzwischen offenbar an der Stelle des verwüsteten Gartens ausbreitet: Der Ölbaum ist auch ein Sinnbild des Gesprächs, ja vielleicht sogar der Dichtung, die die Zerstörer gewaltsam zum Schweigen bringen wollen. Dass die Poesie damit selbst zum Thema der poetischen Rede gemacht wird, ist bei diesem Autor nichts Ungewöhnliches. Zu Recht bezeichnet Christof Siemes die „poetologische Selbstreflexivität" als einen „Grundzug im lyrischen Œuvre Peter Huchels"[6], der im Medium der (Natur-)Lyrik im-

---

[6] Christof Siemes: Das Testament gestürzter Tannen. Das lyrische Werk Peter Huchels. Freiburg i.Br. 1996, S. 9.

mer wieder den Gefährdungen und Möglichkeiten von Dichtung im 20. Jahrhundert nachspürt. Schon zu Beginn unseres Gedichts wird dieser Gegenstand berührt: „Wenn mittags das weiße Feuer / Der Verse über den Urnen tanzt …". Und da das Theophrast-Gedicht mit dem Vermächtnis des lyrischen Ich, das so nachdrücklich an das künftige Gedenken appelliert, identisch ist, liefert der Text in seiner Gesamtheit außerdem eine indirekte Funktionsbestimmung von Lyrik, die er auf die Bewahrung von Erinnerung verpflichtet. Er stellt sich damit in eine lange Tradition poetologischer Reflexionen in der abendländischen Literatur, die die Dichtung aufs engste mit Gedächtnis und Erinnerung verknüpfen und ihr eine zeitüberdauernde, die Vergänglichkeit aufhebende Kraft zuschreiben. Mit der selbstbewussten Feststellung des Horaz, er habe mit seinem Werk ein Denkmal geschaffen, das dauerhafter als Erz sei („Exegi monumentum aere perennius"; Ode 3, 30), und der Schlusswendung aus Hölderlins Gedicht *Andenken* „Was bleibt aber, stiften die Dichter"[7] sind nur zwei der berühmtesten Stationen dieser Reihe benannt.

In *Der Garten des Theophrast* bleiben die Zukunftsaussichten freilich zweifelhaft. Auch Brechts Gedicht *An die Nachgeborenen* hat seinen Fluchtpunkt in der Aufforderung an die späteren Generationen, sich der Gegenwart des Sprechers zu entsinnen: „Gedenkt unsrer / Mit Nachsicht", heißt es hier.[8] Aber während das Ich bei Brecht auf eine kommende Epoche der ‚Freundlichkeit' und des humanen Miteinanders setzt, an deren Zeitgenossen es seine Bitte richtet, ergibt sich in Huchels Text ein zwiespältiges Bild. Die ersten beiden Zeilen deuten zwar an, dass Dichtung noch lebendig sein wird und zu wirken vermag, wenn ihre Schöpfer längst tot sind – zumindest lässt sich das suggestive Motiv des „über den Urnen" tanzenden Feuers der Verse in diesem Sinne interpretieren –, doch die letzte Strophe entwirft demgegenüber eine ausgesprochen düstere, hoffnungslose Vision von der buchstäblich radikalen, nämlich an die „Wurzel" (lat. radix) gehenden Vernichtung des Ölbaums, der die „Stimme" der Poesie repräsentiert. Dieses Spannungsverhältnis wird in *Der Garten des Theophrast* nicht aufgehoben. Das Ich spricht sein Vermächtnis in eine ungewisse Zukunft hinein; das feste Vertrauen auf eine künftige Zeit, in der „der Mensch dem Menschen ein Helfer ist" (*An die Nachgeborenen*), wagt es nicht mehr zu artikulieren, und der Adressatenkreis seiner Mitteilung ist auf den eigenen Sohn zusammengeschrumpft.

---

[7]   Friedrich Hölderlin: Sämtliche Werke und Briefe. Bd. 1: Gedichte. Frankfurt a.M. 1992, S. 362.
[8]   Bertolt Brecht: Werke. Große kommentierte Berliner und Frankfurter Ausgabe. Hrsg. von Werner Hecht u.a. Bd. 12: Gedichte 2: Sammlungen 1938–1956. Berlin, Weimar, Frankfurt a.M. 1988, S. 87.

Sicherlich ist das persönliche Erleben des Verfassers in diese Verse ein-
geflossen, und man kann die durch den Namen Theophrasts evozierte peripa-
tetische Tradition ohne weiteres mit der Zeitschrift *Sinn und Form* in Zu-
sammenhang bringen, mit der Peter Huchel gleichfalls einen Freiraum für
den Dialog, für den offenen Austausch über alle Grenzen hinweg geschaffen
hatte, den er nun im Jahre 1962 existenziell bedroht sah. Doch anderseits ist
das Gedicht weit mehr als eine notdürftig chiffrierte Spiegelung von Huchels
individueller Situation in der DDR, denn die Vorgänge um *Sinn und Form*
waren ihrerseits lediglich Symptome einer beängstigenden Verfinsterung der
Welt im Zeichen des Kalten Krieges, der verhärteten Fronten und der Sprach-
losigkeit zwischen den Menschen wie zwischen den Staaten. Diese Entwick-
lungen schlagen sich auch in anderen Gedichten des Autors nieder, die im
Umkreis von *Der Garten des Theophrast* entstanden sind, zum Teil ebenfalls
im letzten von Huchel betreuten Jahrgang seiner Zeitschrift erschienen und
dann in den Band *Chausseen Chausseen* aufgenommen wurden. In geradezu
apokalyptischen Naturbildern thematisieren sie barbarische Verwüstung und
Gewalt, Tod und Ödnis und nicht zuletzt wiederholt das drohende Verstum-
men der Sprache, der Stimme. Dabei berühren sich die aufgerufenen Motive
bisweilen eng mit denen des *Theophrast*-Gedichts. So heißt es in *An taube
Ohren der Geschlechter*:

> Der Weg ist leer, der Baum verbrannt.
> Die Öde saugt den Atem aus.
> Die Stimme wird zu Sand
> Und wirbelt hoch und stützt den Himmel
> Mit einer Säule, die zerstäubt.[9]

Auch dieser Text handelt unter anderem von einer Botschaft an kommende
Generationen, freilich von einer, die ungehört verhallt: Der Bericht des grie-
chischen Historikers Polybios, der die erbarmungslose Zerstörung Karthagos
durch die Römer festhält und an Tod und menschliches Elend erinnert, stößt
bei den unbelehrbaren Nachlebenden auf „taube Ohren". Überträgt man diese
Feststellung auf die poetologische Aussageebene des Gedichts, so wird eine
tiefe Skepsis gegenüber den Wirkungsmöglichkeiten von Literatur und Dich-
tung sichtbar. In *Traum im Tellereisen* schließlich, das in Huchels Gedicht-
band direkt auf *Der Garten des Theophrast* folgt, liest man:

> Eröffnet ist
> Das Testament gestürzter Tannen,

---

[9]   Huchel: Gesammelte Werke. Bd. 1, S. 152.

Geschrieben
In regengrauer Geduld
Unauslöschlich
Ihr letztes Vermächtnis –
Das Schweigen.[10]

Einmal mehr geht es also um ein „Vermächtnis", das diesmal in anklagendem Verstummen besteht, und wieder ist es das poetische Werk selbst, das dieses Vermächtnis bewahrt und an den Leser weitergibt. So gestaltet Huchel hier eine ebenso paradoxe wie letztlich doch ermutigende Konstellation: Bei allem Pessimismus traut er der Dichtung zu, sogar noch das erzwungene „Schweigen" in lyrische Sprache zu fassen und ihm damit gleichsam eine Stimme zu verleihen, die – vielleicht – weiterwirken kann.

---

[10]   Huchel: Gesammelte Werke. Bd. 1, S. 155f.

Gespräche über Bäume

Erich Fried: *Heimkehr – Neue Naturdichtung*

Wurde die deutschsprachige Naturlyrik noch in den fünfziger Jahren über-
wiegend von Dichtern in der Tradition der naturmagischen Schule beherrscht,
so traten seit dem folgenden Jahrzehnt häufiger Autoren in den Vordergrund,
die auf diesem Gebiet eher an Bertolt Brecht anschlossen und die Natur in
kritischer Absicht mit der Zeitgeschichte und der gesellschaftlichen Realität
konfrontierten, statt etwa ihrer verborgenen Sprache nachzuspüren oder eine
mystische Vereinigung mit ihr zu suchen. An erster Stelle ist hier Erich Fried
(1921–1988) zu nennen. Man verbindet mit seinem Namen – zu Recht –
vornehmlich eine unmittelbar eingreifende, operative Spielart von Literatur,
die Machtverhältnisse und Herrschaftsstrukturen analysiert und dabei ein
besonderes Augenmerk auf die Entlarvung verhüllender und manipulativer
Formen des Sprachgebrauchs legt. Im Laufe seines Lebens bezog Fried in
Gedichten unter anderem Stellung zum Vietnam-Krieg, zur Lage im Nahen
Osten und zu Konflikten in der Dritten Welt, griff aktuelle Entwicklungen
der deutschen Innenpolitik wie den Kampf gegen die RAF auf und themati-
sierte immer wieder den Nationalsozialismus und den fragwürdigen Umgang
der Deutschen mit diesem Kapitel ihrer Vergangenheit. Doch obwohl die
Entfernung solcher Interessenschwerpunkte von der Gattung Naturlyrik auf
den ersten Blick unüberbrückbar erscheinen mag, spielt das Verhältnis des
Menschen zur Natur in Frieds Werk eine bedeutsame Rolle.[1] Wie er diesen
Gegenstand mit seinen kritischen und zeitbezogenen Absichten verband, soll
zunächst ein Blick auf das Gedicht *Heimkehr* zeigen, das der Rubrik *Erinne-
rungen* aus dem 1967 veröffentlichten Band *Anfechtungen* entstammt:

---

[1] Einen Überblick über das Thema liefert Yong-Min Kim: Vom Naturgedicht zur
Ökolyrik in der Gegenwartspoesie. Zur Politisierung der Natur in der Lyrik Erich
Frieds. Frankfurt a.M. u.a. 1991. Kims Auseinandersetzung mit einzelnen ein-
schlägigen Gedichten bleibt freilich meist recht oberflächlich.

Heimkehr

Der Wald
   Ein baumlanger Mensch
voll Harzgeruch
Harz
5   das tropft in die Kannen
   in der Wach-Stube
   voll
   von verrauchtem
   Schweiß
10   und saurem Tabak
die Wipfel hoch
an der Sonne
   beugt sich nieder
   zu mir
15   und grinst

Heimatwald
Wald meiner Kindheit
   Ganz recht so
   Kleiner!
20 so bin ich wiedergekommen
in diese Berge
   so ist dein Vater hin
   ein Jud weniger
   nicht wahr?
25 Nach all den Jahren
der Harzgeruch
   wie er war
   Ich schweige und gehe
   Ich gehe und schweige
30 nach all den Jahren[2]

Strukturbildend für diesen Text ist seine ‚Zweistimmigkeit‘, die sich in der druckgraphischen Gestaltung widerspiegelt: Die Eindrücke des Sprechers auf seiner einsamen Wanderung durch den vertrauten „Heimatwald“, den er offenbar nach langer Zeit zum ersten Mal wiedersieht, verschlingen sich mit Erinnerungen an eine grauenvolle Szene, die mit dem gewaltsamen Tod seines Vaters zu tun hat. Biographische Bezüge drängen sich hier geradezu auf, denn der Vater des Dichters starb 1938, kurz nach dem ‚Anschluss‘ Öster-

---

[2]   Erich Fried: Gesammelte Werke. Hrsg. von Volker Kaukoreit und Klaus Wagenbach. Bd. 1: Gedichte 1. Berlin 1994, S. 426.

reichs, in Wien infolge von Misshandlungen durch die deutsche Gestapo (der siebzehnjährige Erich Fried konnte sich damals nach England retten). Indes ist das Gedicht auch ohne dieses spezielle Kontextwissen vollauf verständlich, da die zynische Bemerkung „so ist dein Vater hin / ein Jud weniger" keinen Zweifel daran lässt, auf welche historischen Zusammenhänge es sich bezieht.

Die Erinnerungen des Ich werden gleich anfangs offenbar durch eine Assoziation geweckt, die vom „Wald" und seinen Bäumen zu jenem fürchterlichen ,baumlangen' Menschen führt, um dessen Hohn sich die vergangene Episode zentriert. Und auch in seinem Fortgang verknüpft der Text die beiden Ebenen, die der erlebten Gegenwart und die der erinnerten Vergangenheit, die des Waldes und die der „Wach-Stube", unablässig miteinander, teils durch (täuschende) gleitende Übergänge – „Harz / das tropft in die Kannen / in der Wach-Stube" –, teils durch schroffe Gegensätze: Der vom „Harzgeruch" erfüllte Wald kontrastiert mit dem nach „verrauchtem / Schweiß / und saurem Tabak" stinkenden Zimmer, der Blick nach oben auf „die Wipfel hoch / an der Sonne" mit dem sich niederbeugenden hämischen Mann und nicht zuletzt das Überleben des in die Heimat zurückkehrenden Sprechers („so bin ich wiedergekommen") mit dem Tod seines Vaters („so ist dein Vater hin"). Am Schluss aber münden beide Stränge in ein finsteres Verstummen des Ich: „Ich schweige und gehe / Ich gehe und schweige". Es ist auch nicht nötig, dass der Sprecher eine ausdrückliche Interpretation seiner Empfindungen und Erinnerungen formuliert, denn das Gedicht vermittelt seine Aussage deutlich genug schon durch seine ästhetische Gestalt, durch die enge Verflechtung der beiden Inhaltsebenen. Die Natur ist mitsamt ihren intensiven Sinnesreizen unverändert geblieben – „Nach all den Jahren / der Harzgeruch / wie er war" –, aber trotzdem hat sie für das Ich ihre Unschuld verloren, so dass kein Weg in die Erlebniswelt der „Kindheit" zurückführt. An jeden altvertrauten Eindruck der natürlichen Umgebung heftet sich jetzt sogleich eine Assoziation an die ganz individuell erfahrenen Schrecknisse der Zeitgeschichte, die damit einen reinen Naturgenuss unmöglich machen.

Wie bei Brecht, so hat auch bei Fried die Natur ihren traditionsreichen Stellenwert als gesellschaftsferne Gegenwelt, als Refugium des leidenden Menschen eingebüßt. Im 20. Jahrhundert gibt es für diese Dichter keinen sicheren Zufluchtsort mehr, der den Entwicklungen der historisch-gesellschaftlichen Welt entzogen wäre, denn das Wissen um die Ungeheuerlichkeit von Weltkrieg und Völkermord lässt sich nie und nirgends abschütteln. Der Gegensatz zwischen Kindheit und Erwachsenenperspektive, zwischen tröstlicher Harmonie mit dem natürlichen Sein und desillusionierender Entfremdung, den Frieds Gedicht andeutet, ist uns schon in der Naturlyrik um 1800 begegnet und gehört seither zu den Topoi der Gattung; noch Sarah Kirsch wird ihn wieder aufgreifen. Doch anders als etwa Hölderlin oder Mörike leitet Fried die Veränderung nicht aus der bloßen Ausbildung des Reflexionsvermögens und aus der fortschreitenden Bewusstwerdung des Individuums ab, das sich mehr und mehr von seiner Umwelt abgrenzt, sondern knüpft sie an die Konfrontation mit der mörderischen Zeitgeschichte. Auch in diesem Punkt sind die Parallelen zu Brecht greifbar, dessen Gedicht *Tannen* aus den *Buckower Elegien* sich zum Vergleich anbietet, weil es – in noch stärker verdichteter Form – ebenfalls Naturwahrnehmung und historisch-konkretes Erleben engführt:

> In der Frühe
> Sind die Tannen kupfern.
> So sah ich sie
> Vor einem halben Jahrhundert
> Vor zwei Weltkriegen
> Mit jungen Augen.[3]

Bertolt Brecht war ohne Zweifel das wichtigste Vorbild des Lyrikers Fried. Die Bezüge zu seinem Werk werden häufig durch verdeckte Anspielungen, bisweilen aber auch durch wörtliche Zitate oder die explizite Nennung seines Namens hergestellt. Besondere Bedeutung maß Fried dem Gedicht *An die Nachgeborenen* bei, in dem das lyrische Ich einerseits eine kritische Gegenwartsdiagnose formuliert und andererseits seine eigene Stellung – nicht zuletzt als engagierter Dichter! – in diesen „finsteren Zeiten" zu bestimmen sucht. Das literarische Modell, das Brecht damit geschaffen hatte, schien Fried auch noch für die Auseinandersetzung mit seiner Epoche geeignet, die er nach wie vor für „finster" hielt. Für das Bändchen *Ausgewählte Gedichte Brechts mit Interpretationen* schrieb er einen kleinen Essay über *An die Nachgeborenen*[4], und mehrere seiner Gedichte erwachsen förmlich aus einem intertextuellen Dialog mit dieser Vorlage. Das gilt etwa für *Zu einem Todestag* mit dem bezeichnenden Titelzusatz „für Ulrike Meinhof (nach Brechts *An die Nachgeborenen)*"[5] und für *Zur Zeit der Nachgeborenen*, das „25 Jahre nach Brechts Tod"[6] dessen Bestandsaufnahme der politischen und gesell-

---

[3] Bertolt Brecht: Werke. Große kommentierte Berliner und Frankfurter Ausgabe. Hrsg. von Werner Hecht u.a. Bd. 12: Gedichte 2: Sammlungen 1938–1956. Berlin, Weimar, Frankfurt a.M. 1988, S. 313.

[4] Erich Fried: Bertolt Brecht: *An die Nachgeborenen*. In: Ausgewählte Gedichte Brechts mit Interpretationen. Hrsg. von Walter Hinck. Frankfurt a.M. 1978, S. 94–97.

[5] Fried: Gesammelte Werke. Bd. 2: Gedichte 2. Berlin 1994, S. 589.

[6] Ebd., S. 635.

schaftlichen Verhältnisse für unverändert aktuell erklärt. Und so verwundert
es auch nicht, dass Fried bei der Beschäftigung mit dem Thema Natur immer
wieder an das in jenem Gedicht formulierte Diktum zum „Gespräch über
Bäume" anknüpft[7], das ein Grundproblem der modernen Naturlyrik berührt:
Kann man Natur im 20. Jahrhundert überhaupt noch zum Gegenstand von
Dichtung machen, ohne in bloßen Eskapismus zu verfallen und anachronisti-
sche Schein-Idyllen hervorzubringen?

Frieds Gedicht *Gespräch über Bäume*, das den Brecht-Bezug schon im
Titel trägt, verdeutlicht in seiner ersten Strophe an einem konkreten Beispiel,
wie ein solches „Gespräch" unter gewissen Zeitumständen tatsächlich – und
nicht nur „fast" – zum „Verbrechen" werden kann:

> Seit der Gärtner die Zweige gestutzt hat
> sind meine Äpfel größer
> Aber die Blätter des Birnbaums
> sind krank. Sie rollen sich ein
>
> In Vietnam sind die Bäume entlaubt[8]

Auch hier werden zwei Stimmen gegeneinander geführt, aber diesmal artiku-
liert sich auf der einen Seite ein unpolitischer und selbstgenügsamer Spieß-
bürger, auf der anderen ein lyrischer Sprecher, der auf das Grauen des fernen
Krieges hinweist. In der Sorge um seine Bäume – und in den beiden folgen-
den, analog aufgebauten Strophen um seine Kinder und sein Haus – zieht
sich der Gartenbesitzer in die abgeschlossene Sphäre des privaten Alltags zu-
rück und verdrängt die politischen und militärischen Katastrophen der Zeit
aus seinem Bewusstsein wie aus seinem Wahrnehmungshorizont. Gegenüber
den Mahnungen des zweiten Sprechers beharrt er schließlich empört auf sei-
nem Recht auf „Ruhe". Angesichts des Massenmordens in Vietnam erweist

---

[7]   Fried ist hier kein Einzelfall, denn auch viele andere Naturlyriker haben sich im
      Sinne einer poetologischen Selbstverständigung mit den einschlägigen Zeilen aus
      An die Nachgeborenen auseinandergesetzt. Vgl. dazu Hiltrud Gnüg: Gespräch
      über Bäume. Zur Brecht-Rezeption in der modernen Lyrik. In: Basis. Jahrbuch für
      deutsche Gegenwartsliteratur 7 (1977), S. 89–117, 235–237. Als Beispiele nennt
      sie „Huchel, Enzensberger, Fried, Celan, Becker, Schütt, Biermann oder Preißler"
      (S. 91); die Liste ließe sich noch verlängern. Eine ausführliche Darstellung der
      ungemein breiten literarischen Rezeption von Brechts Gedicht in der zweiten
      Jahrhunderthälfte auch jenseits der Gattung Naturlyrik bietet Karen Leeder: Those
      born later read Brecht: the reception of *An die Nachgeborenen*. In: Brecht's Po-
      etry of Political Exile. Hrsg. von Ronald Speirs. Cambridge 2000, S. 211–240.
[8]   Fried: Gesammelte Werke. Bd. 1, S. 440.

sich eine solche Haltung und mit ihr die Hinwendung zur Natur als verantwortungslos und zynisch.

Weltfremde Naturschwärmerei betrachtete Fried als integralen Bestandteil einer fragwürdigen und gerade in Deutschland ebenso tiefverwurzelten
wie weitverbreiteten Mentalität. In *Was ist uns Deutschen der Wald?* schildert er beispielsweise in spöttischer Anspielung auf die Eingangsverse von
Goethes Gedicht *Gefunden* – „Ich ging im Walde / So für mich hin"[9] – und
auf eine breite Tradition von Gesängen zum Lob des ‚deutschen Waldes' die
Natur als geeigneten Raum „für Vertiefung in äußerste Innerlichkeit / für stillen So-vor-sich-Hingang".[10] Gleich darauf wird diese Innerlichkeit freilich
auf die permanente Verdrängung gesellschaftlicher Zwänge und Konflikte
zurückgeführt, die dann in der latenten Aggressivität und im Ausbeutungsstreben der Menschen doch wieder zum Vorschein kommen.

Allerdings hütete sich Fried davor, die Freude an der Natur pauschal als
Symptom einer verwerflichen, unkritischen Gedankenlosigkeit zu denunzieren. So wendet er sich in *Der Baum vor meinem Fenster* entschieden gegen
die Borniertheit gewisser linker Fanatiker, die im angeblichen Interesse der
angestrebten revolutionären Gesellschaftsumwälzung eine strenge sinnenund naturfeindliche Askese predigen. Das lyrische Ich, das hier durchaus als
Sprachrohr des Autors Fried verstanden werden kann, hat nach eigener Auskunft „die Zeilen von dem Gespräch über Bäume / das fast ein Verbrechen ist
/ auch selbst schon zehnmal zitiert", nimmt Brecht aber gegen das Missverständnis der militanten „Genossen" in Schutz.[11] Da der Einsatz für eine gerechtere Gesellschaftsordnung nicht zuletzt das Ziel verfolge, dem Menschen
wieder einen ungebrochenen und legitimen Naturgenuss zu ermöglichen,
dürfe ihm nicht die Sensibilität für die Natur zum Opfer gebracht werden –
andernfalls würde der Freiheitskampf paradoxerweise gerade das zerstören,
wofür er (unter anderem) geführt wird. Den Intentionen Brechts dürfte diese
Auslegung tatsächlich recht genau entsprechen.

Das komplexeste Beispiel für Frieds intertextuelle Anknüpfung an
Brechts Nachdenken über die Natur als Gegenstand des (lyrischen) Sprechens in „finsteren Zeiten" stellt wohl das Gedicht *Neue Naturdichtung* dar,
das 1972 in dem Band *Die Freiheit den Mund aufzumachen* veröffentlicht

---

[9]   Johann Wolfgang Goethe: Sämtliche Werke nach Epochen seines Schaffens.
      Münchner Ausgabe. Hrsg. von Karl Richter. Bd. 9: Epoche der Wahlverwandtschaften 1807 bis 1814. Hrsg. von Christoph Siegrist u.a. München, Wien 1987,
      S. 84.
[10] Fried: Gesammelte Werke. Bd. 1, S. 599.
[11] Fried: Gesammelte Werke. Bd. 3: Gedichte 3. Berlin 1994, S. 350f.

wurde.[12] Fried stellte es in die Rubrik *p²*, deren Titel in einer beigefügten Notiz folgendermaßen erläutert wird: „Friedrich Schlegel schrieb in seinen Notizbüchern ‚p' für ‚Poesie', ‚p²' für ‚Poesie über Poesie' und ‚p³' für ‚Poesie über Poesie über Poesie'."[13] Die Überschrift lässt demnach poetologische Texte erwarten, die eine Selbstreflexion der Dichtung betreiben, und in der Tat spielen sämtliche Stücke der Abteilung entweder auf bestimmte Poeten und ihre Werke an oder behandeln prinzipielle Fragen einer eingreifenden, politisch engagierten Lyrik. *Neue Naturdichtung*, das an der Spitze der Rubrik steht, ist daher auch kein schlichtes Naturgedicht, sondern ein Gedicht *über* die poetische Beschäftigung mit dem Thema Natur:

Neue Naturdichtung

Er weiß daß es eintönig wäre
nur immer Gedichte zu machen
über die Widersprüche dieser Gesellschaft
und daß er lieber über die Tannen am Morgen
5   schreiben sollte
Daher fällt ihm bald ein Gedicht ein
über den nötigen Themenwechsel und über
seinen Vorsatz
von den Tannen am Morgen zu schreiben

10   Aber sogar wenn er wirklich früh genug aufsteht
und sich hinausfahren läßt zu den Tannen am Morgen
fällt ihm dann etwas ein zu ihrem Anblick und Duft?
Oder ertappt er sich auf der Fahrt bei dem Einfall:
Wenn wir hinauskommen
15   sind sie vielleicht schon gefällt
und liegen astlos auf dem zerklüfteten Sandgrund
zwischen Sägemehl Spänen und abgefallenen Nadeln
weil irgendein Spekulant den Boden gekauft hat

Das wäre zwar traurig
20   doch der Harzgeruch wäre dann stärker
und das Morgenlicht auf den gelben gesägten Stümpfen
wäre dann heller weil keine Baumkrone mehr
der Sonne im Weg stünde. Das

---

[12] Der Arbeitstitel dieser Lyriksammlung lautete übrigens „So verging meine Zeit" (vgl. die Anmerkung in Fried: Gesammelte Werke. Bd. 2, S. 689). Diese Wendung ist dem Gedicht *An die Nachgeborenen* entlehnt und zeigt einmal mehr, wie eng bei Fried das Gewebe der Bezugnahmen auf das Vorbild Brecht geknüpft ist.
[13] Fried: Gesammelte Werke. Bd. 2, S. 60.

     wäre ein neuer Eindruck
25   selbsterlebt und sicher mehr als genug
     für ein Gedicht
     das diese Gesellschaft anklagt[14]

Wie die meisten lyrischen Arbeiten Frieds ist auch dieser Text in Zeilen von
ungleicher Länge abgefasst, die weder Reime noch eine feste metrische
Struktur aufweisen. Das einzige äußerlich sichtbare Gliederungsprinzip bildet
die Einteilung des Ganzen in drei Blöcke zu jeweils neun Versen, deren
Grenzen mit Einschnitten in dem sehr komplexen inhaltlichen Aufbau zu-
sammenfallen. Der Dichter, von dem das Gedicht in der dritten Person er-
zählt, erinnert stark an den Lyriker Fried selbst, der ja gleichfalls unablässig
die „Widersprüche dieser Gesellschaft" und ihre unmenschlichen Folgen zu
seinem Thema gemacht hat – allein die Rubrik *Berichte*, die den Band *Die
Freiheit den Mund aufzumachen* eröffnet, enthält eine Fülle zeitkritischer
Beiträge, die unter anderem den Vietnam-Krieg, die Anfänge der RAF-Hys-
terie in der Bundesrepublik und die Politik des Staates Israel ansprechen.
Freilich schafft die in *Neue Naturdichtung* gewählte Er-Form von Anfang an
Distanz zu der fiktiven Dichter-Figur, und Fried erklärte im Nachhinein sogar
ausdrücklich, dass er das Werk als Satire verstanden wissen wolle: Es hande-
le sich um eine „ironische Kritik an der Selbstzufriedenheit und Selbstgenüg-
samkeit einer in ihrem eigenen Engagement erstarrten Dichtung" und an
einem Poeten, „der Brecht, auf den das Gedicht anspielt, offenbar mißver-
standen hat."[15] Dieser Selbstkommentar lässt an Deutlichkeit zwar nichts zu
wünschen übrig, aber es fragt sich, ob er dem vielschichtigen Text wirklich
gerecht wird oder ob das Gedicht, wie Thomas Rothschild vermutet, „mögli-
cherweise zu einer Wahrheit vordringt, die die Intention seines Autors über-
listet".[16] Die genauere Analyse der poetologischen Aussagedimension und
der impliziten Bezüge zu Brecht soll darüber Aufschluss geben.
     Schon die ersten Verse, die die Ausgangslage des anonymen Dichters um-
reißen, knüpfen an Brechts berühmte Feststellung aus *An die Nachgeborenen*
an, verkehren deren Perspektive aber ins Gegenteil. Nachdem der Poet an-
scheinend lange genug „über die Widersprüche dieser Gesellschaft", über

---

[14] Fried: Gesammelte Werke. Bd. 2, S. 60f.
[15] Zitiert nach Wilhelm Große: Erich Fried: *Neue Naturdichtung*. In: Deutsche Ge-
      genwartslyrik von Biermann bis Zahl. Interpretationen. Hrsg. von Peter Bekes u.a.
      München 1982, S. 86–99; hier S. 98.
[16] Thomas Rothschild: Durchgearbeitete Landschaft. Die Auseinandersetzung mit
      dem Naturgedicht in einer Gegenwart der zerstörten Natur. In: Naturlyrik und Ge-
      sellschaft. Hrsg. von Norbert Mecklenburg. Stuttgart 1977, S. 198–214; hier
      S. 207.

Erich Fried   273

Unrecht und Gewalt geschrieben hat, will er sich zur Abwechslung einmal auf das Gebiet der Naturlyrik begeben und „die Tannen am Morgen" schildern: eine Wendung weg von den „finsteren Zeiten" und hin zum lyrischen „Gespräch über Bäume". Unterstellt wird bei dieser Überlegung offenkundig, dass das ins Auge gefasste neue Sujet *keine* gesellschaftlichen und gesellschaftskritischen Aspekte aufweist, denn nur unter dieser Bedingung kann es ja einen Weg aus der Sackgasse der ‚Eintönigkeit' weisen.

Das geplante Gedicht „über die Tannen am Morgen" muss jedoch gar nicht mehr geschrieben werden, da es bereits existiert – der Brecht-Kenner denkt sogleich an die oben zitierte Buckower Elegie: „In der Frühe / Sind die Tannen kupfern …". Diese verdeckte intertextuelle Anspielung deutet zugleich schon an, dass der fiktive Dichter den Widersprüchen von Gesellschaft und Politik auch beim Thema Natur nicht entkommen wird, handelt Brechts Gedicht doch gerade von der Prägung (oder Deformation) der Naturwahrnehmung durch die Erfahrungen eines „halben Jahrhundert[s]", das „zwei Weltkriege" gesehen hat. Tatsächlich wird sich der Versuch einer Flucht aus dem Dilemma als hoffnungslos erweisen; gerade hierin liegt die Pointe von *Neue Naturdichtung*. Ohnehin kommt der geschilderte Schriftsteller gar nicht zum Dichten, statt dessen werden im Folgenden nur verschiedene *Möglichkeiten* des Schreibens über die Tannen durchgespielt.

Als erstes erwägt der Autor, den Vorsatz des „Themenwechsel[s]" selbst zu bedichten, also ein metapoetisches Gedicht zu verfassen, das vielleicht seiner eigenen Selbstvergewisserung dienen soll. Erst der Beginn des zweiten Abschnitts führt dann die unmittelbare Begegnung mit der Natur ein, freilich auch nur als Gedankenexperiment („Aber sogar wenn …"), das zudem von skeptischen Kommentaren des lyrischen Sprechers begleitet wird: „Anblick und Duft" der Tannen, die sinnlichen Eindrücke der Natur also, würden möglicherweise keine Wirkung zeitigen; jene emotional getönte Naturbeziehung, die nach der klischeehaften Vorstellung einen Lyriker zu seinen Versen inspiriert, käme bei dem modernen Poeten unter Umständen gar nicht mehr zustande. Gleich darauf wird eine weitere Alternative entfaltet, ein „Einfall" nämlich, der dem Lyriker während jener Fahrt zu den Bäumen kommen *könnte*, die ja ihrerseits auch nicht durchgeführt, sondern nur in Aussicht genommen wird – so ist dieser „Einfall", den die zweite Hälfte des Gedichts ausführlich referiert, gleichsam eine Phantasie zweiter Ordnung, ein Gedankenspiel im Gedankenspiel. An die Stelle des zuvor wenigstens imaginierten Kontakts mit der lebendigen Natur tritt nun die Vorstellung eines Erlebnisses zerstörter natürlicher Umwelt: „Wenn wir hinauskommen / sind sie vielleicht schon gefällt / […] / weil irgendein Spekulant den Boden gekauft hat". Damit würde der fiktive Dichter endgültig von den ‚Widersprüchen' eingeholt werden, denen er in der Hinwendung zur Natur zu entrinnen hoffte. Als Fluchtraum, als trostreicher Bezirk des Heilen und Ganzen hat die Natur nicht nur deshalb ausgedient, weil der Betrachter das Wissen um Elend, Gewalt und Unrecht in seiner alltäglichen Lebenswelt nicht auszublenden vermag, sondern auch deshalb, weil sie selbst bereits zum Objekt menschlicher Ausbeutung und Zerstörung und damit gewissermaßen zum Austragungsort jener Widersprüche geworden ist.

Wenn nun die gesellschaftlichen Missstände die Natur schon unmittelbar betreffen und so massiv in Mitleidenschaft ziehen, wie es sich der Dichter in Gedanken ausmalt, hebt sich der von Brecht konstatierte Gegensatz zwischen einem „Gespräch über Bäume" und der Auseinandersetzung mit den „Untaten" in „finsteren Zeiten" auf, da gerade die Vernichtung der Natur durch menschliche Profitgier die Fatalität der herrschenden (Un-)Ordnung sichtbar macht. Der Schlussabschnitt unterstreicht diesen Gesichtspunkt, indem er die Vision eines hochgradig pervertierten Naturgenusses entwirft: Der stärkere „Harzgeruch" und das hellere „Morgenlicht", die für einen neuartigen und besonders tiefen „Eindruck" sorgen könnten, würden sich ausgerechnet dem Raubbau an der Natur verdanken. Kann aber Natur nur noch im Zustand ihrer Verwüstung durch das rücksichtslose Eingreifen der Menschen so intensiv erlebt werden, dass sie zur literarischen Gestaltung inspiriert, dann fällt die lyrische Schilderung einer Naturbegegnung eben zwangsläufig gesellschaftskritisch aus – Naturlyrik avanciert zum Medium der aufrüttelnden Zeitdiagnose. Damit schließt sich der Kreis, den der im Text entwickelte, mehrfach gestaffelte Gedankengang beschreibt. Der Poet, der in der Natur den „Widersprüche[n] dieser Gesellschaft" aus dem Wege gehen wollte, überzeugt sich davon, dass er auch dort mit ihrer Allgegenwart konfrontiert werden würde. Es ist in seiner Zeit schlechterdings unmöglich geworden, noch ein Thema zu finden, das nicht von diesen Widersprüchen infiziert wäre.

Vielleicht wollte Erich Fried tatsächlich satirisch (und selbstironisch?) einen Schriftsteller porträtieren, der sich von seiner geradezu zwanghaften Fixierung auf das gesellschaftskritische Engagement nicht lösen kann und unter allen Umständen in den entsprechenden Denkschablonen gefangen bleibt. Doch das Ergebnis lässt sich ebensogut als eine sehr ernstzunehmende poetologische Reflexion lesen – „p²" –, die den Bedingungen und Möglichkeiten einer ‚neuen', nämlich zeitgemäßen Naturlyrik nachspürt, indem sie die Äußerung Brechts zum „Gespräch über Bäume" produktiv weiterdenkt. So gesehen, formuliert *Neue Naturdichtung* implizit ein Programm für jene ökologisch sensibilisierte ‚Umwelt-Lyrik', die in den siebziger Jahren ihre Hochkonjunktur erlebte. Die einschlägigen Texte ziehen die Konsequenz aus der bei Fried angedeuteten Einsicht, dass Brechts Diktum aus *An die Nachgeborenen* in einer Zeit, in der sich die Bedrohung einer humanen Existenz durch gesellschaftliche Fehlentwicklungen gerade am Umgang mit der Natur zeigt, umformuliert werden muss. In pointierter Form hat das Walter Helmut Fritz in seinem Gedicht *Bäume* getan: „Inzwischen ist es fast / zu einem Verbrechen geworden, / nicht über Bäume zu sprechen".[17]

---

[17] Im Gewitter der Geraden. Deutsche Ökolyrik. Hrsg. von Peter Cornelius Mayer-Tasch. München 1981, S. 75. – In dieser Anthologie ist übrigens auch *Neue Naturdichtung* abgedruckt (S. 58). Von den anderen hier versammelten Texten können sich freilich nur wenige im Hinblick auf die gedankliche und ästhetische Komplexität mit Frieds Gedicht messen. Die Entwicklung und die verschiedenen Spielarten der ‚Ökolyrik' erörtern Jürgen Egyptien: Die Naturlyrik im Zeichen der Krise. Themen und Formen des ökologischen Gedichts seit 1970. In: Literatur und Ökologie. Hrsg. von Axel Goodbody. Amsterdam, Atlanta, GA 1998, S. 41–67, und Helmut Scheuer: Die entzauberte Natur – Vom Naturgedicht zur Ökolyrik. In: Literatur für Leser 1989, S. 48–73.

Das Naturreich der Außenseiter

Günter Kunert: *Natur II – Mutation*

Günter Kunert (* 1929), einer der produktivsten Lyriker der zweiten Hälfte des 20. Jahrhunderts, erweist sich in seinen Werken als ein äußerst wacher und kritischer Beobachter zeitgeschichtlicher Entwicklungen und Umbrüche. Wie viele Autoren seiner Generation stand er dem ‚sozialistischen Aufbau' in der jungen DDR anfangs sehr aufgeschlossen gegenüber: Nach den Erfahrungen, die er als Sohn einer jüdischen Mutter unter dem Nationalsozialismus hatte machen müssen, setzte er seine Hoffnungen auf einen radikalen Neubeginn, der die gesellschaftlichen Verhältnisse und die Denkgewohnheiten der Menschen von Grund auf verändern sollte. Kunert trat frühzeitig in die SED ein, und in seinem Frühwerk – der erste Gedichtband, *Wegschilder und Mauerinschriften*, erschien bereits 1950 – herrscht trotz einer Vielzahl von Warn- und Mahngedichten ein optimistischer Grundzug vor. Die Ernüchterung blieb freilich nicht aus. Seit den sechziger Jahren brachten Kunerts literarische Arbeiten immer stärkere Gefühle der Melancholie und der Angst zum Ausdruck, und den Gang der Geschichte betrachtete er mit wachsender Skepsis. Zunehmender Druck von offizieller Seite war die Folge, bis der Dichter 1979 die Konsequenz zog, indem er die DDR verließ und nach West-Deutschland übersiedelte. Zwei Jahre zuvor hatte er den Lyrikband *Unterwegs nach Utopia* veröffentlicht, der auch das folgende Gedicht enthält:

Natur II

Dieses ausgelaugte Holz
und dieses frische der Kiefer

Nur zu bald überziehen sich im Gras
Ziegelsteine grün
5 der Mauergemeinschaft entkommen

Was dem Regen ausgesetzt wird
dem Wind wie der Windstille
Winter und wieder Wärme
wandelt sein Wesen indem es
10 sein zweckdienliches Aussehen aufgibt

Du seltsamer Sessel
aus geflochtenem Rohr auf vier Beinen
lange Zeit unterwegs und schief geworden dabei
abwartend noch oder schon ganz zukunftslos

15 Ihr Bruchstücke ringsum
für niemanden außer euch selber
versammelt:

Wahr ist die Welt nur
In allem was ihr nichts nützt
20 und: Den Ausgestoßenen allein
gehört der Mut zum nötigen
Verrat.[1]

Obwohl diese Verse keine anschauliche Landschaftsschilderung bieten, zeichnen sich zumindest die Konturen eines Naturraums ab. „Kiefer" und „Gras" lassen an ein Waldstück denken, in dem man offenbar allerlei unnütze oder beschädigte Gegenstände, darunter vereinzelte Ziegelsteine und einen altmodischen Sessel, ‚entsorgt' hat. So gesellen sich Überbleibsel der Kultur zu den natürlich gewachsenen Dingen, wobei gleich eingangs daran erinnert wird, dass die kulturellen Artefakte ihrerseits aus der Bearbeitung von Naturstoffen hervorgegangen sind: Das verbrauchte, „ausgelaugte Holz" – ein ausrangiertes Möbelstück? – tritt neben das „frische der Kiefer". Losgelöst aus ihren kulturell festgelegten Funktions- und Gebrauchszusammenhängen, kehren die ausgesonderten Objekte gleichsam in die Natur zurück und werden wieder aufgenommen in die Abläufe des vegetativen Lebens: „Nur zu bald überziehen sich im Gras / Ziegelsteine grün".

Schon der zweite Abschnitt des Gedichts legt es aber nahe, die lyrische Rede von den in der Natur verstreuten „Bruchstücke[n]" metaphorisch zu lesen und auf *menschliche* Subjekte zu beziehen. Dass „Ziegelsteine [...] / der

---

[1] Günter Kunert: Unterwegs nach Utopia. Gedichte. München, Wien 1977, S. 50. – Ein Werk mit dem Titel „Natur" oder „Natur I" enthält der Band übrigens nicht. Allerdings gibt es in der 1961 publizierten Sammlung *Tagwerke. Gedichte – Lieder – Balladen* einen lyrischen Text, der *Natur* überschrieben ist. Inhaltlich hat er mit *Natur II* jedoch nichts gemein.

Mauergemeinschaft entkommen" sind, ist eine höchst ungewöhnliche Wendung, mit der den Steinen eine eigene Aktivität zugeschrieben und die von ihnen gebildete Mauer analog zu einer sozialen Ordnung gefasst wird. Der Ausdruck erweist sich indes sogleich als plausibel und stimmig, wenn man ihn als bildhafte Verschlüsselung begreift. Glücklich „entkommen" sind hier Individuen einem Kollektiv, das nur durch Gewalt und äußeren Zwang zusammengehalten wird – der Gesellschaft der DDR, die Kunert mit lakonischer Treffsicherheit als „Mauergemeinschaft" apostrophiert. Die damit etablierte Doppelsinnigkeit durchzieht das ganze Gedicht, dessen komplexe Struktur sich der Parallele zwischen funktionslos gewordenen Gegenständen und gesellschaftlichen Außenseitern verdankt.

Ein tiefes Misstrauen gegenüber allen totalitären Systemen, die dem Menschen ein selbstbestimmtes Dasein verweigern, gehört zu den Konstanten von Kunerts Denken und motivierte nicht zuletzt seine ständig wachsende Distanz zu den Verhältnissen im SED-Staat. Der Ausstieg aus der repressiven „Mauergemeinschaft" wird in *Natur II* daher durchaus positiv bewertet, nämlich als Übergang in eine unentfremdete Existenz, die sich selbst genug ist. Die Gegenstände streifen ihr „zweckdienliches Aussehen" ab und sind fortan „für niemanden außer [sich] selber" da. „Bruchstücke" mögen sie aus der Sicht jener Gemeinschaft sein, die dem Einzelnen nur dann einen Wert zugesteht, wenn er sich an einem vorgegebenen Platz in das Kollektiv einfügt. Sobald sie sich aber autonom setzen und sich damit einer solchen Einordnung entziehen, verliert das Wort seinen Sinn oder zumindest seine pejorative Färbung.

Auf der Grundlage ihrer Opposition zu den herrschenden sozialen und politischen Zwängen scheinen die Außenseiter nun wiederum eine eigene Gemeinschaft zu bilden – sie ‚versammeln‘ sich. Und an diese alternative Gemeinschaft, an den „seltsame[n] Sessel" und die anderen „Bruchstücke ringsum", wendet sich das lyrische Ich, um ihr im letzten Abschnitt des Gedichts eine förmliche Rede zu halten und ihre wichtigste Überzeugung noch einmal zu beschwören: „Wahr ist die Welt nur / in allem was ihr nichts nützt". Das ‚wahre‘ Dasein stellt sich dort ein, wo die strikte Orientierung am Nutzen aufgehoben ist und sich der Einzelne nicht mehr vorrangig über den Zweck definiert, den er für ein größeres Ganzes erfüllt. Radikale Verweigerung gegenüber dem allgemeinen gesellschaftlichen Konformitätsdruck ist also das Programm dieser Gegen-Gemeinschaft, die in der entschiedenen Behauptung individueller Autonomie die höchste Tugend sieht. Deshalb erfährt das Wort „Verrat", das durch seine Einzelstellung in der Schlusszeile hervorgehoben ist, eine bezeichnende Verfremdung ins Positive: Dem Sprecher scheint es notwendig und vorbildlich, die gesellschaftlichen Zumutungen und Erwartungen zu enttäuschen. Indem er die ganze „Welt" in seine Feststellung einbezieht, dehnt er deren Geltungsanspruch zugleich ins Allgemeine aus. Auch wenn mit der „Mauergemeinschaft" recht unzweideutig auf die DDR angespielt wird, gilt die hier propagierte Verweigerungshaltung doch offensichtlich darüber hinaus. Sie grenzt sich polemisch von *jeder* Form der Vergesellschaftung ab, die das Individuum als Mittel zu Zwecken missbraucht, die ihm fremd und äußerlich bleiben.

Durch die eigentümliche Bildlichkeit des Gedichts wird das neue Dasein der „Ausgestoßenen" quasi als natürlich legitimiert. Die Natur, die allem Zweck- und Nützlichkeitsdenken fern steht, erscheint bei Kunert als Gegensphäre zu den Ansprüchen politischer und sozialer Strukturen, die den Menschen zu vereinnahmen suchen. Eine solche Naturauffassung hat mitsamt ihren kritischen Implikationen eine lange Tradition, die bis ins 18. Jahrhundert zurückreicht und uns in früheren Kapiteln schon häufiger begegnet ist. Sie widerspricht jedoch schroff jener Deutung des Verhältnisses von Mensch, Natur und Gesellschaft, die in der DDR offizielle Geltung genoss. Die dogmatisch-marxistische Lehre vertritt etwa der Dichter Georg Maurer in einem 1971 veröffentlichten Aufsatz *Gedanken zur Naturlyrik*. In seinen Augen ist allein die kapitalistische Ordnung verantwortlich für die Entfremdung von Mensch und Natur, die die letztere zunehmend rätselhaft und undurchschaubar werden lässt, was sich für Maurer etwa in der hermetischen Chiffrensprache des späten Günter Eich ausdrückt. Der in der DDR vollzogene Übergang zum Sozialismus hat diese Entfremdung im Gang der Geschichte jedoch aufgehoben, wie der Verfasser aus eigener Erfahrung stolz versichert: „Die Natur war für mich ins Menschliche und ich ins Natürliche aufgenommen."[2] Indem sich der freie sozialistische Mensch die Natur schöpferisch aneignet, stellt sich ein harmonischer Einklang her, eine produktive Synthese, in der beide Seiten erst wirklich zu sich selbst finden. Solche Ansichten kehren beispielsweise in dem Gedicht *Durchgearbeitete Landschaft* von Volker Braun, das ebenfalls aus den frühen siebziger Jahren stammt, in konkreter poetischer Umsetzung wieder. Bereits der Titel verweist auf den massiven Eingriff der Menschen in die natürlichen Gegebenheiten, und dessen Gewalttätigkeit wird in Brauns Versen auch keineswegs verschwiegen, sondern vielmehr drastisch herausgestellt. Die Formung der Natur durch menschliche Arbeit manifestiert sich zunächst als Zerstörung und Verwüstung:

> Hier stellten wir etwas Hartes an
> Mit der ruhig rauchenden Heide

---

[2] Georg Maurer: Gedanken zur Naturlyrik. In: Sinn und Form 23 (1971), S. 21–30; hier S. 21.

> Hier lagen die Bäume verendet, mit nackten
> Wurzeln, der Sand durchlöchert bis in die Adern
> Und ausgepumpt, umzingelt der blühende Staub

Doch insgesamt überwiegen in *Durchgearbeitete Landschaft* das grundsätzliche „Einverständnis mit dem technischen Fortschritt als prometheisches Selbstgefühl"[3] und der Stolz auf die menschliche Leistung, der in der am Anfang platzierten und in der Mitte des Gedichts wiederholten Wendung „Hier sind wir durchgegangen" seinen prägnanten Ausdruck findet. Der Sprecher vertraut darauf, dass die Menschen dank ihrer Verfügungsgewalt über die Natur schließlich ein Idyll mit paradiesischen Zügen schaffen können, wie es die letzten Zeilen entwerfen:

> Das Restloch mit blauem Wasser
> Verfüllt und Booten: der Erde
> Aufgeschlagenes Auge
>
> Und der weiße neugeborene Strand
> Den wir betreten
>
> Zwischen uns.[4]

So führt der historische Prozess bei Braun am Ende in einen neuen Garten Eden, denn gerade durch die Vervollkommnung der naturbeherrschenden Technik kehren Mensch *und* Erde in den Stand der Unschuld zurück. Günter Kunert hatte dagegen in seinen reiferen Jahren das Vertrauen in einen gesetzmäßigen Fortschritt, wie ihn der Marxismus proklamierte, verloren. Insbesondere schien es ihm naiv, die unbestreitbaren technischen und wissenschaftlichen Errungenschaften der Moderne mit einer Beförderung der Humanität gleichzusetzen; er fasste die neuere Geschichte eher als eine Kette sich unablässig steigernder Katastrophen mit lebensbedrohlichen Folgen auf. Und deshalb gehört in dem Gedicht *Natur II* zur Utopie des Natürlichen als eines Gegen-Ortes der Gesellschaft auch eine Aufhebung dieser von Menschen gemachten Geschichte, ja überhaupt der linearen Zeit, die den zirkulären natürlichen Abläufen und dem regelmäßigen Wechsel von Wetterlagen

---

3   Ursula Heukenkamp: Der Abschied von der schönen Natur. Natur in der DDR-Lyrik und ihre Veränderung. In: Tendenzen und Beispiele. Zur DDR-Literatur in den siebziger Jahren. Hrsg. von Hans Kaufmann. Leipzig 1981, S. 221–260; hier S. 245.

4   Volker Braun: Gegen die symmetrische Welt. Gedichte. Halle (Saale) ³1977, S. 34. Die erste Auflage des Bandes erschien 1974.

und Jahreszeiten weicht: „Was dem Regen ausgesetzt wird / dem Wind wie der Windstille / Winter und wieder Wärme / wandelt sein Wesen". Die auffällige w-Alliteration unterstreicht den beruhigenden Effekt dieser gleichförmigen Naturvorgänge. Das Ideal der Außenseiter besteht darin, „ganz zukunftslos" zu sein, also in einer Sphäre, der jeder historische Wandel fremd ist, rein dem gegenwärtigen Augenblick zu leben. Sie haben sich nicht nur aus der menschlichen Gesellschaft, sondern auch aus der Geschichte verabschiedet.

Natur ist in diesem Gedicht mithin nicht Gegenstand einer Aneignung durch den Menschen, etwa im Rahmen eines übergreifenden Fortschrittsprozesses, sondern ein Residuum des Ungeschichtlichen, Außergesellschaftlichen, Nicht-Zweckhaften und – im positiven Sinne! – Nutzlosen. Damit aber rückt sie für Kunert in die Nähe der Dichtung, der literarischen Schöpfung: *Natur II* spiegelt indirekt auch die poetologischen Position des Autors in den siebziger Jahren wider. Während sein Frühwerk, nicht zuletzt unter dem Einfluss Brechts, noch überwiegend von belehrenden Absichten geprägt war und die Literatur somit einem heteronomen Zweck unterordnete, betonte Kunert später die Selbstgenügsamkeit lyrischer Werke, die sich jeder äußeren Inanspruchnahme verweigern und eben dadurch ihren eigentümlichen Wert erlangen. In dem Gedicht *So soll es sein* wird dieser Anspruch, dieses Programm des Sich-Entziehens ausdrücklich formuliert:

> [...]
> zwecklos und sinnvoll
> soll es sein
> was für ein unziemliches Werk
> wäre das
> zur Unterdrückung nicht brauchbar
> von Unterdrückung nicht widerlegbar
> zwecklos also
> sinnvoll also
>
> wie das Gedicht.[5]

Die in diesen Versen skizzierte Poetologie erinnert an den Versuch Theodor W. Adornos, das Verhältnis des lyrischen Kunstwerks zur gesellschaftlichen Ordnung zu beschreiben. In seiner *Rede über Lyrik und Gesellschaft* erläutert er die Forderung, „daß der lyrische Ausdruck, gegenständlicher Schwere entronnen, das Bild eines Lebens beschwöre, das frei sei vom Zwang der herrschenden Praxis, der Nützlichkeit, vom Druck der sturen Selbsterhaltung":

---

[5] Günter Kunert: Im weiteren Fortgang. Gedichte. München 1974, S. 30.

> Diese Forderung [...] impliziert den Protest gegen einen gesell-
> schaftlichen Zustand, den jeder Einzelne als sich feindlich, fremd,
> kalt, bedrückend erfährt, und negativ prägt der Zustand dem [poe-
> tischen] Gebilde sich ein: je schwerer er lastet, desto unnachgiebi-
> ger widersteht ihm das Gebilde, indem es keinem Heteronomen
> sich beugt und sich gänzlich nach dem je eigenen Gesetz konstitu-
> iert. Sein Abstand vom bloßen Dasein wird zum Maß von dessen
> Falschem und Schlechtem. Im Protest dagegen spricht das Gedicht
> den Traum einer Welt aus, in der es anders wäre. Die Idiosynkra-
> sie des lyrischen Geistes gegen die Übergewalt der Dinge ist eine
> Reaktionsform auf die Verdinglichung der Welt, der Herrschaft
> von Waren über Menschen, die seit Beginn der Neuzeit sich aus-
> gebreitet, seit der industriellen Revolution zur herrschenden Ge-
> walt des Lebens sich entfaltet hat.[6]

Auch Kunert spricht dem literarischen Kunstwerk eine gesellschaftskritische Sprengkraft zu, die gerade aus seiner Autonomie, aus seiner ‚höheren Zweck-losigkeit‘ resultiert. Indem es einen Raum schafft, in dem noch individuelle Freiheit von äußerem Druck erlebt werden kann, erhebt das poetische Gebil-de Einspruch gegen die allgegenwärtigen Verwertungszwänge der modernen Zivilisation und ihre Unterdrückungsmechanismen. Gerade die rigorose Ver-weigerung gegenüber jeder Vereinnahmung durch gesellschaftliche Interes-sen stiftet seinen (subversiven) gesellschaftlichen Bezug. „Dichtung“, erklärt Kunert in dem Aufsatz *Die letzten Indianer Europas*, ist „der einzige Ort [...], wo nicht eindeutige Zwecke und Zweckdenken vorherrschen.“[7] Ebenso „zwecklos und sinnvoll“ ist, wie sich gezeigt hat, die nur noch auf sich selbst bezogene Existenz der „Ausgestoßenen“ in *Natur II*.

In dem Band *Unterwegs nach Utopia* stellt dieses Gedicht freilich einen Sonderfall dar, denn entgegen den Erwartungen, die der Titel weckt, sind die meisten der hier versammelten Texte pessimistisch gestimmt und von düste-ren Bildern geprägt. „Kümmernisse und Ängste“ erwähnt bereits die voran-gestellte Widmung[8], und die mehrfach artikulierten utopischen Sehnsüchte werden immer wieder ihres illusorischen Charakters überführt – „nach Uto-pia“ ist noch „keiner lebend hingelangt“, heißt es lapidar in *Unterwegs nach*

---

[6] Theodor W. Adorno: Rede über Lyrik und Gesellschaft [1957]. In: ders.: Gesam-
   melte Schriften. Bd. II: Noten zur Literatur. Hrsg. von Rolf Tiedemann. Frank-
   furt a.M. 1974, S. 49–68; hier S. 52.

[7] Günter Kunert: Die letzten Indianer Europas [1982]. In: ders.: Die letzten Indianer
   Europas. Kommentare zum Traum, der Leben heißt. München, Wien 1991, S. 7–
   27; hier S. 15.

[8] Kunert: Unterwegs nach Utopia, S. 5.

Utopia I.[9] Wenn *Natur II* nun in Anknüpfung an ein traditionsreiches Natur-
verständnis eine Gegen-Existenz entwirft, die sich im „nötigen / Verrat" der
Unterwerfung unter die gesellschaftliche Ordnung zu entziehen weiß, so
wirkt eine solche Vision im Kontext des Bandes fast etwas naiv und jeden-
falls höchst fragwürdig, weil sie immer noch einen Ort *jenseits* des Zwangs-
zusammenhangs der modernen Welt annimmt, ein außergeschichtliches Re-
fugium, in dem sich die persönliche Autonomie behaupten kann. Andere Ge-
dichte vermitteln dagegen die nüchterne Einsicht, dass auch die Natur schon
längst in jenen Zusammenhang integriert beziehungsweise ihm zum Opfer
gefallen ist. In *Unterwegs nach Utopia II* beispielsweise führt die „Flucht /
vor dem Beton", der die ganze Welt zu überziehen scheint, zwar schließlich
zu einem „grünen Fleck", aber diese Oase erweist sich umgehend als künstli-
ches Paradies mit „Halme[n] / aus gefärbtem Glas"![10]

Seit den achtziger Jahren wird Kunerts Werk noch stärker von Bildern der
Stagnation, des Verfalls und des Todes, ja von apokalyptischen Szenarien be-
herrscht. Der Dichter verabschiedet in dieser Phase endgültig die Vorstellung
von der Natur als einem heilen, unversehrten Zufluchtsraum. In einem klei-
nen Aufsatz mit der Überschrift *Von unserer Unnatur* versucht er, das spezi-
fische Naturverhältnis der Moderne genauer zu bestimmen:

> Sowenig eine Rückkehr in die Kindheit möglich ist, während wel-
> cher man durch Vertrauen zur Mutter geborgen war, so wenig gibt
> es ein „Zurück zur Natur", zu ihrer Unverdorbenheit, Wunderfülle
> und unüberschaubaren Vielfalt, die uns bei Bedarf tröstete und er-
> hob, und mit der wir – geschichtlich gesehen – kurzen Prozeß ge-
> macht haben.[11]

Die Parallele, die hier zwischen der individuellen Reifung des Einzelnen und
dem historischen Weg der Menschheit hergestellt wird, kennen wir von den
romantischen Dichtern, die sie als geschichtsphilosophisches Deutungsmus-
ter etabliert haben. Gemeinsam ist beiden Entwicklungen demnach der Aus-
gangspunkt einer harmonischen Einheit und allumfassenden Geborgenheit,
den Kunert in seinem Aufsatz mit dem Topos der „Mutter Natur" bezeichnet.
Fassbar wird er jedoch immer nur im elegischen Rückblick, denn die „Ver-
treibung aus dem Garten Eden" ist unwiderruflich.[12] Die Menschen haben sie

---

[9] Kunert: Unterwegs nach Utopia, S. 75.
[10] Ebd., S. 76.
[11] Günter Kunert: Von unserer Unnatur. In: ders.: Im toten Winkel. Ein Hausbuch.
     München, Wien 1992, S. 116f.; hier S. 117.
[12] Ebd., S. 116.

im Lauf der Geschichte selbst vollzogen, indem sie die Natur bis an den Rand der Vernichtung deformierten und entstellten.

Indes ist die Natur für Kunert nicht das einzige, ja nicht einmal das erste Opfer dieser Entwicklung; er spricht vielmehr von einem „Prozeß der gnadenlosen Unterwerfung, dem wir zuerst selber erlagen, nach eigenen Regeln und qualreichen Zwängen, und den wir dann auf alles ringsum ausdehnten".[13] Diese Formulierung bezeichnet in stark verkürzter Form jenen fatalen Zusammenhang, den Horkheimer und Adorno als ‚Dialektik der Aufklärung' analysiert haben: Die fortgeschrittene Naturbeherrschung der Moderne setzt eine rigide Selbstdisziplinierung des Menschen voraus, denn nur unter dieser Bedingung können die komplizierten Apparate der Gesellschaft, der Wissenschaft und der Technik, auf denen jene Naturbeherrschung beruht, überhaupt funktionieren. So entspricht der vollkommen domestizierten Natur ein nicht minder domestiziertes menschliches Individuum, das sich bruchlos in das Gefüge der sozialen Strukturen einordnet. Damit haben wir das genaue Gegenbild dessen vor uns, was in *Natur II* als das ‚Naturreich der Außenseiter' imaginiert wird, in dem der Einzelne sein „zweckdienliches Aussehen" abstreift und in die ewig gleichen Abläufe des vegetativen Lebens eintaucht. In Kunerts Gedichtband *Stilleben* von 1983 findet sich ein Text, der dieses beängstigende – und beängstigend aktuelle – Gegenbild in lyrischer Form ausmalt:

Mutation

Steine wachsen aus der Erde
wo eben noch Brot keimte
Wälder atmeten
wo der einsame Falter seinesgleichen
5   suchend über das Gras strich:
Steine und immer mehr

Kein Erinnern
an die schlaftiefen Schatten
an die Gnade der Blätter
10   unbemerkt ihr Verschwinden
ihr Nachlass:
Ein fahles Reich aus Sand

Immer mehr erheben
ihre Schädel ohne Gesicht

---

[13]   Kunert: Von unserer Unnatur, S. 117.

15   aus diesem Boden
        solche wie wir[14]

Die lebende, atmende Natur ist nur noch Erinnerung, an ihrer Stelle hat sich eine Einöde aus Stein und Sand ausgebreitet. Eine Natur, die selbst zum Objekt der von Menschen gemachten (Katastrophen-)Geschichte wurde, kann offenkundig nicht mehr als ruhender, zeitloser Gegenpol zu eben dieser Geschichte fungieren. Und parallel dazu verlieren auch die Menschen ihr „Gesicht" und damit ihre unverwechselbare Eigenart. Indem der Text die geradezu genormten „Schädel" unmittelbar „aus diesem Boden" der zerstörten Natur hervorgehen lässt, deutet er an, dass mit dem allen gesellschaftlichen Zwängen entzogenen Naturbezirk zugleich das zweckfreie, sich selbst genügende Individuum verschwindet.

In *Mutation* wird der Entwurf, den wir in *Natur II* antrafen, förmlich widerrufen. Das spätere Gedicht bringt freie Natur und menschliche Individualität zwar ebenfalls miteinander in Verbindung, aber in negativer Form, nämlich vermittelt über ihre gemeinsame Auslöschung. Kunert wendet sich hier einmal mehr schroff gegen den sozialistischen Fortschrittsoptimismus, der die tätige Aneignung der Natur als Medium menschlicher Selbstverwirklichung auffasst, zerstört jedoch auch das hoffnungsvolle Idealbild eines natürlichen Refugiums, das gegen Gesellschaft und Geschichte abgeschottet ist. Im vorgerückten 20. Jahrhundert kann das Gedicht die schöne, heile Natur nur noch im Zustand ihrer Vernichtung beschwören. Dem lyrischen Text allein bleibt nun in dieser Geste der Trauer und der Klage vorbehalten, was Kunert in *Natur II* noch der Natur zugetraut hatte – sich der allumfassenden Gewalt der modernen Zivilisation zu entziehen und ihr einen Widerspruch entgegenzusetzen.

---

[14] Günter Kunert: Stilleben. Gedichte. München, Wien 1983, S. 16.

Verschmelzung und Distanz

Sarah Kirsch: *Schöner See Wasseraug – Ferne*

Im Werk der Lyrikern Sarah Kirsch (* 1935) sind Naturmotive fast allgegenwärtig. Die Natur, und zwar vorzugsweise die ländliche oder die in Gärten gehegte, wird in ihren Gedichten meist mit großer sinnlicher Prägnanz und in zahlreichen Details vergegenwärtigt. Geschlossene Natur- oder Landschaftsbilder ergeben sich dabei jedoch selten, vielmehr bieten die Texte überwiegend bruchstückhafte und assoziativ verknüpfte Impressionen, die sich bisweilen auch mit Elementen aus Mythos und Märchen verbinden und jeden vordergründigen Abbildrealismus hinter sich lassen. Zudem gehen oftmals Wahrnehmungen und bloße Vorstellungen des Ich ununterscheidbar ineinander über: Außen und Innen verschwimmen, Subjekt- und Objektgrenzen werden durchlässig, Wirklichkeit und Phantasie vermischen sich.

Bereits Kirschs erster selbständiger Lyrikband, der 1967 unter dem Titel *Landaufenthalt* erschien, zeigt nicht nur die Dominanz des Themen- und Motivkreises Natur, sondern auch die Vielfalt seiner Erscheinungsformen bei dieser Autorin. So bietet das Gedicht *Dann werden wir kein Feuer brauchen* die Utopie eines künftigen paradiesischen Zustands, der Mensch und Natur harmonisch vereint, während in *Süß langt der Sommer ins Fenster* die Natur als friedlicher Gegenbezirk zur mörderischen Welt der Menschengeschichte beschworen wird. Das Gedicht *Landaufenthalt*, das dem Band seinen Namen gegeben hat, entwirft die Natur gleichfalls als Gegensphäre, diesmal in Abgrenzung von der „Betonstadt"[1]; in *Breughel-Bild* wirkt die winterliche, von Krähenschwärmen bevölkerte Landschaft dagegen eher bedrohlich und unheimlich. Indes kann die Natur auch lesbare Zeichen formen und dem Ich aufrüttelnde politische Botschaften vermitteln, wie es in *Bäume lesen* geschieht – eine derartig plakative Funktionalisierung der Natur steht bei Kirsch freilich recht isoliert. Wieder andere Gedichte bringen die Natur mit Liebes-

---

[1]   Sarah Kirsch: Sämtliche Gedichte. München 2005, S. 35.

leid (*Der Himmel schuppt sich*) und Liebessehnsucht (*Wenn er in den Krieg muß*) in Verbindung, und in *Ich bin so sanft* dient sie schließlich als Metapher für das innere Wesen des Ich und als Identifikationsangebot für den Menschen. Es gibt, wie man sieht, kaum eine aus der literarischen Tradition vertraute Ausprägung der Gattung Naturlyrik, die Sarah Kirsch nicht aufnimmt und weiterführt.

Häufig verarbeitet die Autorin offenkundig Eindrücke aus der heimischen Umgebung, aus der Harzgegend, aus der märkischen Landschaft und später, nach der Übersiedlung in den Westen 1977 bzw. 1983, aus Schleswig-Holstein. Andererseits spielen jedoch auch Erlebnisse von Reisen in fremde Länder eine beträchtliche Rolle in ihrem Werk, sowohl als konkrete äußere Anregung für die lyrische Produktion wie auch als Thema und Material der Gedichte. Gerade in *Landaufenthalt* begegnet das Motiv des Reisens, der weit ausgreifenden Erkundung von (Natur-)Räumen, auffallend häufig. Dabei kann diese zumeist positiv konnotierte welterschließende Bewegung realistisch gedacht sein als Fahrt mit der Eisenbahn oder dem Flugzeug – mehrere Texte spielen auf einen Rumänienaufenthalt der Dichterin an –, sie kann aber auch in der Imagination des Ich als phantastische Gedankenreise stattfinden. Wo die zentrale Bedeutung der Reise-Thematik und der Sehnsucht nach Grenzüberschreitungen ihre Wurzeln hat, lässt das Gedicht *Fahrt II* erahnen. Nach den Eingangsversen „Aber am liebsten fahre ich Eisenbahn / Durch mein kleines wärmendes Land / In allen Jahreszeiten" ziehen hier verschiedene Landschaftsimpressionen vor den Augen des lyrischen Ich und des Lesers vorüber, bevor die beschauliche Bahnreise im vierten und letzten Abschnitt abrupt vor der deutsch-deutschen Grenze endet: „ich weiß und seh / Keinen Weg der meinen schnaufenden Zug / Durch den Draht führt / Ganz vorn die blaue Diesellok".[2] Das „kleine wärmende Land", die DDR, vermittelt Heimatgefühle und behagliche Geborgenheit, steht aber auch für eine nicht zu leugnende Einengung, und vielleicht ist es gerade eine solche Empfindung des Eingeschlossenseins, auf die Kirsch insbesondere in ihren frühen Gedichten so häufig mit Bildern der Reise und des Aufbruchs reagiert – gleichgültig, ob dieser Auf- und Ausbruch sich nun in der geographischen Realität oder ausschließlich im inneren Freiraum der Einbildungskraft ereignet.

Mehrere der bisher genannten Aspekte führt das Gedicht *Schöner See Wasseraug* zusammen, das als Beispiel für die Naturlyrik aus dem Band *Landaufenthalt* näher vorgestellt sei:

---

2   Kirsch: Sämtliche Gedichte, S. 10f.

Schöner See Wasseraug

Schöner See Wasseraug ich lieg dir am Rand
Spähe durch Gras und Wimpern, du
Läßt mir Fische springen ihr Bauchsilber
Sprüht in der schrägen Sonne die Krähe
5　Mit sehr gewölbten Schwungfedern
Geht über dich hin, deine Ufer
Wähltest du inmitten heimischer Bäume
Kiefern und Laubwald Weiden und Birken
Rahmen dich, kunstvolle Fassung
10　Deines geschuppten Glases, aber am nächsten Morgen

Ist die Sonne in Tücher gewickelt und fern
Das andere Ufer verschwimmt, seine Hänge
Sanft abfallende Palmenhaine
Erreichen dich, du
15　Einem langsamen Flußarm ähnlich
Birgst Krokodile und lederne Schlangen
Seltsame Vögel mit roten Federn
Fliegen dir quellwärts, ich komm zur Hütte
Rufe mein weißgesichtiges Äffchen und will
20　In dir die bunten Röcke waschen

Wenn der Rücken mir schmerzt wenn
Die Sonne ganz aufgekommen ist
Liegt der See in anderer Landschaft
Er weiß alle jetzt hat er das Ufer der Marne
25　Ein Stahlbrückchen eckige Häuser Büsche
Mein schöner Bruder holt mich im Kahn
Fischsuppe zu essen er singt das Lied
Vom See der zum Fluß wurde
Aus Sehnsucht nach fremden Flüssen und Städten[3]

In formaler Hinsicht weist dieser Text viele Merkmale auf, die für Kirschs Lyrik generell typisch sind. Die Dichterin bevorzugt reimlose, freirhythmische Verse, die unstrophisch gereiht oder, wie im vorliegenden Fall, in unregelmäßigen Blöcken angeordnet sind. Und geradezu ihr Markenzeichen stellen die zahlreichen Zeilensprünge dar, die in Verbindung mit dem äußerst sparsamen Gebrauch von Satzzeichen vielfach zu einer gewissen Unklarheit, ja zu einem Verschwimmen der syntaktischen Strukturen und Zusammen-

---

[3]　Kirsch: Sämtliche Gedichte, S. 38f.

hänge führen. Es wird sich zeigen, dass diese formalen Eigentümlichkeiten in *Schöner See Wasseraug* – wie in etlichen anderen Werken der Autorin – auf der inhaltlichen Ebene in Phänomenen der Auflösung und der Überschreitung trennender Grenzen ihr Gegenstück finden.

Immerhin etabliert das Gedicht gleich zu Beginn eine klare Konstellation von Ich und Natur: Vor den Blicken der am Ufer liegenden Sprecherin öffnet sich ein Landschaftsausschnitt, dessen größten Teil der schon im Titel genannte See einnimmt. Eine nüchterne Schilderung bieten die Verse aber offenkundig nicht, denn von Anfang an ist der See nicht nur ein betrachtetes Objekt, sondern auch ein Ansprechpartner, ein anthropomorphisiertes, als lebendig und beseelt vorgestelltes Gegenüber („Wasseraug"). Die Formulierung „ich lieg dir am Rand" lässt an die körperliche Nähe zu einem Geliebten denken, und wenn das Ich „durch Gras und Wimpern" über die Wasserfläche späht, scheint in dieser Parallelsetzung eines Naturgegenstandes mit einem Teil des eigenen Körpers sogar die Trennung von Mensch und Natur aufgehoben. Der Anthropomorphisierung des Sees entspricht mithin, gewissermaßen spiegelbildlich, das Aufgehen des Ich in der Natur.

So entwerfen die ersten Zeilen einen Zustand inniger Vertrautheit zwischen der Sprecherin und ihrer natürlichen Umgebung. Der *subjektive* Charakter dieses Eindrucks wird allerdings nicht verdeckt: Es ist das lyrische Ich, das in seiner Vorstellung den See zum Gefährten, ja zum Geliebten erhebt und die beobachteten Naturvorgänge als Zeichen einer freundlichen Hinwendung zum Menschen interpretiert („Läßt *mir* Fische springen"). Wenn es dem See unterstellt, seine Lage „inmitten heimischer Bäume" selbst ‚gewählt' zu haben, schreibt es ihm ausdrücklich ein Bewusstsein und zielgerichtete Willenskraft zu. Im selben Atemzug streicht der Text aber die kulturell geprägte Sichtweise des menschlichen Betrachters noch stärker heraus, denn „Kiefern und Laubwald Weiden und Birken" erscheinen als „kunstvolle Fassung" des Gewässers und seines „geschuppten Glases" – in der Perspektive des Ich formiert sich die Natur buchstäblich zu einem *Landschaftsbild*, das sich dem Beschauer in kunstvoller Rahmung darbietet.

Die Geschlossenheit dieses Bildes wird freilich durch einen kühnen Zeilensprung, der auch über die Grenze des ersten Abschnitts hinausführt, sofort wieder gesprengt; das Gedicht – oder besser: die gedankliche Bewegung des Ich – kommt zu keinem Ruhepunkt. In seinem Fortgang emanzipiert sich die Phantasietätigkeit der Sprecherin, die der Natur zu Beginn ihre anthropomorphen Züge und ihren Bildcharakter verlieh, immer weiter von den unmittelbaren Sinneseindrücken der Umgebung, wodurch der See vom angesprochenen Partner mehr und mehr zum bloßen Stoff einer frei schaltenden Einbildungskraft wird (folgerichtig geht dann der dritte und letzte Teil von der direkten Anrede zur distanzierten Er-Form über). Es ist bezeichnend für die

Lyrik Kirschs, dass diese Einbildungskraft nun sogleich eine Gedankenreise in Gang setzt und die vertraute Gegend den erstaunlichsten Metamorphosen unterwirft. Zunächst wird eine exotische Vision entfaltet, die den See augenscheinlich ins tiefste Afrika entrückt und die „heimische[n] Bäume" in „Palmenhaine" verwandelt. Dementsprechend schlüpft auch das Ich in eine neue Rolle als Eingeborene mit „bunten Röcke[n]". Überdies ist das stehende Gewässer, das den Ausgangspunkt der Assoziationsreihe bildete, inzwischen einem „langsamen Flußarm ähnlich" geworden, eine Metamorphose, die sich im Schlussabschnitt fortsetzt und vollendet: Die Phantasie der Sprecherin kehrt jetzt nach Europa zurück und identifiziert den See mit der „Marne", umgeben von Versatzstücken französischer Kultur und Lebensart.

Die Natur, vor allem das Wasser, gilt in *Schöner See Wasseraug* als verbindendes Element zwischen den unterschiedlichsten Gegenden der Welt: „Er [der See] weiß alle". Im Grunde ist es aber doch das schöpferische Vorstellungsvermögen des Ich, das diese Verbindungen herstellt und den See lediglich als äußeren Anlass und als Material seiner Bildketten benötigt. Dazu passt auch die selbstreflexive Wendung, die der Text am Ende vollzieht. Jenes „Lied", das der imaginierte „schöne Bruder" der Sprecherin anstimmt, könnte ohne weiteres mit dem Gedicht, in dem es vorkommt, identisch sein, handeln doch beide gleichermaßen „[v]om See der zum Fluß wurde / Aus Sehnsucht nach fremden Flüssen und Städten". Die Bedeutung der Verwandlung des ruhenden Sees in einen Fluss wird hier noch einmal unterstrichen; sie korrespondiert jenem Drängen in die unbekannte, verlockende Ferne, das auch dem Motiv der Reise in Kirschs früher Lyrik seine zentrale Stellung verschafft. Die dem See zugeschriebene „Sehnsucht" ist in Wahrheit die des Ich selbst, dessen Phantasie die erwähnte Verwandlung ins Werk setzt. Als Medium bedient sie sich dabei der *Poesie*, und diesen Umstand akzentuieren die Schlussverse ebenfalls – der „See der zum Fluß wurde" lebt eben nur im „Lied", im poetischen Entwurf. So ist *Schöner See Wasseraug* nicht nur ein Naturgedicht, sondern gleichzeitig auch eine metapoetische Reflexion über den lyrischen Umgang mit dem Thema Natur. Der Text führt vor, wie Natureindrücke die Einbildungskraft und die Sehnsucht eines Menschen entzünden, die sich dann ihrerseits wiederum der Natur als eines dankbaren Stoffes poetischer Formung bemächtigen.

In manchen Werken Sarah Kirschs erscheint die Natur zunächst als Raum der Geborgenheit, der Ruhe und der vitalen Fülle, bevor sie dann doch in schroffer Form mit der Realität von Leiden und Tod in der Menschenwelt konfrontiert wird. Von dieser Spannung lebt schon das oben genannte Gedicht *Süß langt der Sommer ins Fenster* aus *Landaufenthalt*, in dem das Ich sich anfangs in einer beglückenden, deutlich erotisch gefärbten Harmonie mit der üppigen sommerlichen Natur vereint sieht, schließlich aber durch erschreckende Gedanken an „Minen und Phosphor" abrupt aus dieser Seligkeit herausgerissen wird: „Ich beklag es, die letzten Zeilen des / Was ich schreibe, gehen vom Krieg".[4] Auch in ihren späteren Lyrikbänden entwirft Kirsch häufig gefährdete und brüchige Idyllen. So enthält die Sammlung *Katzenleben*, die 1984 erschien und sich fast ausschließlich im Kosmos des ländlich-dörflichen Lebens bewegt, zahlreiche düstere und beunruhigende Bilder, die vielfach mit einer winterlichen, öden Landschaft verbunden werden. Daneben finden sich jedoch auch Texte, die die Natur ohne erkennbare Brechungen oder Einschränkungen als ‚heile Welt' feiern. *Gloria* beispielsweise schildert sie als ein wahres Paradies unerschöpflicher vegetativer Fruchtbarkeit, *Bewegung* preist die belebende Kraft des Frühlings, und das „grüne Gewebe des Gartens" wird zum „Augentrost" für das Ich, das sich ganz in seine Betrachtung versenkt (*Augentrost*[5]). In manchen Gedichten des Bandes *Schneewärme* von 1989 schlüpft die Sprecherin sogar in die Gestalt eines Tieres – „Bin einmal eine rote Füchsin ge- / Wesen mit hohen Sprüngen / Holte ich mir was ich wollte" (*Wintermusik*[6]) –, oder sie lebt, zurückgezogen von allen Menschen, in inniger Vertrautheit mit einer freundlichen Natur (*Eremitage*). Hier manifestieren sich unübersehbare regressive Tendenzen, während der Horizont moderner Zivilisation und Geschichte allenfalls indirekt sichtbar wird.

Zu den beeindruckendsten späteren lyrischen Werken der Autorin gehört aber eines, das gerade solche weltflüchtigen und regressiven Neigungen kritisch reflektiert und ihnen eine Absage erteilt, nämlich das Gedicht *Ferne*, das 1992 in *Erlkönigs Tochter* veröffentlicht wurde. Dieser Band ist in weiten Teilen von dunklen, melancholischen Szenarien geprägt, wie sie in Kirschs Arbeiten mit der Zeit überhaupt immer häufiger auftauchen. Große Bedeutung kommt dabei insbesondere dem Motivfeld von Kälte, Winter und Schnee zu. Es schließt zwar an Eindrücke an, die die Dichterin von einer Nordeuropa-Reise mitgebracht hatte, und wird damit gewissermaßen äußerlich-realistisch motiviert, aber Gedichte wie *Winterfeld*, *Eisland*, *Wintergarten I* und *Kalt* spiegeln in der Kälte und der winterlichen Landschaft auch unmittelbar die finstere, förmlich erstarrte seelische Verfassung des sprechenden Ich. *Ferne* gehört zumindest in die Nachbarschaft dieser Texte, obwohl hier nicht auf jenen Motivkreis zurückgegriffen wird:

---

[4] Kirsch: Sämtliche Gedichte, S. 49. – Angespielt wird hier offensichtlich auf den Krieg in Vietnam.
[5] Ebd., S. 290.
[6] Ebd., S. 345.

Ferne

Niemals wird auf den
Armen Gefilden Herrlichkeit
Liegen wie in der Kindheit als noch die
Fichten grün und licht lebten.
Schwarzes
Wissen beugt mir den Hals.[7]

Die außerordentliche Verknappung der lyrischen Aussage, die dieses Gedicht kennzeichnet, ist für Kirschs spätere Publikationen sehr typisch. Die auf *Erlkönigs Tochter* folgenden Lyrikbände *Bodenlos* und *Schwanenliebe* treiben die Tendenz zum Lakonismus, die meist mit einem hohen Grad an Verrätselung des Sinngehalts einhergeht, sogar noch weiter. Im vorliegenden Fall greift die Dichterin allerdings mit dem Wandel der menschlichen Naturbeziehung von der Kindheit zum Erwachsenenalter ein Sujet auf, mit dem wir schon aus früheren Kapiteln vertraut sind und das eine lange literarhistorische Tradition hat. *Ferne* belegt damit eindrucksvoll die Kontinuität mancher Problemstellungen innerhalb der Gattung Naturlyrik über die Grenzen der Epochen hinweg, denn in seiner gedanklichen Grundstruktur entspricht es verblüffend genau dem fast zweihundert Jahre früher entstandenen Hölderlin-Gedicht *An die Natur*. Gewisse Erfahrungen, die sich im späten 18. Jahrhundert mit der fortschreitenden Freisetzung des autonomen Individuums einstellten und unter anderem historisch neue Deutungsmuster der Beziehung zwischen Mensch und Natur hervorbrachten, scheinen also noch im Ausgang des 20. Jahrhunderts unverminderte Aktualität zu besitzen. Doch was Hölderlin in zwölf ausladenden Strophen in großer Breite entwickelt, konzentriert Kirsch in einem ungemein verdichteten lyrischen Gebilde von wenigen Worten. Herrschte in der Lebenswelt des Kindes eine ungebrochene Harmonie mit der schönen Natur, so sieht sich der Erwachsene durch eine unüberbrückbare Distanz von dieser Natur geschieden. Das Wort „Niemals", mit dem das Gedicht gewichtig einsetzt, bekräftigt die unwiderrufliche Verbannung aus dem Kindheitsparadies, und folglich ist die im Titel angesprochene „Ferne" eine doppelte: Dem zeitlichen und inneren Abstand des erwachsenen Ich von seiner Kindheit entspricht eine schmerzlich empfundene Entfremdung von der reichen, lebensvollen Natur.

Das gegenwärtige Ich hat nur noch „[a]rme Gefilde" vor Augen – nicht von ungefähr wählt Kirsch hier eine sehr abstrakte, ausgesprochen unsinnliche Formulierung. Volle sinnliche Ausdruckskraft bleibt den erinnerten

---

Eindrücken der Kindheit vorbehalten, „als noch die / Fichten grün und licht
lebten." Damals vereinigten sich für die Sprecherin in der „Herrlichkeit" der
Natur Licht, Leben und die grüne Farbe der Hoffnung; die Alliteration „licht"
– „lebten", der versteckte Binnenreim „*Ficht*en" – „licht" sowie die Fülle hel-
ler Vokale in den Zeilen 3 und 4 machen auf der klanglichen Ebene die In-
tensität dieser Erfahrung anschaulich. Ebenso wirkungsvoll setzt die Autorin
dann in einem eigenen Vers das Signalwort ‚Schwarz' dagegen. Das „Wis-
sen", das der herangewachsenen Sprecherin zuteil geworden ist, verbindet
sich mit der Farbe der Trauer und des Todes und wirkt, wie der Schlussvers
verrät, buchstäblich wie ein auf dem Hals des Ich lastendes Joch – dement-
sprechend wird nun auch die Lautfärbung spürbar dunkler. Freilich ist an der
prinzipiellen Überlegenheit der reiferen, erwachsenen Einstellung nicht zu
zweifeln. Sie beruht eben auf einem „Wissen", das dem Kind noch nicht
zugänglich war, und erfasst die Welt daher angemessener als die frühere,
schwärmerische Sichtweise, die sich – wie schon bei Hölderlin – im Rück-
blick als ein schöner Schein erweist, dem man zwar elegisch nachtrauern, den
man aber, ist er einmal durchbrochen, nicht mehr erneuern kann. Erst die
Schlusswendung macht übrigens sichtbar, dass die im Gedicht thematisierte
Veränderung nicht in der Natur selbst stattgefunden hat, sondern das lyrische
Ich persönlich betrifft, dessen *Perspektive* sich durch das inzwischen erwor-
bene Wissen grundlegend verschoben hat. Die „Herrlichkeit", die früher auf
den „Gefilden" lag und ihre wahre ‚Armut' unter einem Schimmer von Licht
und Leben verbarg, war ein Erzeugnis des subjektiven kindlichen Blicks und
ist mit dem Ende der Kinderzeit ein für allemal verschwunden.

Von welcher Art das neue, dunkle Wissen des Ich ist, bleibt in *Ferne* un-
bestimmt. Dem Sprecher in Hölderlins *An die Natur* sind „der Jugend goldne
Träume" gestorben, die ihm in jungen Jahren „des Lebens Armut" mit einem
tröstlichen Schleier verhüllt haben.[8] Geht es auch bei Kirsch einfach um die
zunehmende Bewusstwerdung des Individuums, das im Laufe der Zeit die
kindlich-naive, träumerische Einheit mit seiner Umgebung, mit der mütterli-
chen Natur hinter sich lässt? Oder spielt das ‚schwarze Wissen' auf konkre-
re Erfahrungen an, auf eine zutiefst bestürzende Einsicht in die weltge-
schichtlichen Katastrophen und Fehlentwicklungen des 20. Jahrhunderts, wie
sie auch in den Gedichten von Bertolt Brecht und Erich Fried entstellend in
das Naturverhältnis und die Naturwahrnehmung des Menschen eingreift? In-
dem der Text Antworten auf diese Fragen verweigert, eröffnet er eine Leer-
stelle, deren Auffüllung dem einzelnen Rezipienten überlassen bleibt. Doch
in jedem Fall kann das Gedicht *Ferne* als poetische Absage an regressive

---

[8]   Friedrich Hölderlin: Sämtliche Werke und Briefe. 3 Bde. Hrsg. von Jochen
       Schmidt. Bd. 1: Gedichte. Frankfurt a.M. 1992, S. 164f.

Phantasien und Neigungen aufgefasst werden – und damit zugleich als ein skeptischer Kommentar der Autorin Sarah Kirsch zu einem nicht unbeträchtlichen Teil ihrer eigenen früheren Naturlyrik, der deutlich von eben solchen Phantasien beeinflusst ist.

Alltägliche Begegnungen mit der Natur

Jürgen Becker: *Natur-Gedicht – Mitte August – Möglichkeit im Garten*

Natur-Gedicht

in der Nähe des Hauses,
der Kahlschlag, Kieshügel, Krater
erinnern mich daran –
nichts Neues; kaputte Natur,
aber ich vergesse das gern,
solange ein Strauch steht.[1]

Der Lyrikband *Das Ende der Landschaftsmalerei*, in dem dieses Gedicht 1974 publiziert wurde, bringt schon in seinem Titel eine grundlegende Einsicht zum Ausdruck, die die Einstellung des Dichters Jürgen Becker (* 1932) gegenüber dem Thema Natur prägt: Die offene, freie Natur, Gegenstand der traditionsreichen Kunstübung der Landschaftsmalerei, ist abhanden gekommen, ersetzt und verdrängt durch eine künstlich geformte Welt, die ihre Entstehung rigorosen menschlichen Eingriffen verdankt. Andreas Wirthensohn schreibt dazu:

> Natur ist nur noch in ihrer vom Menschen (verun)gestalteten Form [...] wahrnehmbar, sie ist nicht mehr anderszeitliches Gegenüber des Menschen, gegengeschichtliches Modell eines zyklischen Naturkreislaufs aus Werden und Vergehen, sondern Opfer der Zeit und der Geschichte, der menschlichen Hybris, die bestrebt ist, Na-

---

[1] Jürgen Becker: Gedichte 1965–1980. Frankfurt a.M. 1981, S. 62.

tur einer vernünftigen Ordnung und damit ihren eigenen linearen
Zeitvorstellungen zu unterwerfen.[2]

Auch die Naturlyrik muss sich dieser Entwicklung stellen, denn sie würde
zum puren Anachronismus verkommen, wollte sie weiterhin die unberührte
Natur als Sinnbild einer harmonischen Existenz beschwören und damit
gleichsam eine konventionelle ‚Landschaftsmalerei in Worten' betreiben.
Und so thematisieren viele Gedichte Beckers die Ausbeutung und Abnutzung
der natürlichen Umwelt und ihre massive Überformung durch Industrie und
Technik. Moderne Stadtlandschaften treten an die Stelle jener naturbelasse-
nen Gegenden, die viele Dichter früherer Epochen den beengten Räumen des
sozialen Lebens als Wunschorte entgegenzusetzen pflegten. Beckers Texte
verzichten aber auch darauf, solche Szenarien einer weit entwickelten urba-
nen Zivilisation zusammenhängend und plastisch vor Augen zu führen, also
trotz des von Grund auf veränderten Gegenstandsbereichs zumindest im
Hinblick auf die Gestaltungsform an einer Art poetischer Malerei festzuhal-
ten. Statt dessen präsentieren sie sich meist als lyrische Protokolle von Wahr-
nehmungsprozessen, flüchtigen Eindrücken und Gedankensplittern, deren
heterogene Struktur sich schon äußerlich in einem unruhigen, zerrissenen
Druckbild manifestiert. Das in der Regel ganz unvermittelte Einsetzen der
assoziativen Folge und ihr ebenso abrupter Schluss unterstreichen die Aus-
schnitthaftigkeit des Dargebotenen.

Gespiegelt wird in diesen mitunter sehr umfangreichen Werken die typi-
sche Erfahrungswelt des Großstädters. Damit geht jedoch keine Beschrän-
kung auf das rein private Erleben einher, denn immer wieder dringen auch
gesellschaftliche und historische Aspekte in die Texte ein, so etwa die Be-
drohung durch den Krieg, die bei Becker eine gewichtige Rolle spielt. Sie
prägt mitunter sogar direkt die Naturwahrnehmung des lyrischen Ich. *Mit-
tags-Geräusch* beispielsweise, das ebenfalls aus der Sammlung *Das Ende der
Landschaftsmalerei* stammt, beginnt mit einer suggestiven Überblendung von
Natur und Kriegsgeschehen – „Riesig die Fliegen; eine Art Offensive /
im Sommer" –, und es folgt, dadurch angeregt, ein Rückblick auf eine frühere
Situation „im Gasthof im Dorf im August", in der das „schwere Gesumm"
der Fliegen bei dem Sprecher eine beängstigende Kindheitserinnerung wach-
gerufen hat: „es war, / in der Stille und Hitze, / aufeinmal, / das Summen der
Bomber / aus dem Raum Hannover–Braunschweig".[3] In *Moratorium* aus dem

---

[2]   Andreas Wirthensohn: „Lernen vom Verzicht der Bäume". Das Bild der Natur in
      Jürgen Beckers Poetik der Vorläufigkeit. In: Text+Kritik 159: Jürgen Becker.
      Hrsg. von Heinz Ludwig Arnold. München 2003, S. 101–112; hier S. 101.
[3]   Becker: Gedichte 1965–1980, S. 67.

Band *Erzähl mir nichts vom Krieg* von 1977 sind die Gedanken des Ich offenbar so stark mit den in den Eingangsversen angedeuteten Krisen der aktuellen politischen Lage beschäftigt, dass es die Naturvorgänge automatisch in der Sprache militärischer Operationen beschreibt:

> [...]
> Iris und Krokus
> besetzen das leere Gelände. Wie
> sieht es aus im Sommer; bis dahin
> sind Zäune vom Efeu getarnt
> und wächst die Abschreckung der Rosen.[4]

So gestaltet Becker immer wieder die Reflexe gesellschaftlich-geschichtlicher Vorgänge in der persönlichen Erfahrungswelt seiner lyrischen Subjekte. Dazu gehört nicht zuletzt eben die fortschreitende Zerstörung der natürlichen Sphäre, mit der das zu Beginn zitierte Gedicht das Ich und den Leser in drastischer Weise konfrontiert. Es repräsentiert allerdings einen besonderen Formtypus in Beckers Œuvre, der von dem oben beschriebenen in mancher Hinsicht abweicht. Zwar ist auch er durch eine schlichte, alltagsnahe Sprache, den Verzicht auf Reim und festes Metrum und die allenfalls sparsame Verwendung anderer traditioneller ästhetischer Mittel charakterisiert – über die immerhin auffälligen Alliterationen in *Natur-Gedicht* wird sogleich noch zu sprechen sein –, aber er zeichnet sich durch eine sehr knappe, relativ geschlossene Form und eine prägnante, auf einen abschließenden Höhepunkt zugespitzte Aussage aus. Der Sprecher konstatiert zunächst die im Alltag allenthalben wahrzunehmende Schädigung der Natur: „in der Nähe des Hauses" bietet sich ihm keine Idylle mehr dar, sondern eine zerklüftete Mondlandschaft; der bekannte *locus amoenus*, der liebliche Zufluchtsort in freier Natur, ist einem künstlich geschaffenen *locus devastatus* gewichen, einem von Menschenhand verwüsteten, öden Platz. Analog dazu verändert sich im zweiten Vers der Stellenwert der Alliteration. Dient dieses Stilmittel in der Naturlyrik normalerweise dazu, die Intensität eines Natureindrucks zu betonen und formalästhetisch nachzubilden, so unterstreicht es hier gerade die rücksichtslose Vernichtung aller natürlichen Gegebenheiten – nicht von ungefähr stützt sich diese Alliteration ausgerechnet auf den harten k-Laut.

Das lyrische Ich wird durch den Anblick des Kahlschlags freilich nicht mehr in Aufregung versetzt. Es scheint seit langem an ihn gewöhnt zu sein und stellt gelassen fest: „nichts Neues; kaputte Natur". Dieser Vers enthält eine weitere, diesmal eine weichere Alliteration, die auf der lautlichen Ebene

---

[4]   Becker: Gedichte 1965–1980, S. 209.

sozusagen noch einmal jenes Harmonieversprechen zitiert, das sich in der literarischen Tradition mit der Natur verbindet. Sie wird indes durchbrochen von dem Attribut „kaputt", das seinerseits den k-Anlaut aus der zweiten Zeile aufnimmt und auch inhaltlich die dort beschriebene Verwüstung resümiert. Wie man sieht, steckt hinter der scheinbaren Einfachheit der ungesuchten Sprache in *Natur-Gedicht* eine beträchtliche poetische Raffinesse: „Die Naturzerstörung wird [...] nicht nur thematisiert, sie hat sich auch formal im Gedicht niedergeschlagen".[5]

Der Sprecher tröstet sich schließlich durch den Hinweis auf einen noch erhaltenen „Strauch" über die „kaputte Natur" hinweg – eine äußerst fragwürdige Verdrängungsleistung, die er nur allzu bereitwillig erbringt: „ich vergesse das *gern*"! Aber das Gedicht unterläuft zugleich auf subtile Art die zweifelhafte Haltung, die das Ich an den Tag legt. Bereits die Wendung „solange ein Strauch steht" mag beim aufmerksamen Leser die Frage provozieren, *wie lange* dies denn unter den zuvor geschilderten Bedingungen noch der Fall sein kann, und damit eröffnen die Verse eine Ebene des kritischen Verständnisses, die den Horizont des lyrischen Ich bereits übersteigt. Zudem bewahrt der Text gerade jenes Wissen, das der Sprecher nach eigener Aussage „gern" beiseite schiebt: Indem er den Vorgang der Verdrängung als solchen vorführt, hebt er ihn auch schon wieder auf und macht den verheerenden Umgang des Menschen mit der Natur zum Gegenstand des Nachdenkens. Die Konfrontation des Rezipienten mit der gefährlichen Abstumpfung des lyrischen Ich verbindet sich mit dem impliziten Appell an ihn, sich selber angesichts lebensbedrohlicher Entwicklungen nicht von einer solchen Abstumpfung ergreifen zu lassen. Dass der Autor für diese Zeilen die Gattungsbezeichnung als Titel wählt, lässt übrigens auf einen gewissen programmatischen Anspruch schließen. Offenbar will Becker exemplarisch vorführen, was ein Naturgedicht in der modernen Lebenswelt noch leisten kann oder leisten sollte.

Das Beispiel *Natur-Gedicht* verdeutlicht, dass die unspektakulären Szenarien, die Jürgen Becker in der Regel entwirft, ebensowenig unterschätzt werden dürfen wie die ästhetische Komplexität seiner Werke. Fast noch unscheinbarer stellt sich das folgende Gedicht dar, das dem Band *Erzähl mir nichts vom Krieg* entstammt und ebenfalls von der Bedeutung spricht, die dem Erlebnis der Natur im Alltag des Großstadtmenschen zukommt:

---

[5]   Wirthensohn: „Lernen vom Verzicht der Bäume", S. 104.

Mitte August

Über eine Wiese gehen, umgeben von Gebüsch
und Bäumen eines alten Parks: einen Augenblick
stehenbleiben und sich vergewissern,
daß man lebt, in der Mittagspause jetzt.[6]

Diese Verse nehmen eine Vorstellung auf, die uns seit den Gedichten des
18. Jahrhunderts über die Segnungen des Landlebens immer wieder begegnet
ist. Dass man nur in der freien Natur „[s]ein Leben fühlet", behauptet schon
Ewald Christian von Kleist in *Das Landleben*[7], und in *Der Weise auf dem
Lande* von Johann Peter Uz ruft das lyrische Ich, das aus dem „Gedränge"
der Gesellschaft zum „Schauplatz prächtiger Natur" geflohen ist, aus: „Ich
fühl, o Freund, mich neu gebohren / Und fange nun zu leben an".[8] In modifi-
zierter Form kehrt dieser Topos beispielsweise in Günter Kunerts *Natur II*
wieder, wo die Natur gleichfalls als Raum einer nicht zweckgebundenen und
allen äußeren Zwängen entzogenen Existenz erscheint, die ihren Sinn in sich
selbst, im bloßen Da-Sein findet. Als einen solchen Bezirk der Ruhe und der
Besinnung jenseits der Hektik des gesellschaftlichen Treibens schildert auch
Becker den „alten Park". „Gebüsch" und „Bäume", die das Ich hier „umge-
ben", fungieren gleichsam als Sichtschutz, der den Anblick der Großstadt
verdeckt und es dem Sprecher dadurch erleichtert, sie – vorübergehend –
auch aus seinen Gedanken zu verbannen.

Doch Becker entwirft ein Eintauchen in das Refugium der Natur, das in
räumlicher wie in zeitlicher Hinsicht streng begrenzt ist. Das Ich begegnet
keinem freien und unberührten, sondern einem künstlich eingehegten Natur-
ort, der offenbar mitten in der Stadt liegt – andernfalls könnte es sich schwer-
lich in der „Mittagspause" dort ergehen. Überdies ist dieser Park schon „alt",
also ein Überbleibsel früherer Zeiten; indem er ihn betritt, wird der Sprecher
zugleich in die Vergangenheit entrückt. Zuflucht findet er aber eben nur für
„einen Augenblick", und nach dieser kurzen Phase der Entspannung wird er
zweifellos umgehend in die Maschinerie der modernen Arbeits- und Berufs-
welt zurückkehren, in der man eben nicht fühlt, „daß man lebt". Ja, die
Schlusszeile lässt sogar eine noch schärfere Deutung zu, da die Zeitangabe
„in der Mittagspause jetzt" statt auf ‚sich vergewissern' durchaus auch auf
‚leben' bezogen werden kann. Nicht nur die *Besinnung* auf das eigene Dasein

---

[6]   Becker: Gedichte 1965–1980, S. 171.
[7]   Ewald Christian von Kleist: Werke. Erster Theil: Gedichte – Seneca – Prosaische
       Schriften. Hrsg. von August Sauer. ND Bern 1968, S. 60.
[8]   Johann Peter Uz: Sämtliche poetische Werke. Hrsg. von August Sauer. ND Darm-
       stadt 1964, S. 47f.

wäre demnach auf die flüchtige Erholungspause in der Natur eingeschränkt, diese Pause wäre vielmehr die einzige Zeitspanne, der man überhaupt mit Recht die Bezeichnung ‚Leben' beilegen könnte. Auf engstem Raum führt *Mitte August* die zeitgemäße Schwundstufe eines Topos der naturlyrischen Gattungstradition vor.

In dem 1979 veröffentlichten Gedichtband *In der verbleibenden Zeit* verschieben sich die Schwerpunkte von Beckers literarischem Umgang mit der Natur merklich. Vermehrt findet man jetzt positiv getönte und vergleichsweise geschlossene Naturbilder, und der Rückgriff auf vertraute ältere Muster der Naturlyrik geschieht oft nicht mehr in so reduzierter und verstümmelter Form wie im vorigen Beispiel. Eine versöhnliche Atmosphäre schafft etwa das Gedicht *Erzählung*, das vorsichtig einen Ausgleich zwischen Mensch und Natur andeutet („Einige der schwarzen Bäche sind heller geworden, / unleugbar, gute Veränderungen gibt es."[9]), über Kindheitserinnerungen des Sprechers, die ihrerseits durch Natureindrücke vermittelt sind, Gegenwart und Vergangenheit verknüpft und obendrein auf eine offenbar harmonische Liebesbeziehung anspielt. Aber weiterhin vollzieht Becker den Anschluss an die Traditionen der Gattung in behutsamer und höchst reflektierter Weise. Besonders gut lässt sich das an dem Gedicht *Möglichkeit im Garten* zeigen, das auf eigenwillige Art mit jenen regressiven Sehnsüchten und Phantasien spielt, die sich seit dem ausgehenden 18. Jahrhundert so häufig an lyrisch entworfene Naturbilder heften:

> Möglichkeit im Garten
>
> Jetzt kannst du hinausgehen,
> noch einmal zurückblickend
> dir Zeit lassen,
> bis die Büsche an dir hochwachsen
> und die klirrenden Gelenke
> ruhig werden unter der Rinde.[10]

Die an ein unbestimmtes Du gerichteten Verse lassen sich am ehesten als Selbstanrede des lyrischen Ich begreifen, das sich auf eine „Möglichkeit im Garten" besinnt. Die hier imaginierte Verschmelzung mit der Natur geht viel weiter als die flüchtige Visite im Park, die in *Mitte August* beschrieben wird, und erfährt auch keine direkte Relativierung oder Begrenzung durch die Bedingungen der modernen Lebenswirklichkeit. Dabei beginnt das Gedicht ausgesprochen harmlos mit der simplen Erwägung eines Gangs in den Garten.

---

[9]   Becker: Gedichte 1965–1980, S. 317.
[10]   Ebd., S. 296.

Bereits der zweite Vers bringt aber eine gewisse Irritation mit sich, da der Einschub „noch einmal zurückblickend" angesichts des scheinbar banalen Anlasses merkwürdig bedeutungsschwer klingt. Seinen eigentlichen Sinn erfasst der Leser auch erst im Nachhinein, wenn er ihn auf den endgültigen Abschied von der Menschenwelt und das Eingehen in die Natur beziehen kann: Der Übergang von dem (nicht ausdrücklich genannten) Haus „hinaus" in den Garten erweist sich rasch als entscheidender, unwiderruflicher Schritt aus der kulturellen in die natürlich-vegetative Sphäre. Den Umschlagspunkt, an dem sich der alltägliche Vorgang in ein märchenhaft-unwirkliches Erlebnis verwandelt, markieren die Verse 3 und 4. Was zunächst als eine sehr gewöhnliche, vorübergehende Entspannung im Garten erscheint – „dir Zeit lassen" –, nimmt unvermittelt surreale Dimensionen an: „bis die Büsche an dir hochwachsen". Der Angesprochene wäre damit den vertrauten Zeitmaßstäben des menschlichen Lebens entrückt und in die Prozesse des natürlichen Seins aufgenommen. Die Wendung von den „klirrende[n] Gelenken" deutet nicht nur auf die Unrast, sondern mehr noch auf das Maschinenhafte und Künstliche des modernen Daseins hin, in dessen Rahmen der Einzelne ‚funktionieren' muss. In der organischen Natur aber kann er endlich „ruhig" werden. Sie gewinnt hier wieder ganz den Charakter einer verheißungsvollen Gegenwelt zu jenem Bezirk der Gesellschaft und der Zivilisation, aus dem die angesprochene Person ‚hinausgegangen' ist.

Und doch ist Beckers Gedicht weit davon entfernt, eine solche befreiende Regression ohne jede Einschränkung zu beschwören. Schon der Titel, der eben nur von einer „Möglichkeit" spricht, schafft eine gewisse Distanz, und die folgenden Verse geben denn auch nicht etwa die Beschreibung einer Erfahrung, sondern formulieren lediglich eine (Selbst-)Aufforderung oder Einladung, ein Gedankenspiel des lyrischen Ich. Der Text verdankt seinen Rang gerade dem Umstand, dass er der Wunschphantasie einer Erlösung von den Leiden der menschlichen Existenz in der Natur nicht selbst verfällt, sondern sie *als eine solche* kenntlich macht. Damit greift er wiederum eine künstlerische Strategie auf, die schon Teilen der romantischen Naturlyrik oder auch den Gedichten eines Eduard Mörike zugrunde lag. Kontinuität und Variation zentraler Motivkomplexe und Denkmuster über etwa zwei Jahrhunderte hin erweisen sich einmal mehr als bestimmende Merkmale der Gattungsgeschichte.

„Biologische Poesie"

Durs Grünbein: *Eine Regung – Biologischer Walzer*

Der erste Lyrikband des aus Dresden stammenden Autors Durs Grünbein (* 1962), *Grauzone morgens*, erschien 1988 und damit noch zu Zeiten der DDR. Der Titel spielt zum einen auf die Morgendämmerung an, auf das Zwielicht zwischen Nacht und Tag – die Texte der ersten Abteilung, die gleichfalls *Grauzone morgens* überschrieben ist, nehmen durchweg explizit auf diese Übergangsphase Bezug –, zum anderen aber auf das graue Einerlei des Alltags in einer Welt, die als förmliche Zivilisationswüste geschildert wird. Es liegt nahe, die oftmals abstoßenden Bilder von großstädtischem Schmutz und Verfall mit der Spätzeit der DDR in Verbindung zu bringen, doch kann man sie auch allgemeiner als Impressionen aus der Realität einer Industriegesellschaft des ausgehenden 20. Jahrhunderts auffassen. Natur erscheint in *Grauzone morgens*, sofern sie überhaupt noch sichtbar wird, fast ausschließlich als zerstörte und deformierte, als „Unkraut" zwischen den Bahngleisen[1], in Gestalt von „geduldig blökenden / Schafen und Massen // dreckiger Rinder" in einem überfüllten „Viehtransporter"[2] oder als „vergiftete[r] Fluß", voll von „Unrat" und „Chemikalien".[3] Auch das Gedicht *Belebter Bach* hält nur in ausgesprochen zynisch-ironischer Weise, was der Titel zu versprechen scheint, denn die Verse beschreiben ein widerwärtiges, von Abfällen verstopftes und mit einem „Ölfilm" bedecktes Gewässer, bevor sie in eine sehnsüchtige – und vergebliche – Beschwörung münden: „Kommt / Wellen klaren Wassers, kommt."[4] Als Inbegriff der Reinheit und des Lebens ist Natur in diesen Texten allenfalls in den Wunschprojektionen eines Spre-

---

[1] Durs Grünbein: Mundtot frühmorgens. In: ders.: Gedichte. Bücher I–III. Frankfurt a.M. 2006, S. 14.
[2] Durs Grünbein: Gesehen ganz wie. In: ders.: Gedichte, S. 23.
[3] Durs Grünbein: An der Elbe. In: ders.: Gedichte, S. 35.
[4] Grünbein: Gedichte, S. 71.

chers gegenwärtig, der sich tagtäglich mit ihren furchtbar entstellten Erscheinungsformen konfrontiert sieht.

Eine gewisse Sonderstellung innerhalb des Bandes kommt freilich dem Gedicht *Eine Regung* zu, das in der Rubrik *Glimpses & Glances* platziert ist und in der Tat nichts weiter als einen kurzen Blick auf ein höchst unscheinbares, im buchstäblichen Sinne flüchtiges Phänomen festhält:

Eine Regung

Dieser flüchtige kleine Windstoß, Luft-
wirbelsekunde, als ein
    verschreckter Sperling kurz
        vor mir aufflog, schon

außer Sicht war und eins der
    leichtesten Blätter folgte zer-
        rissen in seinem Sog.[5]

Die Verse lassen an die literarischen Strategien des Imagismus denken, vor allem aber an das Vorbild des amerikanischen Lyrikers William Carlos Williams, auf dessen Poetik auch der Titel der ganzen Rubrik anspielt. Indem sich das Ich mit der Aufzeichnung einer Detailwahrnehmung begnügt und jede ausdrückliche Wertung oder Interpretation des beobachteten Vorgangs unterlässt, folgt es gewissermaßen der Mahnung, die Günter Eich in seinem Kurzgedicht *Vorsicht* für den Umgang mit der Natur formuliert hat: Sie wird vom Betrachter registriert, aber nicht ‚ausgelegt‘ und mit einer tieferen Bedeutung befrachtet. Und doch beharrt der Text darauf, dass die scheinbar belanglose, winzige „Regung" es verdiene, beachtet und sogar im lyrischen Kunstwerk aufbewahrt zu werden – das einleitende, hinweisende „Dieser" lenkt von vornherein die ganze Aufmerksamkeit des Lesers auf das minimale Ereignis, das die folgenden Zeilen protokollieren.

Ausnahmsweise werden in *Eine Regung* ausschließlich Naturelemente erwähnt, während die Einbettung in eine großstädtische Umgebung unterbleibt. Das gilt indes nur, wenn man das Gedicht isoliert betrachtet, denn im Rahmen des Bandes *Grauzone morgens* rückt es eben doch in den Kontext der modernen urbanen Welt, und aus dieser Integration ergibt sich eine wesentliche Bedeutungsebene, die allerdings implizit bleibt und vom Leser erst konkretisiert werden muss. Der plötzlich auffliegende Sperling, der im Luftsog ein Blatt mit sich reißt, bringt mit dieser spontanen „Regung" einen Hauch von Leben in die Großstadt und durchbricht die graue Eintönigkeit, die in den

---

[5] Grünbein: Gedichte, S. 54.

anderen Texten immer wieder zur Sprache kommt. Und indem das Gedicht diesen Moment festhält, übernimmt es selbst die Funktion, die eingefahrenen Muster der alltäglichen Wahrnehmung und ihr ermüdendes Einerlei für einen Moment aufzuheben. Diese Aufhebung findet wiederum ein Pendant auf der Ebene der Sprache, nämlich in dem Ausdruck ‚Luftwirbelsekunde', der den momentanen Sinneseindruck des Ich in äußerster Verdichtung wiedergibt und dabei als Neologismus die vertrauten sprachlichen Konventionen überschreitet. So erinnert *Eine Regung*, wenngleich in stark reduzierter Form, noch einmal an die Vorstellung von der freien Natur als einem Gegenbild zu der Welt der Kultur und der Gesellschaft mit ihrem den Menschen beengenden Korsett aus Regeln, Zwängen und festen Strukturen.

Obwohl schon der Band *Grauzone morgens* auf beträchtliche Resonanz stieß, verdankt Grünbein seine Stellung als einer der bekanntesten Gegenwartslyriker in erster Linie den Gedichten, die in den folgenden Jahren entstanden, und seinem Konzept einer „biologischen Poesie".[6] Diese ebenso vielzitierte wie vieldeutige programmatische Formulierung lässt sich auf die Themenwahl und auf einzelne Motive seiner Werke, aber auch auf Grünbeins Schreibweise, auf produktions- und nicht zuletzt auf rezeptionsästhetische Überlegungen beziehen. Interesse fand bei der Literaturkritik insbesondere die Beschäftigung der Dichtung mit Kernfragen und Einsichten der modernen Naturwissenschaften, zumal der Gehirnforschung bzw. der Neurobiologie. Sie prägt weite Teile der Gedichtbände *Schädelbasislektion* und *Falten und Fallen*, die in den Jahren 1991 und 1994 veröffentlicht wurden (seither hat sich der Autor von diesem Thema wieder entfernt und sich vornehmlich der schöpferischen Auseinandersetzung mit der antiken Kultur und ihren literarischen Formen gewidmet). Aus der Sammlung *Falten und Fallen*, die schon in ihrem Titel auf die Anatomie des menschlichen Gehirns anspielt, stammt das folgende Gedicht, das Anlass gibt, Grünbeins „biologische Poesie" als eine eigentümliche Spielart der Naturlyrik zu analysieren und auf ihr Verhältnis zu den Traditionen dieser Gattung zu befragen:

Biologischer Walzer

Zwischen Kapstadt und Grönland liegt dieser Wald
Aus Begierden, Begierden die niemand kennt.
Wenn es stimmt, daß wir schwierige Tiere sind
Sind wir schwierige Tiere weil nichts mehr stimmt.

---

6 Durs Grünbein: Drei Briefe. In: ders.: Galilei vermißt Dantes Hölle und bleibt an den Maßen hängen. Aufsätze 1989–1995. Frankfurt a.M. 1996, S. 40–54; hier S. 45.

5   Steter Tropfen im Mund war das Wort der Beginn
       Des Verzichts, einer langen Flucht in die Zeit.
       Nichts erklärt, wie ein trockener Gaumen Vokale,
       Wie ein Leck in der Kehle Konsonanten erbricht.

       Offen bleibt, was ein Ohr im Laborglas sucht,
10   Eine fleischliche Brosche, gelb in Formaldehyd.
       Wann es oben schwimmt, wann es untergeht,
       Wie in toten Nerven das Gleichgewicht klingt.

       Fraglich auch, ob die tausend Drähtchen im Pelz
       Des gelehrigen Affen den Heißhunger stillen.
15   Was es heißt, wenn sich Trauer im Hirnstrom zeigt.
       Jeden flüchtigen Blick ein Phantomschmerz lenkt.

       Zwischen Kapstadt und Grönland liegt dieser Wald
       … Ironie, die den Körper ins Dickicht schickt.
       Wenn es stimmt, daß wir schwierige Tiere sind
20   Sind wir schwierige Tiere weil nichts mehr stimmt.[7]

In einem tänzerischen, von Anapästen dominierten Rhythmus wird in diesem Text eine anspruchsvolle und komplexe Materie behandelt, denn offenbar geht es um nicht weniger als um die spezifische Stellung der Menschen („wir") im Vergleich zu anderen, weniger ‚schwierigen' Geschöpfen, um die mit dem Erwerb der Sprache verbundene Entwicklung der menschlichen Gattung und um Reichweite und Erkenntniswert der neueren Naturwissenschaften. Die erste und die abschließende fünfte Strophe formen einen Rahmen um das Gedicht, da sie beinahe identisch sind; auf die Ausnahme, die zweite Zeile, werden wir zurückkommen. Der in diesen Strophen erwähnte Wald, der von Kapstadt bis Grönland reicht und demnach alle von Menschen bewohnten Zonen des Erdballs bedeckt, ist augenscheinlich eine metaphorische Landschaft. Als „Wald / Aus Begierden" repräsentiert er – ein durchaus konventionelles Bild – den ‚Dschungel' der Triebregungen, „die niemand kennt", weil sie dem Bewusstsein und der Willenskontrolle des Einzelnen entzogen sind. Den Urwald im wörtlichen Sinne hat die Menschheit nicht nur längst verlassen, sondern teilweise auch bereits zerstört, aber der Wald, von dem hier die Rede ist, überwuchert, wie die Präsensform verrät, auch gegenwärtig

---

[7] Grünbein: Gedichte, S. 315. Der Text gehört zu dem kleinen Zyklus „Mensch ohne Großhirn". Vgl. dazu neuerdings den Aufsatz von Gabriele Dürbeck: „Wenn es stimmt, dass wir schwierige Tiere sind". Anatomie und Anthropologie in Durs Grünbeins „Mensch ohne Großhirn". In: Zeitschrift für Germanistik NF 19 (2009), S. 133–145, der auch die einschlägigen Forschungsbeiträge verzeichnet.

noch die ganze Welt: Ihm können die Menschen, die sich weiterhin in rätsel-
hafte „Begierden" verstrickt und deren Impulsen ausgeliefert sehen, nicht
entrinnen. Doch andererseits sind sie auch nicht mehr mit Selbstverständlich-
keit in diesem Wald beheimatet – und zwar aufgrund ihrer Fähigkeit zum be-
wussten Denken und zur Selbstreflexion, wie man wohl ergänzen darf. Aus
dieser Zwischenstellung, aus der Entfremdung von ihren unbewusst-triebhaf-
ten Anteilen, denen sie gleichwohl nach wie vor verhaftet bleiben, resultiert
der Status der Menschen als „schwierige Tiere", in deren Perspektive „nichts
mehr stimmt".

So liefern die Eingangsverse eine allgemeine Diagnose menschlicher
Existenz, indem sie den Menschen als leiblich-geistiges Doppelwesen be-
stimmen, das von der permanenten Spannung zwischen diesen beiden Polen
geprägt ist. Die zweite Strophe versucht dann, jenen geheimnisvollen Punkt
zu bezeichnen, an dem sich die Menschheit von den anderen ‚Tieren' entfernt
hat, die keine ‚Schwierigkeiten', keine innere Zerrissenheit kennen, weil sie
ganz im Reich ihrer natürlichen Triebe und Instinkte leben. Als entscheiden-
der Schritt wird „das Wort" benannt, die Sprache also, mit der sich zugleich
das Bewusstsein einstellt und die überdies den „Beginn" eines „Verzichts"
bedeutet. Dass jede Form menschlicher Kultur Einschränkungen und Auf-
schiebungen der Triebbefriedigung voraussetzt, ist eine Einsicht, die schon
Sigmund Freud seiner psychoanalytischen Kulturtheorie zugrunde legte. In
der Schrift *Das Unbehagen in der Kultur* betont er, „in welchem Ausmaß die
Kultur auf Triebverzicht aufgebaut ist, wie sehr sie gerade die Nichtbefriedi-
gung (Unterdrückung, Verdrängung oder sonst etwas?) von mächtigen Trie-
ben zur Voraussetzung hat."[8] Auf diese von Freud postulierte „Kulturversa-
gung" lässt sich der mit dem Erwerb der Sprache einhergehende „Verzicht"
beziehen, den Grünbeins *Biologischer Walzer* ausdrücklich an den Anfang
der Menschheitsentwicklung setzt.

Diese Entwicklung wiederum ist vermutlich mit der Wendung von der
„langen Flucht in die Zeit" gemeint. Mit Sprache, Bewusstsein und Kultur
hebt für den Menschen eine *Geschichte* an, die sich prinzipiell von den Ab-
läufen in der natürlichen Sphäre unterscheidet. Da er um die Zeitlichkeit
seines Daseins weiß und jeden Moment gedanklich in ein Kontinuum einord-
net, das ihn überschreitet, geht seine Existenz niemals völlig im Hier und
Jetzt auf: Die Gegenwart verweist für ihn immer schon auf Künftiges und

---

[8]   Sigmund Freud: Das Unbehagen in der Kultur [1930]. In: ders.: Studienausgabe.
    Bd. IX: Fragen der Gesellschaft – Ursprünge der Religion. Frankfurt a.M. 2000,
    S. 197–270; hier S. 227. – Aus diesem unablässigen Zwang zur Verdrängung oder
    sublimierenden Umformung von Triebimpulsen leitet Freud das ‚Unbehagen' als
    eine Grundbefindlichkeit des Menschen in der Kultur ab.

verwandelt sich zugleich ihrerseits unablässig in Vergangenheit, so dass kein Ruhepunkt im Strom der Zeit mehr denkbar ist. Konkreter kann man sich hier auch an das neuzeitliche Fortschrittsdenken erinnert fühlen, das die Gegenwart erst recht zu einer bloßen Etappe in einem übergreifenden Prozess herabstuft und damit die „Flucht in die Zeit", das beständige Entgleiten des gelebten Augenblicks, zu einer typisch modernen Erfahrung macht.

Mit der Einsicht, dass Bewusstsein und Sprachvermögen den Menschen ein für allemal aus dem Zustand einer ungebrochenen, vor-reflexiven Einheit mit sich selbst vertrieben haben, und mit der aus dieser Erkenntnis erwachsenden Melancholie befasst sich Durs Grünbein häufiger. Den entscheidenden „Sprung", den „Riesensatz aus dem Dickicht" – hier kehrt das Bildfeld von Wald und Dschungel wieder –, thematisiert beispielsweise auch das Gedicht *Einem Schimpansen im Londoner Zoo*, das mit folgender Frage einsetzt: „Waren es Augen wie diese, in denen das Fieber zuerst / Ausbrach, das große ‚Oho', wortreich von Reue gefolgt?" Der Eintritt in die Welt des Selbstbewusstseins und der Sprache wird hier als Krankheit, als „Fieber" aufgefasst; „Reue" und die „Trauer, geboren zu sein und nicht als Tier", regressive Sehnsüchte also, sind die unausbleiblichen Folgen.[9] Und die *Ode an das Dienzephalon* aus *Schädelbasislektion*, die dem Zwischenhirn gewidmet ist, mündet in einen geradezu sentimentalischen Wunsch für das menschliche „Ich": „Besser / Es läge noch immer vor seinem Schlag aus der Art / Glücklich im Koma."[10] Durch die Bewusstwerdung, durch sein Erwachen aus dem ‚glücklichen Koma' ist der Mensch, mit den Worten des *Biologischen Walzers* gesprochen, für alle Zeiten zu einem ‚schwierigen Tier' geworden.

Sprache und Bewusstsein etablieren unweigerlich eine Distanz des Menschen zum eigenen Leib, zum biologischen Substrat seiner Existenz, zum Leben der Triebe und Emotionen, eine Distanz, die das Bewusstsein niemals überbrücken kann, da es sich zu diesem Zweck selbst aufheben müsste. Das Gedicht formuliert diesen Sachverhalt zunächst am Beispiel des Verhältnisses zwischen den Lauten der Sprache und jenen Teilen des Organismus, die sie hervorbringen. Die Verbindung zwischen beiden, zwischen Physis und Psyche, körperlicher Ausstattung und geistigem Vermögen lässt sich nicht verstandesmäßig fassen und begründen: „Nichts erklärt, wie ein trockener Gaumen Vokale, / Wie ein Leck in der Kehle Konsonanten erbricht." An dieser Kluft müssen auch, wie im Folgenden angedeutet wird, alle Bemühungen der Wissenschaft scheitern. Dabei vollzieht der Übergang von der zweiten zur dritten Strophe einen gewaltigen Zeitsprung vom Beginn der Menschheitsgeschichte in die Gegenwart des fortgeschrittenen wissenschaftlichen

---

[9] Grünbein: Gedichte, S. 357.
[10] Ebd., S. 223.

Zeitalters. Die moderne Forschung kann die Natur, auch die menschliche, und die Welt der emotionalen Regungen zu ihrem Gegenstand machen, aber sie kann niemals den Abstand zu ihnen aufheben, der ja selbst Voraussetzung aller rationalen Reflexion und aller Wissenschaft ist. Daher haftet den Experimenten, auf die Grünbeins Verse anspielen, durchweg ein Zug der Vergeblichkeit und Sinnlosigkeit an: „Offen bleibt …", „Fraglich auch …", „Was es heißt …". Beispielsweise lässt sich zwar mittelweile die Empfindung der „Trauer" im „Hirnstrom" nachweisen, doch ändert das nichts daran, dass sie *als Empfindung*, also in ihrer Qualität als seelisches Geschehen, für die Wissenschaft ungreifbar bleibt. Und diese Wissenschaft scheint sogar ihrerseits in undurchschauter Weise von jenem Reich der Begierden und triebhaften Impulse abhängig zu sein, das sich ihren Methoden und Instrumenten so beharrlich entzieht – eine solche Verknüpfung deutet der Text jedenfalls an, wenn er den Wissensdrang, der den Forscher beseelt, als unstillbaren „Heißhunger" bezeichnet.

Die letzte Strophe schließt den Rahmen des Gedichts, indem sie die erste wiederholt. Verändert ist lediglich die zweite Zeile, die noch einmal ein Resümee zieht und die eigentümliche Stellung des Menschen zwischen dem „Wald / Aus Begierden" und der modernen Zivilisation auf den Punkt bringt: „… Ironie, die den Körper ins Dickicht schickt." Der Begriff der Ironie scheint hier auf eben jenen Widerspruch zu verweisen, aus dem die ‚Schwierigkeiten' des ‚Tieres Mensch' hervorgehen, auf den Widerspruch zwischen den kulturellen Errungenschaften seiner Geschichte und der fortdauernden Bindung an den „Körper", der als biologische Größe in das „Dickicht" des Waldes verstrickt ist. Dieser Zwiespalt bildet, wenn man der These des Gedichts folgt, gewissermaßen das Grundgesetz des menschlichen Daseins.

Grünbeins *Biologischer Walzer* repräsentiert eine ungewöhnliche Spielart der Gattung Naturlyrik: Im Bild des Waldes wird die Natur *des Menschen* in ihrem prekären Verhältnis zu seinem Bewusstsein, seinem Reflexionsvermögen zum Thema des Gedichts. Über seine Leiblichkeit und seine triebhaften Anteile ist der Mensch der Natur verbunden, von der ihn Sprache und Denken zugleich entfernen. Diese Fähigkeiten versetzen ihn in die Lage, die eigene Natur zum Objekt der forschenden Neugier zu machen, doch ohne dass sich auf diesem Wege eine Möglichkeit ergibt, die innere Spaltung zu überwinden und etwa jenen Zustand der unmittelbaren Einheit mit sich selbst wiederzugewinnen, den das lyrische Ich in der bereits zitierten *Ode an das Dienzephalon* halb ironisch, halb wehmütig als ‚glückliches Koma' umschreibt. Aber trotz seiner wissenschaftlichen Thematik und der Anspielungen auf neueste Einsichten und Möglichkeiten der Neurobiologie schließt Grünbeins Text zugleich an eine weit zurückreichende literarische Tradition an. Immer wieder hat die Naturlyrik seit der Aufklärung die Lage des modernen Menschen aus seiner Entfremdung von der Natur zu erklären versucht, die auf die Zwänge der Gesellschaft, auf die Schranken der Kultur oder, grundsätzlicher, auf den ‚Sündenfall' des Bewusstseins zurückgeführt wurde. Naturgedichte aus unterschiedlichsten Epochen inszenieren mit poetischen Mitteln die Folgen und Begleiterscheinungen dieses Prozesses: Melancholie, elegische Trauer und regressive Phantasien. In diese Reihe fügt sich der *Biologische Walzer* ein, indem er die schmerzlich empfundene Distanz zur Natur, die sich im Inneren des Menschen im Auseinandertreten von Leibnatur und reflektierendem Bewusstsein wiederholt, als Fundament aller Kultur und mithin als Bedingung des Menschseins schlechthin bestimmt. Während die ältere Naturlyrik das Thema üblicherweise anhand der Empfindungen eines mehr oder weniger individualisierten lyrischen Ich gestaltet, hebt der Sprecher bei Grünbein durch die in den Rahmenstrophen verwendete Wir-Form und durch den objektivierenden Sprachgestus die Allgemeingültigkeit seiner Ausführungen deutlicher hervor. Statt der individuell erlebten Entwicklung des Einzelnen tritt nunmehr die umfassende Perspektive auf die Menschheitsgeschichte in den Vordergrund. Gleichwohl ist die epochenübergreifende Verwandtschaft im Hinblick auf die zentrale Problemstellung nicht zu übersehen, und so wird für uns hier erneut *ein* wichtiger Strang der Naturlyrik greifbar, der vom 18. Jahrhundert bis in die Gegenwart reicht und seine Einheit der engen Verflechtung von thematischer Kontinuität und zeit- wie autorenspezifischer Variation verdankt.

Epilog: Der Traum von der ‚ganzen Natur'

Die teils naturphilosophisch, teils theologisch inspirierten Naturbetrachtungen, die in der Antike und im Mittelalter angestellt wurden, waren überwiegend holistisch ausgerichtet: In der Sphäre des natürlichen Seins glaubte man eine geordnete und wohlgegliederte Ganzheit, einen *Kosmos* im ursprünglichen Sinne des Wortes zu erkennen. Aber auch in der Neuzeit dauerte der Einfluss holistischer Denkmuster an, vermittelt durch neuplatonische, magisch-hermetische und mystische Traditionen, die die Naturwissenschaften nicht nur prägten, sondern lange Zeit nicht einmal klar von ihnen zu trennen waren. Noch Goethes Faust, Wissenschaftler und Magier in einer Person, gerät in Verzückung, als er in einem Buch auf das „Zeichen des Makrokosmus"[1] stößt und sich in seinen Anblick vertieft:

> Wie alles sich zum Ganzen webt,
> Eins in dem andern wirkt und lebt!
> Wie Himmelskräfte auf und nieder steigen
> Und sich die goldnen Eimer reichen!
> Mit segenduftenden Schwingen
> Vom Himmel durch die Erde dringen,
> Harmonisch all' das All durchklingen![2]

Das Zeichen, dessen geistigen Gehalt Faust in ausdrucksvollen poetischen Bildern wiederzugeben sucht, vergegenwärtigt die „Himmel" und „Erde" umfassende Natur als lebendigen All-Zusammenhang, der sich dem Betrachter in visionärer Schau erschließt, ihn tröstet und erhebt. Die neuere Naturwissenschaft hat solche Modelle des Naturverständnisses freilich hinter sich gelassen. Wenn wir Natur heute als die Gesamtheit aller nicht vom Menschen

---

[1] Johann Wolfgang Goethe: Faust. In: ders.: Sämtliche Werke nach Epochen seines Schaffens. Münchner Ausgabe. Hrsg. von Karl Richter. Bd. 6.1: Weimarer Klassik 1798–1806/1. Hrsg. von Victor Lange. München 1986, S. 535–673; hier S. 547 (Regieanweisung nach V. 429).

[2] Ebd. (V. 447–453).

geschaffenen Phänomene auffassen, so bildet diese *Gesamtheit* für uns doch keine *Ganzheit* mehr. Die moderne Wissenschaft rekonstruiert natürliche Phänomene und Abläufe auf unterschiedlichen Integrationsebenen nach bestimmten Gesetzmäßigkeiten, aber sie begreift die Natur nicht als universalen organischen Zusammenhang oder gar als ein Subjekt, das dem Menschen gegenübertritt.

Die Anfänge der Naturlyrik fallen in einen Zeitraum, in dem die traditionsreichen Konzepte der Naturdeutung, die der christliche Glaube bereitstellte, allmählich ihre Verbindlichkeit einzubüßen begannen. Auf diese Entwicklung reagiert die Gattung, indem sie im Laufe der folgenden Jahrhunderte immer wieder neue Formen der Beziehung des Menschen zur Natur entwirft – in Auseinandersetzung mit religiösen und philosophischen Vorstellungen, mit wissenschaftlichen Erkenntnissen und technischen Fortschritten, mit politischen und sozialen Krisen und Konflikten und nicht zuletzt mit dem sich wandelnden Selbstverständnis des modernen Individuums. Dabei spielt die Auffassung der Natur als einer Ganzheit noch sehr lange eine bedeutsame Rolle, anfangs unter christlichen Prämissen, später im Horizont pantheistischer Spekulationen, im ausgehenden 19. und im 20. Jahrhundert dann etwa unter dem Einfluss des pseudo-wissenschaftlichen Monismus und vitalistischer Strömungen oder, wie bei den Poeten der naturmagischen Schule, im Rückgriff auf mystisches Gedankengut und auf Vorbilder aus der Romantik.

Dieses zähe Festhalten der Poesie an der Idee, dass Natur das Ganze und Umfassende, das Zeitlos-Ungeschichtliche und zugleich das Sinnerfüllte schlechthin sei, ist im Prinzip unschwer als Reaktion auf die zunehmende Differenzierung der Lebenswelt zu erklären, als Antwort auf Orientierungsnöte und Sinndefizite der modernen Existenz und nicht zuletzt auf die Abstraktionstendenzen der neueren Naturwissenschaften. Doch erschöpft sich die Naturlyrik keineswegs in der Artikulation regressiver Sehnsüchte und naiver Verschmelzungsphantasien. Gewiss gibt es Gedichte, die so verfahren und den Abstand zwischen dem menschlichen Ich und der bergenden Natur buchstäblich aufzuheben trachten, und in solchen Fällen scheint der Vorwurf des puren Eskapismus, wie am Beispiel Wilhelm Lehmanns zu sehen war, nicht unberechtigt. Diesen Vorwurf zu verallgemeinern und auf die gesamte Gattung auszudehnen, hieße jedoch, deren Bandbreite und die Fülle ihrer Möglichkeiten zu unterschätzen. Viele Gedichte gestalten das Ideal der ‚ganzen Natur', verstanden als Inbegriff von Freiheit, Schönheit und Sinnfülle, nur mit erheblichen Einschränkungen oder machen es als Sehnsuchtsbild kenntlich, das der Isolation des Individuums entspringt. Sie nutzen – von Hölderlin und Brentano bis hin zu Kirsch, Becker und Grünbein – das Verhältnis zur Natur als Folie, um Entfremdungserfahrungen zu thematisieren, die aus der Subjektwerdung des Menschen und aus seiner jeweiligen historisch-gesellschaftlichen Situation erwachsen. Auch hier lässt sich übrigens die Parallele zu Faust ziehen, den unmittelbar nach dem oben zitierten euphorischen Aufschwung die ernüchternde Einsicht überkommt, dass das Symbol des „Makrokosmus" eben doch nur ein „Zeichen", ein bloßes „Schauspiel" ist und dem melancholischen Denker im verstaubten Studierzimmer daher keineswegs den ersehnten unmittelbaren Zugang zur „unendliche[n] Natur" und zu den „Quellen alles Lebens" eröffnet.[3]

Im Laufe des 20. Jahrhunderts wird die Vorstellung von der Natur als dem Heilen und Ganzen angesichts der Erfahrungen von totalem Krieg und Völkermord und später vor dem Hintergrund der fortschreitenden industriellen Naturzerstörung vollends fragwürdig. Wie die Gedichte von Brecht, Eich, Huchel, Fried, Kunert und Becker zeigen, kann die Natur nun erst recht nicht mehr glaubhaft als eigene, abgeschlossene Sphäre vorgestellt werden, die eine Zuflucht vor den Unbilden der modernen Kultur und Gesellschaft gewährt. Und selbst da, wo sie weiterhin Züge des Schönen und Unversehrten trägt, erscheint sie meist doch nur als etwas Verlorenes, von ferne Erinnertes, bisweilen gar als trügerische Illusion.

Insbesondere aber wird die schöne Natur in der Lyrik immer wieder in einer scheinbar paradoxen Bewegung als *Kunstprodukt* vorgeführt. Schon der Romantiker Brentano und dann auch Autoren wie Mörike und schließlich George demonstrieren, dass sie ein Erzeugnis poetischer Strategien darstellt und folglich in Wahrheit in der Dichtung beheimatet ist. Der projektive und im Wortsinne artifizielle Charakter eines solchen Ideals wird damit offengelegt. Und dieser Umstand gibt Anlass, noch einmal das kritische Reflexionsniveau zu betonen, das zumindest die herausragenden Texte aus dem Korpus der deutschsprachigen Naturlyrik auszeichnet. Indem sie – zum Beispiel durch eine poetologische Ebene oder durch intertextuelle Bezugnahmen auf die literarische Tradition – ihren Status als Kunstgebilde akzentuieren, vermitteln sie die Einsicht, dass jedes Bild der Natur vom *Menschen* geschaffen wird und auf kulturell geprägten Deutungsmustern basiert. Die Natur ‚als solche' bleibt uns, wie schon in der Einleitung ausgeführt wurde, stets verschlossen.

Die Bedeutung dieser Erkenntnis, die vielen Werken der neueren Naturlyrik eingeschrieben ist, reicht freilich über den literarischen Bereich hinaus, berührt sie doch grundsätzliche Fragen einer für den Umgang mit der Natur hochgradig sensibilisierten Zeit. So folgt aus ihr vor allem, dass Versuche, aus der Natur absolut verbindliche Normen abzuleiten, denen das menschliche Handeln zu unterstellen wäre, zwangsläufig scheitern müssen – Versuche, die wir in Texten der *laus ruris* des 18. Jahrhunderts kennengelernt ha-

---

[3]   Goethe: Faust, S. 547 (V. 454–456).

ben, die aber auch noch manchen aktuellen Überlegungen zu einer Öko-Ethik oder Öko-Philosophie zugrunde liegen. Vermeintlich unverfälschte ‚natürliche' Wertmaßstäbe können niemals mehr als das Resultat unreflektierter Projektionen sein, da die Beziehung des Menschen zur Natur in jedem Fall ein *Kulturphänomen* ist. Man muss das Verlangen nach einer Harmonie mit der natürlichen Sphäre sicherlich ebensowenig verabschieden wie die generelle Sehnsucht nach einer besseren Lebenswelt, mit der es in der Geschichte der Naturlyrik häufig verknüpft wird. Zu verwirklichen sind solche Ideale jedoch allenfalls durch ein menschliches Handeln, das sowohl die gesellschaftliche Ordnung als auch den Umgang mit der Natur nach selbstgesetzten Regeln verantwortlich gestaltet.

Literaturverzeichnis

Spezialliteratur zu einzelnen Autoren und Gedichten wird hier nicht aufge-
führt; entsprechende Hinweise finden sich in den Anmerkungen zu den je-
weiligen Kapiteln. Das Verzeichnis enthält lediglich eine Auswahl an über-
greifenden literaturwissenschaftlichen und philosophischen Beiträgen zu den
Themen ‚Natur‘ und ‚Naturlyrik‘.

Apel, Friedmar: Deutscher Geist und deutsche Landschaft. Eine Topogra-
phie. München 1998.
Billen, Josef; Hassel, Friedhelm: Undeutbare Welt. Sinnsuche und Entfrem-
dungserfahrung in deutschen Naturgedichten von Andreas Gryphius bis
Friedrich Nietzsche. Würzburg 2005.
Blumenberg, Hans: Die Lesbarkeit der Welt. Frankfurt a.m. 1981.
Böckmann, Paul: Anfänge der Naturlyrik bei Brockes, Haller und Günther.
In: Literatur und Geistesgeschichte. Festgabe für Heinz Otto Burger.
Hrsg. von Reinhold Grimm und Conrad Wiedemann. Berlin (West) 1968,
S. 110–126.
Böhme, Gernot: Natürlich Natur. Über Natur im Zeitalter ihrer technischen
Reproduzierbarkeit. Frankfurt a.M. 1992.
Böhme, Hartmut: Natur und Subjekt. Frankfurt a.M. 1988.
Bormann, Alexander von: Natura loquitur. Naturpoesie und emblematische
Formel bei Joseph von Eichendorff. Tübingen 1968.
Breuer, Ulrich: „Farbe im Reflex“: Natur/Lyrik im 19. Jahrhundert. In: Lyrik
im 19. Jahrhundert. Gattungspoetik als Reflexionsmedium der Kultur.
Hrsg. von Steffen Martus, Stefan Scherer und Claudia Stockinger. Bern
u.a. 2005, S. 141–164.
Buechler, Ralph; Lixl, Andreas; Rhiel, Mary; Shearier, Steve; Sommer, Fred;
Winkle, Sally: Grauer Alltagsschmutz und grüne Lyrik. Zur Naturlyrik in
der BRD. In: Natur und Natürlichkeit. Stationen des Grünen in der deut-

schen Literatur. Hrsg. von Reinhold Grimm und Jost Hermand. Königstein/Ts. 1981, S. 168–195.

Egyptien, Jürgen: Die Naturlyrik im Zeichen der Krise. Themen und Formen des ökologischen Gedichts seit 1970. In: Literatur und Ökologie. Hrsg. von Axel Goodbody. Amsterdam, Atlanta, GA 1998, S. 41–67.

Emmerich, Wolfgang: Kein Gespräch über Bäume. Naturlyrik unterm Faschismus und im Exil. In: Natur und Natürlichkeit. Stationen des Grünen in der deutschen Literatur. Hrsg. von Reinhold Grimm und Jost Hermand. Königstein/Ts. 1981, S. 77–117.

Ertl, Wolfgang: Natur und Landschaft in der Lyrik der DDR: Walter Werner, Wulf Kirsten und Uwe Greßmann. Stuttgart 1982.

Fritsch, Gerolf: Das deutsche Naturgedicht. Der fiktionale Text im Kommunikationsprozess. Stuttgart 1978.

Garber, Klaus: Der locus amoenus und der locus terribilis. Bild und Funktion der Natur in der deutschen Schäfer- und Landlebendichtung des 17. Jahrhunderts. Köln, Wien 1974.

Gebhard, Walter: Naturlyrik. In: Neun Kapitel Lyrik. Hrsg. von Gerhard Köpf. Paderborn 1984, S. 35–82.

Gloy, Karen: Das Verständnis der Natur. 2 Bde. München 1995/96.

Gnüg, Hiltrud: Gespräch über Bäume. Zur Brecht-Rezeption in der modernen Lyrik. In: Basis. Jahrbuch für deutsche Gegenwartsliteratur 7 (1977), S. 89–117, 235–237.

Goodbody, Axel: Natursprache. Ein dichtungstheoretisches Konzept der Romantik und seine Wiederaufnahme in der modernen Naturlyrik (Novalis – Eichendorff – Lehmann – Eich). Neumünster 1984.

Grimm, Gunter E.: Erfahrung, Deutung und Darstellung der Natur in der Lyrik. In: Aufklärung. Ein literaturwissenschaftliches Studienbuch. Hrsg. von Hans-Friedrich Wessel. Königstein/Ts. 1984, S. 206–244.

Grimm, Gunter E.: Nachwort. In: Deutsche Naturlyrik. Vom Barock bis zur Gegenwart. Hrsg. von Gunter E. Grimm. Stuttgart 1995, S. 483–513.

Groh, Ruth und Dieter: Weltbild und Naturaneignung. Zur Kulturgeschichte der Natur. Frankfurt a.m. 1991.

Groh, Ruth und Dieter: Die Außenwelt der Innenwelt. Zur Kulturgeschichte der Natur 2. Frankfurt a.m. 1996.

Großklaus, Götz: Der Naturraum des Kulturbürgers. In: Natur als Gegenwelt. Beiträge zur Kulturgeschichte der Natur. Hrsg. von Götz Großklaus und Ernst Oldemeyer. Karlsruhe 1983, S. 169–196.

Häntzschel, Günter: Naturlyrik. In: Reallexikon der deutschen Literaturwissenschaft. Hrsg. von Harald Fricke u.a. Bd. II. Berlin, New York 2000, S. 691–693.

Hartung, Harald: Neuere Naturlyrik in der DDR. In: Naturlyrik und Gesellschaft. Hrsg. von Norbert Mecklenburg. Stuttgart 1977, S. 179–197.

Haupt, Jürgen: Natur und Lyrik. Naturbeziehungen im 20. Jahrhundert. Stuttgart 1983.

Heise, Hans-Jürgen: Grün, wie ich dich liebe, Grün. Vom Naturgedicht zur Ökolyrik. In: ders.: Einen Galgen für den Dichter. Stichworte zur Lyrik. Kiel 1990, S. 74–88.

Hennig, Dorothea: Musik und Metaphysik. Interpretationen zur Naturlyrik von der Aufklärung bis zur Romantik. Frankfurt a.M. u.a. 2000.

Heukenkamp, Ursula: Die Sprache der schönen Natur. Studien zur Naturlyrik. Berlin, Weimar 1982.

Heukenkamp, Ursula: Zauberspruch und Sprachkritik. Naturgedicht und Moderne. In: Lyrik des 20. Jahrhunderts. Hrsg. von Heinz Ludwig Arnold. München 1999, S. 175–200.

Kaiser, Gerhard: Augenblicke deutscher Lyrik. Gedichte von Martin Luther bis Paul Celan. Frankfurt a.M. 1987.

Kaulbach, Friedrich: Natur. In: Historisches Wörterbuch der Philosophie. Hrsg. von Joachim Ritter und Karlfried Gründer. Bd. 6. Basel 1984, Sp. 421–478.

Ketelsen, Uwe-K.: Die Naturpoesie der norddeutschen Frühaufklärung. Poesie als Sprache der Versöhnung: alter Universalismus und neues Weltbild. Stuttgart 1974.

Kohlroß, Christian: Theorie des modernen Naturgedichts. Oskar Loerke – Günter Eich – Rolf Dieter Brinkmann. Würzburg 2000.

Kühlmann, Wilhelm: Das Ende der ‚Verklärung‘. Bibel-Topik und prädarwinistische Naturreflexion in der Literatur des 19. Jahrhunderts. In: Jahrbuch der Deutschen Schillergesellschaft 30 (1986), S. 417–452.

Lobsien, Eckhard: Landschaft in Texten. Zu Geschichte und Phänomenologie der literarischen Beschreibung. Stuttgart 1981.

Lohmeier, Anke-Marie: Beatus ille. Studien zum „Lob des Landlebens" in der Literatur des absolutistischen Zeitalters. Tübingen 1981.

Mainzer, Klaus: Von der Naturphilosophie zur Naturwissenschaft. Zum neuzeitlichen Wandel des Naturbegriffs. In: Vom Wandel des neuzeitlichen Naturbegriffs. Hrsg. von Heinz-Dieter Weber. Konstanz 1989, S. 11–31.

Marsch, Edgar: Moderne deutsche Naturlyrik. Eine Einführung. In: Moderne deutsche Naturlyrik. Hrsg. von Edgar Marsch. Stuttgart 2000, S. 266–306.

Mecklenburg, Norbert: Naturlyrik und Gesellschaft. Stichworte zu Theorie, Geschichte und Kritik eines poetischen Genres. In: Naturlyrik und Gesellschaft. Hrsg. von Norbert Mecklenburg. Stuttgart 1977, S. 7–32.

Naturlyrik. Über Zyklen und Sequenzen im Werk von Annette von Droste-Hülshoff, Uhland, Lenau und Heine. Hrsg. von Gert Vonhoff. Frankfurt a.M. u.a. 1998.

Naturlyrik und Gesellschaft. Hrsg. von Norbert Mecklenburg. Stuttgart 1977.

Ohde, Horst: Die Magie des Heilen. Naturlyrik nach 1945. In: Literatur in der Bundesrepublik Deutschland bis 1967. Hrsg. von Ludwig Fischer. München 1986, S. 349–367, 727–729.

Oldemeyer, Ernst: Entwurf einer Typologie des menschlichen Verhältnisses zur Natur. In: Natur als Gegenwelt. Beiträge zur Kulturgeschichte der Natur. Hrsg. von Götz Großklaus und Ernst Oldemeyer. Karlsruhe 1983, S. 15–42.

Peters, Günter: Die Kunst der Natur. Ästhetische Reflexion in Blumengedichten von Brockes, Goethe und Gautier. München 1993.

Riha, Karl: Das Naturgedicht als Stereotyp der deutschen Nachkriegslyrik. In: Tendenzen der deutschen Literatur seit 1945. Hrsg. von Thomas Koebner. Stuttgart 1971, S. 157–178.

Ritter, Joachim: Landschaft. Zur Funktion des Ästhetischen in der modernen Gesellschaft [1962]. In: ders.: Subjektivität. Sechs Aufsätze. Frankfurt a.M. 1974, S. 141–163, 172–190.

Rothschild, Thomas: Durchgearbeitete Landschaft. Die Auseinandersetzung mit dem Naturgedicht in einer Gegenwart der zerstörten Natur. In: Naturlyrik und Gesellschaft. Hrsg. von Norbert Mecklenburg. Stuttgart 1977, S. 198–214.

Schäfer, Lothar: Wandlungen des Naturbegriffs. In: Das Naturbild des Menschen. Hrsg. von Jörg Zimmermann. München 1982, S. 11–44.

Scheuer, Helmut: Die entzauberte Natur – Vom Naturgedicht zur Ökolyrik. In: Literatur für Leser 1989, S. 48–73.

Schilling, Diana: Projektionen von Geschichte. Naturlyrik nach 1945. In: Interpretationen zur neueren deutschen Literaturgeschichte. Hrsg. von Thomas Althaus und Stefan Matuschek. Münster, Hamburg 1994, S. 207–233.

Schipperges, Heinrich: Natur. In: Geschichtliche Grundbegriffe. Historisches Lexikon zur politisch-sozialen Sprache in Deutschland. Hrsg. von Otto Brunner, Werner Conze und Reinhart Koselleck. Bd. 4. Stuttgart 1978, S. 215–244.

Schönert, Jörg: „Am Himmel fährt ein kalt Gewölk daher!" Zu Anspruch und Krise des Erfahrungs- und Deutungsmodells ‚Natur' in der deutschsprachigen Lyrik 1850–1890. In: Das schwierige neunzehnte Jahrhundert. Germanistische Tagung zum 65. Geburtstag von Eda Sagarra im August 1998. Hrsg. von Jürgen Barkhoff u.a. Tübingen 2000, S. 171–185.

Seel, Martin: Eine Ästhetik der Natur. Frankfurt a.M. 1991.

Spaemann, Robert: Natur. In: ders.: Philosophische Essays. Stuttgart 1983, S. 19–40.

Volckmann, Silvia: Zeit der Kirschen? Das Naturbild in der deutschen Gegenwartslyrik: Jürgen Becker, Sarah Kirsch, Wolf Biermann, Hans Magnus Enzensberger. Königstein/Ts. 1982.

Weber, Heinz-Dieter: Die Verzeitlichung der Natur im 18. Jahrhundert. In: Vom Wandel des neuzeitlichen Naturbegriffs. Hrsg. von Heinz-Dieter Weber. Konstanz 1989, S. 97–131.

Zimmermann, Jörg: Zur Geschichte des ästhetischen Naturbegriffs. In: Das Naturbild des Menschen. Hrsg. von Jörg Zimmermann. München 1982, S. 118–154.